초등학생용

특수교육요구학생을 위한

사회적 기술 활동들

제 2 판

Darlene Mannix 지음
신현기, 구본경, 김대룡, 김영표, 남경욱, 오경민, 이병혁, 정주영, 정희선 옮김

SOCIAL SKILLS ACTIVITIES for Special Children

Σ 시그마프레스

특수교육요구학생을 위한 **사회적 기술 활동들**

발행일 | 2015년 3월 9일 1쇄 발행

저자 | Darlene Mannix
역자 | 신현기, 구본경, 김대룡, 김영표, 남경욱, 오경민, 이병혁, 정주영, 정희선
발행인 | 강학경
발행처 | (주)시그마프레스
편집 | 김세아
교정 · 교열 | 김은실

등록번호 | 제10-2642호
주소 | 서울특별시 영등포구 양평로 22길 21 선유도코오롱디지털타워 A401~403호
전자우편 | sigma@spress.co.kr
홈페이지 | http://www.sigmapress.co.kr
전화 | (02)323-4845, (02)2062-5184~8
팩스 | (02)323-4197
ISBN | 978-89-6866-415-1

Social Skills Activities for Special Children, Second Edition

* 책값은 뒤표지에 있습니다.
* 이 도서의 국립중앙도서관 출판시도서목록(CIP)은 서지정보유통지원시스템 홈페이지(http://seoji.nl.go.kr)와 국가자료공동목록시스템(http://www.nl.go.kr/kolisnet)에서 이용하실 수 있습니다.(CIP제어번호 : CIP2015007012)

특수교육요구학생을 위한

사회적 기술 활동들

역자 서문

우리는 일찍부터 '인간은 천성적으로 정치적(사회적) 동물이다'라는 말을 들어 왔습니다. 이 말은 다들 알다시피 아리스토텔레스의 『정치학』이라는 책에서 처음 소개된 것입니다.

사람은 날마다 필요를 충족시키기 위하여 자연스럽게 가정이라는 공동체를 형성하게 되었습니다. 그래서 가정의 공동체 구성원을 카른다스는 먹는 공동체로서 '식탁(食卓)의 동료들'이라고 부르고, 크레테의 에피메니데스는 함께 먹는 사람의 '식구(食口)'라고 부른 것입니다. 이러한 여러 가정으로 구성된 최초의 공동체가 마을입니다. 이들 마을이 발전하여 부락으로, 국가로 발전된 것입니다.

아리스토텔레스는 필요의 충족과 자급자족을 위한 국가를 넘어, 국가를 통해 비로소 개인이 완전한 인간이 될 수 있다고 생각했습니다. 왜냐하면 국가라는 정치 공동체에 소속되지 않는다면, 개인은 자급자족을 하지 못할 뿐 아니라 완전한 인간이 되지도 못합니다.

그렇습니다. 장애를 가진 아동들도 자신들의 필요가 충족되지 않으면, 자신들을 존중하여 주지 않으면 이러저러한 부적응 현상과 병리적인 현상이 나타납니다. 장애를 가졌기 때문에 이러한 현상이 나타나는 것이 아니라 한 인간으로서 충족되어야 할 여러 가지 조건들이 충족되지 않기 때문에 그렇다는 것입니다. 그럼에도 불구하고 세상은 장애 때문에 그런 줄 알고 낙인을 찍습니다.

역자는 일찍이 장애 학생들이 필요로 하는 것들을 정확히 알아야 함을 깨달았습니다. 그것은 맥락적 · 비맥락적 환경에서 그들과 소통하고 대화하는 것이었습니다. 그래서 대화기술을 연습하기 위해 이러저러한 시도를 해 보았습니다. 그 결과 장애 학생들은 그저 존재(Beings)하는 것이 아니라 사회적으로 수용(Belongs)되기를 바라고 있음을 알게 되었습니다. 부적응 행동과 공격적 행동 자체도 자신이 속한 사회에서 수용되기를 원하는 바람의 표시임을 알게 되었습니다.

그러나 이들을 사회 속의 존재자가 아닌 수용자가 되도록 가르치는 효율적인 방법을 구체화하기는 쉽지 않았습니다. 왜냐하면 인간은 주체든 객체든 모두가 살아있는 존재(Animate Objects)이기 때문에 장애 학생 또는 비장애 학생 어느 한쪽만을 지도해서는 효과를 기대할 수 없습니다. 그래서 이들 모두에게 유용한 내용과 방법이 필요했습니다. 그러던 차에 달린 매닉스(Darlene Mannix)의 "특수교육 요구 학생을 위한 사회적 기술 활동(Social Skills Activities for Special Children 2nd Edition: Jossey–Bass, 2009)을 번역하기에 이르렀습니다. 그녀는 현직 초등학교 교사로서 다양한 경험을 가진 현장 전문가이기에 그녀의 저서를 더욱 신뢰할 수 있었습니다. 이 책은 방대한 164개의 주제를 학습목표, 목표를 수행하는데 따른 기술의 설명, 몇 가지 질문형식을 통한 생각거리 제공, 추후 활동들과 그에 대한 모범적인 지침을 제공하는 형식을 갖추고 있습니다. 따라서 학교는 물론 가정, 혹은 지역사회 환경에서의 활동을 원활히 하는 데 매우 도움을 될 것으로 확신합니다.

이 번역서가 나오기까지 함께 수고를 아끼지 않은 남경욱 박사를 비롯한 동학제자들에게 감사의 마음을 전하며, 여러 가지 어려운 출판 여건에도 불구하고 지금까지 도움을 아끼지 않고 있는 (주)시그마프레스의 강학경 사장님을 비롯한 편집부와 영업부 직원 여러분께 감사의 말씀을 드립니다.

2015년 청양의 새해를 맞이하며

역자 대표 신현기

JOSSEY-BASS TEACHER

Jossey–Bass Teacher 시리즈는 학생들의 학습에 긍정적이며 일평생 영향을 줄 수 있는 실제적인 지식과 도구들을 교육자들에게 제공합니다. 우리는 다양한 학년과 교과영역들을 위해 교실에서 검증되고 연구에 기반한 교수자료들을 제공합니다. 여러분이 예비교사나 초임교사, 혹은 중견교사라 할지라도 우리는 여러분이 경험하는 매일의 교수가 최상이 될 수 있도록 돕기를 바랍니다.

즉시 사용할 수 있는 학급활동에서 최신의 교수적 개념틀에 이르기까지 우리의 책들은 유치원에서 고등학교 교사들 대부분이 당면하는 문제들에 대해 통찰을 제공하고 실제적이며 종합적인 자료들을 제공합니다. 우리는 각 분야의 경험 많고 존경받는 전문가들로부터 받은 최고의 아이디어들을 통해 여러분이 신뢰할 수 있는 자원이 되기를 희망합니다.

이 책에 관하여

이 책은 저자가 수 년 전 시골지역의 한 학교에서 근무할 때 마땅한 교수자료도 없이 가르쳐야 했던 상황에서 비롯된 것입니다. 저자는 '정서장애'로 여겨지는 10명의 아동들을 가르치는 교사로 고용되었습니다. 저자는 10명이라는 학급 규모는 편안하게 느껴졌으며 전일제 특수학급에서 가르친다는 것이 마음에 들었습니다.

그 이전에 저자는 자료실에서 학습장애 학생들을 즐겁게 가르쳤지만 저자에게 제시된 새로운 도전을 붙잡을 기회를 놓치고 싶지는 않았습니다.(그 학교 감독관은 저자가 그 일을 하기로 수락했을 때 그 자리의 적임자로 고려되고 있던 다른 교사가 그랬던 것처럼 안도의 한숨을 크게 쉬었습니다.) 저자는 학부 시절 교재들을 다시 꺼냈고 전임자의 학급노트를 살펴보았습니다. 또한 교육용품 카탈로그에서 필요한 교보재들을 주문하는 꿈을 꾸면서 저자는 새로운 임무를 위한 준비가 되었다고 생각했습니다. 그 일은 얼마나 힘들까요?

그러나 곧 현실에 눈을 뜨게 되었습니다. 저자의 학급은 에어콘이 없는 조그마한 트레일러 하우스였습니다. 교재들은 한물 간 것들이었고 어떤 명목의 예산도 준비되어 있지 않았습니다. 저자는 아침에는 버스에서 내리는 학생들을 맞이해야 했고, 식사도 학생들과 함께 먹어야 했습니다. 그리고 체육, 미술, 음악 과목 활동들을 기획하는 책임을 맡고 있었습니다. 일주일 중 저자의 유일한 휴식시간은 30분의 도서관 시간이었습니다. 나의 첫 번째 몇 주는 매우 힘들었습니다. 연필들은 마치 무기처럼 사용되었고, 책상은 뒤집혀져 있었으며, 구겨진 과제들이 방안에 던져져 있었습니다. 참을성도 사라지고 목소리는 커져있었습니다. 한 학생이 창문으로 벽돌을 던지는 일조차 있었습니다. 매일 있었던 지역사회 그룹미팅에서는 학생들이 무례하고 부적절한 행동을 보여 타임아웃을 당하는 일이 벌어지곤 했습니다. 아이들은 차례로 대화를 주고받을 줄 몰랐으며, 다른 사람의 말에 조용히 귀기울일 줄도 몰랐으며, 어떠한 질책도 받아들이지 않았으며 저자에게 1분 이상 집중하지도 못했습니다.

저자는 이 아이들에게 다가가기 위해서는 무엇이 되었건 간에 저자가 교사로서 가지고 있는 모든 힘들을 다해야 한다는 것을 깨닫게 되었습니다. 저자는 전임 교사처럼 군대 경력을 가지고 있는 것도 아니었고 신체적으로 위압적이지도 못했습니다(저자는 전임교사에 비해 반 정도밖에 안 되는 신체 사이즈였습니다). 그러나 저자는 아동에 관한 무엇인가를 발견하게 되었습니다. 그들은 이야기를 듣는 것을 좋아했고, 내가 이야기를 읽는 동안에는 조용히 했습니다. 그러다 저자는 아이들을 위한 이야기를 쓰기 시작했습니다. 저자는 아이들의 문제와 이슈 그리고 걱정들을 이야기들로 엮어나갔습니다. 그들의 이름을 이야기에 집어넣었고 재미있는 그림들도 삽입했습니다. 우리는 특정 상황을 다루는 적절한 그리고 부적절한 방법들을 상황극으로도 만들어 보았습니다. 우리는 대화하는 법, 문 앞에서 줄서기, 말하기 전에 손을 들기 등 다른 학생들에게 있어서는 자연스러워 보이는 행동들을 연습했습니다. 그리고 그 무엇보다도 우리는 학업문제, 가족문제, 학교에서 받은 정학, 태도, 사춘기같은 문제들을 다루어야 했습니다.

그 일들은 저자의 교사 경력에서 최고의 경험들 중 하나로 남았습니다. 저자 자신 안에 있었던 작가로서의 그리고 예술가로서의 소질이 기회를 만나 뿜어져 나왔습니다. 저자는 학생들이 필요로 하는 것들을 정확히 제공할 수 있었는데 그것은 학생들을 위한 활동지를 바로 전날 저녁에 만들었기 때문입니다. 첫 1년 동안 학생들과 저자는 하나가 되었고 서로에게 가지고 있었던 기대가 무엇인지도 알게 되었습니다. 이듬해에는 더욱 나아졌습니다. 학생들이 학업적으로 그리고 사회적으로 성공을 경험하기 시작한 것입니다. 우리는 대화기술을 연습하기 위해 또래교사들을 활용했고, 연극도 발표했으며, 현장학습도 나가보았습니다. 점차 저자는 학생들이 사회적으로 수용되기를 진심으로 바라고 있으며, 학생들이 자신의 행동방식을 통제하기 시작했음을 느끼게 되었습니다. 저자는 어떤 기적을 일으켰다고 생각하지는 않습니다. 그보다는 저자가 학생들에게 중요한 어떤 것을 터치했다고 굳게 믿고 있습니다. 저자는 인내와 유머를 가지고 마침내『특수교육요구학생을 위한 사회적 기술 활동들』1판에 나오는 기초적인 사회적 기술들을 가르치기 위한 내용들을 개발하였습니다. 이 책의 2판 출간을 위한 개정작업에서 저자는 최초 1판에서 담았던 기술들 중 많은 부분이 그대로 남았다는데 놀라움을 감출 수가 없었습니다. 지금의 아이들은 각자 휴대폰과 MP3 플레이어를 가지고 있으며 컴퓨터는 어디에나 널려 있습니다. 교실 또한 인터랙티브 화이트보드, 컴퓨터, DVD 플레이어 등을 보유하고 있습니다. 그러나 아이들은 여전히 아이들입니다. 그들은 여전히 다른 사람들에게 수용될 필요가 있으며 그러길 원하고 있습니다. 특수아동들을 위해서는 이러한 기술들이 의도적으로 다루어질 필요가 있습니다. 그들은 어떻게 권위가 작동되는지 이해할 필요가 있으며 친구도 필요합니다. 그들은 다른 사람들에게 수용되기 위해서 다양한 상황에서 어떻게 행동해야 하는지를 알 필요가 있습니다.

세상에서 어떤 것들은 결코 변하지 않습니다.

내용

이 책은 164개의 주제를 3부로 나뉘어 구성되어 있습니다. 제1부는 학교에서 규칙과 권위 수용하기에 대한 내용이고, 제2부에서는 또래와 관계맺기에 대해 다루고 있습니다. 마지막 제3부에서는 긍정적인 사회적 기술을 개발하는 데 초점을 맞추고 있습니다. 각 장은 부모에게 보내는 편지, 각 장에 해당하는 사회적 기술 관련 이야기, 그리고 즉시 사용 가능한 활동들과 학급 조언을 담고 있습니다.

각 활동에서는 교사를 위해 다음의 내용들을 제공하고 있습니다.

- 학습 목표
- 각 기술을 위한 설명
- 집단에서 토론에 사용할 수 있는 몇 가지 생각하기 질문들
- 활동지 완성 후 사용될 수 있는 추후활동들
- 활동지의 모범답안들

재사용이 가능한 학생용 활동지는 주로 하나의 기술에 포커스가 맞춰져 있습니다. 그것은 학교, 가정, 혹은 지역사회 환경에서 일반적인 질문과 상황들에 학생들이 어떤 식으로 읽고, 듣고, 반응할 것인지를 묻는 것입니다. 만일 당신이 사회적 기술 세션이나 지역사회 모임에 관여하고 있다면 이 책에서 그 시간에 다룰 장이나 주제들을 선택할 수도 있을 것입니다. 지도를 위한 수업은 어떤 순서로 해도 무방하며 시간 또한 추후활동들을 더하거나 빼서 조정할 수 있습니다. 각 부의 마지막에 있는 학급 조언들은 추가적인 기술들을 형성하는 것에 초점을 맞추고 있습니다. 또한 각

수업의 생각하기 질문들은 학생들이 대답하기 전에 생각하기, 다른 사람들의 의견을 청취하기, 결론에 도달하기 위해 집중하기 등과 같은 사회적 기술들을 형성시키는 데 도움이 될 것입니다. 제1부 '학교에서 규칙과 권위 수용하기'의 첫 세 장은 교사의 역할 이해하기, 학급 규칙과 책임, 다른 교직원들과 적절한 관계 형성하기에 초점을 맞추고 있습니다. 제1부의 또 다른 장에서는 문제가 발생했을 때 어떻게 해야 하는지에 대한 내용을 담고 있습니다. 제1부는 모두 66개의 수업들로 이루어져 있습니다. 1부에서 소개하고 있는 '트라잇 선생님의 아이디어'는 복도를 차례대로 걸어가지 못하는 학급 학생들 때문에 당황했다가 조금 특별한 훈련방법으로 극복하는 어느 교사에 관한 내용을 소개하고 있습니다. 제2부 '또래들과 관계 맺기'에서 소개되는 기술들은 다른 친구들과 함께 배우고 공부하기, 친구 사귀기, 친구관계 유지하기에 관한 것으로, 총 32개의 수업들로 이루어져 있다. 제2부 속 이야기인 '랄프와 그의 보랏빛 얼굴'은 놀림받는 것을 무시하지 못하는 한 소년에 관한 내용입니다.

제3부 '긍정적인 사회적 기술 개발하기'에서는 사회적 상황 이해하기, 긍정적 성격의 특성, 가족과 잘 지내기, 일상 예절 배우기와 같은 일반적인 기술들을 목표로 하고 있으며, 총 66개의 수업들로 이루어져 있습니다. 3부 속 이야기인 '사고'는 학교에서 그네를 타다 충돌한 후 며칠 동안 서로 인신공격을 하게 되는 두 소녀에 관한 내용입니다.

여러분들에게 이 책이 시기적절하게 도움이 되길 희망합니다.

달린 매닉스

이 책의 저자는

달린 매닉스는 교사로서 20년 이상 일했으며, 학습장애, 정서장애, 언어장애, 중복장애를 가진 다양한 아동들을 가르쳐 왔습니다. 그녀는 테일러대학교에서 학사학위를 받았으며, 인디애나대학교에서 학습장애 전공으로 석사학위를 받았습니다. 미국 특수아동협의회(Council for Exceptional Children)를 포함한 다수의 교육 컨퍼런스에서 발표를 했으며, 특수아동들을 위한 생활기술 활동들(Life Skills Activities for Special Children: Jossey-Bass, 1991), 특수교육 요구를 지닌 중등 학생들을 위한 사회적 기술 활동들(Social Skills for Secondary Students with Special Needs: Jossey-Bass, 2001), 그리고 특수아동들을 위한 쓰기 기술 활동들(Writing Skills Activities for Special Children: Jossey-Bass, 2001)과 같은 여러 책들을 집필하였습니다. 그녀는 현재 인디애나 주의 라 포르트 시 인디애나 트레일 초등학교에서 연방정부의 재정지원 아래 저소득층 자녀를 위한 읽기 교사로 근무하고 있습니다.

차례

제1부 학교에서 규칙과 권위 수용하기 · 1

부모에게 보내는 편지 1 · 3

부모에게 보내는 편지 2 · 4

부모에게 보내는 편지 3 · 5

부모에게 보내는 편지 4 · 6

이야기 : 트라잇 선생님의 아이디어 · 7

제1장

교사의 역할 이해하기 · 17

1.1 선생님도 사람이에요! · 18

1.2 학교규칙은 가정규칙과 다르다 · 20

1.3 서로 다른 학습방식 · 22

1.4 선생님께 존경의 태도 보이기 · 24

1.5 선생님의 지시 수행하기 · 26

1.6 선생님이 교실에 안 계실 때 · 28

1.7 선생님의 주목을 끌기 · 30

1.8 과업에 불평하기 · 32

1.9 선생님과 토론하기 · 34

1.10 집으로 가져가야 하는 통지문 · 37

1.11 선생님이 말씀하고 계실 때 · 39

1.12 선생님을 기쁘게 하는 행동들 · 41

1.13 선생님 기분이 좋지 않을 때 · 44

1.14 즐거운 시간 보내기, 하지만 언제 멈출지 알기 · 47

제2장

학급 규칙과 책임 · 51

2.1 교실에 들어가기 · 52

2.2 아침 일정 · 55

2.3 과제에 주의집중하기 · 57

2.4 옆 사람에게 이야기하기 · 60

2.5 이런, 잘못된 과제야 · 62

2.6 지시에 즉시 따르기 · 65

2.7 '못해요'라고 말하기 · 67

2.8 적절한 말과 적절하지 않은 말 · 69

2.9 이 일을 하기 위해 필요한 것은? · 71

2.10 자유시간을 위한 멋진 선택 · 73

2.11 교실에서 나오기 · 75

2.12 교실에서 이동하기 · 77

2.13 단체로 이동하기 · 79

2.14 결과에 대해 생각해보기 · 81
2.15 처음에 제대로 하기 · 83
2.16 똑바로 앉기 · 85
2.17 숙제하기 · 87
2.18 숙제를 학교에 가져오기 · 90
2.19 과제 마무리하기 · 92
2.20 개별과제와 집단과제 · 95
2.21 소방훈련 및 기타 수업을 중단시키는 것들 · 97
2.22 특별 프로그램에서 행동하기 · 99
2.23 새 학생 환영하기 · 102
2.24 공동체 동아리 공유하기 · 104
2.25 학급 컴퓨터 사용하기 · 108
2.26 출석은 중요하다 · 110

제3장

다른 교직원들과 적절한 관계 형성하기 · 115

3.1 시간 엄수! · 116
3.2 학급 보조원(도우미) · 118
3.3 교장 선생님 · 120
3.4 학교 비서 · 122
3.5 당신은 제 담임 선생님이 아닙니다! · 124
3.6 버스 기사 · 126
3.7 특별반 선생님들 · 128
3.8 관리인 · 130
3.9 현장학습 도우미 · 132
3.10 학교 상담원 · 134
3.11 또래 개인교사 · 136
3.12 공공 봉사자 · 138
3.13 구내식당 도우미 · 140
3.14 운동장 관리자 · 142

제4장

문제가 발생했을 때 · 147

4.1 문제의 발생 · 148
4.2 정중하게 도움 요청하기 · 150
4.3 다른 관점에서 생각하기 · 152
4.4 더 깊게 생각하기 · 154
4.5 정말로 좋지 못한 하루를 보냈어요. · 156
4.6 무엇을 해야 할지 모르겠어요. · 158
4.7 울지 않기, 투덜거리지 않기 · 161
4.8 영어로 말할 수 없어요! · 163
4.9 변명, 변명 · 165
4.10 도움을 주는 사람들 · 168
4.11 문제 해결사 · 170
4.12 숙제 기록하기 · 172

제2부 또래들과 관계 맺기 · 175

부모에게 보내는 편지 5 · 177
부모에게 보내는 편지 6 · 178
부모에게 보내는 편지 7 · 179
이야기 : 랄프와 그의 보랏빛 얼굴 · 180

제5장

다른 친구들과 함께 배우고 공부하기 · 185

5.1 리더를 따르기 · 186
5.2 리더 되기 · 189
5.3 무시해야 할 때 무시하기 · 191
5.4 다른 사람들을 방해하지 않기 · 193
5.5 장애가 있는 친구들 · 196
5.6 문제 학생들 · 199
5.7 자신의 몫을 다하기 · 202
5.8 항상 "나 먼저!"라고 말하지 않기 · 206
5.9 부정행위 · 209
5.10 다른 친구들의 생각을 들어주기 · 211

5.11 실수하는 사람들 · 213
5.12 차례 지키기 · 215

제6장

친구 사귀기 · 219

6.1 타인에게 관심 갖기 · 220
6.2 자신을 공개하기 · 222
6.3 동아리 혹은 과외활동에 가입하기 · 224
6.4 당신이 속한 집단에 다른 사람을 초대하기 · 226
6.5 새로운 집단에 가입하기 · 229
6.6 경청하기 · 233
6.7 격려란 무엇인가? · 235
6.8 좋은 말 해주기 · 237
6.9 바람직한 집단활동 · 239
6.10 손님 맞이하기 · 242

제7장

친구관계 유지하기 · 245

7.1 친구로부터 배우기 · 246
7.2 공정한 친구가 되기 · 248
7.3 친구를 공유하기 · 250
7.4 함께 웃기 · 252
7.5 약속 지키기 · 254
7.6 친구와의 의견 차이 · 256
7.7 친구를 지지해 주기 · 259
7.8 문제를 지닌 사람 도와주기 · 261
7.9 친구에게 도움이 필요한지에 대해 문의하기 · 264
7.10 친구관계의 변화 · 266

제3부 긍정적인 사회적 기술 개발하기 · 271

부모에게 보내는 편지 8 · 273
부모에게 보내는 편지 9 · 274
부모에게 보내는 편지 10 · 275
부모에게 보내는 편지 11 · 276
이야기 : 사고 · 277

제8장

사회적 상황 이해하기 · 285

8.1 올바르게 예측하기 · 286
8.2 무례하지 않게 '아니요'라고 거절하기 · 288
8.3 '싫어'라고 거절하고 싶을 때, '그래'라고 수락하지 않기 · 290
8.4 상대방의 기분을 상하게 하지 않기 · 292
8.5 장애란 무엇인가? · 294
8.6 나와 다른 사람들 · 297
8.7 어조 · 300
8.8 얼굴 표정 · 302
8.9 타인의 의견 · 304
8.10 지금이 적절한 시기일까? · 307
8.11 선생님의 기분 이해하기 · 309
8.12 타인의 감정 이해하기 · 311
8.13 나의 경우라면 어떻게 할까요? · 313
8.14 올바른 행동은 무엇일까요? · 315
8.15 도움 요청하기 · 317
8.16 과장하지 않기 · 319
8.17 장난이 때로는 유쾌할 수 있습니다 · 321
8.18 장난이 때로는 불쾌할 수 있습니다 · 324
8.19 특정 장소에서의 적절한 행동 · 328
8.20 내가 잘하고 있다는 단서 · 330

제9장

긍정적인 성격의 특성 · 335

9.1 관심거리와 취미 만들기 · 336
9.2 다른 사람에게 참을성 가지기 · 338

9.3 정정당당한 태도 가지기 · 340
9.4 과장하지 않기 · 343
9.5 다른 사람을 배려하기 · 346
9.6 좋은 리더 되기 · 348
9.7 좋은 협력자 되기 · 350
9.8 다른 사람 칭찬하기 · 353
9.9 사과하기와 비난 수용하기 · 355
9.10 일 마무리하기 · 357
9.11 미리 생각하기 · 360
9.12 유머 감각 가지기 · 364

제10장

가족과 잘 지내기 · 369

10.1 부모에게 순종하기 · 370
10.2 순종하지 않은 결과 · 372
10.3 집에서의 규칙 · 374
10.4 나의 책임감 · 376
10.5 우리 모두 일을 해요 · 378
10.6 사람들은 바빠요 · 380
10.7 형제자매와 공유하기 · 384
10.8 맏이에 대해 · 386
10.9 막내에 대해 · 388
10.10 가운데 형제자매 · 390
10.11 부모님이 이혼했어요 · 392
10.12 부모님과 대화하기 · 394
10.13 난 베이비시터가 필요하지 않아요 · 397
10.14 즐거운 가족 놀이 · 399

제11장

일상 예절 · 403

11.1 다른 사람을 만나기 · 404
11.2 다른 사람의 집에 방문하기 · 406
11.3 무례한 소리 · 410
11.4 '감사합니다'라고 말하기 · 412
11.5 개인적인 질문들 · 416
11.6 다른 사람을 흉내 내기 또는 모방하기 · 418
11.7 공공장소에서의 행동 · 420
11.8 줄 서기 · 423
11.9 식탁 예절 · 426
11.10 외식하기 · 429
11.11 초대받지 않은 손님 · 431
11.12 휴대폰 사용하기 · 435
11.13 대화 방해하기 · 438
11.14 지역사회에서 어른 공경하기 · 443
11.15 질문에 적절하게 대답하기 · 445
11.16 바른 말 사용하기 · 447
11.17 고자질 · 450
11.18 감사 카드 · 452
11.19 R.S.V.P. (참석 여부에 대한 답) · 454
11.20 황금률 · 456

PART 01

학교에서 규칙과 권위 수용하기

어느 날 오후 저자는 복도를 걸어가다 유치원생인 데이비드를 만났다. 데이비드는 복도에 있는 식수대 물을 마신 후 다른 유치원생들과 함께 벽을 따라 열을 지어 서 있었다. "데이비드야!" 저자가 큰 소리로 불렀다.

그는 저자를 슬픈 눈으로 쳐다보며 고개를 저었다.

"무슨 문제라도 있니?" 저자는 허리를 굽혀 그의 얼굴을 바라보며 물어보았다. 데이비드는 머리를 가로젔고 어깨를 추썩거리면서 대답했다. "제가 줄 서기 프로토콜(protocol)을 배운 지 얼마 안 되는데, 그게 바뀌었다는 거예요!" 데이비드는 머리를 계속 좌우로 흔들었다. "유치원도 힘든 곳이군." 흥미로운 것은 저 아이가 프로토콜이라는 단어를 사용한다는 것이었다.

저자가 지난 몇 년 사이에 발견한 한 가지 변화는 우리가 사용하는 용어에 있어서의 변화이다. '규칙(rule)'이라는 용어 대신에 우리는 지금 '절차(procedure)'라는 용어를 사용하고 있다. (절차에는 줄 서기 절차, 소방훈련 절차, 교실입장 절차 등이 있다.) 보조교사라는 말은 이제 '초빙교사'로 부르고 있다. 우리는 모든 것들에 대한 '벤치마크'를 가지고 있으며, '분쟁해결 코치'도 존재한다. 그러나 어떤 단어가 사용되건 간에 자신이 처한 환경을 이해하고 수용하면 모든 일들이 보다 순조롭게 진행될 것이라는 점은 여전하다. 그러므로 학생들에게 규칙과 절차들을 가르치는 것뿐만 아니라, 왜 그러한 규칙들이 존재하는지 이해하도록 돕는 것 또한 중요한 것이다.

일부 학생들은 매우 어린 시절부터 권위를 존중하지 않는 경우가 있다. "나한테 시켜도 안 할 거야!"라고 말하는 다섯 살 먹은 아이를 보면서 우리는 그 아이가 학교에서 뭘 배울 수 있을지 걱정하게 된다. 한숨이 나오긴 하지만 순종하는 법을 가르쳐야만 한다. 어떤 점에서 보면 아이는 자신의 안전, 효율성, 혹은 협동을 도와주려는 마음을 가진 성인을 신뢰할 필요가 있는 것이다. 그리고 우리는 우리들 자신이 권위에 복종해야 할 때마다 우리들의 어린 관찰자들 앞에서 규칙과 권위를 수용하는 철학을 지속적으로 시범보여야 한다. (갑자기 부끄러운 기억이 되살아났다. 어느 날 아침 출근길에 저자는 과속으로 적발되었다. 거기서 저자는 자신이 어린 학생들에게 규칙준수를 가르치는 교사인데 지금 지각하게 되어 그 학생들에게 이유를 설명해야 할지 모른다는 점을 교통경찰에게 얘기해야만 했다.)

제1부는 학생들이 학교 내 권위에 대해 배우고 그에 적절하게 행동하도록 돕는 내용이다. 제1부의 수업들은 학생이 학급 교사, 다른 성인들, 또는 돕기 위해 그곳

에 있는 더 나이 든 또래들의 권위를 파악하고 수용하도록 돕는다. 또한 각 수업은 학생이 규칙에 따라 행동하고 부딪히게 되는 문제들에 대처하도록 돕는다. 제1부는 다음과 같이 구성되어 있다.

- 부모에게 보내는 편지
- 이야기 : '트라잇 선생님의 아이디어'
- 제1장 : 교사의 역할 이해하기
- 제2장 : 학급 규칙과 책임
- 제3장 : 다른 교직원들과 적절한 관계 형성하기
- 제4장 : 문제가 발생했을 때

부모에게 보내는 편지 1

★ 내용 : 학교에서 규칙과 권위 수용하기–교사의 역할 이해하기

부모님께

학교에서는 사회적 기술에 관한 수업을 진행하고자 합니다. 제일 처음 목표로 하는 것은 학생이 규칙과 권위에 대해 이해하도록 하는 것이며, 그중에서도 먼저 교사의 역할을 이해하도록 하는 것입니다.

교사는 자녀가 보내는 많은 시간에 있어서 중요한 역할을 하고 있습니다. 교사의 역할은 단순히 많은 내용이나 기술을 학습하도록 하는 데 있지 않으며 당신 자녀는 물론 학급 내 모든 학생들의 요구와 관심을 다루고 있습니다. 학창시절 만나게 되는 선생님들 중에는 학생이 좋아하는 정도에서는 약간의 차이가 있겠지만 모든 선생님은 학생에게 매우 중요한 존재입니다. 이번 수업들은 학생이 교사라는 존재에 대해 어느 정도 이해할 수 있도록 도와줄 것입니다.

다음은 위의 목적을 강화하기 위해 가정에서 할 수 있는 몇 가지 방법들입니다.

- 자녀에게 학교 규칙들을 말해 보도록 하세요. 왜 그것들이 필요한지도 물어보세요.
- 당신 자녀 선생님의 개인적 관심사 몇 가지를 찾아보세요. 달리기를 좋아하나요? 훌륭한 요리사인가요? 약간의 시간을 투자해서 학교 밖 선생님의 모습에 대해 알아보세요.
- 교사와의 갈등을 정직하고 긍정적인 방식으로 해결하세요. 그러나 당신 자녀 앞에서 하지는 마세요. 모든 이야기에는 두 가지 측면이 있다는 걸 기억하세요. 당신이 화가 나기 전에 학교에 전화해서 당신이 우려하는 바에 대해 문의해 보세요. 정보는 잘못 전달될 수 있습니다. 사실이 무엇인지 확인하세요.
- 선생님에 대한 존중을 강화해 주세요. 이번에 실시하는 수업은 교사에게 예의 바르게 행동하고, 교사를 신뢰하고, 교사가 최대한 무난하게 맡은 일을 처리할 수 있도록 배려하는 데 초점을 맞출 것입니다.

감사합니다.

____

교사

부모에게 보내는 편지 2

★ 내용 : 학교에서 규칙과 권위 수용하기-학급 규칙과 책임감

부모님께

사회적 기술 지도의 다음 단원은 학급 규칙을 준수하는 것, 그리고 학생으로서 진지하게 책임감을 갖는 것과 그것이 무엇을 의미하는지에 대해 학습하는 것입니다. 규칙이란 무엇인가 효율적이 되기 위해 필요한 삶의 일부입니다. 규칙은 타당해야 할 것이고, 또한 학습환경 조성에 도움이 되어야 할 것입니다.

수업들 중 일부는 독립적으로 활동하기, 교실을 정숙하고 바른 태도로 드나들기, 지시 따르기, 다른 사람의 말을 귀담아 듣기, 숙제를 잘해오기, 과제 완수하기 등을 포함합니다.

당신은 다음의 방식으로 자녀가 이러한 기술들을 익히도록 도울 수 있습니다.

- 학급의 특정 규칙들에 대해 토론해 보기. 자녀가 속한 학급에는 무엇이 중요한가요? 자녀가 그 규칙들을 알고 있나요?
- 매일 자녀가 집으로 가져오는 숙제 혹은 다른 과제들을 주의깊게 살펴보기. 자녀가 그것들을 독립적으로 완수할 만큼 준비되어 있나요? 당신이 책가방이나 주머니를 뒤지지 않아도 숙제가 있는지를 알 수 있나요? 부모와 교사 간 알림장 메모를 놓치지 않도록 절차를 세워놓으셨나요?
- 반드시 필요한 경우가 아니라면 결석이나 지각하지 않도록 하기. 교실에서 하루 중 처음 몇 분은 그날의 분위기나 의제가 정해지는 시간입니다. 자녀가 지각하거나 결석을 하게 되면 중요한 무엇인가를 놓치게 됩니다. 자녀의 정시 도착을 최우선 사항으로 정하세요.

감사합니다.

____

교사

부모에게 보내는 편지 3

★ 내용 : 학교에서 규칙과 권위 수용하기–다른 교직원들과 적절한 관계 형성하기

부모님께

학교에는 담임 선생님 이외에도 자녀의 학업을 돕우며, 학교를 안전한 장소가 될 수 있도록 도와주는 분들이 계십니다. 그런 분들 중에는 교장 선생님, 다른 선생님들, 버스 운전사, 상담선생님, 보조교사 등이 있습니다. 우리는 학생들이 이러한 분들에게도 존중하는 마음을 갖게 되길 희망합니다.

다음의 생각들을 염두에 두면 도움이 될 것입니다.

- 학급에 보조교사가 투입된다는 사실을 알았을 때 단순히 아이를 돌봐주는 사람 정도로 여기지 말아 주세요. 당신의 자녀가 바람직한 행동을 하도록 일깨워 주시고 최대한 협조적이어야 하며 도움을 드려야 한다고 얘기해 주세요.
- 교장이나 다른 교직원에게 화가 나는 일이 있을 때 그것을 자녀에게 말하지 말고 직접 그들과 상의해 주세요.
- 당신은 학교 교직원들이 자녀와 관련해 결정한 사항들에 동의하지 않을 수 있습니다. 그러나 먼저 이해하도록 노력해 주세요. 상대 입장에서 이해하려 하다 보면 보다 나은 결과를 도출할 수 있습니다. 때로는 실수가 있을 수도 있습니다. 어느 누구도 완벽할 수는 없어요.
- 버스 운전사의 일은 쉽지 않습니다. 자녀들을 위해 안전한 운행을 해야만 하죠. 만일 당신의 자녀가 버스 내 규칙을 따르지 않거나 비협조적일 경우 그러한 행동의 결과에 대해서 자녀와 이야기를 나눠 보도록 하세요. 당신의 자녀가 버스를 장시간 타야 한다면 무언가 흥미를 느낄 수 있는 것들을 가져가도록 해주세요(예를 들면, 재미있는 책이나 낱말 퍼즐).
- 당신이 훌륭한 역할모델이 되어 주세요. 당신이 먼저 직장 상사, 시청 공무원, 경찰 등 권위를 부여받은 이들을 존중해 주세요. 존중하는 마음은 당신의 태도를 통해 전달될 것입니다.

감사합니다.

____

교사

부모에게 보내는 편지 4

★ 내용 : 학교에서 규칙과 권위 수용하기–문제가 발생했을 때

부모님께

살다보면 때때로 어려운 일을 겪게 된다는 걸 잘 아실 겁니다. 자녀들이 이해하길 바라는 대처기술 중 하나는 그들이 그러한 어려움을 극복할 수 있도록 도와줄 자원과 기술이 있다는 사실을 이해하도록 하는 것입니다.

이 단원 내 수업들에서는 문제를 정의하기, 도움을 요청하기, 문제를 보다 깊이 이해하기, 변명하지 않기, 또래 조언자를 활용하기, 과제를 파악하기, 숙제하기, 도움을 줄 성인이나 친구 구하기 등을 다룹니다.

자녀가 문제에 직면했을 때 당신은 그들을 위한 하나의 자원이 된다는 점을 기억하시기 바랍니다.

- 자녀와 매일 대화를 나누세요. 무엇이 자녀를 힘들게 하는지, 학교에서 무슨 일들이 있었는지, 혹은 하는 일들이 잘 되가는지 파악해 보세요. 부모님께서 바쁘시더라도 꼭 시간을 내서 자녀의 눈을 바라보고 잘 들어주시기 바랍니다.
- 당신이 자녀를 신경쓰고 있다는 사실을 자녀가 알도록 해주세요. 설사 부엌 설거지나 자동차 광내는 일일지라도 자녀와 함께 시간을 보내시는 것이 좋습니다.
- 귀 기울여 들어주세요. 당신은 1분 동안 끼어들지 않고 자녀가 말하는 것을 들어주실 수 있나요?
- 자녀가 학교 상담 선생님, 담임 선생님, 기타 훌륭한 성인, 혹은 신뢰할 수 있는 선배 학생을 찾아가 의논할 수 있도록 격려해 주세요. 아동이 부모에게 완전하게 마음을 여는 것은 어려울 수 있지만 다른 사람들에게 자신의 생각을 보이고 그 반응을 살피는 일은 보다 용이할 수 있습니다. 당신은 지나치게 문제에만 몰두할 수도 있습니다. 당신의 자녀가 도움을 필요로 할 때 다른 길들을 막지는 말아 주세요.

감사합니다.

____

교사

이야기 : 트라잇 선생님의 아이디어

트라잇 선생님 반 학생들은 복도에서 줄을 지어 걸어가지 못합니다. 처음에 잘 시작하더라도 금세 여러 문제들을 일으킵니다. 아무리 아래의 그림처럼 시작했더라도

몇 분만 지나면 아래처럼 되곤 합니다.

어떤 때는 그들 중 누군가 너무 빨리 걸어가서 앞사람의 신발 뒤축을 밟습니다.

어떤 학생은 지나치게 천천히 걸어서 그 학생 뒤가 마치 교통정체가 일어난 것처럼 학생들로 밀려 버립니다.

한두 명의 학생들은 항상 줄을 이탈하기 때문에 줄 안으로 들어가라고 꾸짖어야만 합니다.

작은 쉘던 선생님은 학생들이 지나쳤던 모든 교실을 들여다 보고 안에 있는 사람들에게 괜찮다는 손짓을 해야만 했습니다.

문제가 있을 때 트라잇 선생님은 항상 몇 가지 아이디어를 가지고 있었습니다.

트라잇 선생님은 제일 먼저 학교 창고에 가서 검은 페인트와 페인트 붓을 가져와서 학생들이 복도를 다닐 때 따라가야 하는 발자국을 칠했습니다. 그녀는 학생들이 복도의 아무 곳으로나 다니지 않고 이렇게 정확히 표시된 곳으로만 다닐 것이라고 생각한 것입니다.

그래서 학생들은 복도로 나가기 5분 전에 바닥에 그려진 페인트가 벗겨지지 않도록 하기 위해 신발을 벗어야만 했습니다.

그러나 여전히 문제는 있었습니다. 학생들이 걷는 동안 서로 순서를 바꾸는 것이었습니다. 학생들 중 어느 누구도 자기가 어디에 위치해야 하는지 기억하지 못했습니다.

그러나 트라잇 선생님은 또 다른 아이디어가 있었습니다. 선생님은 학생들이 교실을 나갈 때 모두의 등에 번호를 붙여주셨습니다.

"순서를 바꾸는 건 안 돼." 선생님은 말씀하셨습니다. "이 순서를 지켜야 해."

그래서 복도로 나가기 10분 전에 학급의 모든 학생들은 신발을 벗고 자신의 등에 숫자 카드를 붙였습니다.

그러나 여전히 다른 문제가 남아 있었습니다. 어떤 학생들의 걸음걸이가 너무 빨라서 앞서 걷는 사람들을 방해하는 것이었습니다.

트라잇 선생님 역시 또 다른 아이디어가 있었습니다.

선생님은 점심시간에 중고차 판매점에 가서 타이어 몇 개를 사왔습니다. 학생들은 각 타이어에 한 명씩 들어가 뒤에 있는 학생이 빨리 걸으려 해도 갑작스런 동요가 일어나지 못하게 만들었습니다.

그래서 복도로 나가기 15분 전에 학생들은 그들의 신발을 벗고, 숫자 카드를 등에 붙이고 타이어를 허리에 차야 했습니다.

그래도 문제는 남아 있었습니다. 어떤 학생들은 너무 늦게 걸어서 다른 학생들을 쫓아가기 어려웠던 것입니다.

물론 트라잇 선생님에게는 또 다른 아이디어가 있었습니다.

트라잇 선생님에게는 코끼리를 훈련시키는 서커스단에서 일하는 친구 한 명이 있었습니다. 선생님은 코끼리들이 함께 걷도록 할 때 사용하는 쇠사슬이 달린 족쇄를 빌려 왔습니다. 모든 학생들의 발목에 족쇄가 채워졌을 때 학생들은 함께 머물 수 있었습니다.

그래서 복도로 나가기 20분 전에 학생들은 신발을 벗고, 숫자 카드를 등에 붙이고, 타이어를 허리에 차고, 트라잇 선생님이 발에 쇠사슬이 달린 족쇄를 채워 주기를 기다려야 했습니다.

그러나 문제가 하나 더 있었습니다. 학생들이 복도를 따라 걸어갈 때 그들이 지나쳐 온 교실, 화장실, 깡통이나 상자, 혹은 책상 등에 계속 시선을 빼앗겼던 것입니다.

그래도 트라잇 선생님에게는 아이디어가 남아 있었습니다.

선생님은 마을 축제에서 큰 수레를 끌었던 말 주인의 옆집에 살고 있었습니다. 그 주인은 말 머리에 검은 색의 큰 눈가리개를 씌워서 말들이 오른쪽이나 왼쪽이 아닌 오직 정면만을 바라보도록 만들었습니다. 트라잇 선생님은 그 눈가리개 몇 개를 빌렸습니다.

그래서 학생들은 교실을 나가기 25분 전에 신발을 벗고, 숫자 카드를 받고, 타이어를 허리에 차고, 트라잇 선생님이 와서 쇠사슬이 달린 족쇄를 채워 주기를 기다려야 했고, 눈가리개를 써야 했습니다.

드디어 학생들이 복도를 따라 걸어갈 때 아무런 문제도 일어나지 않았습니다.

내가 문제가 없다고 말했나요?

이제 학생들은 어디에 갈 준비를 하는 데 너무 많은 시간이 들어서 어떤 장소에 가게 되면 곧바로 돌아와야만 했습니다.

어떤 날에는 복도에서 걸어가면서 점심식사를 해야만 했습니다.

화재대피 훈련을 하던 날에 학생들은 나갈 준비를 하는 데 너무 오랜 시간이 걸려서 트라잇 선생님은 학생들에게 창문으로 뛰어내리고 다른 사람들에게는 아무 말도 하지 말라고 얘기했습니다.

마침내 학생들은 지쳤습니다. 학생들은 트라잇 선생님을 바라보며, 무릎을 꿇고 애걸했습니다. "트라잇 선생님, 이건 너무 힘들어요! 이제 바르게 걸어 다닐 거예요. 한 번만 봐주세요!"

트라잇 선생님은 미소를 지었습니다. "아무래도 이제야 준비가 된 것 같습니다. "교실 뒤쪽에 있는 벽장 안에 모든 것들을 집어넣으세요.

이제 학생들은 복도를 걸어가는 데 아무런 문제를 보이지 않았습니다. 그래서 어느 누구도 긴 점심시간을 놓치지 않았고 화재대피 훈련도 정상적으로 이루어졌습니다. 그리고 어느 날 누군가는 트라잇 선생님 반 학생들이 복도를 지나갈 때 가장 신속하고 조용했다고 언급한 적도 있습니다.

만일 학생들이 지금까지의 일들을 잊고 또 다시 밀치거나 너무 빨리 혹은 너무 천천히 걸어가기 시작한다면 트라잇 선생님은 벽장으로 가서 또 다시 검은색 페인트를 꺼내게 될 것입니다.

끝

01

Chapter

교사의 역할 이해하기

1.1 선생님도 사람이에요!

목표

학생은 가장 좋아하는 선생님과 비공식적인 인터뷰를 실시한 후 그 선생님의 특성을 3~5가지 요약할 수 있을 것입니다.

설명

학생들은 학창시절 많은 선생님들과 더불어 다양한 경험을 갖게 됩니다. 선생님들 중 일부는 학생들이 정말로 좋아하지만 또 다른 일부는 그렇지 않을 수도 있습니다. 그러나 모든 선생님들은 사람입니다. 어떤 날은 기분이 좋지만 어떤 날은 나쁠 수도 있고, 서로 다른 관심사와 취미, 그리고 서로 다른 가족과 애완동물 등을 가지고 있습니다. 가장 좋아하는 선생님과 인터뷰를 해보면 학생은 그 선생님을 단지 선생님으로서가 아닌 한 인간으로서의 관심사와 생각에 대해 배울 수 있게 됩니다.

생각하기 질문

1. 그동안 어떤 선생님들에게서 배웠나요? (성함을 물어보세요.)
2. 그 선생님들에 관해서 어떤 점들이 기억나는지 말해 보세요? (수업시간에 했던 활동들, 재미있었던 일들, 어떤 차를 가지고 계셨는지?)
3. 사람들은 선생님이 되려는 이유는 무엇이라고 생각하나요? (아이들을 좋아해서, 다른 사람들을 돕는 걸 좋아해서, 여름방학을 가질 수 있어서)
4. 정말로 좋아했던 선생님을 생각해 보세요. 왜 그 분을 좋아했나요? (내 말을 잘 들어주셔서, 재미있는 게임을 가지고 계셔서, 설명을 잘해주셔서)
5. 혹시 선생님이 되려고 했던 적이 있나요? 왜 혹은 왜 아니죠? (다양한 응답이 예상됨)
6. 당신이 교사라면 무엇을 가르칠 건가요? (다양한 응답이 예상됨)

활동

지시사항 : 학생들이 인터뷰를 실시할 수 있도록 교사들 중 참여의사가 있는 분들을 모셔 보세요. 당신이 근무하고 있는 학교의 선생님일 수도 있고 학생들이 알고 있는 다른 학교의 선생님일 수도 있습니다. 학생이 인터뷰를 위한 시간과 장소를 잡을 수 있도록 도와주세요. 학생들이 추가적인 질문을 도출할 수 있도록 격려해 주세요.

정답 : 다양한 응답이 예상됨

보충활동 : 학생들이 자신의 인터뷰 결과를 급우들과 공유할 수 있도록 해주세요. 학생들은 선생님에 관해서 어떤 흥미로운 점들을 발견했나요? 선생님들은 가르치는 데 있어서 어떤 점들을 좋아했고 어떤 점들을 싫어했나요?

성명 ____________________ 날짜 __________

1.1 선생님도 사람이에요!

선생님에 관해서 흥미로운 점들을 찾아보세요.

교사 : ____________________ 과목 : __________

1. 얼마나 오랫동안 선생님으로 일하셨나요? ____________________
2. 가르치는 데 있어서 가장 좋은 점은 무엇인가요? ____________________
3. 학생들을 가르치다가 경험한 가장 재미있는 사건은 무엇인가요? ____________________
4. 학생들을 가르치는 데 있어서 좋아하지 않는 것에는 어떤 것들이 있나요? ____________________
5. 선생님이 되기로 결심한 동기는 무엇인가요? ____________________
6. 선생님이 아니라면 어떤 일들을 해보고 싶나요? ____________________
7. 담당하고 있는 학급의 학생들을 위해 무엇인가 돈으로 살 기회가 있다면 무엇을 사실 건가요? ____________________
8. 선생님에게 자녀가 있나요? 아니면 애완동물을 키우시나요?

이 활동지의 뒷면에 생각나는 다른 질문들을 써보세요.

1.2 학교규칙은 가정규칙과 다르다

목표

학생이 학교와 가정 양쪽에 적합한 혹은 어느 한 장소에만 적합한 규칙의 예들을 찾아낼 수 있을 것입니다.

설명

때때로 가정에서 수용되는 어떤 행동들(책을 읽으며 음식 먹기, 아무 때나 자기 자리에서 벗어나기)이 학교에서 수용되지 않는 경우가 있으며, 그 반대의 경우 또한 있을 수 있습니다. 학생들이 학교규칙의 중요성을 이해하는 것이 중요하며, 학교 안에서 혹은 다른 환경(가정)이라 해도 같은 상황일 때는 그것을 준수하는 것이 바람직합니다.

생각하기 질문

1. 가정에서 준수해야 하는 규칙에는 어떤 것들이 있나요? (쓰레기 내다버리기, 입에 음식을 물고 말하지 않기, 매일 아침 침대 정리하기)
2. 학교에서 준수해야 하는 규칙에는 어떤 것들이 있나요? (책상 깨끗이 하기, 식수대에서 너무 오랫동안 물 마시지 않기)
3. 학교와 가정 양쪽의 동일한 규칙은 어떤 것들이 있나요? (싸우지 않기, 정리정돈하기, 나쁜 말 하지 않기)
4. 각 장소에는 왜 서로 다른 규칙들이 있다고 생각하나요? (학교에는 사람 수가 많다, 가정에는 자족들만 있다)
5. 학교에는 왜 그렇게 많은 규칙들을 필요로 한다고 생각하나요? (일들이 순조롭게 운영되기 위해서, 그래야만 모든 사람들이 일을 동일한 방식으로 하니까)
6. 학교규칙들 중 가장 준수하기 힘든 것은 무엇인가요? (옆 사람과 얘기하지 않기, 책상 깨끗이 하기)
7. 학교규칙들 중 가장 중요한 것은 무엇이라고 생각하나요? (화재대피 훈련 중 얘기하지 않기, 싸우지 않기)

활동

지시사항 : 학생들에게 가정 및 학교 규칙들에 관한 활동지를 완성하게 하세요. 해당 규칙이 가장 필요한 장소가 가정일 경우 H, 학교일 경우 S, 양쪽일 경우 H, S로 표시하세요.

정답 : 1. H　2. S　3. S　4. H, S　5. H, S　6. H　7. S　8. H　9. S　10. H, S

보충활동 : 학생들이 학교규칙과 가정규칙을 각 10개씩 적도록 하세요. 자신이 적은 것들을 다른 학생들의 것과 비교하고 그 규칙들이 왜 중요한지 토론하도록 해주세요.

성명 ______________________ 날짜 __________

1.2 학교규칙은 가정규칙과 다르다

가정규칙이라 생각되면 H로 표시하고 학교규칙이라 생각되면 S로 표시하세요. 만일 학교와 가정 양쪽에 해당된다면 H, S로 표시하세요. 신중하게 생각해 보세요.

1. 침대 정리하기. __________
2. 종이 제일 위에 자기 이름 쓰기. __________
3. 말하고 싶은 것이 있을 때 먼저 손을 들어 올리기. __________
4. 누군가 얘기하고 있을 때 방해하지 않기. __________
5. 방에 들어올 때 코트를 벗어서 걸어두기. __________
6. 놀이에 친구들을 초대하고 싶을 때 친구들에게 먼저 물어보기. __________
7. 발은 책상 밑에 두기. __________
8. 다른 형제자매를 놀리지 않기. __________
9. 선생님 책상에 놓인 연필 가져가지 않기. __________
10. 다른 사람을 향해 음식물 던지지 않기. __________

1.3 서로 다른 학습방식

목표

학생은 사람들의 서로 다른 학습방법 몇 가지를 얘기할 수 있을 것입니다.

설명

학생들이 한 교실에 함께 있다 해도 그들은 서로 다른 개인이며 서로 다른 방식으로 학습을 합니다. 어떤 학생들은 주로 시각적으로 학습하며 또 다른 학생들은 돌아다니면서, 촉각으로, 반복을 통해, 청각을 통해 또는 다른 독특한 방식으로 학습을 합니다. 학생이 가장 잘 학습할 수 있는 방식을 찾아내는 것은 해당 학생에게 큰 도움이 될 것입니다.

생각하기 질문

1. 지난 몇 주 동안 새로 배운 것에는 어떤 것들이 있습니까? (필기체로 쓰기, 구구단 5단 외우기)
2. 이것을 어떻게 배웠나요? (반복, 누군가 그것을 하는 법을 보여줌, 기억술)
3. 모든 사람들이 동일한 방식으로 학습한다고 생각하나요? (아니요)
4. 시각장애인은 컴퓨터 작동법을 어떻게 배울까요? (키보드의 위치 익히기, 누군가 시각장애인을 도와줌)
5. 휠체어를 사용하는 사람들은 어떻게 농구시합을 할까요? (특별히 개조된 휠체어)
6. 새 단어를 외우는 방법을 세 가지 생각해 보세요? (열 번씩 베껴 쓰기, 큰 소리로 단어 읽기, 10초 동안 단어를 눈으로 바라보기)
7. 모든 사람들이 동일한 방식으로 학습하나요? (아니요. 다른 많은 방법들이 있음)
8. 무엇을 배울 때 어떤 방식으로 할 때 가장 잘 배우나요? (누군가 나에게 하는 법을 보여줄 때, 실수를 통해서)

활동

지시사항 : 학생들은 활동지 상의 각 학생과 그 학생이 가장 잘 배우는 방식을 보여주는 그림들을 서로 연결지어야 합니다.

정답 : 1. 데이나 2. 존 3. 맥스 4. 캐롤

보충활동 : 학생들이 다른 방식을 사용해 배울 수 있는 과제들에 대해 논의하게 해주세요(읽기, 암기하기, 동물 그리기, 컴퓨터 게임 하기). 학생들이 가장 잘 배울 수 있다는 것에 대해 어떻게 생각하는지 토론하세요.

성명 ______________________________ 날짜 ______________

1.3 서로 다른 학습방식

이 학생들은 각자 어떻게 케이크를 굽는지를 배우고자 노력하고 있다. 그러나 그들은 서로 다른 방식을 사용해 배우고 있다. 아래의 단서들을 사용하고 있는 그림을 찾아내 그 학생의 이름을 그림 아래 적으세요.

존은 요리책을 읽으면서 케이크 만드는 법을 배우고 있다.
캐롤은 한 친구가 말해 주는 것을 들어서 배우고 있다.
맥스는 이미 케이크 굽는 법을 알고 있어서 자신의 기억을 활용하고 있다.
데이나는 케이크를 만들고 있는 친구를 바라보고 친구가 하고 있는 것을 따라 하고 있다.

____

____

____

____

1.4 선생님께 존경의 태도 보이기

목표

학생은 선생님에게 존경의 태도를 보이는 아동의 예를 선택할 수 있을 것입니다.

설명

'존경'이란 누군가를 가치 있는 사람으로 대하는 것을 의미합니다. 학생들은 존경을 보이는 말과 행동을 사용해 선생님은 물론 다른 어른들도 존경해야 합니다. 의견을 제시하는 것 자체는 문제될 게 없지만 학생이 선생님을 대할 때는 가치 있는 사람을 대할 때 사용하는 단어와 말들을 사용해야 합니다.

생각하기 질문

1. 내가 당신이 보는 앞에서 문을 손으로 쾅 친다면 당신은 어떻게 느끼겠습니까? (분노한다, 화가 난다.)
2. 내가 긴 줄에 서 있을 때 당신을 내 앞에 서도록 해준다면 당신은 어떻게 느끼겠습니까? (고맙다, 기쁘다.)
3. 이 예들 중에서 어느 것이 누군가를 존경하는 모습일까요? (두 번째)
4. 우리는 존경이라는 말을 어떻게 잘 정의할 수 있을까요? (누군가를 가치 있는 사람으로 대함)
5. 선생님에게 존경의 태도를 보일 수 있는 방법에는 어떤 것들이 있을가요? (공손하게 대하기, 조용히 있기, 선생님에 대해 좋지 않은 말을 하지 않기)
6. 학생들이 존경을 나타내면 선생님은 어떻게 느낄 거라고 생각하나요? (기분 좋다, 자긍심을 느낀다, 학생들을 더 많이 도와주려 한다.)

활동

지시사항 : 학생들에게 활동지에 제시된 9개의 그림들을 살펴보게 하고 그림 속 학생이 교사에게 존경을 나타내고 있는지 아닌지를 선택하게 하세요. 존경을 나타내고 있으면 ○로 표시하고, 그렇지 않으면 ×로 표시해야 합니다.

정답 : 1. ○ 2. × 3. ○ 4. ○ 5. ○ 6. × 7. × 8. × 9. ○

보충활동 : 그림 속 아동이 존경을 나타내고 있는 것인지 아닌지에 대한 학생 자신의 생각을 차례로 설명하게 하세요. 존경을 나타내고 있지 않는 그림 속 학생은 어떻게 하면 존경을 표시하면서 자신의 느낌을 표현할 수 있을까요?(선생님에게 왜 화가 났는지를 설명한다, 공손한 목소리를 사용한다. 친구와 함께 조용히 문제에 대해 토의한다.)

성명 ______________________________ 날짜 ______________

1.4 선생님께 존경의 태도 보이기

이 학생들 중 일부는 선생님에게 존경의 태도를 보이고 있지만 일부는 그렇지 않다. 존경심을 보이는 학생일 경우 ○로 표시하고, 그렇지 않은 경우 ×로 표시하세요.

1.5 선생님의 지시 수행하기

목표

학생은 선생님이 지시한 일을 잘 수행하고 있는 아동의 예를 선택할 수 있을 것입니다.

설명

선생님들은 하루 종일 지시를 합니다. 학생이 그 지시들을 잘 듣고, 이해하고, 따르게 되면 많은 것을 성취할 수 있습니다. 이 수업은 어느 아동이 교사의 지시를 잘 따르고 있는지를 찾아내는 데 초점을 맞추고 있습니다.

생각하기 질문

1. 하루 일과 중 선생님이 여러분에게 지시하는 사항에는 어떤 것들이 있을까요? (숙제를 꺼내라, 코트를 걸어놓아라, 숙제폴더에 종이를 끼워 넣어라.)
2. 선생님은 여러분에게 왜 그렇게 많은 지시를 한다고 생각하나요? (우리가 잘 배울 수 있도록 돕기 위해, 어떤 일을 잘 하는 방법들을 보여주기 위해)
3. 때때로 선생님의 지시를 따르지 않는 이유에는 어떤 것들이 있을까요? (이해를 못해서, 주의를 기울이지 않아서, 여러분이 하기로 되어 있던 어떤 것을 잊을 수 있어서)
4. 교사의 지시를 따르는 것은 왜 중요할까요? (어려움을 겪지 않을 수 있어서, 선생님이 지시할 때는 타당한 이유가 있어서, 모든 학생이 지시를 따르면 더 잘 배울 수 있기 때문에)

활동

지시사항 : 학생들은 활동지에 등장하는 교사의 지시사항들을 읽은 후 교사의 지시를 따르는 학생을 찾아야 합니다.

정답 : 1. 앨버트, 따름 2. 데이비드, 따르지 않음 3. 샐리, 따르지 않음 4. 에드, 따르지 않음

보충활동 : 왜 데이비드, 샐리, 에드가 교사의 지시를 따르지 않았는지 학생들과 토론해 보세요. 그들은 어떤 다른 행동을 할 수 있었을까요? 그들이 지시를 따르지 않아서 어떤 일들이 생길 수 있었을까요?

성명 ______________________ 날짜 ______________

1.5 선생님의 지시 수행하기

그린 선생님은 아래의 학생들에게 무엇인가를 지시했습니다. 이 학생들 중 누가 선생님의 지시를 수행했나요? '예'와 '아니요' 중 선택하세요.

1. "앨버트, 이 목록을 가지고 교무실로 가거라. 점심식사를 준비하는 분들께서는 오늘 몇 명의 학생들이 피자를 원하는지 알아야 한단다." 앨버트는 교무실에 가서 그 목록을 제출한 후 곧바로 돌아왔다.

예　　아니요

2. "데이비드, 미안하지만 이 책을 복도 끝에 있는 핑크 선생님 방에 가서 전해다오." 데이비드는 책을 들고 핑크 선생님 방으로 갔지만 돌아오는 길에 여동생이 있는지 살펴보기 위해 화이트 선생님 반에 들렀다.

예　　아니요

3. "샐리, 너는 수학문제를 다 풀지 못했으니까 쉬는 시간 동안 교실에 남아 있어야 할 것 같구나. 문제를 마저 풀도록 하거라." 샐리는 수학책을 펴고 연습장을 꺼냈지만 종이와 책상 여러 곳에 말 그림을 그렸다.

예　　아니요

4. "에드, 네가 도서관 책을 도로 가져와서 기쁘구나. 도서관에 반납하기 전에 책이름을 써놓는 것을 잊지 말거라." 에드는 도서관에 책을 반납했다.

예　　아니요

1.6 선생님이 교실에 안 계실 때

목표

학생은 선생님이 교실에 안 계실 때 어떠한 행동이 적절한 행동이고, 부적절한 행동인지 선택할 수 있을 것입니다.

설명

선생님이 자신의 학급을 향해 걸어갈 때 굉장히 소란스런 소리가 들리는데 그것이 자신의 학급에서 새어 나오는 소리임을 알았을 때만큼 당황스러운 일은 없습니다. 학생들은 선생님과 같은 권위를 가진 분이 교실에 계시지 않을 때도 여전히 바람직한 행동이 요구된다는 것을 배울 필요가 있습니다.

생각하기 질문

1. 만약 선생님이 몇 분 동안 교실을 비운다면 어떤 일들이 발생할까요? (학생들이 자신의 과업을 계속할 것이다, 아이들 중 일부는 놀 것이다.)
2. 선생님이 잠시 자리를 비울 때 학생들이 어떻게 행동해야 한다고 생각하나요? (선생님이 하라고 지시한 것을 계속 해 나간다.)
3. 선생님은 교실을 떠나기 전에 학생들에게 무엇을 하라고 지시하나요? (과제를 계속 하고 있어라, 조용히 앉아 있어야 한다.)
4. 선생님이 교실에 안 계실 때 정숙을 지키는 것이 왜 중요하다고 생각하나요? (누군가 다칠 수 있다, 시간을 낭비한다.)

활동

지시사항 : 학생들에게 교실에 남아 있는 아이들 그림을 보게 한 후 그림 속 아이들의 행동에 따라 ○ 혹은 ×를 표시해야 합니다. 활동지 상의 아이들이 무엇을 하고 있는지 분명치 않을 경우 설명해 주시기 바랍니다.

정답 : ○ : 마이크, 케이티, 데이브, 존, 케빈, 엘렌 × : 피트, 초우, 수, 릭, 샌디, 제인

보충활동 : 선생님이 교실을 비운 동안 지시를 따르지 않고 있던 학생들의 행동에는 어떤 결과가 따를까요?(학업에서 뒤쳐진다, 다른 학생들을 방해하게 된다.)

성명 ______________________ 날짜 ____________

1.6 선생님이 교실에 안 계실 때

오브라이언 선생님은 교무실로부터 긴급한 전화를 받고 교실을 나가야 했다. 선생님은 다음과 같이 말씀하셨다.

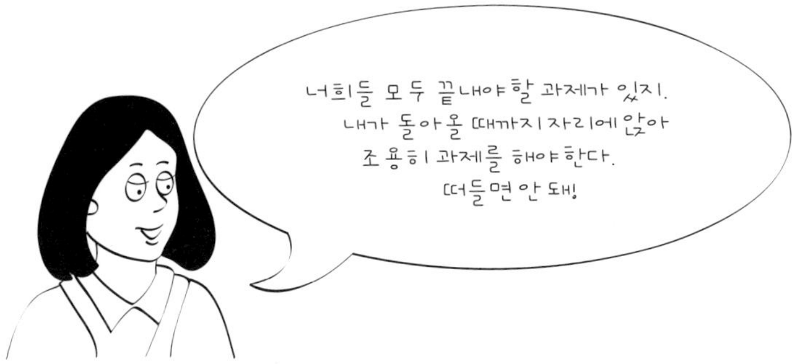

학급에서 선생님이 믿을 수 있는 학생에게 ○를 표시하세요. 믿을 수 없는 학생은 ×를 표시하세요.

1.7 선생님의 주목을 끌기

목표

학생은 선생님의 주목을 끄는 바람직한 방법들을 알게 될 것입니다.

설명

학생들은 때때로 무엇인가를 분명히 하기 위해, 추가적인 도움을 얻기 위해, 혹은 단지 무엇인가를 얘기하기 위해 선생님이 자신에게 주목해 주기를 원합니다. 그러므로 학생들은 선생님과 접촉하는 방법을 알 필요가 있습니다. 당신은 다른 누군가와 함께 일하고 있는 도중 방해를 받기도 하나요? 학생은 어떻게 당신과 접촉할 수 있나요? 이 수업은 어떻게 하면 적절한 방식으로 교사의 주목을 받을 수 있는지에 관한 토론거리들을 제공하고 있습니다.

생각하기 질문

1. 여러분이 손을 들어 표시할 때 선생님은 무슨 생각을 할 것이라고 보나요? (너는 답을 알고 있다, 너는 무엇인가를 원하고 있다.)
2. 여러분이 선생님의 주목을 받고 싶어 한다는 것을 교사에게 알릴 때 손을 들어 표시하는 것은 왜 좋은 신호방식인가요? (조용하다, 쉽다, 교실에서 눈에 잘 띈다.)
3. 여러분은 선생님이 주목해 주기를 원할 때 취할 수 있는 또 다른 좋은 방법들을 알고 있나요? (선생님 책상으로 간다, 조용히 선생님의 이름을 부른다, 자기 책상에 의문부호 카드를 올려놓는다.)
4. 교실에서 효과적이지 못한 방법에는 어떤 것들이 있나요? (소란 피우기, 소리치기)
5. 여러분 학급에서는 어떤 신호방식이 효과적인가요? (학급마다 교사와 학생이 접촉하는 방식은 다양하므로 학생들에게 다른 학급에서의 경험에 대해 물어보세요.)

활동

지시사항 : 학생들은 선생님의 주목을 받기 위한 10가지 방법들에 대해 생각해 본 후 바람직한 방법 옆에 표시를 합니다.

정답 : 3, 6, 7, 9 옆에 표시

보충활동 : 표시되지 않은 방법들은 왜 부적절한지 토론해 보세요. 어떤 방법들(선생님에게 책을 던진다)은 선생님의 주목을 끌 수는 있지만 기대하지 않았던 주목을 받게 될 것입니다.(아마도 꾸지람)

성명 ______________________________ 날짜 ______________

1.7 선생님의 주목을 끌기

다음 중 어느 것이 선생님의 주목을 끌기 위한 바람직한 방법인가요? 해당되는 모든 것에 체크하세요.

1. "이봐요!"라고 최대한 크게 소리 지른다. ______________
2. 선생님에게 책을 집어던진다. ______________
3. 손을 들어 표시한다. ______________
4. 선생님이 어느 소그룹과 함께 있을 때 가서 선생님의 소매를 끌어당긴다. ______________
5. 자기 의자 위에 올라선다. ______________
6. 선생님 책상 앞으로 가서 조용히 기다린다. ______________
7. 선생님의 얼굴을 바라본다. ______________
8. 친구에게 선생님을 내게로 데려오라고 얘기한다. ______________
9. 선생님을 부를 때 선생님의 성함을 사용한다. ______________
10. 있는 힘껏 선생님의 성함을 소리쳐 부른다. ______________

1.8 과업에 불평하기

목표

학생은 자신에게 부여된 과업에 대해 불평하지 않는 학생을 찾아낼 수 있을 것입니다.

설명

불평은 다툼과 불복종으로 발전합니다. 모든 학생이 자신에게 할당된 과업을 즐길 수 있다면 좋겠지만 많은 학생들이 그렇지 못합니다. 학생들 중 일부는 즉각적으로 자신의 불만을 말합니다. 이 수업은 불평조로 얘기하는 말과 불평조로 얘기하지 않는 말을 비교하고, 학생이라면 어느 쪽 말을 귀담아 들을 것인지 결정하게 하는 내용입니다.

생각하기 질문

1. 정말로 하고 싶지 않은 과업을 부여받는다면 여러분은 어떤 기분이 들까요? (침울해진다, 좌절감이 든다, 지친다.)
2. 하고 싶지 않은 무엇인가를 해야 하는 것에 대해 학생들은 어떤 말들을 할 수 있을까요? ("꼭 해야 하나요?", "이건 싫은데…")
3. 여러분은 해야 할 일에 대해 불평하는 것이 상황을 바꿀 수 있다고 생각하나요? (아마도 안 될 것이다, 선생님을 더 짜증나게 할 수 있다.)
4. 여러분이 가장 많이 듣는 불평에는 어떤 것들이 있나요? (이건 너무 힘들어, 오래 걸려, 따분해)
5. 불평하는 것이 아무런 효과가 없다면 여러분은 불평 대신 무엇을 할 건가요? (그냥 해야 할 일을 한다, 선생님에게 자신이 지닌 어려움의 타당한 이유에 관해 얘기한다 수업 후 친구와 함께 서로 위로한다.)

활동

지시사항 : 교사는 학생들에게 해야 할 과업을 제시하고 있습니다. 각 과제에는 두 명의 학생들이 등장하는데 그들 중 불평하고 있지 않는 학생에게 ○ 표시를 해야 합니다.

정답 : 1. 두 번째 2. 첫 번째 3. 두 번째 4. 두 번째

보충활동 : 과제에 대한 좌절감이나 문제를 언급하는 방식에 관해 토론해 보세요. 과제를 하기 싫어하거나 그것에 대한 불평을 하고 싶어 하는 것이 문제인가요? 활동지 3번의 첫 번째 학생은 정말로 아픈 건가요, 아니면 꾀병을 부리는 걸까요? 지속적으로 불평을 들으면 어떤 기분이 들까요?

성명 ______________________ 날짜 __________

1.8 과업에 불평하기

여러분은 다음 중 어떤 학생의 말을 귀담아 듣겠어요? 두 학생들 중 불평하지 않는 학생에게 ○표시를 하세요.

1.9 선생님과 토론하기

목표

학생은 토론식의 주장을 할 수 있으며, 그러한 주장이 공손하지 않다거나, 도움이 되지 않는다거나, 혹은 불필요하다는 이유를 제시할 수 있을 것입니다.

설 명

불평의 다음 단계는 온 힘을 다해 따지는 것으로 보입니다. 어떤 학생들은 상황이 아무리 중립적이라 해도 모든 상황에 대해 부정적인 무엇인가를 찾아내야 한다고 생각하는 것 같습니다. 이 수업은 토론 형식의 주장에 대해 생각해 보고, 그 토론이 도움이 되는지 아니면 불필요한지를 판단해 볼 기회를 제공해 줍니다.

생각하기 질문

1. 누군가와 토론을 한다는 것은 어떤 의미가 있나요? (다른 사람의 시각과는 다른 자신의 관점을 얘기하려는 것)
2. 토론이 가져올 수 있는 바람직하지 못한 결과에는 어떤 것들이 있나요? (마음을 다친다, 시끄러운 목청, 아무것도 해결되지 않는다.)
3. 토론을 통해 바람직한 결과를 얻을 수도 있나요? (토론자가 상대방의 말을 정말로 귀담아 듣는다면 아마도)
4. 다른 사람과 토론하는 것 이외의 방법을 통해 누군가의 마음 상태를 바꿀 수 있나요? 어떤 방법이 있나요?(자신이 어떻게 느끼는지 말할 때 논리적이고 예의 바르게 행동한다.)
5. 어떤 일에 있어서 여러분의 선생님과 생각이 다르다면 그것에 대해 토론하는 것이 도움이 될까요? 어떤 것들이 도움이 될까요? (아마도 토론은 도움이 되지 않을 것이다. 질문 4의 아이디어가 도움이 될 것 같다.)

활동

지시사항 : 학생들이 활동지에서 토론하고 있는 학생이 교사에게 말했을 것 같은 내용으로 말풍선을 채워야 합니다. 학생들에게 흥분(나쁜 말이나 제스처를 사용)하지 말고 토론자처럼 사고하라고 상기시켜 주세요.

응답 예 : 1. "아니에요." 2. "어제 여자 아이들이 앞쪽에 섰어요. 오늘은 그들 차례가 아니에요." 3. "저는 연필을 쓰고 싶지 않아요." 4. "저는 소리 내서 읽고 싶지 않아요." 5. "그건 너무 과한 일이에요. 하고 싶지 않아요." 6. "10쪽은 너무 많아요. 왜 한 쪽은 안 되는 거죠? 나는 그 과제가 싫어요."

보충활동 : 학생들이 자진해서 응답하도록 하세요. 그런 다음 학생들이 제시한 응답의 유사점에 관해 얘기해 보세요. "부정적인 표현은 몇 회나 사용되었나요? 학생들은 역할극을 해보고 싶을 수도 있습니다. 토론을 몇 차례 반복해 보세요. "아더가 주장해서 바뀐게 있나요? 만약 여러분이 아더의 친구라면 어떤 조언을 해줄 건가요? 아더는 불평이나 따지는 방법 대신 자신의 논점을 주장하기 위해 말을 어떻게 바꿀 수 있나요?" 등과 같이 학생들로 하여금 토론의 가정에 대해 생각해 볼 수 있도록 해주세요.

성명 ______________________ 날짜 ______________

1.9 선생님과 토론하기

여러분이 만난 친구의 이름은 아더입니다. 아더는 어떤 내용일지라도 선생님들과 토론하기를 좋아합니다. 다음의 각 상황에서 아더가 말했을 것 같은 내용을 말풍선에 써주세요.

1.

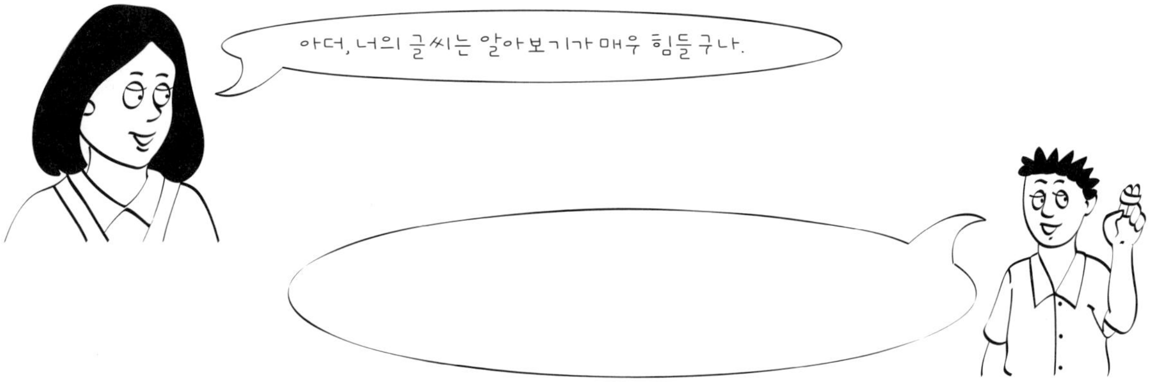

2.

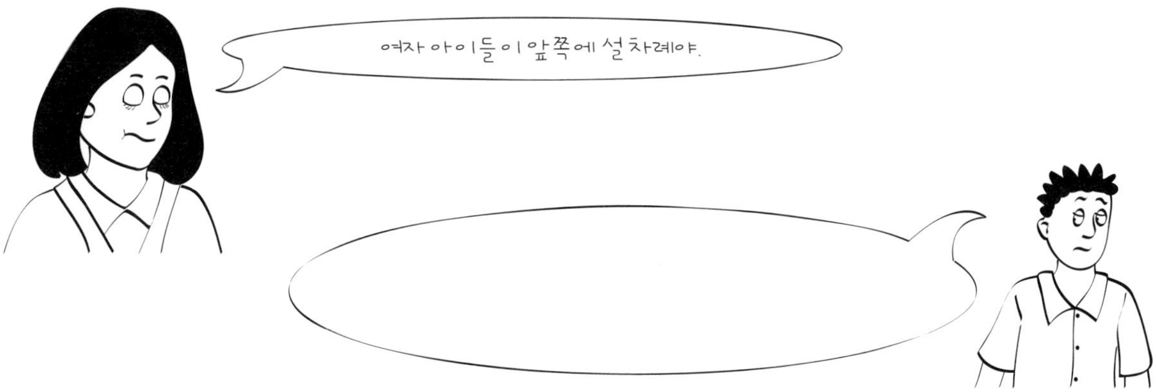

3.

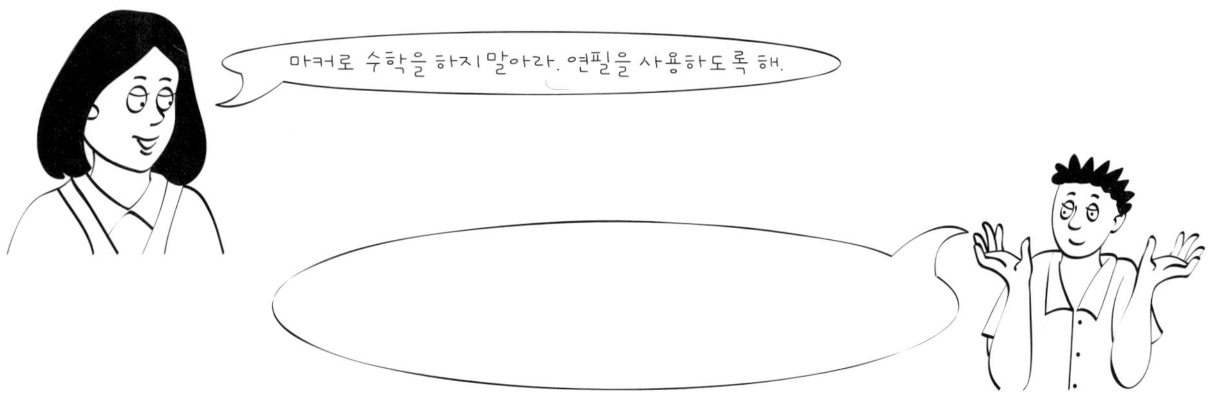

1.9

선생님과 토론하기(계속)

4.

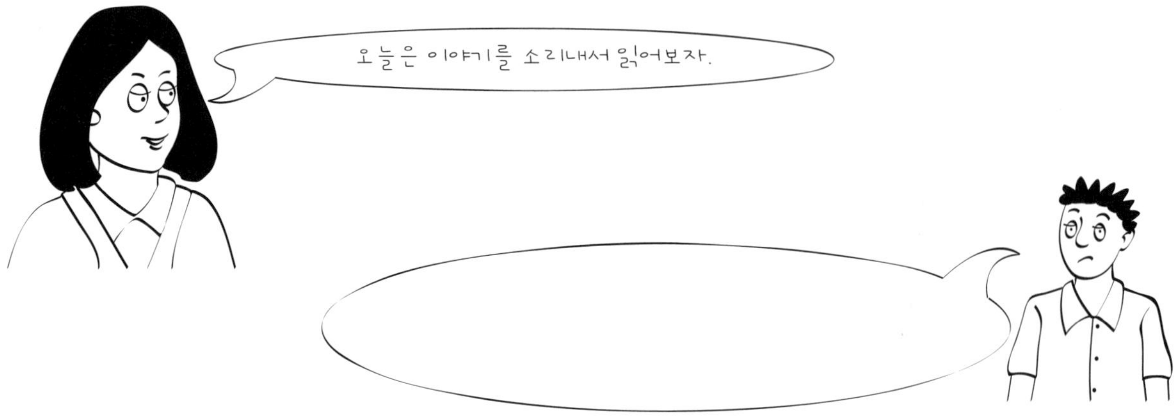

5.

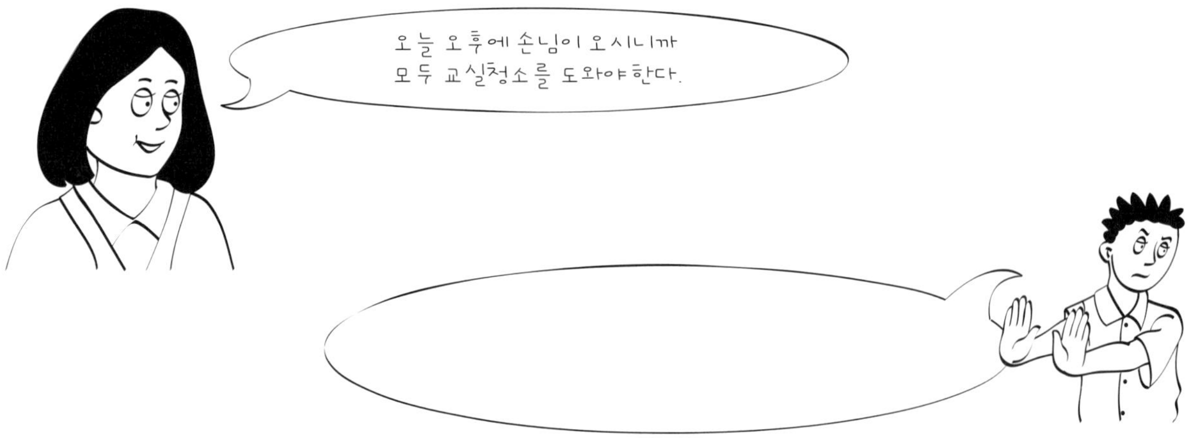

6.

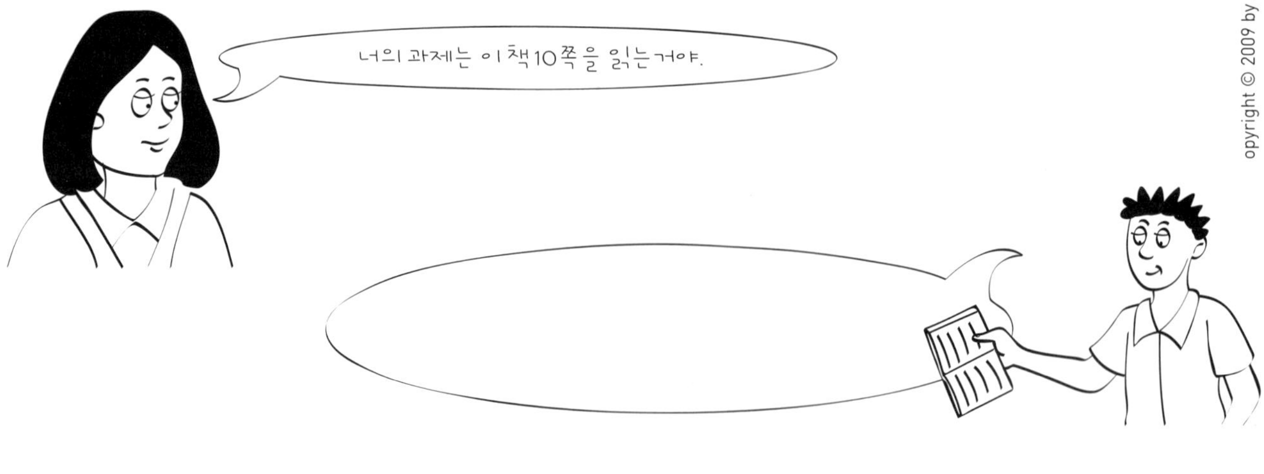

1.10 집으로 가져가야 하는 통지문

목표

선생님이 적어준 통지문을 부모님이나 보호자에게 전달하는 것이 왜 중요한지 이유를 댈 수 있을 것입니다.

설명

학교에서 문서 형태에 기록되는 많은 항목들은 매우 중요한 것들입니다. 행동 통지문, 식사 메뉴, 학교의 추가적 서비스 제공과 관련된 서류, 성적표, 학급 활동에 관한 정보들은 학교에서 학생의 집으로 가져가야 하는 통지문 혹은 메시지의 예에 해당한다. 한 번에 잘 전달했어야 하는 통지문들을 다시 쓰고, 재복사하고, 다시 나눠줘야 한다면 시간을 낭비하는 것입니다.

생각하기 질문

1. 여러분이 집으로 가져가야 하는 메시지 혹은 통지문에는 어떤 것들이 있습니까? (점심 메뉴, 주간 통지문, 성적표)
2. 부모님이 학교에서 일어나는 일을 잘 알아야 하는 것이 왜 중요하다고 생각하나요? (부모님이 연극이나 어떤 프로그램들에 참여할 수 있도록, 언제 약속을 잡을 수 있는지 알기 위해서)
3. 주로 어떤 식으로 통지문을 잃어버리게 되나요? (떨어뜨린다, 그 통지문 위에 다른 내용도 썼다가 원래 내용을 깜빡 잊는다.)
4. 통지문을 확실하게 집으로 가져가기 위한 방법에는 어떤 것들이 있나요? (통지문을 내 숙제 폴더에 끼워둔다, 엄마에게 바로 전달한다.)
5. 통지문을 집에 잘 가져가는 일이 어떻게 선생님을 돕는 일이 될까요? (중요한 정보가 집에 알려진다, 선생님이 그 통지문을 다시 쓰거나 집에 전화를 할 필요가 없다.)
6. 통지문을 집에 가져가는 일이 어떻게 부모님을 돕는 일이 될까요? (학교에서 어떤 일들이 벌어지는지 알게 된다, 부모가 필요한 지원을 할 수 있다.)

활동

지시사항 : 학생에게 집으로 가져 갈 가상의 통지문들이 주어집니다. 학생들은 그 통지문을 집으로 가져가는 일이 왜 중요한지 한 가지 이유를 써야 합니다.

응답 예 : 1. 부모 동의서로 인해 나는 현장학습을 갈 수 있게 되었다. 2. 행동 통지문으로 인해 나는 보상을 받게 되었다 3. 점심 메뉴로 인해 나는 금요일에 피자를 먹을 수 있음을 알게 되었다. 4. 부모 면담 통지문으로 인해 나의 부모님은 학교에 와서 선생님과 면담을 할 수 있게 되었다.

보충활동 : 통지문, 메시지, 그리고 간혹 집에 통지되는 서류들의 예를 수집해 보세요. 이 서류들을 잊지 않고 집으로 가져갈 수 있는 방법들을 토론해 보세요.

성명 ______________________ 날짜 ____________

1.10 집으로 가져가야 하는 통지문

아래에는 학생이 집으로 가져가야 할 교사의 통지문 혹은 메시지들이 제시되어 있다. 이 통지문들이 집으로 잘 전달되어야 하는 이유에 대해 적으세요.

1. **부모 동의서** : "금요일에 동물원으로 현장학습을 가려 합니다. 자녀가 2달러와 도시락을 지참하도록 해주세요."

____

____

2. **행동 통지문** : "빈센트는 오늘 매우 모범적으로 학교생활을 했습니다. 아무런 불평 없이 자신의 모든 과제를 완수했습니다."

____

____

3. **점심 메뉴** : "다음 주 수요일 예정되었던 피자를 이번 금요일에 제공할 것입니다."

____

____

4. **부모 면담 통지문** : "선생님과의 면담에 참여하실 분들은 서명을 해주세요. 오신 순서대로 면담이 진행됩니다."

____

____

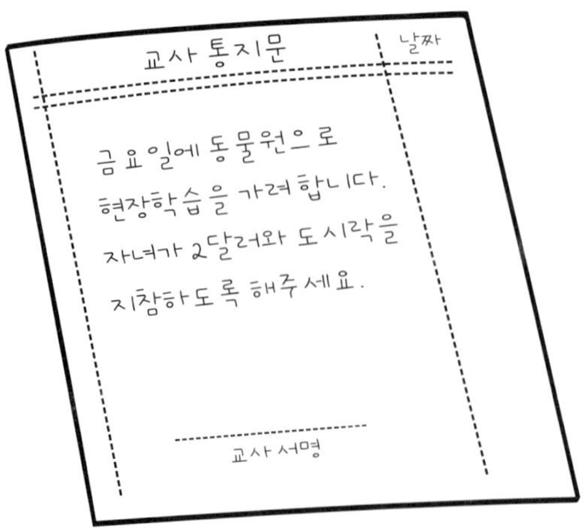

1.11 선생님이 말씀하고 계실 때

목표

학생은 "선생님이 말씀하실 때 조용히 귀담아 들어야 한다."라는 규칙을 말할 수 있을 것입니다.

설명

선생님이 교실에서 학생들에게 말씀을 하실 때 학생들은 조용히 들어야 할 필요가 있습니다. 이것은 선생님께 존경을 표시하는 행동일 뿐만 아니라 학생들이 선생님의 말씀을 잘 들을 수 있고 집중하도록 상기시켜 줍니다.

생각하기 질문

1. 교실에서 여러분이 들을 필요가 없는 내용을 선생님께서 말씀하신 적이 있나요? (선생님이 특정 개인에게만 말씀하시는 경우)
2. 선생님께서 하시는 말씀을 귀담아 듣고 있어야 하는 때가 언제인지 여러분은 어떻게 판단하나요? (교실에 있을 때, 수업 중에)
3. 선생님의 말씀을 듣는 데 방해가 되는 것은 어떤 것들이 있나요? (교실 내 소음, 다른 사람들의 대화, 밖에서 나는 소리)
4. 선생님이 어떤 것에 대해 정말로 중요하다고 강조한다면 학생들은 무엇을 해야 한다고 생각하나요? (들어야 한다, 조용히 한다.)
5. 어떻게 이것이 선생님에게 존경을 표시하는 건가요? (여러분이 선생님의 말씀과 행동이 가치 있다는 걸 보여준다.)

활동

지시사항 : 활동지 상의 각 인물들 하단에는 단어가 하나씩 적혀 있습니다. 선생님이 말씀하고 계실 때 조용히 있는 인물들을 찾아 그 인물 하단에 적혀 있는 단어를 그림 아래에 있는 박스에 써야 합니다.

정답 : 조용히 그리고 귀담아 들어 이다.

보충활동 : 왜 무례한 학생들은 선생님이 말씀하고 계시는 동안 귀담아 듣지 않는지 토론해 보세요. 그들은 대신 무엇을 하고 있나요?(잡담하기, 도와달라고 소리치기, 휘파람 불기) 규칙의 준수뿐만 아니라 조용히 함으로써 바람직한 태도와 존경을 보이는 것이 왜 중요한가요?

성명 ______________________ 날짜 ____________

1.11 선생님이 말씀하고 계실 때

각 학생들 그림 하단에는 단어가 하나씩 적혀 있습니다. 선생님의 말씀을 듣고 있는 학생들을 모두 찾으세요. 찾은 단어들을 그림 아래에 있는 박스에 적어 넣으세요.

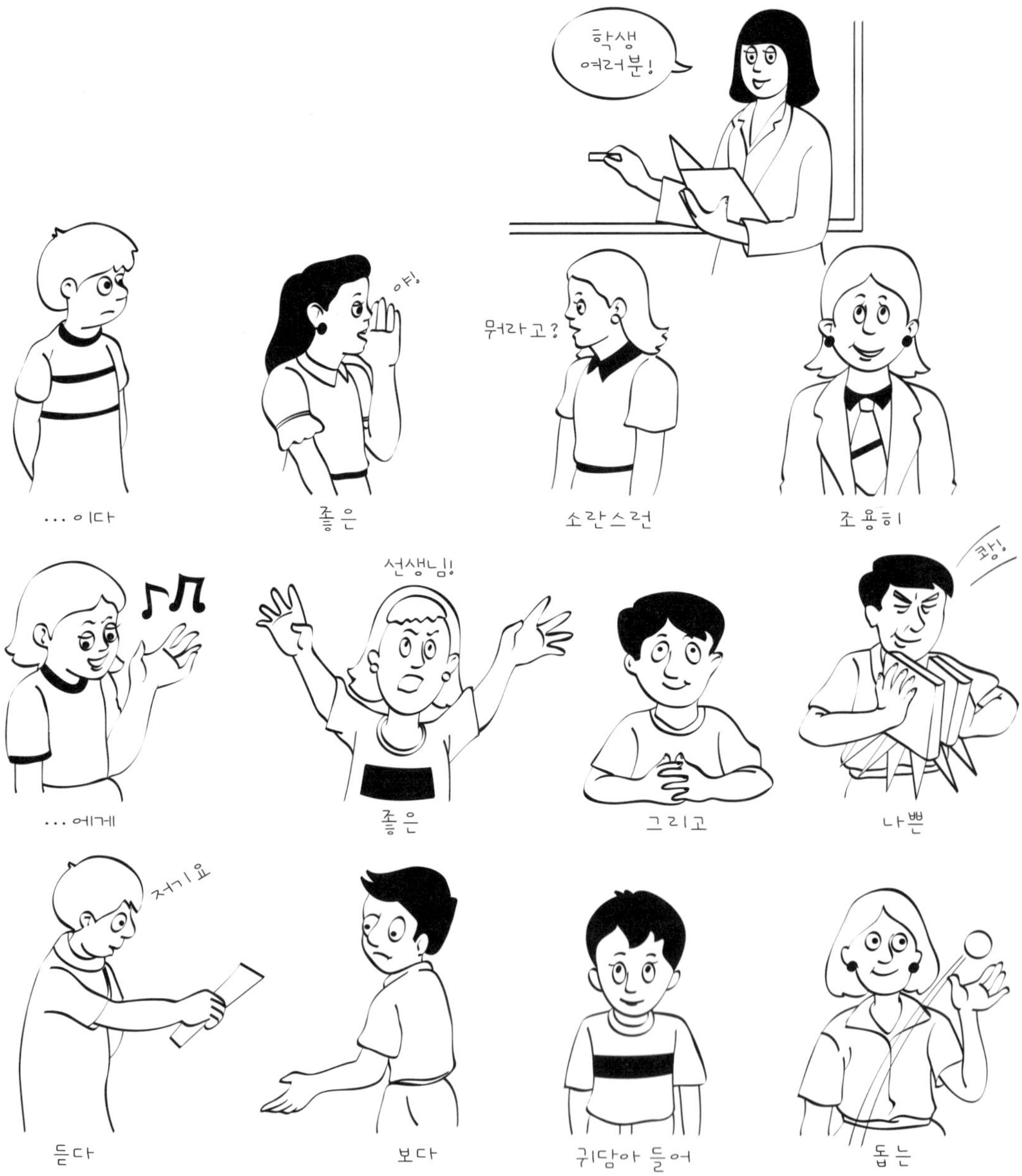

1.12 선생님을 기쁘게 하는 행동들

목표

학생은 다양한 학교 상황에서 선생님을 기쁘게 하는 행동들의 예를 들 수 있을 것입니다.

설명

학생들 중 일부는 어떤 선생님들, 특히 자기가 좋아하지 않는 선생님들과 잘 어울리지 못하는 문제를 가지고 있습니다. 어떤 학생들은 다른 사람들에게 적대적으로 행동하고 부정적인 가능성만을 예측합니다. 선생님을 기쁘게 할 수 있는 방법들을 찾아보고 사용할 수 있도록 배우면 선생님과 관계를 잘 시작할 수 있고 다루기 힘든 학생들과의 접촉 때문에 생겼을 수 있는 선생님들의 부정적인 태도를 바꿀 수도 있을 것입니다.

생각하기 질문

1. 옛날에는 학생들이 선생님을 위해 사과를 가져오던 시절이 있었습니다. 왜 학생들이 그런 행동을 했을 거라고 생각하나요? (선생님이 자신을 좋아하게 될 수 있으니까, 아마도 선생님이 점심을 충분히 먹지 못했기 때문에)
2. 선생님에게 드리기 위해 무엇인가를 가져간다면 어떤 것을 가져갈 건가요? (선생님에 따라 다르다, 칠판에 붙일 수 있는 자석, 컴퓨터 게임, 그림)
3. 어떤 선생님에 대해 생각해 봅시다. 그 분은 체육선생님입니다. 선생님께서 "와! 정말 훌륭한 학급이구나" 혹은 "너는 참 생각이 깊구나!"라고 칭찬하게 하려면 여러분은 어떤 행동이나 말을 해야 할까요? (공손하게 대한다, 수업이 끝날 때 장비를 정리한다.)
4. 아침에 일어날 때 엄마나 아빠로부터 "일어나서 학교 갈 준비해! 서둘러라!"라는 말을 듣는 편인가요? 아니면 "좋은 아침! 좋은 하루 되거라!"라는 말을 듣는 편인가요? (두 번째)
5. 선생님을 웃게 만들 수 있는 어떤 말을 생각해 낼 수 있나요? ("좋은 아침이에요. 책을 들어 드릴까요?", "저는 오늘 하루 재미있게 보낼 거예요.")

활동

지시사항 : 활동지에 나온 예들을 읽은 후 학생들은 선생님을 기쁘게 하는 행동을 보여주는 아동에게 ○를 표시할 수 있어야 합니다. 왜 그 행동이 선생님을 기쁘게 하는지 토론해 보세요.

응답 예 : 1. 두 번째 아동 : 공손하게 말했다. 2. 첫 번째 아동 : 선생님이 필요로 하게 될 것을 미리 예상했다. 3. 첫 번째 아동 : 교사가 지시하는 동안 교사를 바라보았다. 4. 두 번째 아동 : 선생님에게 찬사를 보냈다.

보충활동 : 학생들이 각양각색의 선생님들을 기쁘게 해 드릴 수 있는 방법들에 대해 생각해 보도록 하세요. 잘못된 아첨과 진심으로 기쁘게 해 드리는 것 사이의 차이에 대해 토론하세요.

성명 ______________________ 날짜 ____________

1.12 선생님을 기쁘게 하는 행동들

두 명의 학생 중 선생님을 기쁘게 하는 행동을 한 학생은 누구인가? ○ 표시하세요.

1.12

선생님을 기쁘게 하는 행동들(계속)

1.13 선생님 기분이 좋지 않을 때

목표

학생은 선생님의 기분이 좋지 않을 때 반응하는 적절한 방법을 찾게 될 것입니다.

설명

우리 모두에게는 그런 날들이 있습니다. 학교에 지각하는 날, 핵심 답을 찾지 못하는 날, 컴퓨터 실습실에 다른 수업이 있는 날, 그리고 방과 후에 예상되는 지루하고 까다로운 학부모회가 있는 날 등등. 학생들은 선생님들조차도 컨디션이 좋지 않을 수 있다는 것과 그들이 성숙하고 배려심 있게 상황에 대처할 필요가 있다는 것을 알게 되는 것은 중요한 일입니다.

생각하기 질문

1. 선생님의 기분을 상하게 만드는 일는 무엇이라고 생각하나요? (집에 문제가 있다, 지각했다, 머리가 아프다.)
2. 때때로 선생님들 또한 짜증을 내거나 실수를 합니다. 예를 들 수 있나요? (선생님이 칠판에 철자가 잘못된 단어를 썼다, 두통이 있다, 아픈 아이를 돌보느라 매우 피곤한 상태로 출근했다.)
3. 선생님의 기분이 좋지 않을 때 특별한 부탁이나 추가 휴식시간을 요청하거나 무척 시끄럽게 하기 좋은 때라고 생각하나요? 왜 그렇게 생각하나요 혹은 왜 그렇지 않다고 생각하나요? (아니요, 왜냐하면 선생님은 이미 다른 일을 처리하고 있으니까요.)
4. 기분이 좋지 않은 선생님을 도우려 할 때 할 수 있는 일에는 어떤 것들이 있나요? (조용히 한다, 사소한 일로 선생님을 귀찮게 하는 대신 서로 돕는다, 카드를 그린다.)

활동

지시사항 : 학생들로 하여금 활동지의 왼편에 있는 시나리오(선생님이 힘들게 어떤 일을 하고 있는 상황을 보여주는)를 읽게 합니다. 학생들은 선생님을 위해 할 수 있는 혹은 선생님에게 말할 수 있는 무엇인가를 활동지의 오른편에 그려야 합니다.

응답 예 : 1. 두통 : 잔잔한 음악을 튼다. 2. 어떤 학부모가 소리침 : "당신은 좋은 선생님입니다." 3. 지각 : "우리는 해야 할 일을 알고 있고, 선생님을 위해 이미 점심식사 메뉴표를 가져왔어요." 4. 미술시간이 취소되었음 : "괜찮아요. 교실에서 그릴 수 있으니까요."

보충활동 : 학생들로 하여금 그들이 그린 그림과 반응을 나누게 합니다. 다음에 기분이 좋지 않을 때 암시용으로 그 그림들을 걸어 놓을 수도 있습니다.

성명 ______________________ 날짜 ____________

1.13 선생님 기분이 좋지 않을 때

왼쪽에 있는 선생님들은 여러 가지 이유로 기분이 좋지 않습니다. 당신이나 당신 급우가 선생님의 기분이 나아지도록 도울 수 있는 무엇을 보여주는 그림을 오른편에 그리세요.

1.

2.

1.13

선생님 기분이 좋지 않을 때(계속)

3.

4.

1.14 즐거운 시간 보내기, 하지만 언제 멈출지 알기

목표

학생들은 즐겁게 노는 것이 도를 지나칠 수 있다는 것을, 너무 오래 계속될 수 있다는 것을, 혹은 부적절해질 수 있다는 것을 알게 될 것입니다.

설명

선생님들도 때로는 농담하는 것을 좋아합니다! 어떤 농담을 하고, 누군가를 악의 없이 놀리며, 교실 안에서 공을 이리저리 던지고, 다른 장난스러운 행동들을 하는 것은 재미있는 일입니다. 하지만 학생들은 교실에서 장난스러운 행동을 할 수 있는 시간과 방법의 한계를 인식할 필요가 있습니다.

생각하기 질문

1. 내가 코끼리 울음소리를 흉내 낼 수 있다고 한다면 어떻게 할 건가요? (보여 달라고 할 거예요!)
2. 교실에 있는 모든 사람들이 동시에 동물 울음소리를 낸다면 어떨까요? 무슨 일이 벌어질까요? (재미있을 거예요, 무척 시끄러울 거예요.)
3. 내가 말랑말랑한 고무공을 갖고 있고 그걸 타미의 머리에 튀긴다면 재미있을까요? (예)
4. 내게 공 20개가 있고 모두가 그 공들을 던진다면 어떨까요? (멋질 거예요, 정말 재미있을 거예요.)
5. 우리가 다른 무엇인가는 하지 않고 두세 시간 동안 계속해서 공을 던진다면 재미있을까요? (공 던지기에 싫증날 것이고 해야 할 일은 밀릴 거예요.)
6. 우리가 세 사람에게 각자 농담을 하게 할 수 있다면 어떨까요? (좋을 거예요, 재미있을 거예요.)
7. 교실에 있는 모두에게 10가지 농담을 할 수 있다고 한다면 어떨까요? (시간이 오래 걸리고 어떤 농담들은 재미없을 거예요.)
8. 농담을 하고, 놀리며, 때때로 뛰어 노는 등 교실에서 재미있게 노는 것이 괜찮다고 생각하나요? (예)
9. 그게 과하다는 생각이 드는 건 언제인가요? (누군가를 다치게 할 때, 너무 오랫동안 그럴 때, 싫증 날 때)
10. 이제 재미있게 노는 것은 끝났고 다시 공부해야 할 때라는 것을 모두에게 알려주는 적당한 신호는 무엇일까요? (종 치기, 불빛 비추기)

활동

지시사항 : 이 선생님들은 수업시간에 재미있게 놀고 학생들과도 재미있게 노는 것을 좋아합니다. 하지만 보기들 중 몇 가지에서는 학생들이 도를 지나치고 진정이 되지 않고 있습니다. 학생들이 적절히 행동하고 있는지 그렇지 않은지 '적절함'과 '적절하지 않음'에 동그라미를 쳐서 보여주세요.

정답 : 1. 적절하지 않음(모든 학생들이 의자를 뒤로 돌리기를 원했고 책을 던졌다.) 2. 적절함(모두가 농담에 웃었고 그러고 나서 다시 공부했다.) 3. 적절하지 않음(학생들이 너무 크게 웃어서 옆 반 선생님이 무슨 일이 생겼는지 보러 왔다.) 4. 적절함(학생들은 선생님이 잠시 동안만 재미로 '보조'하고 있다는 것을 알고 있다.) 5. 적절하지 않음(모든 학생들이 뛰어서 홀 선생님의 머리카락을 만지고 싶어 했다.)

보충활동 : 집에서 그러는 것처럼 교실에서 웃을 수 있고 함께 즐겁게 놀 수 있는 것이 왜 멋진 일인지 학생들과 토론해 보세요. 적절한 한계 내에 있음으로써 문제가 될 두려움 없이 즐겁게 놀 수 있는 것이 중요한 이유에 대해 토론해 보세요.

성명 ______________________ 날짜 __________

1.14

즐거운 시간 보내기, 하지만 언제 멈출지 알기

이 선생님들 모두 학생들을 좋아하고 재미있게 노는 것을 좋아합니다. 하지만 보기들 중 몇 가지에서 수업 중인 아이들은 언제 멈춰야 할지 모르고 있습니다. 각각의 보기들을 읽고 학생들이 적절히 행동하고 있는지 그렇지 않은지 적절함과 적절하지 않음에 동그라미를 쳐서 보여주세요.

1. 만우절에 영 선생님은 빈센트의 책상을 뒤로 돌려놓고 그 위에 의자를 올려놓았습니다. 선생님은 빈센트에게 일일교사가 될 것이라고 말한 뒤 읽기책의 교사용 지도서를 주었습니다. 학생들은 책상에 앉아 웃으며 자신의 책상을 돌려놓기 시작했습니다. 그러고 나서 학생들은 빈센트에게 다가가서 답이 적힌 책을 잡아채려 했습니다. 학생들은 책 뺏기 놀이를 하려 하면서 책을 이리저리 돌리고 머리 위로 던지기 시작했습니다.
   적절함　　적절하지 않음

2. 코나 선생님은 출근길에 라디오에서 재미있는 농담을 들었고 학생들에게 정말로, 정말로 중요한 무엇인가를 잘 들어보라고 했습니다! 선생님은 금요일에 있을 중요한 시험에 나올 매우 중요한 무엇인가를 말하려고 하려던 참이었습니다! 그러고 나서 선생님은 매우 유치한 문답식 농담을 했습니다. 학생들은 그 농담을 듣고는 짜증이 섞인 소리를 냈고 선생님에게 더 재미있는 농담을 배울 필요가 있다고 말했습니다.
   적절함　　적절하지 않음

3. 와일드헤어 선생님은 자기 사진을 학생들에게 보여주었는데, 아기 욕조에서 오리인형을 입에 넣고 있는 통통한 아기 사진이었습니다. 학생들은 옆반 선생님이 무슨 일인지 보러올 때까지 아주 큰 소리로 웃어댔습니다.
   적절함　　적절하지 않음

4. 지프 선생님은 하루 동안 자신을 도와줄 사람으로 수줍음을 매우 많이 타는 전학생을 뽑았습니다. 선생님은 그 학생에게 점심 메뉴표를 가져오게 하고 모든 학생에게 컴퓨터를 배정하게 하였으며, 종이를 나눠주게 했습니다. 처음에는 한 학생이 공평하지 않다고 했지만, 다른 학생들은 그 학생이 막 전학을 왔고 단지 하루뿐이며, 재미삼아 하는 것이라고 말했습니다. 그래서 모든 학생들은 그 전학생이 마치 자기들의 선생님인양 행동했습니다.
   적절함　　적절하지 않음

5. 홀 선생님은 뾰족뾰족한 스타일로 머리를 잘랐고 데니

에게 그 머리가 얼마나 날카로운지 만져보고 싶은지 물어보았습니다. 데니는 선생님의 머리를 만져보더니 "아야!"하고 소리를 질렀습니다. 그러자 모든 학생들이 달려나와 선생님의 머리를 만져보고는 "아야! 아파!!!" 하고 소리 지르기 시작했습니다.

적절함　　적절하지 않음

교사의 역할을 이해하기 위한 학급 조언

- 쓰기 과제를 위해서 학생들에게 다음과 같은 제목을 주세요 : '내가 하루 동안 선생님이 된다면 …'이나, '없어도 될 만한 학교 규칙들', 혹은 '내가 부모가 되었을 때, 나는 …'
- 자원하는 학생들에게 아주 쉬운 과제를 가르치게 하거나 짤막한 수업을 할 수 있도록 허용하세요. 나중에 그 수업이 얼마나 어려웠는지 혹은 얼마나 쉬웠는지, 재미있었는지 그리고 분명해진 것은 무엇인지 등을 학생들과 함께 토론해 보세요. 학생들은 시각 보조자료가 있거나 실제로 해본다면 더 쉽게 배울 수 있다고 생각합니까?
- 학생들에게 무엇을 만들거나 하기 위한 설명문을 쓰게 하세요(하지만 답은 밝히지 마세요). 여러 학생들에게 자신이 쓴 설명문을 큰 소리로 읽게 하고 나머지 학생들이 과제를 알아낼 수 있는지 보세요.
- 주기적으로 교실을 벗어나 학생들이 그들 자신의 행동을 통제해 볼 기회를 주세요. 학생들로 하여금 문제를 다루거나 방문자를 맞이할 '책임'을 돌아가면서 갖게 하세요. 때때로 말썽을 가장 많이 피우는 학생이 책임자의 권한을 갖게 될 때 완전히 바뀌게 됩니다.
- 학생들에게 교사의 주의를 끄는 방식으로 역할놀이를 하게 하세요.
- 끊임없이 불평을 하거나 언쟁을 하는 학생들에게는 '귀마개'를 한 듯 행동해 보세요. 학생이 문제를 차분하게 얘기할 준비가 되었을 때 귀마개를 '빼세요.'
- 모두가 들을 필요가 있다는 것을 알게 할 신호를 준비하세요. 무엇인가를 연필로 두드리거나, 헛기침을 한다거나, 혹은 단순히 '내 말을 들을 시간이야'라고 말하는 것도 신호가 될 수 있습니다. 신호를 일관성 있게 적용하세요. 오랫동안 계속해서 듣고 있을 수 있는 사람은 없기 때문에, 학생들의 완전한 주의집중을 필요로 할 때를 그들이 알게 하세요.
- 일이 잘 풀리지 않는 날이라면, 그런 날에 태도를 다시 설정하는 방법을 시범 보이세요. 간식시간을 선언할 수도 있고, 추가 휴식시간을 가질 수도 있으며, 학생들에게 책을 읽어 주기 위해 과학수업은 건너뛰거나 상황을 진정시켜 정신적으로 재정비할 기회로 어떤 다른 활동을 할 수도 있습니다.

02

Chapter

학급 규칙과 책임

2.1 교실에 들어가기

목표

학생은 교실에 들어가는 적절한 방식을 진술하거나 보여줍니다.

설명

시끄럽게 교실에 들어오는 사람으로 인해 수업이 방해를 받거나 바깥에서의 짜증이나 논쟁 혹은 기분을 교실 안으로 가지고 오는 학생들에게 주의가 분산되는 것은 매우 곤란한 일입니다. 수업 중이거나 아니거나 학생들이 조용하고 예의 있는 방식으로 교실에 들어오는 것은 중요합니다.

생각하기 질문

1. 복도를 걸어갈 때 당신이 지나치는 교실에서는 주로 무슨 일이 벌어지고 있나요? (선생님은 가르치고, 학생들은 공부한다. 어쩌면 학생들은 노래를 부르거나 얘기를 하고 있을 수도 있다.)
2. 때때로 당신의 교실에 들어오는 사람들 중에는 어떤 사람들이 있나요? (손님, 학부모, 동료 교사, 보건교사) 그 사람들은 들어오는 이유는 무엇인가요? (학생들을 데리고 가려고, 교사에게 할 말이 있어서)
3. 수업이 방해 받았을 때 교실에서는 보통 어떤 일이 일어나나요? (학생들은 무슨 일인지 보려고 하던 것을 멈춘다.)
4. 이미 시작된 수업에 들어갈 때, 수업을 심하게 방해하지 않고 들어가는 몇 가지 방법들로는 어떤 것들이 있나요? (조용하게 발끝으로 살금살금 걷기, 교실 뒤로 들어가기)
5. 어떻게 하면 학급 전체가 교실에 조용히 들어갈 수 있을까요? (한 번에 몇 명씩만 들어가기, 낮은 목소리로 말하며 조용히 들어가기, 복도에서 일어난 일에 대해 더 이상 말하지 않기)

활동

지시사항 : 다음의 보기들은 학생들이 여러 가지 소란스러운 방식으로 교실에 들어가는 보기들을 보여주고 있습니다. 학생들은 이러한 행동들을 개선할 수 있는 방식을 적어도 한 가지 이상 써야 합니다.

응답 예 : 1. 엘렌은 버스를 타는 동안 일어났던 일에 대해 고자질하는 것을 멈출 수 있습니다. 2. 존은 종이비행기를 화장실에 놓고 올 수 있습니다. 3. 앤디와 프랭크는 학생식당에서 점심을 먹을 수 있습니다. 4. 샌디는 자신의 옷에 대한 얘기를 애슐리에게 나중에 할 수 있습니다.

보충활동 : 학생들로 하여금 그들이 교실에 들어올 때 하고 있던 여러 가지 대화에 주의를 기울이게 합니다. 학생들은 바깥에서 있었던 문제들(싸움, 논쟁, 좋지 않은 기분)을 교실로 가지고 들어옵니까? 학생들에게 시끄럽게 교실에 들어오면서 주의를 끌려고 하는 것에 대한 대안으로써의 역할놀이를 하게 할 수 있습니다.

성명 ______________________ 날짜 ____________

2.1

교실에 들어가기

이 학생들은 교실에 들어가고는 있지만 조용히 들어가지는 않습니다. 이 학생들은 각자의 행동을 어떻게 개선할 수 있을까요?

1. 엘렌은 아침에 제일 먼저 교실로 들어옵니다.

엘렌은 ______________________

____

____

____

____

할(일) 수 있습니다.

2. 존은 화장실에 갔다가 교실로 들어옵니다.

존은 ______________________

____

____

____

____

할(일) 수 있습니다.

2.1 교실에 들어가기(계속)

3. 앤디와 프랭크는 점심을 먹고 교실로 들어옵니다.

이 아이들은 ______________________

____

____

____

____

할(일) 수 있습니다.

4. 샌디는 선생님이 교실 앞에서 토론을 이끌고 있을 때 교실로 들어옵니다.

샌디는 ______________________

____

____

____

____

할(일) 수 있습니다.

2.2 아침 일정

목표

학생은 교실에서 매일 일어날 것으로 예상되는 활동들을 확인하게 될 것입니다.

설명

학생들과 교사들은 일과와 체계성으로부터 이익을 볼 수 있습니다. 어떤 일들을 예상할 수 있다는 것은 그날 무슨 일이 있을지에 대한 큰 그림을 제공하는 데 있어서는 물론, 계획하기, 조직하기, 그리고 요구 및 기대를 예측하기 등에 도움이 될 것입니다. 물론 교사들과 학생들 모두 융통성을 발휘할 필요가 있지만 일반적으로 일정을 갖는다는 것은 유용합니다.

생각하기 질문

1. 오늘은 무슨 요일입니까? 오늘 교실에서 일어날 수 있는 일에는 어떤 것들이 있을까요? (휴식시간, 미술, 점심 먹으러 가기)
2. 오늘 무슨 일이 있을지 어떻게 알았나요? (칠판에 적힌 일정, 매주 일과, 특별 공지)
3. 무슨 일이 있을지 미리 아는 것이 왜 도움이 된다고 생각하나요? (운동화를 갖고 가야 하는지 알 수 있다, 과제를 마치기 위한 계획을 짜는 데 얼마나 걸리는지 알 수 있다.)
4. 매일의 일정을 갖는다는 것이 교사와 학생들 모두가 더 나은 하루를 보내게 되는 데 어떻게 도움이 될까요? (아이들이 항상 '오늘은 뭐해요?'라고 묻지 않게 된다, 무엇인가 좋은 일이 생긴다면 그 일을 기다릴 수 있어요, 언제 시험을 보는지 모두가 알게 된다.)
5. 매일 매일 알고 싶은 것에는 어떤 것들이 있나요? (점심 메뉴, 특별활동, 시험, 초빙강사, 실내 혹은 실외 휴식시간)

활동

지시사항 : 다음 활동지에는 한 학급의 일정 견본이 나와 있습니다. 학생들은 그 일정으로 보고 관련된 질문에 답을 하게 됩니다. 학생들은 말로 답을 할 수도 있고 혹은 활동지의 뒷면에 답을 쓸 수도 있습니다.

정답 : 1. 9시 30분 운동 2. 금요일 철자 시험 3. 로비 아버지의 자전거 안전에 대한 특강 4. 오후 1시 소방훈련 5. 오늘 유치원생들과 읽기친구(Reading Buddies) 활동 6. 오늘 실내 휴식시간 7. 기초 뺄셈식 플래시 카드 준비

보충활동 : 학생들이 매일 일정을 준비하는 데 도움이 될 수 있는 방법을 토론하세요. 어떤 정보들이 유용한가요? 일정에 어떤 정보를 추가할 수 있습니까?(아마 날씨예보?) 일정판을 더 재미있게 만들 수 있는 방법이 있나요? 학생들로 하여금 매일 남은 수업시간 동안의 일정을 번갈아가며 점검하게 하는 것은 도움이 될까요?

성명 ______________________ 날짜 ______________

2.2 아침 일정

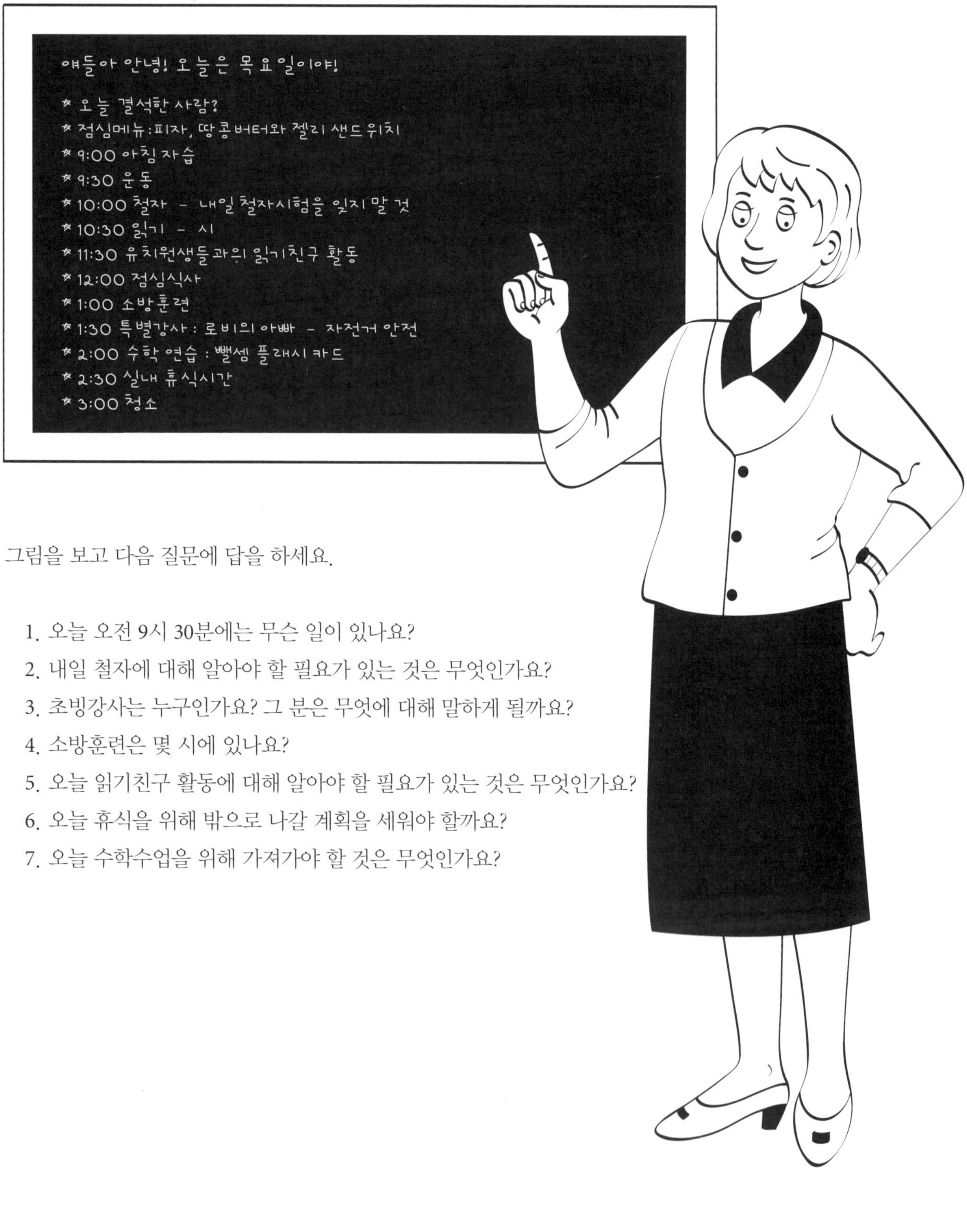

그림을 보고 다음 질문에 답을 하세요.

1. 오늘 오전 9시 30분에는 무슨 일이 있나요?
2. 내일 철자에 대해 알아야 할 필요가 있는 것은 무엇인가요?
3. 초빙강사는 누구인가요? 그 분은 무엇에 대해 말하게 될까요?
4. 소방훈련은 몇 시에 있나요?
5. 오늘 읽기친구 활동에 대해 알아야 할 필요가 있는 것은 무엇인가요?
6. 오늘 휴식을 위해 밖으로 나갈 계획을 세워야 할까요?
7. 오늘 수학수업을 위해 가져가야 할 것은 무엇인가요?

2.3 과제에 주의집중하기

목표

학생은 주어진 과제에 집중하는 등장인물을 가려내게 될 것입니다.

설명

우수한 학생이 되는 책임의 일부는 주어진 과제에 주의를 집중할 수 있는 것입니다. 주의집중에는 눈 맞춤이나 필기하기, 혹은 주의를 흐트러뜨리는 것을 없애고 잘 듣는 것 등이 포함될 수 있습니다. 이 수업의 목적은 학생들이 과제에 주의를 집중하는 데 포함되는 것에 대한 생각에 초점을 맞추는 것입니다.

생각하기 질문

1. 누군가 당신에게 '주의를 집중하라'고 할 때 이것은 무엇을 의미하는 것일까요? (듣다, 조용히하다.)
2. 누군가 집중하는지 어떻게 보기만 해도 알 수 있을까요? (그 사람이 조용히 흥미롭게 보고 있다.)
3. 왜 어떤 과제들은 다른 과제들에 비해 주의를 집중하는 것이 더 쉬울까요? (더 재미있고, 더 이해하기 쉽기 때문이다.)
4. 어떤 일을 하게 되더라도 주의를 집중하는 것이 중요한 이유는 무엇일까요? (더 잘할 수 있기 때문에, 더 나은 성적을 얻을 수 있기 때문에, 다시 하지 않아도 되기 때문에)
5. 만약 좋아하지 않는 과제를 하고 있다면, 현재 하고 있는 과제에 주의를 집중하는 것이 그 과제를 더 쉽게 만들어 줄 수 있나요? (아마도–과제를 더 잘 이해하는 것은 그 과제를 더 쉽게 해낼 수 있게 한다.)

활동

지시사항 : 학생들은 다음 학습지에서 두 명의 학생들 중 과제에 집중하고 있는 학생을 골라내게 됩니다. 학생들은 과제에 집중하고 있는 학생에게 동그라미를 칩니다. 학생들이 각각의 과제를 이해하고 있는지 확실히 하세요.

정답 : 1. 오른쪽 학생 2. 오른쪽 학생 3. 왼쪽 학생 4. 오른쪽 학생 5. 오른쪽 학생

보충활동 : 학습지에 있는 과제들에 대해 학생들과 토론해 보세요. 선생님이 누군가 '주의를 기울이지 않는다'고 할 때, 선생님은 무엇을 보고 있을까요?(딴 짓을 하는 학생, 아무것도 하지 않는 학생) 학생들이 주의집중을 할 때 그 학생은 어떻게 보이고 어떻게 행동할까요?

성명 ______________________ 날짜 ____________

2.3 과제에 주의집중하기

다음의 학생들은 학교에서 서로 다른 과제들을 하고 있는 것으로 보입니다. 과제에 집중하고 있은 학생을 골라 동그라미를 치세요.

1. 종이에 여러 단어들의 철자를 적고 있습니다.

2. 찰흙으로 고양이를 만들고 있습니다.

2.3 과제에 주의집중하기(계속)

3. 칠판에 적힌 문장을 베껴 쓰고 있습니다.

4. 책을 읽고 있습니다.

5. 책을 치우고 있습니다.

2.4 옆 사람에게 이야기하기

목표

학생은 교실에서 근처에 앉은 학생들과 이야기하기에 적절한 시간과 적절하지 않은 시간을 가려내게 될 것입니다.

설명

어떤 학생들은 이야기하는 것을 그냥 좋아합니다! 선생님이 수업을 하려는데 어떤 학생이 듣지 않으면서 다른 학생도 듣지 못하게 할 때는 특히 화가 나는 일입니다. 학생들은 특정 상황에서 이야기하는 것을 자제해야 할 책임이 있습니다.

생각하기 질문

1. '수업 중 잡담 금지'와 같은 규칙이 왜 있다고 생각하나요? (그래야 학생들이 선생님 말씀을 들을 수 있고 교실이 조용할 테니까요.)
2. 가장 친한 친구 옆에 앉아 있고 그 친구에게 이야기해야 할 중요한 무엇이 있다면 어떻게 할까요? 바로 이야기를 해야 할까요? (선생님이 무엇을 하고 계신지에 따라 다르다, 금방 말할 수 있습니까?)
3. 당신이 이야기를 하는 것이 다른 사람들을 방해하는 이유는 무엇일까요? (선생님이 말씀하시는 것을 들을 수 없기 때문이다.)
4. 학교에 있는 동안 친구들에게 이야기할 수 있는 때는 언제입니까? (점심시간, 휴식시간, 화장실에서)

활동

지시사항 : 학생들은 다음의 각각의 상황들이 친구들에게 이야기하기 좋은 때인지 결정하게 됩니다. 학생들은 각 상황에 대해 생각해보고 문제 옆에 있는 밑줄에 '예'나 '아니요'를 적어야 합니다.

정답 : 1. 아니요 2. 예 3. 아니요 4. 아니요 5. 아니요 6. 예, 하지만 조용히

보충활동 : 각각의 '아니요' 상황에서 적절하지 않은 시간에 이야기를 하는 것에 동반되는 문제들에 대해 토론해 보세요. 당신이 이미 무엇인가 하는 방법에 대해 안다면, 이야기를 하는 것이 괜찮지 않은 이유는 무엇입니까?(다른 사람들을 방해하니까) 교실에서 이야기하는 것이 허용되는 때는 언제인지 토론해 보세요.

성명 ____________________ 날짜 __________

2.4 옆 사람에게 이야기하기

옆 사람에게 이야기하기 적당한 때인가요? 각 상황의 옆에 있는 줄 위에 '예'나 '아니요'를 쓰세요.

1. 수업 시작종이 막 울렸는데, 지난 주말 받았던 모든 생일선물에 대해 친구들에게 이야기하고 싶습니다.

   ____

2. 점심시간이고 가장 친한 친구와 나란히 앉아 있는데, 그 친구는 주말을 함께 보낼 때 하게 될 일들에 대해 말하고 싶어 합니다. __________

3. 체육시간에 선생님은 발야구하는 법을 설명하고 있습니다. 당신은 이미 알고 있기 때문에 옆에 앉아 있는 아이에게 지난 밤 TV에서 본 것을 말하고 싶습니다. __________

4. 선생님은 수학 학습지의 답을 알려주고 있습니다. 틀린 문제가 많아서 옆에 있는 친구에게 정확하게 푸는 방법을 알려달라고 부탁합니다. __________

5. 소방훈련을 하고 있습니다. 줄을 서고 있는 동안 친구에게 소방차에 탔을 때에 대해 이야기하고 싶습니다.

   ____

6. 해야 할 과제를 모두 끝냈기 때문에, 선생님은 당신에게 교실 뒤쪽에 있는 테이블로 가서 친구와 함께 미술 과제를 하도록 하였습니다. 당신에게는 포스터에 대한 멋진 아이디어가 있고 친구에게 그 아이디어에 대해 어떻게 생각하는지 묻고 싶습니다. __________

2.5 이런, 잘못된 과제야

목표

학생은 활동지에 있는 과제가 선생님이 내준 그 과제인지 확인하게 될 것입니다.

설명

힘들게 마무리한 과제를 본 것이 몇 번인가요? 하지만 잘못된 과제라면? 학생은 과제가 무엇인지 이해하고 지시에 따라 과제를 하고 있는지 확실히 할 필요가 있습니다. 이 수업은 학생들에게 과제들이 명시된 것들인지 확인하는 연습을 제공합니다.

생각하기 질문

1. 무슨 과제를 하게 될지 어떻게 알 수 있습니까? (선생님이 말해 준다, 칠판에 적혀 있다.)
2. 선생님이 과제를 내줄 때 제대로 듣지 않는다면 무슨 일이 생길까요? (잘못된 과제를 할 수 있다.)
3. 선생님이 하라고 한 것을 하고 있다고 어떻게 확신할 수 있을까요? (듣고, 적어두고, 친구와 함께 확인한다.)
4. 잘못된 과제를 한다면 몇몇 수업에서 무슨 일이 생길까요? (정확한 과제를 계속해서 해야만 한다.)
5. 선생님이 특정 과제를 선택하려는 이유는 무엇이라고 생각합니까? (수업시간에 했던 것을 연습시키기 위해, 선생님은 우리가 할 수 있다는 것을 알고 있기 때문에)

활동

지시사항 : 학생들은 선생님이 등장인물들에게 준 과제를 보고 학생이 주어진 과제를 했는지 결정하게 됩니다. 학생들은 반드시 그림 단서들을 활용하여 등장인물들이 한 것을 판단해야 합니다. 학생들에게 추측하지(예를 들어, 책 뒤에 더 많은 수학문제들이 있을 것이다) 말고 그림에 나타난 것 중에서 분명한 것을 활용하라고 당부하세요.

정답 : 1. 아니요(그 학생은 세 문제만 풀었을 뿐이다.) 2. 예 3. 예 4. 아니요 5. 아니요(책의 24쪽이 펼쳐져 있기 때문에 그 학생이 26쪽의 문장들을 봤을 거라고는 생각하지 않는다.)"

보충활동 : 학생들과 함께 몇몇 등장인물들이 잘못된 과제를 한 이유와 실수를 저지르지 않기 위해서는 어떤 일을 했어야 했는지 토론해 보세요. 학생들로 하여금 잘못된 과제를 했던 경험과 그로 인해 발생했던 일에 대해 말해보게 하세요.

성명 ______________________ 날짜 __________

2.5 이런, 잘못된 과제야

선생님이 학생들에게 준 과제가 몇 가지 제시됩니다. 하지만 모든 학생들이 정확한 과제를 한 것은 아닙니다. 각각의 그림들을 신중하게 살펴보고 과제가 정확한 것인지 결정해 보세요. 그러고 나서 밑줄 친 곳에 '예'나 '아니요'를 써 넣으세요.

1. 1번부터 10번까지 수학문제를 푸세요.

   ____

2. 컴퓨터에서 읽기 게임을 하세요. 컴퓨터의 오른쪽에 있는 USB메모리 드라이브를 사용하세요.

   ____

이런, 잘못된 과제야(계속)

3. 들판의 저쪽 부분으로 뛰어가서 나무에 손을 댄 후, 다시 뛰어 오세요.

____

4. M자로 시작되는 것들 다섯 개를 오리세요.

____

5. 철자 책 26쪽에 있는 모든 문장들을 베껴 쓰세요.

____

2.6 지시에 즉시 따르기

목표

학생은 교사의 지시에 즉시 따르는 등장인물들의 예를 확인하게 될 것입니다.

설명

어떤 학생에게 해야 할 과제가 주어졌을 때, '앉아'나 '이리 와' 등과 같은 간단한 과제라 하더라도 우리는 그 학생이 즉시 지시에 따를 것을 기대합니다. 그러나 많은 학생들은 마치 그들이 느리게 반응하면 선생님이 지시한 것을 잊게 만들지 않을까 생각하는 것처럼, (따른다 하더라도) 자신들이 편리할 때 지시를 따릅니다. 이 수업은 학생들로 하여금 즉시 반응하는 등장인물들을 가려내게 하는 데 초점을 맞추고 있습니다.

생각하기 질문

1. 선생님(혹은 부모님)이 무엇을 하라고 할 때, 당신은 보통 무엇을 하나요? (지시받은 것을 한다.)
2. 당신은 하고 싶지 않은 무엇인가를 실제로 시작할 때까지 시간이 얼마나 걸리나요? (몇 분, 물을 마시고 난 뒤, 아주 오래)
3. 질질 끄는 것이 그 일을 더 쉽게 만드나요? (보통은 그렇지 않다.)
4. 사람들은 왜 일을 질질 끌거나 뒤로 미룬다고 생각하나요? (안 해도 되길 바라기 때문이다.)
5. 선생님이 당신에게 무엇인가를 하라고 했을 때 선생님이 바라는 게 무엇이라고 생각하나요? (즉시 하는 것이다.)

활동

지시사항 : 이 활동에는 학생들로 하여금 무엇인가를 하라고 요청받은 등장인물들에 대해서 읽게 하는 것이 포함됩니다. 학생들은 해당 등장인물이 신속하게 지시에 따르는지 결정해야 합니다.

정답 : 1. 아니요 2. 아니요 3. 예 4. 아니요 5. 아니요 6. 예

보충활동 : 교사들의 요청에 대한 등장인물들의 반응에 대해 토론해 보세요. 등장인물들이 자신의 행동을 변호하기 위해 말한 것('그 일을 곧 하려고 했어요…')에 대해 학생들은 어떻게 생각하고 있나요? 창밖을 바라보거나 책상 위를 치운 것에 잘못된 것이 있나요?(아니요, 하지만 시기가 맞지 않았어요.)

성명 ______________________________ 날짜 ____________

2.6 지시에 즉시 따르기

선생님이 요청한 것을 학생은 즉시 하고 있나요? '예'나 '아니요'에 동그라미를 치세요.

1. 브라운 선생님은 타미에게 자기 책상으로 오라고 했습니다. 타미는 창문 쪽으로 걸어갔습니다. **예** **아니요**

2. 스미스 선생님은 수잔에게 수학책을 집어넣으라고 말했습니다. 수잔은 수학 문제를 네 문제 더 풀었습니다. **예** **아니요**

3. 그린 선생님은 마이크에게 외투를 걸라고 했습니다. 마이크는 일어나서 외투를 걸었습니다. **예** **아니요**

4. 피더스 선생님은 점심을 먹으러 가기 위해 학생들에게 줄을 서라고 했습니다. 조지는 책상을 치우기 시작했습니다. **예** **아니요**

5. 제임스 선생님은 조앤에게 연필을 내려놓으라고 했습니다. 조앤은 연필을 귀에 꽂았습니다. **예** **아니요**

6. 클락 선생님은 마크에게 메모를 교무실에 전달하라고 했습니다. 마크는 "누구에게 전달해야 하죠?"라고 물었습니다. 클락 선생님은 "존스 선생님께 드려라."라고 말했습니다. 마크는 메모를 갖고 교무실로 갔습니다. **예** **아니요**

2.7 '못해요'라고 말하기

목표

학생은 학교에서 벌어지는 몇 가지 상황에서 '못해요'를 대신할 대안적인 말을 하게 될 것입니다.

설명

'못해요!'는 도움을 요청하는 외침일 수 있고, 참고 계속하는 것에 대한 거부일 수 있으며, 좌절의 표현일 수 있고, 때때로 지나치게 빨리 포기하는 것일 수도 있습니다. 비록 어떤 학생은 학교에서 어려워 보이는 많은 과제들을 접하게 되겠지만 '못해요'와 같은 태도는 문제를 긍정적인 방식으로 해결하는 방법을 찾아내는 데 있어 걸림돌이 됩니다.

생각하기 질문

1. 유치원에 다닐 때(혹은 몇 년 전에, 혹은 어렸을 때) 당신에게 정말로 어려웠던 일은 무엇입니까? (신발 끈 묶기, 덧셈문제 풀기, 읽기)
2. '못해요'라는 말을 한 적이 있나요? 왜죠? (정말로 어려워 보여서, 좌절했기 때문에)
3. 그 과제를 하는 방법을 어떻게 배웠나요? (누군가 가르쳐줬어요, 나이를 먹었어요, 해결할 때까지 노력했어요.)
4. 당신이 지금 하기 어려운 몇 가지 일들에는 어떤 것들이 있나요? (필기체로 쓰기, 나눗셈 문제 풀기, 시험 잘 보기)
5. 그 과제들을 언젠가 할 수 있게 될 거라고 생각하나요? 어떻게 하죠? (열심히 노력해요, 도움을 받아요.)
6. '못해요'라고 말하는 대신, 다른 어떤 말을 할 수 있을까요? ('도움이 필요해요', '이건 내게 어려워요.')

활동

지시사항 : 활동지에 있는 아동들은 그들이 하게 되어 있는 어떤 것에 대해 '못해요'라고 말하고 있습니다. 그들의 감정을 더 긍정적인 방식으로 보여주고 있는 답을 고르세요.

정답 : 1. a 2. b 3. a 4. a 5. b

보충활동 : 학생들이 좌절할 때 사용할 수 있는 '못해요'라는 말을 대신할 문장들을 적은 게시판을 만들어 보세요. 문제를 해결할 수 있는 방법은 언제나 있지만 포기는 답을 찾을 수 있는 길을 막아버리는 것과 다름없다는 것을 상기시켜 주세요.

성명 ______________________________ 날짜 ______________

2.7 '못해요'라고 말하기

다음의 학생들에게는 문제가 있습니다. '못해요!'라고 말하는 대신 도움이 필요하다는 것을 알 수 있도록 말하는 답의 문자에 동그라미를 치세요.

1. 벨린다는 여러 단어들의 철자를 베껴 써야 하지만 연필심이 부러졌어요.
   a. "연필심이 부러졌어! 이 과제를 마칠 수 있게 다른 연필을 가져와야겠어."
   b. "연필심이 부러졌어! 이 과제는 못하겠네."

2. 마커스는 책상에 책을 정리하는 데 어려움을 겪고 있습니다.
   a. "책상이 너무 작아! 책은 너무 많고!"
   b. "누가 이 책들을 정리하는 데 도움을 줄 수 있나요?"

3. 애단은 자기가 좋아하는 집 그림에 칠을 하는 데 어려움을 겪고 있습니다.
   a. "올브라이트 선생님, 물감이 자꾸만 흘러요. 어떻게 해야 하죠?"
   b. "난 이 종이가 싫어! 이 물감도 너무 묽고!"

4. 앨리슨은 퍼즐을 맞추려다가 좌절감을 느끼게 됩니다.
   a. "나는 맞는 조각을 찾을 때까지 계속해서 다른 조각들을 써 볼 거야."
   b. "이 퍼즐은 너무 어려워."

5. 제이든은 글을 필기체로 써야 합니다.
   a. "필기체로 쓰는 걸 배우고 싶지 않아. 너무 오래 걸려."
   b. "도표를 보면 어떻게 쓰는지 기억해 낼 수 있어."

2.8 적절한 말과 적절하지 않은 말

목표

학생은 어떤 말과 주제들이 학교에서 사용하는 데 적절한지 결정하게 될 것입니다.

설명

욕설, 다른 사람들을 경멸하는 말, 비열하게 놀리는 말, 모욕적인 말 등 어떤 형태의 말은 학교에서 사용하기에는 정말로 부적절합니다. 더욱이 학교에서는 특정 주제도 부적절합니다. 학생들은 당시에 처해 있던 상황에 적절한 것이 무엇인지 충분히 생각해보아야 합니다.

생각하기 질문

1. 우리는 항상 서로 예의를 지키려 노력해야 한다는 것을 알고 있지만 때때로 불쾌하거나 상스러운 말들을 들을 수 있습니다. 다른 누군가에게 하기에는 상스러운 말의 예를 들 수 있나요? (넌 못생겼어, 뚱뚱해, 냄새 나)
2. 학교에서 사용하지 말아야 하는 형태의 말들이 있고, 아마도 부모님은 그 말들을 집에서도 쓰지 않기를 바랄 겁니다. 그러한 말들을 소리 내어 말하지 마세요. 그런데 내가 지금 말하는 것에는 어떤 것들이 있을까요? (욕설, 폭력적인 말, 어떤 힙합 노래들의 가사)
3. 부모님은 당신에게 어떤 영화는 못 보게 하실 겁니다. 왜 안 되나요? (나쁜 말들이 나와요, 성인용이에요.)
4. 당신 또래의 누군가가 그러한 것을 보면 안 되는 이유는 무엇이라고 생각하나요? (악몽을 꿀 수 있어요, 나쁜 생각을 하게 만들 거예요.)
5. 당신들 중 일부는 폭력과 살인이 있는 비디오 게임을 하고 있을 거라고 확신합니다. 내가 당신의 부모는 아니지만 왜 내 교실에서 그 게임이 얼마나 근사한 것인지에 대해 말하지 않게 할 거라고 생각하나요? (다른 학생들도 그 게임을 하고 싶어질 것이고 부모님은 그걸 허락하지 않을 테니까요, 그 게임이 사실 더 나이가 많은 아동을 위한 것일 수 있기 때문이에요, 교실은 공부하는 곳이지 다른 사람들에게 상처를 줄 수 있는 무서운 것들에 대해 이야기하는 곳이 아니기 때문이에요.)
6. 어떤 말들은 다른 사람들에게 상처를 줄 수 있고, 어떤 말들은 무례한 것입니다. 어떤 말들이 괜찮은 것인지 어떻게 알아낼 수 있을까요? (누군가 그런 말들을 내게 한다면 그 말들이 내게 어떤 기분이 들게 만들지 생각해 봐요.)
7. 때때로 이야기하기에 재미있는 것들이 있지만, 그 말들을 적절한 시기에 선택해야 합니다. 식사하고 있는 동안 듣고 싶지 않은 말들에는 어떤 것들이 있을까요? (뭔가 구역질나는 말)
8. 당신이 사용하는 말이 다른 사람들이 당신에 대한 인상을 갖게 만드는 것임을 잊지 마세요. 당신은 다른 사람들에게 어떤 인상을 주고 싶은가요? 그 사람들이 당신에 대해 어떻게 말하기를 원하나요? (예의 바르고, 다른 사람들에게 친절하고, 어떻게 행동해야 할지 아는)

활동

지시사항 : 학생들은 다음의 상황들을 읽고 해당 아동이 적절한 시기에 적절한 말을 하는지 그렇지 않은지 결정하여 '예'나 '아니요'에 동그라미를 치세요.

정답 : 1. 아니요 2. 아니요 3. 예 4. 아니요 5. 아니요 6. 예

보충활동 : 적절한 말을 사용하고 논란이 많은 주제를 토론할 적절한 시기를 인식하는 것은 지속적인 과정입니다. 가르칠 수 있는 순간들이 나타날 때마다 학생들로 하여금 적절한 말들의 좋은 예를 인식하는 데 초점을 맞추게 하세요.

성명 ______________________________ 날짜 ______________

2.8 적절한 말과 적절하지 않은 말

다음과 같은 상황에서 이러한 말들은 교실에서 사용하기 적절한가요? '예'나 '아니요'에 동그라미를 치세요.

1. 교실에서 생일파티가 열렸습니다. 앤소니는 생일선물로 받은 폭력적인 비디오 게임에 대해 말하고 싶습니다. **예 아니요**

2. 크리스토퍼는 우연히 누군가 자신에게 던진 지우개에 머리를 맞았습니다. 크리스토퍼 그 아이에게 욕을 했습니다. **예 아니요**

3. 알랙산드리아와 샐리는 함께 플래시 카드로 공부하고 있습니다. 샐리가 틀린 답을 집어 들었고, '나 미쳤나 봐! 답을 알고 있는데!'라고 말했습니다. **예 아니요**

4. 윌리엄은 답을 말하려고 손을 들었지만 선생님은 다른 아이를 선택했습니다. 그래서 윌리엄은 선생님께 욕을 하기 시작했습니다. **예 아니요**

5. 금요일에는 영화를 봅니다! 알리샤는 언니가 정말로 좋아하는 영화를 보고 싶었지만 그 영화는 알리샤가 볼 수 없는 등급입니다. **예 아니요**

6. 상담 선생님은 아이들에게 안전을 위해 모르는 사람과 이야기하지 말라고 말하고 있습니다. 카를로스는 언젠가 결혼식에서 술을 너무 많이 마신 어떤 남자에 대해 이야기했습니다. 카를로스는 부모님께 말씀드렸고 부모님은 반드시 자신들과 함께 안전하게 있으라고 하셨습니다. **예 아니요**

2.9 이 일을 하기 위해 필요한 것은?

목표

학생은 주어진 과제를 하기 위해 필요한 물품이나 도구, 혹은 재료들을 확인하게 될 것입니다.

설명

분명한 것 같지만 학교에서 하는 어떤 과제들에는 특정 도구들이 필요합니다. 예를 들어, 철자시험을 보기 위해서는 연필과 종이가 필요할 것입니다. 학생으로 하여금 미리 생각해보게 가르치는 것은 그 학생이 필요한 물건들을 모으고 필요하지 않은 것들은 남겨두게 하는 데 도움이 될 것입니다.

생각하기 질문

1. 당신에게 생각해 볼 일이나 과제를 주려고 합니다. 그 과제를 하기 위해 필요한 것을 말해 보세요. 준비되었나요? 철자시험[혹은 수학 플래시 카드 연습이나 읽기집단, 체육, 혹은 외부 휴식시간] (학생들은 적절한 물건들을 제공해야 한다.)
2. 다음의 물건들이 학교에서 과제를 하는 데 도움이 될 것이라고 생각하는지 말해 보세요 : 봉제 동물완구, 열쇠고리, 핸드폰, 플라스틱 칼, 할머니 사진. (다양한 응답이 예상됨)
3. 어떤 물건들은 과제를 하는 데 있어 방해가 될 수 있습니다. 누군가 헤드폰으로 음악을 듣고 있고 당신은 그 음악을 조금 들을 수 있다면 그것이 당신의 주의를 산만하게 만드나요? 왜 그렇죠? (당신도 그 음악을 듣고 싶어 할 수 있다.)
4. 자유시간이나 동아리 활동에 개인적인 물건들 몇 가지를 가져오는 것이 왜 괜찮은가요? (다른 물건들에 대해 이야기하는 시간이기 때문이다, 재미있는 물건들을 공유할 수 있기 때문이다.)
5. 과제를 할 때 정말로 필요한 물건들만 책상 위에 두는 것은 왜 중요한가요? (집중을 더 잘할 수 있기 때문이다, 더 넓은 작업공간을 가질 수 있기 때문이다.)

활동

지시사항 : 학생들은 과제 설명문을 읽고 그 과제를 하는 데 도움이 될 것 같은 물건들 모두에 동그라미를 쳐야 합니다.

정답 : 1. 수학 시험 : 연필, 지우개 2. 이야기 : 크레용, 종이, 연필 3. 컴퓨터 과제 : 아무것도 필요 없음 4. 보여주고 발표하기 : 집에서 가져온 사진들, 봉제 동물완구 5. 달력 : 숫자, 달

보충설명 : 어떤 과제를 다루기 전에 무엇이 필요할지 잠시 멈춰 생각해보는 것이 어떻게 시간을 절약하는 것이 될 수 있는지 토론해 보세요. 모든 것이 정확하게 필요한 곳에 있을 것이기 때문에 재료들을 잘 조직해 놓는 것이 어떻게 시간을 절약하게 할 수 있는지도 토론해 보세요. 학생들이 멈춰야 할 때, 생각해야 할 때, 그리고 필요한 것을 얻어야 할 때 등을 알게 하기 위해 교실에서 쓰는 관용구들을 활용하는 것으로 시작할 수 있습니다.

성명 ______________________ 날짜 __________

2.9 이 일을 하기 위해 필요한 것은?

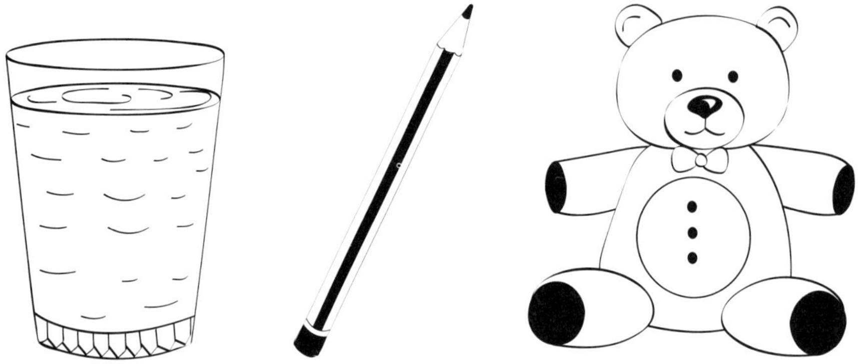

여기 몇 가지 과제들이 있습니다. 첫 번째 줄에 있는 각각의 과제들을 하기 위해 필요한 것에 대해 생각해보고 도움이 될 만한 모든 물건들에 동그라미를 치세요.

1. 수학 시험 연필 기하판 마커 지우개 읽기책

2. 이야기 쓰기 및 삽화 그리기 농구공 크레용 사탕 종이 연필

3. 컴퓨터 화면에 뜬 이야기 읽기 껌 물 한잔 계산기 장난감자동차

4. 보여주고 발표하기 집에서 가져온 사진 식탁 썩은 달걀 봉제 동물완구

5. 달력 만들기 숟가락 숫자 카드 달 카드 야구 카드

2.10 자유시간을 위한 멋진 선택

목표

학생은 학교에서 자유시간에 할 적절한 활동들을 가려내게 될 것입니다.

설명

때때로 실내 휴식시간을 다뤄야 할 때가 있습니다. 학생들이 자유시간에 혹은 과제를 끝내고 해야 할 무엇인가가 필요할 때 그들이 이용할 수 있는 선택에 대해 알고 있다면 학생들은 그 시간을 건설적인 방식으로 활용할 가능성이 높아집니다. 때때로 학생들은 이러한 상황에서 할 수 있거나 할 수 없는 것에 대해 알 필요가 있습니다. 다른 경우에는 학생들이 그들 스스로 할 수 있는 무엇인가를 찾아내기 위해 약간 생각을 해봐야 합니다.

생각하기 질문

1. '지루해!'라고 말해 본 적이 있나요? (아마도)
2. 시간을 내서 할 무엇인가를 생각해 낼 수 없는 때가 있어서는 안 됩니다. 집에서 지루할 때 할 수 있는 몇 가지 일들에는 어떤 것들이 있을까요? (책을 읽는다, 산책을 한다, 친구에게 전화를 건다.)
3. 학교에 있을 때는 약간 다르지만 여전히 할 수 있는 것들이 있습니다. 자유시간이 생기면 항상 할 수 있는 일들에는 어떤 것들이 있을까요? (퍼즐 놀이를 한다, 그림을 그린다, 책을 읽는다.)
4. 자유시간이 주어지기 전에 반드시 해야 할 일은 무엇인가요? (모든 과제, 어떤 숙제, 잊고 있었던 어떤 과제들)
5. 자유시간을 갖지 않는 누군가를 방해하지 않을 활동들을 신중하게 선택해야 하는 이유는 무엇인가요? (그 사람들의 주의가 흐트러질 테니까)
6. 여전히 과제를 하고 있는 사람들을 방해할 만한 자유시간 활동들로는 어떤 것들이 있을까요? (노래 부르기, 시끄러운 소리가 나는 게임 하기, 여기저기 마구 돌아다니기)
7. 당신이 자유시간에 하는 활동들로는 어떤 것들이 있나요? (세븐업 게임, 그림 그리기, 개미농장 보기)

활동

지시사항 : 학생들은 활용 가능한 자유시간 활동 목록을 잘 살펴보고 학교에서 하기에 적절하다고 생각하는 활동들을 × 표시해야 합니다.

정답 : × 표시된 활동들 : 1, 2, 4, 8, 10

보충학습 : 활동 목록을 토론하고 그 활동들이 적절한 것으로 선택된 이유를 결정하세요. 학생들에게 브레인스토밍하도록 하고 자유시간 활동으로 적합한 서로 다른 20개의, 진행 중인 활동들 목록을 모아봅니다. 그 활동들이 개인에게 적합한지 학급 전체 활동으로 적합한지, 몇 분간만 할 수 있는 것인지 오랫동안 할 수 있는 활동인지, 그리고 다른 조건들에도 맞는지 단서를 달고 싶을 수 있습니다.

성명 ______________________ 날짜 ______________

2.10

자유시간을 위한 멋진 선택

다음 중 어떤 것이 학급의 자유시간에 적절한 활동일까요? 각 문항 앞의 빈칸에 ×로 표시하세요.

______ 1. 퍼즐하기

______ 2. 만화 그리기

______ 3. 풍선을 불로 터뜨리기

______ 4. 의자에 앉아 책 읽기

______ 5. 테이블에서 뛰어 내리기

______ 6. 팔에 문신 그리기

______ 7. 축구공으로 캐치볼 놀이하기

______ 8. 헤드폰을 끼고 컴퓨터 게임하기

______ 9. 교실에서 키우는 기니피그가 도망가게 하기

______ 10. 친구와 함께 돌아가면서 대본 읽기

2.11 교실에서 나오기

목표

학생은 교실에서 나오는 적절한 방법을 말하거나 보여주게 될 것입니다.

설명

교실에 들어갈 때와 마찬가지로 교실에서 나올 때는 어떤 학생들은 다른 사람의 주목을 끌거나, 시끄러운 소리를 내거나, 혹은 친구들과 작별인사를 오래 하는 것을 즐기는 때입니다. 학생들은 조용히, 신속하게, 그리고 대대적인 관심을 끌지 않고 교실에서 나오는 법을 배워야 합니다.

생각하기 질문

1. 다른 학생들이 교실에 남아 있는 동안 교실을 벗어나야 할 이유로는 어떤 것들이 있을까요? (특별한 읽기, 화장실 가기, 교무실 가기, 심부름하기)
2. 교실에서 소란을 피우며 나오는 것이 왜 다른 사람들을 방해하는 일이 될까요? (그 사람들은 자신의 과제를 마무리하여 노력하고 있을 수 있기 때문이다.)
3. 누군가 교실 문 밖으로 나오면서 다른 사람들을 건드리거나 쓰다듬고 싶어 하는 것이 문제가 되는 이유는 무엇일까요? (그건 마치 '꼬리표' 같은 것이다. 상대방도 같이 건드리고 싶어 할 것이고, 누군가를 쓰다듬는 행위는 그 사람의 공간을 침범하는 것이다.)
4. 어떻게 하는 것이 성가시게 문을 닫는 것일까요? (문을 세게 닫는 것, 삐걱거리는 소리가 나게 하는 것, 문 밖으로 나가는 데 오래 걸리는 것)
5. 교실에서 나가야 할 때 적절한 방식은 무엇일까요? (누군가의 주의를 끌지 않고 조용히 그리고 신속하게 나가는 것)

활동

지시사항 : 학생들은 교실에서 나오는 등장인물들의 몇 가지 예를 자세히 보고 그 등장인물이 적절하게 교실에서 나왔는지 표시하기 위해 빈 칸에 '예'나 '아니요'를 써야 합니다.

정답 : 표시된 활동들 : 1. 아니요 2. 예 3. 예 4. 아니요 5. 아니요

보충학습 : '아니요'로 표시된 등장인물이 적절하게 교실에서 나오지 않은 이유에 대해 토론해 보세요(1－말을 많이 했고 방해도 많이 했음, 4－문을 세게 닫았음, 5－나오면서 다른 사람들을 건드렸음). 교실에서 나가 화장실에 가고 싶어 하는 학생들에게 교사가 활용하고 싶은 방법에는 어떤 것이 있는지 토론해 보세요. 학생들은 손을 들어야 할까요? 읽기집단 활동을 하는 동안 교사를 방해해야 할까요? 당신이 선호하는 방법을 학생들에게 알려주면 학생들은 밖으로 나가기 위해 수업을 방해하는 것이 허용되는 때를 알게 됩니다.

성명 ______________________ 날짜 ____________

2.11 교실에서 나오기

다음의 학생들은 교실에서 나와야 할 필요가 있습니다. 적절한 방식으로 교실에서 나오고 있다고 생각하나요? 네모 칸에 '예'나 '아니요'라고 쓰세요.

2.12 교실에서 이동하기

목표

학생은 교실에서 수용할 만한 방식으로 이동하는 등장인물을 가려내게 될 것입니다.

설명

학생들은 자료들을 모으고 다른 모둠에 가기 위해서뿐 아니라 자신의 위치를 바꾸고 적극적인 학습자로서의 자세를 유지하기 위해서도 교실에서 이리저리 돌아다닐 수 있을 필요가 있습니다. 학생들이 다른 학생들을 방해하거나 시간을 낭비하지 않고 교실 안에서 이동하는 것은 중요합니다. 학생들이 이동해야 할 필요가 있다는 것을 깨닫는 것 또한 중요합니다!

생각하기 질문

1. 교실에서 이동해야 할 필요가 있는 이유들로는 어떤 것들이 있을까요? (물건을 가져오기 위해서, 모둠을 바꾸기 위해서, 밖에 나가기 위해서, 버스를 타기 위해서, 연필을 깎기 위해서)
2. 연필깎이[벽장, 창문 등등]까지 가장 빨리 가는 길은 무엇입니까? (다양한 응답이 예상됨)
3. 어디까지 가는 가장 빠른 길에 당신과 이야기를 나누고자 하는 누군가를 지나쳐 가거나 교실 중간에 있는 테이블을 가로질러 가게 된다면 그 길을 가기 전에 다시 생각해봐야 하는 이유는 무엇인가요? (이야기하는 것으로 인해 곤란한 상황에 처할 수 있기 때문에, 테이블 위로 걸어가서는 안 되기 때문에)
4. 교실에서 이동할 때 다른 사람들을 방해하지 않기 위해 기억할 몇 가지 적절한 것들에는 무엇이 있을까요? (조용히 하기, 멈춰 서서 이야기하지 않기)
5. 일어서서 이동해야 할 필요가 있다고 느낀다면 당신이 할 수 있는 몇 가지 일들 혹은 교실에서 당신이 갈 수 있는 영역들에는 어떤 것들이 있을까요? (다양하다–기지개를 켤 수 있고, 창가를 거닐 수 있고, 수족관을 볼 수 있다.)

활동

지시사항 : 학생들은 교실에서 이동해야 하는 학생들에 대한 짧은 글을 읽고 적절한 방식으로 이동하는 학생 한 명을 고르게 됩니다. 줄 친 곳에 그 학생의 이름을 적습니다.

정답 : 1. 데니 2. 샐리 3. 더그

보충활동 : 릭과 마리아, 그리고 벤은 적절하게 이동했다고 생각되지 않는 이유를 토론해 보세요.(릭은 책상을 뛰어넘었어요. 마리아는 다른 학생들을 방해했고 시간을 낭비했어요. 벤은 한 번이면 될 것을 네 번이나 왔다 갔다 했어요.) 릭과 마리아, 그리고 벤은 다른 방식으로 어떻게 할 수 있을까요? 뛰거나 다른 사람들에게 새로운 무엇인가를 보여줄 가장 적절한 시기나 장소는 무엇일까요? 어떻게 하면 벤이 자신의 프로젝트를 더 잘 계획할 수 있을까요?(자신을 먼저 정리하고, 그러고 나서 한 번만 갔다 와요.)

성명 ______________________ 날짜 ______________

2.12 교실에서 이동하기

다음의 학생들은 교실에서 이동할 필요가 있습니다. 각각의 문제에 제시된 두 학생들 중 한 학생은 다른 학생보다 더 적절하게 이동을 합니다. 교실에서 더 적절하게 이동한 학생의 이름을 쓰세요.

1. 릭과 데니는 교실 저쪽에서 연필을 깎아야 합니다.
   릭은 연필깎이가 있는 곳으로 빨리 가기 위해 책상들을 뛰어넘습니다.
   데니는 교실 뒤쪽으로 조용히 걸어가고 아무도 건드리지 않습니다.

   ____

2. 샐리와 마리아는 교실 저쪽, 커다란 창문 옆에 있는 책장에서 책을 가져와야 합니다.
   샐리는 책장까지 조용히 걸어가 필요한 책들을 가져옵니다.
   마리아는 책장까지 가면서 새로 산 시계를 모두에게 보여주기 위해 멈춰 서곤 합니다.

   ____

3. 벤과 더그는 교실 뒤편에 있는 테이블에서 과학 포스터를 만들어야 합니다.
   벤은 연필을 가져온 후 다시 자신의 책상으로 가서 자를 가져옵니다. 그러고 나서 다시 돌아가서 풀을 가져옵니다. 이제 벤은 과학책을 가져와 몇 가지 아이디어들을 얻을 필요가 있습니다.
   더그는 필요한 것들을 생각한 후 한 번에 모든 것들을 가져옵니다.

   ____

2.13 단체로 이동하기

목표

학생은 뛰거나 서로 장난하거나, 이야기하거나, 혹은 단체로 이동하는 것을 막지 않으면서 줄을 서서 이동하는 등장인물들을 가리키게 될 것입니다.

설명

교실 간 이동은 종종 본질적으로 엄청난 과제가 됩니다. 모두를 보는 것은 어려운 일이고, 학생들이 밀집해 있는 상태로 잡담을 하거나 빈둥거리고자 할 수 있는 때입니다. 한 장소에서 다른 장소로 체계적인 방식으로 이동하는 것은 연습과 분명한 지시가 요구되는 기술입니다. 이 수업에서 학생들은 함께 있으며, 자리를 바꾸지 않고, 조용히, 그리고 서로 장난치지 않는 것을 배우게 됩니다.

생각하기 질문

1. 어딘가 가기 위해서 학급 전체가 함께 이동해야 할 때나 장소로는 어떤 것들이 있을까요? (점심식사, 체육시간, 버스 타기)
2. 모두가 줄의 맨 앞에 서고 싶어 하는 것이 문제를 일으키는 이유는 무엇일까요? (단 한 명만 맨 앞에 설 수 있다, 다른 학생들은 서로 떠밀거나 화를 낼 수 있다.)
3. 학급 전체가 복도를 따라 이동하고 있는 동안 학생들이 계속해서 자리를 바꾸려고 한다면 무슨 일이 생길까요? (다른 사람들은 뒤에 멈춰 서 있어야 함, 소란스러울 수 있음, 다른 사람들도 자리를 바꾸고 싶어 할 수 있음)
4. 이때 멈춰 서서 신발 끈을 묶거나, 다른 반 친구에게 손을 흔들거나, 혹은 술래잡기하는 것이 적절하지 않은 이유는 무엇일까요? (모두가 멈춰 서야 한다.)
5. 단체로 이동할 때 기억해야 할 좋은 규칙들로는 어떤 것들이 있을까요? (함께 있기, 자리를 바꾸지 않기, 조용히 하기, 장난치지 않기)

활동

지시사항 : 학생들은 도서관으로 가는 학생들에 대한 이야기를 읽어야(혹은 들어야) 합니다. 단서들을 활용하여 이야기 속의 등장인물들 개개인의 이름을 적고 몇 명의 아동들이 단체로 바르게 이동을 하고 있는지 세어 봅니다.

정답 : 1. 리처드 2. 론 3. 엘렌 4. 벤 5. 스티브 6. 마이크 7. 톰 8. 마리아

네 명의 학생들이 바르게 이동하고 있습니다.

보충설명 : 각각의 등장인물들이 갖고 있는 그리고 다른 사람들에게 일으키는 문제들에 대해서 토론해 보세요. 규칙의 어떤 부분을 어기고 있는지 토론해 보세요.

성명 ______________________________ 날짜 ______________

2.13 단체로 이동하기

아래에 제시된 이야기를 읽고 단서들을 활용하여 네모 상자 안에 학생들 개개인의 이름을 적으세요.

존스 선생님 반은 도서관에 가고 있습니다. 가는 기에 스티브와 마이크는 공을 던지고 받는 장난을 합니다. 이로 인해 톰과 마리아는 줄 맞춰 가기가 힘들지만 그렇게 하고 있습니다. 론은 적절한 속도로 걷고 있는 리처드의 뒤에서 가고 있습니다. 하지만 벤은 엘렌이 너무 천천히 걸어 짜증이 났고 그래서 엘렌을 밀어버리기로 작정합니다.

바르게 걷고 있는 학생들은 몇 명일까요?

____

2.14 결과에 대해 생각해보기

목표

학생은 주어진 상황에 대한 가능한 결과를 적어도 한 가지 이상 가려내게 될 것입니다.

설명

학생들이 그들이 무엇인가를 하기 전에 어떤 일이 발생할지 충분히 생각한다면 참 근사한 일이지 않을까요? 이 수업은 학생들에게 몇 가지 상황들을 제공하고 만일 이들이 먼저 멈춰서 생각해보지 않는다면 생길 수 있는 한 가지 결과(혹은 '일어날 것 같은 일')를 곰곰이 생각해보고 가려내도록 합니다.

생각하기 질문

1. 만일 당신이 밤새 잠을 이루지 못하고 다음 날 학교에서 볼 시험공부를 해야 한다는 것을 기억한다면 무슨 일이 생길까요? (걱정으로 인해 제정신이 아닐 것이다, 시험을 포기할 수도 있다, 벼락치기 공부를 하려 할 것이다.)
2. 그러한 문제를 어떻게 피할 수 있을까요? (미리 계획을 세운다, 생각한다.)
3. '결과'가 의미하는 것은 무엇인가요? (당신이 한 어떤 것 때문에 생기는 그 무엇)
4. 열심히 시험공부를 함으로써 생길 수 있는 일은 무엇인가요? (시험을 잘 보게 된다.)
5. 당신이 학교에서 하는 몇 가지 일들에 대해 생각해보세요. 좋은 결과와 좋지 않은 결과의 예를 들 수 있나요? (좋은 결과 : 열심히 공부해서 좋은 성적을 받는다, 과제를 끝냈기 때문에 휴식시간을 갖게 된다. 좋지 않은 결과 : 과제를 끝내지 못해서 계속 해야만 한다, 학교에서 누군가를 괴롭혔기 때문에 파티에 초대받지 못한다.)

활동

지시사항 : 학생들은 활동지지에 있는 각각의 상황에 대한 가능한 결과를 그리거나 써야 합니다. 학생들로 하여금 반드시 모든 결과가 나쁜 것이 아니지만, 먼저 충분히 생각하지 않았고 결국 좋지 않은 상황이 될 수 있는 그러한 상황에 있음을 이해하게 해야 합니다.

응답 예 : 1. 시험을 못 볼 수 있어요. 2. 얻어맞을 수 있어요. 3. 그것을 해야 한다는 것을 잊어버릴 수 있어요. 4. 샤론에게 그녀가 나중에 돌려주지 않을 무엇인가를 줄 수 있어요.

보충활동 : 활동지에 있는 각각의 등장인물들이 그들 자신의 행동을 더 긍정적인 것으로 바꿈으로써 어떻게 전혀 다른 결과로 끝을 맺을 수 있는지 토론해 보세요.

성명 ________________________________ 날짜 ______________

2.14 결과에 대해 생각해보기

어떤 상황을 충분히 생각해보지 않는다면 그 결과로 무슨 일이 생길 수 있을까요? 아래에 제시된 학생들 개개인의 상황에서 발생할 수 있는 결과를 그리거나 적어 보세요.

1.

2.

3.

4.

2.15 처음에 제대로 하기

목표

학생은 어떤 과제를 처음에 제대로 하지 않은 결과를 확인하게 될 것입니다.

설명

과제는 정확하게 마무리될 때까지는 끝난 것이 아닙니다. 이 수업은 학생들에게 '끝났지'만 '정확하게 끝나지' 않은 과제들의 예를 제공합니다.

생각하기 질문

1. 수업에서 잘못된 과제를 했지만 당신이 한 모든 것이 잘되었다면 무슨 일이 생길까요? (그래도 정확한 과제를 해야 한다.)
2. 어떤 과제를 제일 먼저 한 사람이 되는 것이 중요할까요, 아니면 과제를 정확하게 하는 것이 중요할까요? (정확하게 하는 것이 중요하다.) 왜 그렇게 생각하나요? (비록 제일 먼저 했다고 하더라도 그건 상관없기 때문이다.)
3. 과제를 하는 데 시간이 오래 걸리는 사람들에 대해서는 어떻게 해야 할까요? 빨리 끝내려 노력해야 할까요, 아니면 천천히 하더라도 제대로 해야 할까요? (궁극적으로는 균형을 이루는 것이 좋지만, 아마도 대다수의 선생님들은 우선 정확성을 얻기 위해 노력할 것이다.)
4. 처음부터 제대로 하는 것이 중요하거나 더 낫다고 생각하는 이유는 무엇입니까? (다시 해야 할 필요가 없기 때문에, 결과적으로는 그게 더 빠른 것이기 때문이다.)
5. 무엇인가를 처음에 정확히 해야 한다는 것을 스스로 기억하는 데 도움이 될 수 있는 방법들로는 어떤 것들이 있을까요? (처음에는 천천히 한다, 반드시 지시문을 이해하도록 한다, 과제를 제출하기 전에 되풀이해서 점검한다.)

활동

지시사항 : 학생들은 과제를 제출했지만 제대로 하지 않았던 등장인물들에 대해 읽게 될 것입니다. 학생들은 해당 등장인물이 이러한 문제를 피할 수 있는 제안들을 써야 할 것입니다.

응답 예 :

1. 천천히, 분명하게 쓸 것
2. 시간을 갖고 지시문을 이해할 것
3. 지시문을 읽을 것
4. 반드시 정확한 과제를 받을 것, 해당 쪽의 상단에 과제를 적어 둘 것
5. 모든 지시를 잘 들을 것, 이해가 안 되면 질문할 것

보충활동 : 우리는 모두 실수를 하지만 잘 듣고 생각함으로써 어떤 실수들은 피할 수 있습니다. 학생들로 하여금 그들이 수업시간에 했던 실수들에 대해서 그리고 과제를 정확하게 하는 것을 어떻게 배웠는지에 대해서 말해보게 하세요. 학생들이 한 과제들 중 우수한 것들을 반드시 교실 안에 혹은 복도에 전시하세요.

성명 ______________________ 날짜 ______________

2.15 처음에 제대로 하기

여기 어떤 과제를 제출할 준비는 되어 있지만, 처음에 제대로 하지 않았기 때문에 몇 가지 문제가 있는 학생들이 몇 명 있습니다. 이 학생들은 어떻게 과제를 처음에 제대로 할 수 있게 될까요?

1. 존은 제일 먼저 했지만 너무 빨리 써서 아무도 존의 과제를 읽을 수 없습니다.

2. 헤일리는 결국 수학 학습지를 다 풀었습니다. 헤일리는 과제를 마친 것처럼 보이게 하는 어떠한 숫자도 적지 않았기 때문에 답이 다 틀렸습니다.

3. 다니엘은 읽기 과제를 마쳤지만 지시문을 읽지 않았습니다. 다니엘은 같은 말을 의미하는 단어들 대신 각 단어의 반대말을 적었습니다.

4. 마샤는 36쪽이 아닌 35쪽에 있는 수학 문제들을 풀었습니다.

5. 벤자민은 컴퓨터로 긴 글을 썼지만, 선생님이 학생들 모두에게 저장하는 방법을 말할 때 잘 듣지 않았습니다. 벤자민은 컴퓨터를 그냥 꺼버렸고 그가 썼던 모든 글들을 잃어버렸습니다.

2.16 똑바로 앉기

목표

학생은 적절한 앉은 자세를 말로 표현하거나 보여주거나, 혹은 가려내게 될 것입니다.

설명

어떤 학생들은 창의적인 방식으로 의자에서, 카펫 위에서, 혹은 학생을 수용할 용도의 다른 가구들에서 자세를 잡습니다. 만일 학생들에게 '똑바로 앉기'의 분명한 정의가 주어진다면 '앉아' 혹은 '가만히 앉아 있어' 등의 요청을 실행하기가 더 쉬워질 것입니다. '똑바로 앉기'는 팔과 다리를 움직이지 않는 상태에서 엉덩이를 의자나 바닥에 두는 것으로 정의됩니다.

생각하기 질문

1. 당신이 의자에 앉을 수 있는 방법은 몇 가지나 있을까요? (앞으로 앉기, 뒤로 돌아 앉기, 옆으로 돌아 앉기)
2. 선생님은 왜 당신이 어떻게 앉는지에 신경을 쓴다고 생각하나요? (모두가 앞을 바라보고 앉아 더 질서 있게 보이려고, 만일 몸을 너무 많이 뻗으면 누군가에 방해가 되기 때문에, 넘어지면 다칠 수 있으니까)
3. 학교 여기저기에 앉아야만 하는 장소들로는 어떤 것들이 있을까요? (강당, 학생식당, 옥외 관람석)
4. 때때로 가만히 움직이지 않고 앉아 있는 것이 중요한 이유는 무엇이라고 생각합니까? (다른 사람들을 건드리지 않을 수 있으니까, 살짝 살짝 움직임으로써 다른 사람들을 방해하지 않기 위해서.)
5. '똑바로 앉기'의 적절한 정의는 무엇입니까? (엉덩이는 아래쪽으로, 팔과 다리는 움직이지 않음)

활동

지시사항 : 학생들은 활동지의 등장인물들 중 똑바로 앉아 있는 사람들에 ○ 표시를 합니다. 그렇지 않은 등장인물들에게는 ×자를 적습니다. 반드시 학생들이 똑바로 앉는 것에 대한 당신의 기대를 이해하게 하세요. (11번 학생은 그 정의에 맞는 것 같지만, 뒤로 돌아 앉는 것이 방해가 된다면 ×자로 표시해야 할 것입니다.)

정답 : ○ : 2, 5, 7, 9, 12

보충활동 : 다른 학생들이 '×'를 받은 이유를 토론해 보세요. 그들이 어떻게 해서 정의를 충족시키지 못했을까요?(1번 학생은 앉지 않았고, 6번 학생은 무릎으로 앉았어요.) 학교 내의 다른 영역에서 적절하게 앉는 자세에 대해 토론해 보세요. 컴퓨터 실습실에서 학생들은 어떻게 앉아야 할까요? 미술실에서는요? 체육관 바닥에서는요?

성명 ______________________ 날짜 ______________

2.16 똑바로 앉기

이 반 학생들을 보세요. 똑바로 앉아 있는 학생들은 ○ 표시로, 그렇지 않은 학생들은 ×로 표시 하세요.

2.17 숙제하기

목표

학생은 지정된 숙제를 끝낸 혹은 끝내지 못한 등장인물들을 가려내게 될 것입니다.

설명

끝내지 못한다면 숙제를 집으로 보내는 것이 무슨 소용이 있을까요? 이 수업은 어떤 학생이 실제로 숙제를 하는지 확인하는 데 초점을 맞추고 있습니다. 대다수의 선생님들은 숙제를 추가적인 연습의 기회로 혹은 수업시간에 끝내지 못한 과제를 위한 것으로 활용하고 있기 때문에, 학생들은 숙제를 마치지 못한 것에 대해 너무 많은 핑계를 대서는 안 됩니다.

생각하기 질문

1. 당신은 어떤 종류의 숙제들을 했습니까? (무엇인가를 마무리 짓는 것, 읽기, 무엇인가 가져오기)
2. 왜 학생들이 때때로 숙제를 해야 한다고 생각하나요? (추가적인 연습, 벌[누군가는 불가피하게 이런 말을 할 것이다.])
3. 때때로 사람들은 정말로 하기 싫은 것은 피하려고 합니다. 학생들이 숙제를 안 하려는 몇 가지 방법들로는 어떤 것들이 있을까요? (친구들과 놀기, 해야 할 과제를 잃어버리기, 깜빡 잊고 책을 집에 가져오지 않기)
4. 숙제를 하지 않았을 때 그 결과는 좋을까요? (아마도 그렇지 않을 것이다.)
5. 숙제를 마치는 데 도움이 될 좋은 방법들로는 어떤 것들이 있을까요? (즉시 해버린다, 정확하게 한다, 친구로 하여금 공부하는 것을 돕게 한다, 숙제 하는 것을 기억나게 할 곳에 적어둔다.)

활동

지시사항 : 학생들은 한 쌍의 등장인물들 중에서 지정된 숙제를 하고 있는 학생 한 명을 골라 그 학생의 이름을 밑줄 친 곳에 써야 합니다.

정답 : 1. 마리아 2. 롭 3. 데이비드 4. 사라 5. 베스

보충활동 : 숙제를 하지 않은 핑계는 수없이 많습니다. 앤과 마크, 페드로와 제리, 그리고 랜디가 다음 날 학교에서 어떤 핑계를 댔을까요? 낙엽더미에서 놀거나 TV를 보거나 혹은 다른 것들을 하기에 적절한 시간이 있고, 대부분의 경우에 그러한 시간들은 숙제를 마친 후일 것이라는 점을 학생들과 함께 토론해 보세요.

성명 ______________________ 날짜 ______________

2.17 숙제하기

라이트 선생님은 학생들 모두에게 숙제를 내줬습니다. 제시된 학생들 중 숙제를 하고 있는 학생의 이름을 적으세요.

1. 서로 다른 종류의 나뭇잎 다섯 개를 찾으세요. ______________

2. 연습을 위해 집에서 다른 사람에게 단어들의 철자를 부르게 하세요. ______________

3. 혼자서 글을 읽으세요. ______________

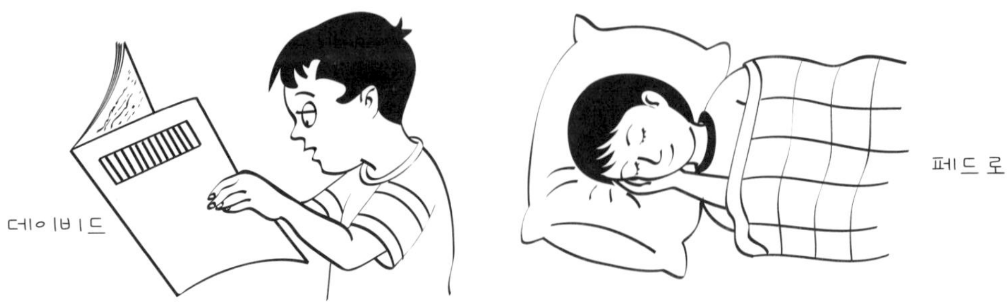

2.17 숙제하기(계속)

4. 미술시간에 한 콜라주를 마무리하세요.

5. 과학 학습지에 제시된 문제 모두에 답을 하세요. ______________________

2.18 숙제를 학교에 가져오기

목표

학생은 숙제를 학교에 가져오는 것이 중요한 이유를 최소한 두 가지 이상 댈 것입니다.

설명

도대체 "숙제를 했는데 집에 두고 왔어요!"라는 말을 얼마나 많이 들어 봤나요. 가장 성실한 학생조차 때때로 무엇인가 가져오는 것을 잊곤 합니다. 하지만 습관적으로 가져오지 않는 학생은 숙제한 것을 찾을 수 없기 때문에 가져오지 못합니다. 정리하는 것이 오히려 더 엉망으로 만들어 버립니다. 그러한 학생은 숙제를 다시 해야 할까요? 엄마에게 가져다 달라고 전화할까요? 학생들이 학교에 가져옴으로 해서 숙제를 마칠 책임을 받아들인다면 모두에게 훨씬 더 쉬운 일이 될 것입니다.

생각하기 질문

1. 무엇인가를 잊어버리고 학교에 가져가지 않은 적이 있나요? 무엇이죠? (숙제, 공책, 점심, 여분의 연필)
2. 왜 때때로 무엇인가를 가져가야 한다는 걸 기억하는 것이 어려울까요? (생각이 많아서, 저녁 때 분주했기 때문에, 아침에 서두르다가 생각 없이 집에서 급히 나오기 때문에)
3. 사람들은 모두 때때로 무엇인가를 잊어버립니다. 숙제를 가져와야 한다는 것을 기억하는 것이 아주 중요한 이유는 무엇일까요? (그래야 점수나 성적을 받을 수 있다, 그래야 그 다음 날을 위해 기억할 필요가 없다, 그래야 과제를 따라잡을 수 있다.)
4. 숙제를 가져오는 것은 누구의 책임일까요? 선생님이 해야 할 일일까요? 부모님이 해야 할까요? (학생의 책임)
5. 숙제를 학교에 가져와야 한다는 것을 기억하는 데 도움이 될 몇 가지 방법들로는 어떤 것들이 있을까요? (전날 밤에 책가방에 넣어둔다, 현관문 옆에 놓아둔다.)

활동

지시사항 : 학생들은 프레드가 한 숙제를 찾기 위해 그의 방 안을 엿보고 있습니다. 정말 엉망입니다! 학생들은 잡동사니들 중에서 숙제들을 찾아 동그라미를 쳐야 합니다.

보충활동 : 프레드가 어쩌면 무엇인가를 학교에 가져오는 것이 어려울 수 있는 이유에 대해 토론해 보세요. 프레드의 어머니가 방을 치워주신다면 프레드에게 도움이 될까요?(프레드는 더 이상 무엇이 어디에 있는지 모를 수도 있습니다.) 어떻게 하면 프레드가 더 체계적인 사람이 될 수 있을까요?

성명 ______________________ 날짜 ______________

2.18 숙제를 학교에 가져오기

불쌍한 프레드! 프레드는 숙제를 했습니다. 하지만 학교에 가져가는 것을 잊어버렸습니다. 프레드 방에서 다음의 물건들을 찾아 동그라미를 치세요.

과학 교과서	자	트럭 포스터
색연필	수학 학습지	가정통신문

2.19 과제 마무리하기

목표

학생은 등장인물들이 주어진 과제를 완수하는 데 도움을 줄 것입니다.

설명

선생님들이 다뤄야 할 가장 화가 나는 조건들 중 한 가지는 끝마치지 못한 과제입니다. 반쯤 한 과제를 어떻게 평가할 수 있을까요? 그 반이 학생이 수업에서 다룬 개념을 이해하고 있는지 알려줄 정도로 충분하지 않다면 어떻게 될까요? 학생들은 과제를 마치지 못한 것에 대해서 수많은 핑계들(이해하지 못했어요, 너무 길어요, 아무것도 생각할 수 없어요.)을 내놓을 것이지만, 잘 가르쳐지고 목적에 부응한 대다수의 적절한 과제들에 있어 그러한 핑계들은 그다지 충분한 이유가 되지 않습니다. 과제를 마칠 수 있다는 것은 학생들이 그들의 삶 전반에 걸쳐 따르게 될 기술입니다.

생각하기 질문

1. 시작한 것을 마치는 것이 중요한 이유는 무엇입니까? (그렇지 않으면 인정되지 않으니까, 무엇인가 완전히 하는 것이 더 보기 좋으니까.)
2. 무엇인가를 차지하거나 상을 받기 위해 끝내야 하는 것들에는 무엇이 있을까요? (경주, 시합, 스티커를 받기 위한 학교 과제)
3. 방에 페인트칠을 반만 한다면 무슨 일이 생길까요? 혹은 버스 운전사가 노선 중간에서 멈추고 싶다면? 혹은 저녁에 먹을 닭이 조금만 요리됐다면? (다양한 답이 있지만 상황이 엉망이 된다.)
4. 완전히 마무리하는 것이 중요한 다른 일들로는 어떤 것들이 있을까요? (방 청소하기, 놀이기구 만들기, 책 읽기)
5. 어떤 일을 할 필요가 있는데 그 일을 하기로 한사람이 마무리 짓지 못한다면 무슨 일이 생길까요? (다른 누군가가 마무리한다, 원래 하기로 한 사람은 그 일에 대해 완전한 인정을 받지 못한다.)

활동

지시사항 : 학생들은 학습지의 등장인물들이 해야 할 과제들을 살펴보고 그 과제를 완성해야 합니다. 등장인물들이 일을 마무리하지 못한 것에 핑계를 대거나 그냥 하기 싫어한다고 가정해 보세요. 학생들이 그 일을 마무리하는 데 필요한 물건들(마커, 크레용, 글씨 쓰기용 자)은 무엇이든 주세요.

응답 예 : 1. 또 다른 인디언과 말 한두 마리 그리기 2. 숫자에 색칠 마무리하기 3. 나머지 단어들과 그림 연결하기 4. "너는…? 나는 잘 지내고 있어. 요즘은 야구를 해. 답장 해줘. 너의 친구 팀으로부터"처럼 몇 문장 덧붙이기

보충활동 : 학생들이 활동지의 등장인물들과 면담을 한다면 어떤 핑계들을 듣게 될까요?(그림을 그릴 수 없어요, 피곤해요, 쓰기 싫어요.) 그들이 끝내기에 그 과제는 얼마나 어려운가요?(어렵지 않아요.) 그리 재미있지 않은 일들을 더 쉽게 만들어 마무리될 수 있게 하는 방법들에 대해 토론해 보세요.(마칠 때까지 멈추지 말아요, 친구와 함께 해요, 먼저 그 일에 대해 생각해봐요.)

성명 ______________________________ 날짜 ______________

2.19 과제 마무리하기

다음의 학생들을 도와 그들의 과제를 마무리하세요.

1. 캐리는 인디언과 말들의 그림을 그려야 합니다.

2. 조지는 수학 학습지에 색칠을 하고 있습니다.

과제 마무리하기(계속)

3. 필리스는 단어와 그림을 짝지어 연결하고 있습니다.

4. 팀은 자신의 펜팔 친구에게 편지를 쓰고 있어요.

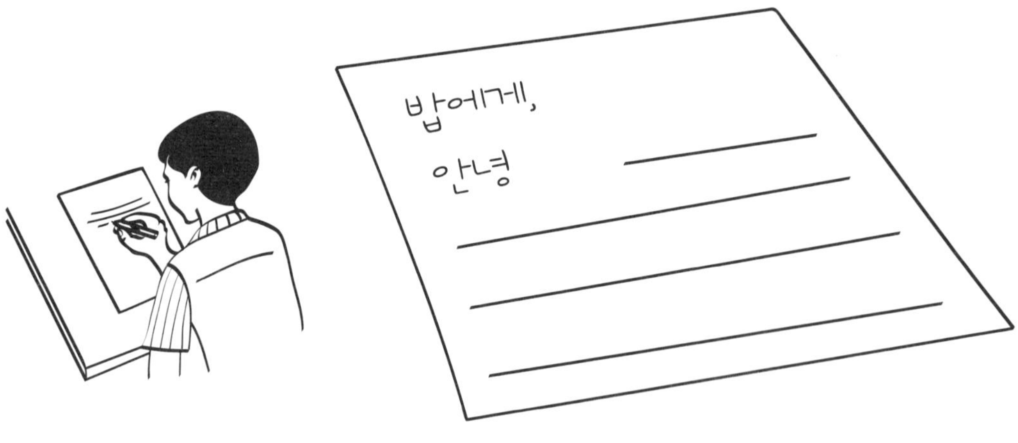

2.20 개별과제와 집단과제

목표

학생은 집단과제를 하는 데 있어서의 적절한 행동에 대비하여 개별과제를 위한 적절한 행동을 가려내게 될 것입니다.

설명

짝과 함께, 소집단으로, 혹은 학급 전체로 행해질 수 있는 과제들과 비교하여 학생들 스스로가 해야 할 과제들에 대하여 서로 다른 행동들이 기대되고 필요합니다. 학생들이 과제를 완수하기 위해 과제의 유형(개별, 소집단, 혹은 대집단) 및 그에 상응하는 행동들을 가려낼 수 있다는 것은 중요한 일입니다. 학생들은 소음의 수준, 공유, 돌아가며 하기, 과제를 나누기 등과 같은 요소들을 고려할 필요가 있습니다.

생각하기 질문

1. 학교에서 혼자 하기로 되어 있는 과제나 일에는 어떤 것들이 있을까요? (철자 공부하기, 시험보기, 과제 나눠주기, 학습지 완성하기, 책상 정리하기)
2. 짝과 함께 할 수 있는 일에는 어떤 것들이 있을까요? (서로서로 단어 퀴즈 내기, 짝지어 읽기, 게시판 걸기)
3. 학급 전체가 함께 할 수 있는 일에는 어떤 것들이 있을까요? (실내 게임, 동아리 시간, 교실 청소)
4. 왜 어떤 일은 혼자 해야 한다고 생각하나요? 왜 우리는 모든 것을 함께 할 수 없을까요? (학생들은 기술을 습득해야 하니까, 개별적으로 공부하는 것을 배워야 하니까.)
5. 어떤 사람들은 이런 저런 방식으로, 즉 혼자서 혹은 집단으로 하는 것을 좋아합니다. 과제를 하기 위해 당신은 어떤 방식을 선호하나요? (학생들에게는 다양한 선택권이 있을 것이다.)
6. 함께 하는 것의 이점으로는 어떤 것들이 있을까요? (과제를 공유할 수 있다, 더 많이 할 수 있다.)
7. 혼자 하는 것의 이점으로는 어떤 것들이 있을까요? (자신의 진도에 맞춰서 할 수 있다, 전체 프로젝트에 대한 성적을 받을 수 있다.)

활동

지시사항 : 학생들은 보통의 학급활동 목록을 받게 됩니다. 학생들은 개별적으로 이루어질 가능성이 가장 큰 것, 짝과 함께 할 수 있는 것, 그리고 집단 활동이 될 수 있는 것들을 표시해야 합니다.

정답 : 1. 짝 2. 집단 3. 개별 4. 개별 5. 집단 6. 짝

보충활동 : 칠판에 '단독', '짝', '집단' 등의 제목으로 차트를 만드세요. 각각의 상황에 맞는 행동들의 보기를 학생들에게 들게 하세요.

성명 ______________________ 날짜 ____________

2.20 개별과제와 집단과제

다음의 학교 활동들은 어떤 방식으로 이루어질 수 있을까요? 밑줄 친 곳에 I(개별), P(짝과 함께), 혹은 G(집단으로) 등을 쓰세요.

1. 과제는 두 개의 주요 부분으로 구성된 희곡을 읽는 것입니다. ____________

2. 과제는 여러 개의 부분들로 구성된 희곡을 읽는 것입니다. ____________

3. 과제는 이야기를 읽고 끝부분에 있는 질문에 답을 하는 것입니다. ____________

4. 과제는 가장 좋았던 여름방학에 대해 쓰는 것입니다. ____________

5. 과제는 할아버지 · 할머니의 날을 위해 교실을 어떻게 꾸밀지 토론하는 것입니다. ____________

6. 과제는 단어의 뜻을 제공하는 연습을 하는 것입니다. ____________

2.21 소방훈련 및 기타 수업을 중단시키는 것들

목표

학생은 안전 관련 훈련이나 기타 교실에서 예기치 않게 수업을 중단시키는 것에 대한 적절한 절차를 말로 진술하게 될 것입니다.

설명

비록 정기적인 훈련들은 미리 일정이 잡혀 있지만, 선생님과 학생 모두 해야 할 필요가 있는 것과 학교의 절차에 지체 없이 따르는 방법을 정확하게 아는 것이 중요합니다. 때때로 예기치 않게 학교버스가 연착되고, 악천후로 학교가 일찍 파하게 되는, 그리고 규칙적인 일정에 있어서의 변화 등과 같은 여러 가지 수업을 중단시키는 일들이 있습니다. 학생들이 이러한 변화를 수월하게 다루면 다룰수록 다른 상황으로의 전환은 순조로울 것입니다.

생각하기 질문

1. 소방훈련 종이 지금 울린다면 당신은 무엇을 할까요? (교실 문에 일렬로 줄을 선다, 불을 끈다, 이야기를 하지 않는다.)
2. 무엇을 할지 어떻게 알았나요? (선생님이 말씀해 주셨다, 우리는 훈련을 받는다.)
3. 훈련을 받는 것이 중요한 이유는 무엇인가요? (그래야 실제 상황이 벌어졌을 때 안전할 수 있다.)
4. 우리가 연습하는 다른 훈련들에는 어떤 것들이 있을까요? (폭풍우 대비 훈련, 비상대피 훈련)
5. 비록 우리는 항상 평범한 날들을 바라지만, 때때로 일정에 변화를 주는 예기치 않은 일들이 생깁니다. 그러한 예기치 않은 일들에는 어떤 것들이 있을까요? (폭설로 인한 단축 수업, 특별 강연, 버스 연착, 체육선생님의 결근)
6. 화를 내지 않고 그러한 변화들을 다루는 것이 중요한 이유는 무엇일까요? (보통 그러한 변화들은 일시적인 것이라 나중에 정상적인 상태로 돌아오기 때문이다, 화를 낸다고 더 좋아지는 것은 없기 때문이다, 안전하지 않을 수 있기 때문이다.)

활동

지시사항 : 학생들은 보통의 날에 발생할 수 있는 수업을 중단시키는 사태에 대한 목록을 읽고 그들이 중점을 두고 싶은 것 하나를 고르게 됩니다. 짝과 함께 혹은 소집단으로, 학생들이 이 절차가 다뤄지는 잘못된 방식을 먼저 보게 하고, 그러고 나서 올바른 방식을 보게 하세요. 학생들은 반드시 학급과 지역사회에 대한 구체적인 학교의 방침을 알아야 합니다.

정답 : 학교에 따라 다양할 것이다.

보충활동 : 학생들로 하여금 다른 학생들 앞에서 그들의 토막극을 공연하게 하세요. 학생들에게 절차를 글과 삽화를 이용하여 포스터로 만들게 하고 싶을 수 있습니다. 포스터들을 교실 주변에 전시하고, 학생들에게 그 포스터들을 때때로 읽어보게끔 하세요.

성명 ______________________ 날짜 ____________

2.21 소방훈련 및 기타 수업을 중단시키는 것들

다음에는 학교에서 있을 수 있는 안전 관련 훈련들과 기타 평범한 날을 변화시킬 수 있는 것들의 목록이 제시되어 있습니다. 중점을 두고 싶은 것 한 가지를 체크하세요. 짝과 함께 혹은 소집단으로, 그것이 다뤄지는 (1) 잘못된 방식과 (2) 올바른 방식을 보여주는 토막극을 쓰고 공연해 보세요.

- ☐ 소방훈련
- ☐ 폭풍우 / 악천후 대비 훈련
- ☐ 비상대피 훈련
- ☐ 버스 연착
- ☐ 단축 수업
- ☐ 학교 정전
- ☐ 컴퓨터 실습실 폐쇄
- ☐ 점심시간 변경
- ☐ 실내 휴식시간
- ☐ 특별 강연회
- ☐ (기타) ______________
- ☐ (기타) ______________

2.22 특별 프로그램에서 행동하기

목표

학생은 학교의 집회나 복식학급을 포함하는 기타 특별 프로그램에 참석했을 때의 적절한 그리고 부적절한 행동들을 가려내게 될 것입니다.

설명

무수히 많은 사람들 속에 있는 것은 "선생님은 우리 모두를 동시에 볼 수 없어!"라는 반응을 촉발시키는 무엇인가가 있습니다. 학생들은 집회가 있는 곳에 들어가고, 강연자 및 다른 청중들을 존중하며, 질서 있는 방식으로 그곳을 벗어나는 방법을 배울 필요가 있습니다.

생각하기 질문

1. 학교에서 참석했던 집회나 특별 프로그램에는 어떤 것들이 있을까요? (초청 작가, 시상식, 서비스 리그 연극, 다른 반 학생들의 낭독회)
2. 특별 프로그램에 공연자로 참가해 본 적이 있나요? 무엇을 했죠? (노래를 불렀다, 상을 받았다, 시를 암송했다.)
3. 극장에서 영화를 보고 있다고 합시다. 극장에서 영화를 보고 있을 때 생길 수 있는 짜증나는 일에는 어떤 것들이 있을까요? (영화를 보는 동안 이야기하는 사람들, 의자를 발로 차는 행동, 일어났다 앉았다 하는 행동, 핸드폰으로 통화를 하거나 문자를 보내는 행동)
4. 집회나 연극에서 잘 듣는 것이 중요한 이유는 무엇일까요? (사람들이 청중을 위해 열심히 공연하려 하니까, 존중해야 하니까.)
5. 다른 청중들을 방해하면 안 되는 이유는 무엇인가요? (사람들은 공연되고 있는 것을 듣고 싶어 하니까.)

활동

지시사항 : 특별 프로그램의 관객으로 앉아 있는 학생들을 보세요. 적절하게 행동하고 있는 학생들에게 ○로 표시하세요. 그렇지 않은 학생들에게는 ×로 표시하세요.

정답 : ○ : 1, 2, 3, 4, 6

보충활동 : 특별 프로그램에 적절하지 않은, ×로 표시된 학생들은 무슨 행동을 하고 있는지 토론해 보세요. 학생들로 하여금 더 적절한 행동으로 바뀔 수 있는 아동들을 위해 대안적인 행동을 제안하게 해보세요.

성명 ______________________ 날짜 __________

2.22 특별 프로그램에서 행동하기

다음의 학생들은 학교 체육관에서 특별 프로그램에 참석하고 있습니다. 특별 강연자는 개에게 몇 가지 재주를 부릴 수 있도록 가르치는 것에 대해 이야기하고 있습니다. 청중으로서의 좋은 행동을 보이는 학생들에게는 ○로 표시하고, 그렇지 않은 학생들에게는 ×로 표시하세요.

1.

2.

3.

4.

2.22 특별 프로그램에서 행동하기(계속)

2.23 새 학생 환영하기

목표

자신의 학급에 새로운 학생이 들어온 경우에 학생은 환영하는 행동들을 식별할 수 있을 것입니다.

설명

학교에서 새로운 학생이 기존의 친목 그룹에 들어가는 것은 어려운 일입니다. 또한 새로운 스케줄, 새로운 책, 자신의 위치를 찾는 것이 낯설고 어디에서나 새로운 얼굴들을 직면한다는 것은 두렵습니다. 학생들이 새로운 학생을 자신의 학급에 포함하기 위해 의도적으로 노력을 한다면, 그들은 원활한 이행을 하는 데 도움을 주고 아마도 새로운 친구들을 만들 수 있을 것입니다.

생각하기 질문

1. 당신은 이사를 가거나 전학을 가본 적이 있습니까? 어땠습니까? (무섭다, 어디에 무엇이 있는지 모른다, 점심을 함께 먹을 사람이 없다.)
2. 새로운 사람을 환영하기 위해 할 수 있는 사항에는 무엇이 있습니까? (이름 묻기, 무엇을 좋아하는지 묻기, 점심 같이 먹기)
3. 만약에 친구가 당신의 그룹에서 당신에게 싫증이 났다거나 누구든 다른 사람을 위한 여지가 없다고 말하면 어떡하겠습니까? (당신은 친밀하게 지내기를 바라고, 어쩌면 더 많은 사람들을 포함한 새로운 활동을 찾을 수도 있다.)
4. 당신의 학급의 누군가가 생일파티를 하는데 당신이 초대를 받지 못했다면 기분이 어떻겠습니까? (만약 당신만 쏙 빼놓았다면 완전히 제외된 것이다.)
5. 새로운 학생들을 받을 때마다 우리의 학급이 할 수 있는 몇 가지 사항에는 무엇이 있습니까? (그날은 그들을 귀찮게 하지 말고, 그들에게 항상 학급의 절차에 대해 도울 수 있는 누군가가 있다는 확신을 주고, 그들에게 환영의 노트를 쓴다.)

활동

지시사항 : 다음 동작들 중에서 어느 것이 새 학생을 환영하는 데 도움을 줄까요?

정답 : 2, 3, 6, 8, 9, 10

보충활동 : 학급은 새 학생을 환영하기 위한 절차를 가지고 있습니다. 아마도 그들은 학급 학생들의 사진과 함께 특별한 선물 가방이나 상자를 만들고 싶어 하거나 학교지도를 그리거나, 특별한 이름 태그, 학생이 환영받는다는 느낌을 받을 수 있게끔 개인적으로 접촉하기가 있습니다.

성명 ______________________________ 날짜 ______________

2.23 새 학생 환영하기

다음 행동들 중 어느 것이 학급이나 학교, 공동체의 새 학생을 환영하는 데 도움을 줄까요?
각각의 앞에 표시하세요.

______ 1. 앞 테이블에는 당신과 당신 친구들의 자리이기 때문에 새 학생은 앉을 수 없다고 말해줍니다.

______ 2. 새 학생에게 재킷과 책가방 거는 곳을 알려줍니다.

______ 3. 새 학생을 당신과 당신 친구들이 함께 롤러스케이트를 타는 데 초대합니다.

______ 4. 누구에 대해 고자질을 한다면 곤란에 처할 것이라는 것을 새 학생에게 말해줍니다.

______ 5. 새 학생들은 아무것도 모르므로 이야기해 줍니다.

______ 6. 새 학생에게 가족이나 그 전 학교에 대해 물어봅니다.

______ 7. 새 학생이 수행하기 전에 먼저 당신이 좋은 놀이기구인지 확인합니다.

______ 8. 새 학생에게 당신과 함께 점심을 먹자고 제안합니다.

______ 9. 당신이 축구의 편을 선택할 때 당신의 팀에 새 학생을 선택합니다.

______ 10. 새 학생이 아직 연필을 학교에 가지고 오지 못했다면 당신의 연필을 빌려줍니다.

2.24 공동체 동아리 공유하기

목표

학생은 적절한 행동이나 대화의 주제를 나타내는 공동체 동아리 활동에 참여할 것입니다.

설명

공동체 이야기 나누기 활동은 많은 수업의 목표들을 달성할 수 있습니다. 하루 의제나 달력을 검토하거나, 업무를 배정하고, 그룹으로 결합하고, 의견을 표현하는 연습을 하고, 하루의 나머지 시간에 대한 일정을 잡을 수 있습니다. 또 이야기 나누기 활동을 위한 기본적인 규칙은 명확하고 간단해야 하고, 학생들은 반드시 그것들을 따라야 합니다. 목표는 전체 그룹 토론을 지배하는 것이 아니라 학생들이 자유롭게 말을 할 수 있도록 편안한 분위기를 조성하는 것입니다.

생각하기 질문

1. 우리는 지금 토론 그룹이나 이야기 나누기 활동에 참가하고 있습니다! 우리가 또 언제 시간을 내서 같이 그룹으로 이런 것을 할 수 있을까요? (이야기 시간, 조회 시간, 종례 시간)
2. 그룹 시간에 어떤 순서로 말할지에 대한 규칙이 없다면 무슨 일이 일어날까요? (모두들은 먼저 말하려고 하고 들으려 하지 않는다. 너무 시끄럽다.)
3. 우리의 그룹에서 누가 말할 차례인지 우리는 어떻게 알고 있나요? (학급 절차에 따른다, 콩주머니를 돌리거나 한 학생이 다른 학생을 호명한다.)
4. 학교에서 논의하기 좋은 주제에는 어떤 것이 있나요? (당신이 갖고 있는 어떠한 문제, 생각들을 보여주거나 말하기, 예정되어 있는 일들)
5. 생각들을 공유하는 것이 왜 좋다고 생각하나요? (누군가는 어떤 일을 하는 데 더 좋은 방법을 알고 있다, 우리는 서로 도울 수 있다, 그것은 우리가 서로를 잘 알 수 있도록 도와준다.)

활동

지시사항 : 학생들은 자신의 좋은 판단을 하고 있지 못한 공동체 동아리에 참여하기로 되어 있는 아이들의 예를 살펴봅니다. 무엇이 부적절합니까? 또는 각각의 상황에서 어떤 아이디어가 최선이 아닌 것은 무엇입니까?

정답 : 1. 대화를 독점합니다. 2. 개인적 주장을 강요합니다. 3. 다른 사람에 대한 개인적인 것을 말합니다. 4. 말하고 있는 사람을 무시합니다. 5. 방해합니다.

보충활동 : 정답에 대해 논의해 봅니다. 학생들은 문제를 위한 대안 행동을 가지고 있습니다. 만약에 당신이 그날의 주제에 대해 토의를 한다면, 그것은 학생들에게 주제나 작업에 머무는 데 초점을 맞추는 연습을 하기 위한 기회가 될 수 있습니다.

성명 ______________________________ 날짜 ______________

2.24 공동체 동아리 공유하기

1.

____

____

____

공동체 동아리 공유하기(계속)

2.

3.

2.24

공동체 동아리 공유하기(계속)

4.

5.

2.25 학급 컴퓨터 사용하기

목표

학생은 컴퓨터를 사용하기 위한 교실의 절차를 인지하여 따를 수 있습니다.

설명

학교에 세팅되어 있는 모든 컴퓨터를 사용할 때 절차를 이해하는 것이 필요합니다.

생각하기 질문

1. 당신의 집에는 어떤 전기 기구들이 있습니까? (비디오 게임, 휴대폰, 휴대용 음악 재생기, 비디오 재생기, 컴퓨터 포함한다.)
2. 누군가가 당신의 게임을 집어 들어 부수거나 어떠한 방식으로든 어지럽힌 적이 있습니까? 무슨 일이 있었나요? (조심성이 없는 동생이나 친구, 부서졌다, 설정들을 엉망으로 만들었다.)
3. 당신이 일을 하고 있는데 엉망으로 만들거나, 지우거나 혹은 부러뜨린다면 기분이 어떨 것 같습니까? (매우 화가 난다.)
4. 당신은 왜 학교에서 장비를 가지고 일을 하기 위해서는 규칙과 절차가 필요하다고 생각합니까? (컴퓨터는 비싸다, 다른 많은 사람들이 그것을 사용한다.)
5. 컴퓨터를 어떻게 사용하는지에 대해 왜 설명을 들어야 하며 그런 일을 당신은 이미 집에서 하고 있나요? (집에서 하는 것과는 조금 다를 수 있다.)
6. 학교에서의 장비를 잘 다루는 것이 왜 중요한가요? (그래야 오래 사용할 수 있고, 다른 사람 차례가 되었을 때 그들이 쉽게 사용할 수 있다.)

활동

지시사항 : 학생들은 설명서나 장비의 각 조각의 절차를 보고 각각에 중요하다고 생각되는 부분에는 밑줄을 긋습니다.

정답 : 컴퓨터 : 1, 3 디지털 카메라 : 2, 3 CD 플레이어 : 1, 3

보충활동 : 학생들이 학교에 맡긴 다른 장비나 컴퓨터, 시청각 장비를 사용하는 학생들을 위해 예상되는 행동이나 절차를 조사하는 데 시간을 투자하세요. 그것은 한 학생이 절차에 대해 설명할 수 있고 다른 학생이 장비를 사용할 수 있도록 돕습니다. (“가르치고 이해한다.”)

성명 ______________________ 날짜 ____________

2.25 학급 컴퓨터 사용하기

여기에는 학급 컴퓨터를 사용하고 다른 장비를 배우기 위한 설명이 있습니다. 당신이 생각하기에 각각의 장비를 다루기 위해 중요하다고 생각하는 부분에는 밑줄을 그어주세요.

컴퓨터

1. 당신이 게임을 한다면, 게임이 시작하기 전에 헤드폰을 끼고 있는지 확인하십시오.
2. 만약 문제가 생겼을 때, 일어서거나 손을 들면 선생님이 당신을 도우러 올 것입니다.
3. 키보드의 키들을 조심스럽게 다룹니다.
4. 전원 스트립에서 플러그를 잡아 당겨 컴퓨터를 종료하십시오.

디지털 카메라

1. 당신이 원하는 것이 보일 때까지 모든 버튼을 눌러봅니다.
2. 당신이 원하지 않는 사진을 삭제하는 법을 완벽히 이해합니다.
3. 그것을 사용하지 않을 때는 안전한 장소에 카메라를 둡니다.
4. 배터리가 꺼질 때까지 카메라를 끄지 않습니다.

CD 플레이어

1. CD의 평평한 부분이 아닌 가장자리를 잡습니다.
2. CD가 슬롯에 잘 들어가지 않을 경우, 될 때까지 밀어 넣습니다.
3. 꺼냄 단추가 어디에 있는지 알고 CD를 꺼낼 수 있도록 합니다.
4. 그것이 즉시 시작하지 않으면, 시작하도록 흔들어 봅니다.

2.26 출석은 중요하다

목표

학생은 학교 출석이 왜 중요한지 설명할 수 있습니다.

설명

학교에 가지 않는 학생은 교실에서의 교육, 논의, 교실에 있는 느낌, 사회적 기능 만들기를 잊어버립니다. 활동들은 구성될 수는 있지만, 그런 활동 시간은 다른 활동들을 하지 않음으로써 생겨납니다. 우리는 모두 기분이 좋지 않거나, 어딘가 다른 곳에 있었음 하고 바라는 날들이 있습니다. 그렇지만 어쨌든 가능하다면, 그 학생은 수업에 참석을 해야만 합니다. 그래야 배우기 위한 모든 기회를 이용하는 이점을 얻을 수 있습니다.

생각하기 질문

1. 당신은 왜 매일 학교에 오는 것이 중요하다고 생각합니까? (과제를 알 수 있고, 무엇이든 배울 수 있다.)
2. 결석하는 데는 어떤 이유가 있습니까? (아픔, 머릿니, 가족 여행, 버스 놓침, 늦잠을 자거나 오는 것이 귀찮음)
3. 결석하는 이유 중에는 치과 진료 약속이나 가족들과 함께 어딘가 갔다왔다는 것도 있는데, 당신이 나쁘다고 생각하는 다른 이유는 무엇입니까? (학교 가는 것을 잊음, TV에서 어떤 프로그램을 보고 싶었음, 전날 밤에 저녁 늦게까지 깨 있었음)
4. 정시에 학교에 오는 것은 왜 중요할까요? (다른 사람들이 그렇게 할 때 당신도 시작할 수 있음. 정시에 점심을 먹을 수 있음, 선생님은 누군가가 늦게 왔을 때 어떤 말을 할 필요가 없음)

활동

지시사항 : 이러한 학생들은 대개 어제 학교에 왜 안 왔는지 이유가 있습니다. 결석에 타당한 이유라고 생각하는 사람에 동그라미 쳐보시오.

정답 : 1 : 토하는 것 3 : 의사 진찰을 받는 것 6 : 가족 모임이 날씨로 연기되었음

보충활동 : 교사는 집에서 어떤 일이 일어났는지 진정으로 알 수 없기 때문에(그리고 교사들 중 다수가 역시 같은 부모들이다), 학생이 결석하거나 정시에 오지 않은 이유를 정확하게 판단하는 것은 어려운 일입니다. 그러나 학생이 학교에 오기 위해 매일 노력하도록 격려하세요. 그리고 매일 아침, 문에서 환영의 말로 그들을 맞이해 주세요.

성명 ______________________ 날짜 ____________

2.26 출석은 중요하다

이 학생이 어제 결석한 이유를 읽어 봅시다. 당신이 생각하기에 허용 가능한 이유라고 생각하는 것에 동그라미 해보시오.

1.

2.

2.26

출석은 중요하다(계속)

3.

4.

2.26

출석은 중요하다(계속)

5.

6.

학급 규칙과 책임을 위한 학급 조언

- 당신의 아침 조회를 어떻게 체계적으로 할지 결정하세요. 하루를 위한 생활 기술이 있습니까? 일기예보? 학급 소식? 이러한 회의는 하루의 나머지를 만들 것입니다. 그날 무엇을 기대하는지 학생들에게 알리고, 그들이 가치 있고 환영받는다는 것을 상기시키세요.
- 학생들이 이야기할 수 있는 시간을 허용하세요. 아마도 당신은 조용한 활동 사이나 밖으로 나가기 전에 이러한 구분을 둘 수 있습니다. 그들은 매일 적당한 시간에 5분 동안 적시에 하고 싶었지만 묻어두었던 대화를 할 수 있기를 기대합니다.
- 수업 중간에 떠나야 하는 학생들을 위해(특별 수업이나 어떤 다른 것을 위한), 떠나기 위해 떠나도 된다고 허용하는 조용한 신호를 개발합니다. 가능하다면, 이러한 학생들은 문에 가깝게 앉아 떠나기 편리하게 합니다.
- 지도자를 주기적으로 모두가 할 수 있도록 바꾸면 모두가 그와 그녀의 차례가 올 것이라는 것을 압니다. 누가 먼저 할 것인가에 대한 다툼을 피하세요.
- 줄을 세운 아이들의 행렬이 길어져서 낙오자가 생기면, 당신의 여행을 통해 특정 중지 포인트를 지정합니다. 라인 지도자는 지점에서 중지하고 여행을 계속하기 전에 모두가 따라올 수 있게 기다려야 합니다.
- 교실에서 학생들의 최고의 논문, 테스트, 그리고 프로젝트를 전시합니다. 처음 원고나 대충 잡은 계획과 최종 결과물 사이의 차이를 설명하세요.
- 특별한 숙제 없는 날(special homework-free night)에 숙제를 해 온 충실한 학생에게는 보상을 해주세요. 그렇지 않으면, 그날 밤에 아이스크림 먹기나 텔레비전 쇼 보기와 같은 우스운 숙제를 할당합니다.
- 한 해 동안 새 학생을 환영하는 책임을 지는 학급 친선대사 팀(class goodwill ambassador team)을 만듭니다.

03

Chapter

다른 교직원들과 적절한 관계 형성하기

3.1 시간 강사!

목표

시간 강사가 학급을 담당하고 있을 때의 학생들의 적절한 행동을 확인할 수 있습니다.

설명

정규 교사가 없을 때, 일부 학생들은 시간 강사를 골려먹을 수 있다고 생각합니다. 종종 담임 선생님은 그나 그녀가 부재할 때 학생들의 태도에 경악합니다. 이번 수업은 학생들이 시간 강사에게 어떻게 행동을 해야 하는지에 초점을 맞췄습니다.

생각하기 질문

1. 당신의 담임 교사는 지금까지 교육의 일을 놓친 적이 없습니까? (회의, 질병, 개인 사정)
2. 보통 담임 교사가 없을 때는 누가 대신 하나요? (시간 강사, 다른 담임 선생님, 때로는 교장에 선생님)
3. 시간 강사의 일에 대해서 어떻게 생각하나요? 하루 종일 그와 그녀에게 어떤 일이 일어날까요? (처음에는 이 일이 다소 혼란스럽다. 모든 사람이 누구인지 알고, 수업이 수행되는 순서가 어떤지, 흔치 않은 상황과 교실의 버릇없는 학생의 나쁜 행동)
4. 당신의 담임 교사는 당신이 시간 강사에게 어떻게 행동하길 기대하고 있습니까? (똑같거나, 일부는 좀 더 나은 행동을 기대함)
5. 당신은 왜 일부의 학생들이 시간 강사와 있을 때 더 나쁜 행동을 보여준다고 생각합니까? (시간 강사는 온화하고, 그들이 어떤 짓을 해도 벌을 주지 않을 것이라고 생각하기 때문)
6. 교실에 시간 강사가 있을 때 학생들은 어떻게 해야 합니까? (담임 교사인 것처럼 따른다.)

활동

지시사항 : 학생들은 작업 계획표에 있는 행동 목록을 심사숙고하고 시간 강사를 공경하는 사람 옆에 표시합니다.

정답 : 2(진심으로 인사하는 경우), 4(시간 강사가 도움이 필요해 보인 경우), 5, 8, 9

보충활동 : 당신이 부재 중일 때 당신이 교실에 기대하는 바에 대해 논의하고 학생들이 최고의 행동을 하기를 기대하면서 당신이 규율 문제를 다룰 것에 대해 설명합니다. 그리고 그날에 일어난 사건에 대해 시간 강사와 연락을 합니다. 아마도 당신은 최고의 보상이나 '좋은 도우미' 장려책을 제공할 것입니다. 시간 강사에게 하루에 복잡한 지침을 너무 많이 주지 마십시오.

성명 ______________________ 날짜 ____________

3.1 시간 강사!

오늘 당신의 교실에는 시간 강사가 있습니다. 이 중에서 시간 강사에게 존경을 나타내는 각각의 행동 옆에 체크를 하세요.

- □ 1. 그녀는 누구도 알지 못하기 때문에 자리를 바꿉니다.
- □ 2. 당신이 교실에 들어올 때 "안녕하세요."라고 인사합니다.
- □ 3. 아픈 척을 해서 간호사에게 가야 한다고 합니다.
- □ 4. 연습 문제집이 어디에 있는지 알려줍니다.
- □ 5. 그녀의 지침을 바로 따릅니다.
- □ 6. 그녀에게 해야 하는 숙제가 없다고 말하고, 심지어 정말인 것처럼 합니다.
- □ 7. 교실에 늦게 들어갑니다.
- □ 8. 질문이 있을 때 손을 듭니다.
- □ 9. 교실에서 그녀가 이야기를 할 때는 조용히 합니다.
- □ 10. 누가 점심을 먼저 먹을지에 대해 언쟁을 합니다.

3.2 학급 보조원(도우미)

목표

학생은 학급 보조원이 매일 선생님이나 수업을 돕는 적어도 10가지 일반적인 활동을 식별합니다.

설명

학급 보조원(운이 좋다면 학급에 한 명이 있을 수 있음)은 교사 옆에서 일을 도와주고, 강화하고, 재교육하고, 잘라내고, 붙이고, 송곳질하고, 보살피고, 또 교실에서 열심히 일을 합니다. 학생들은 때때로 자신들의 선생님처럼 보조원을 존경하지 않아도 된다고 생각합니다. 이번 수업은 보조원이 교실에서 많은 도움을 주는 것에 대한 인식을 심어 주기 위한 것입니다.

생각하기 질문

1. 왜 일부 교실에서는 보조원이 필요할까요? (많은 아이들, 어린 아동들이 엄청난 도움을 필요로 하기 때문)
2. 보조원은 교사와 같습니까? 무엇이 다릅니까? (일부 보조원들은 교육 학위를 가지고 있다. 그러나 보조원의 교실에서의 역할은 교사의 계획과 지침을 이행하는 것이다.)
3. 학급 보조원이 도와주는 일은 무엇일까요? (학생들이 읽는 것 듣기, 작업 계획표 수행하기)
4. 학급 보조원이 대우받아야 하는 것에는 무엇이 있다고 생각합니까? (존경, 다른 어른들처럼)
5. 당신이 그 보조원을 좋아하지 않을지라도 어떻게 해야 할까요? (계속 협력하고, 목표를 따르도록 노력하고, 당신의 선생님으로서 그들을 존경한다.)

활동

지시사항 : 학생들은 적어도 보조원에게 부여된 서로 다른 6가지 일이나 그들에게 친숙한 직무들을 나열합니다. 이것은 매일의 업무(읽는 것을 듣기)이거나 또는 가끔 일어나는 일(즐거운 박람회를 돕거나, 생일 파티 도와주기)입니다.

정답 : 정답들은 다양하지만, 스티커 나누어주기, 서류 확인 돕기, 구내식당에서 감독하기, 스펠링 단어 불러주기가 있습니다.

보충활동 : 보조원이 당신에게 얼마나 중요한지 의논합니다. 교실에서 당신은 교사로서 더 많은 성취를 보입니다. 당신이 교실 앞에서 보조원에 대한 감사를 표현함으로써, 당신은 학생들이 따라야 할 좋은 예시를 제공할 것입니다.

성명 ______________________ 날짜 __________

3.2 학급 보조원(도우미)

당신의 학급 보조원은 매우 많은 일을 합니다. 하루 동안 보조원이 학급 수업을 도울 수 있는 6가지 서로 다른 활동을 적어보세요.

1. ______________________

2. ______________________

3. ______________________

4. ______________________

5. ______________________

6. ______________________

3.3 교장 선생님

목표

학생들이 학교 교장 선생님에게 존경을 나타낼 수 있는 방법을 알 수 있습니다.

설명

교장 선생님은 많은 학생들을 개인적으로 알기에는 시간이 걸리는 학교의 리더입니다. 교장 선생님은 학교의 규칙을 따르지 않는 학생들에게는 무서운 존재입니다. 특별한 순간을 공유하거나 칭찬을 듣기 위해 학교의 리더를 열심히 찾아가는 학생들은 훌륭합니다. 교장 선생님이 경찰은 아니지만, 정책을 적용하는 사람으로서 절대적인 존경을 받아야 합니다.

생각하기 질문

1. 교장 선생님이 하루 종일 무슨 일을 한다고 생각합니까? (당신은 아마도 놀라운 답들을 얻을 것이다.)
2. 당신이 생각하기에 교장 선생님은 자기가 원하는 대로 규칙을 만들거나 제거할 수 있는 힘이 있다고 생각하십니까? (현실적으로 말해서, 아니다.)
3. 교장 선생님이 강제하거나 지키도록 권유하는 학교 규칙에는 어떤 것들이 있습니까? (학교에서는 싸우지 않기, 수업 빼먹지 않기, 부모에게 가정통지서 보내기)
4. 어떻게 그 학교의 규칙은 학교의 모두를 도울까요? (보호를 위해, 학교에 있을 동안 학교에서 학생들에게 배울 기회를 주기 위해, 부모님들과 의사소통하기 위해)
5. 교장 선생님이 하신 멋지고 즐거운 일에는 무엇이 있을까요? (현장학습에 도움 주기, 운동회에서 물풍선 맞기, 우수생에게 상을 주기)

활동

지시사항 : 학생들은 교장 선생님 역할놀이를 하면서 6가지 유형의 학생들을 만나고 있습니다다. 공손한 행동을 하는 학생들에게 동그라미 치세요.

정답 : 3, 4, 6

보충활동 : 교장 선생님은 1, 2, 5번 같은 많은 학생들을 봅니다. 왜 이러한 상황이 교장 선생님에게 언짢을까요?(반항, 무관심하기) 학생들이 어떻게 그들의 문제를 공손한 행동으로 바꿀 수 있을지 의논해 보세요.

성명 ______________________________ 날짜 ______________

3.3 교장 선생님

당신이 교장 선생님입니다! 여기 학생들 중에 누구를 당신의 사무실에 데려가고 싶을까요? 교장 선생님에게 공손하고 친절한 학생에 동그라미 치세요.

1.

2.

3.

4.

5.

6.

3.4 학교 비서

목표

학생은 학교 비서에게 공손하게 존경의 자세로 도움을 요청할 수 있습니다.

설명

많은 학교에서 비서는 다재다능한 사람입니다. 운동장의 작은 비상 사태에서부터 교장 선생님의 문제를 검토하기까지 모든 것들을 다룹니다. 서류, 회계, 다른 기록물까지 회피하지 않습니다. 이는 매우 중요한 자리인데, 학생들은 비서를 자기들의 개인적인 고용인으로 봅니다.("엄마에게 전화해 주세요." "저는 그 책이 필요해요." "이것 좀 뽑아주세요.") 학생들은 이렇게 매우 중요한 사람을 존경해야 합니다.

생각하기 질문

1. 학교 비서의 직무에는 어떤 것이 있습니까? (출석 기록을 보유하기, 전화 받기, 회의 스케줄을 잡기)
2. 당신이 생각하기에 비서는 학교가 어떻게 돌아가는지 잘 알거라고 생각합니까? (아마도) 왜 그런가요? (그녀는 활동의 중심에 있고, 아마도 교장실 바로 옆에 있고, 아이들이 오고 가는 것을 보니까)
3. 비서가 되는 것이 어려울까요? 즐거울까요? (어려움 : 한꺼번에 많은 일을 처리해야 하고, 화난 부모님도 응대해야 한다. 즐거움 : 모든 아이들과 이야기 할 수 있고, 전화를 받는다.)
4. 사람들은 비서에게 어떤 종류의 부탁까지 할까요? (자료 출력하기, 어떤 물건 찾기, 전화하기)
5. 어떤 것이 필요할 때 어떤 방법으로 비서에게 공손하게 말할 수 있을까요? (예의 있게 말하기, 감사함을 표현하기, 당신의 차례가 올 때까지 차분하게 기다리기)

활동

지시사항 : 학생들은 활동지 상의 주인공들이 정중한 방식으로 학교 비서에게 도움을 요청할 수 있도록 합니다. 그들은 주인공이 어떻게 말하는지 써야 합니다.

응답 예 : 1. 제가 전화기 좀 써도 될까요? 2. 죄송하지만, 약간의 자료가 필요합니다. 3. 조지 부인께서 저에게 메뉴를 보냈습니다. 4. 안녕하세요, 이것은 당신을 위한 것입니다. 저는 일찍 떠나야만 해요. 5. 제가 여기서 부모님을 기다려도 될까요?

보충활동 : 비서는 교장과 부모, 교사와 부모, 교장과 교사 가운데에서 연락을 취할 수 있습니다. 이를 직업으로 가지려는 사람들에게 그녀를 통해서 양쪽이 연결되는 동안 가운데서 엄청난 인내심이 필요하다고 설명해 주세요. 학생들에게 작업 계획의 상황에서 당사자가 비서를 통해 연결되어 있는 상황에 대해 생각해보게 하세요.(1 : 학생과 부모, 2 : 학생과 공급원, 3 : 교사와 카페테리아, 4 : 부모/치과의사와 학교, 5 : 교사와 부모)

성명 ________________ 날짜 ________

3.4 학교 비서

각각의 학생들이 학교 비서에게 말하고 있습니다. 비서에게 공손하게 말을 적어보세요.

1. 몰리는 집에 전화하기 위해 전화기를 사용해야 합니다.

2. 루이스는 종이 묶음과 연필 두 자루가 필요합니다.

3. 벤자민의 선생님은 이달의 점심 메뉴를 뽑아오라고 행정실에 그를 보냈습니다.

4. 제니퍼는 치과 진료 때문에 일찍 가야 해서 비서에게 메모를 주고 가야 합니다.

5. 니콜라스는 쉬는 시간에 난처한 일이 생겨서 부모님이 그를 데리러 사무실에 오실 때까지 기다려도 되는지 여쭈어 봐야 합니다.

3.5 당신은 제 담임 선생님이 아닙니다!

목표

학생은 담임 교사가 아닌 사람에게 순종해야 하는 경우를 확인합니다.

설명

비록 학생들이 말을 잘 듣고 그들의 담임 교사를 존중해야 하지만, 이런 똑같은 학생들은 다른 교사들이나 학교의 다른 어른들의 말을 들어야만 한다고 생각하지 않습니다. 이번 수업은 어떠한 다른 선생님이라도 그 또는 그녀의 선생님이 되는 상황을 학생들에게 생각해볼 기회를 주도록 했습니다.

생각하기 질문

1. 당신이 학교를 다니기 시작할 때부터 얼마나 많은 선생님들이 있었습니까? (다양할 것이다.)
2. 당신이 다음 학년에 진학할 때, 그 전과 선생님이 똑같았습니까? (관계는 있지만, 더이상은 직접적인 담임은 아니다.)
3. 당신이 교실에 있다면 당신의 교사가 당신에게 질문하기를 기대합니까? (예)
4. 선생님은 당신이 그 교실에 있지 않을 때에도 지침을 잘 따라주길 바랍니까? (예–지침이 주어졌으므로 무엇이든 이유가 될 수 있다.)
5. 운동장, 미술이나 음악시간, 또는 복도를 걸어가는 교사는 어떻습니까? 교실에서의 당신의 선생님의 모습과 일치하지 않을 수 있습니다.(예–그래도 존중해야 한다.)
6. 당신의 담임 교사가 없을 때에도 지침을 제공하는 학교의 일부 교사는 누구입니까? (다른 학년의 교사들, 코치들, 음악과 미술 교사, 영양사) 왜 그들은 당신에게 지침을 줍니까? (그 상황에 필요하기 때문에)

활동

지시사항 : 이 활동지에서는 학교에서 자신의 일과 시간 동안 피트가 어떤 일을 하고 따르기 위해 여러 명의 교사들을 만납니다. 피트에게 지시를 하는 선생님들을 동그라미 치세요.

정답 : 1, 2, 4, 6, 7, 8, 9

보충활동 : 활동지에서 선생님들은 왜 피트에게 지시를 하거나 또는 하지 않는지 논의해 보세요. 지시를 하는 것이 왜 중요할까요?(예를 들어 1 : 바닥은 미끄러워서 사고가 생길 수 있다. 2 : 아마 다른 사람들도 화장실 사용을 원한다.)

성명 ______________________________ 날짜 ______________

3.5 당신은 제 담임 선생님이 아닙니다!

피트의 담임 교사는 아니지만 그에게 지시을 내리는 사람을 찾아 동그라미 치세요. 얼마나 찾았나요?

3.6 버스 기사

목표

학생은 학생들의 규칙 준수가 필요한 버스와 버스 기사에 대한 상황을 인식할 수 있습니다.

설명

버스 기사는 학교의 연장선상에 있는 권위 있는 사람입니다. 이러한 기사 없이는, 부모님들이 학교에 그들의 아이들을 보낼 때 더 많은 수고를 해야 합니다. 따라서 버스에서 있을 때 운전기사가 운전에만 안전하게 집중할 수 있도록 방해를 해서는 안 됩니다. 모두들 버스 기사가 훈육이 아니라 운전에만 집중할 수 있도록 해야지만 더욱 안전해질 것입니다.

생각하기 질문

1. 매일매일 학생들은 어떻게 학교를 오고 갈까요? (가능한 방법들 : 걷기, 자전거 타기, 부모님, 카풀하기, 버스타기)
2. 버스기사가 어떤 학생들에게는 어떻게 학교에 쉽게 올 수 있게 합니까? 또는 가능하게 합니까? (부모님들이 정시에 일을 하러 갈 수 있다. 일부 학생들의 장거리 통학을 예방한다.)
3. 버스 기사가 버스를 운전할 때 어떤 생각을 할까요? (다른 차들, 멈춰야 하는 정확한 위치 기억하기, 걸어가고 있는 학생들 주의하기)
4. 버스에서 학생들이 협조하지 않으면 어떤 문제가 발생할까요? (집중력이 떨어지고, 사고가 일어날 수 있으며, 버스를 더 오래 타야 합니다.)
5. 버스를 안전하게 탈 수 있는 좋은 규칙에는 무엇이 있을까요? (자리에 앉기, 조용히 하기, 자리 바꾸지 말기, 물건 버리지 말기)

활동

지시사항 : 학생들은 버스 기사의 지시에 대한 학생들의 말이 공손한지 아닌지 네 개의 상황을 평가합니다. 예/아니요로 써주세요.

정답 : 1. 아니요 2. 예 3. 아니요 4. 예

보충활동 : 버스 기사의 개입 없이 1번과 3번의 학생들이 그들의 문제를 해결할 수 있도록 의논해 보세요. 버스에서 무엇이 안전하고 정숙한 행동인가요?

성명 ______________________ 날짜 ______________

3.6 버스 기사

다음의 그림에서, 학생이 버스 기사에게 공손하면 '예'를 쓰고, 그렇지 않으면 '아니요'라고 쓰세요.

3.7 특별반 선생님들

목표

학생은 특별 교실(미술, 음악, 체육)의 절차를 따르는 것이 왜 중요한지에 대해 이유를 말할 수 있습니다.

설명

학생들은 한 주 동안 여러 다른 선생님들을 만납니다. 특별 교사는 미술, 음악, 체육, 도서관, 특별한 도움을 주는 선생님들, 그리고 컴퓨터 도우미를 포함합니다. 비록 구체적인 교실 규칙은 다르지만, 학생들은 이 교사들도 존경해야 합니다.

생각하기 질문

1. 당신이 한 주 동안 볼 수 있는 특별한 교사에는 누가 있습니까? (미술, 음악)
2. 이러한 수업들은 왜 다른 규칙이 있습니까? (기존의 수업과는 다르기 때문, 그들은 음악 악기, 미술 재료를 가지고 있고, 체육을 하기 위해 밖으로 나가거나, 일부 수업 은 더 소규모다.)
3. 특별 교사에게는 어떻게 행동해야 합니까? (항상 공손하고 학습에 집중해야 한다.)
4. 미술 시간이 아닌 음악 시간에 지켜야 하는 규칙과 절차에는 무엇이 있습니까? (피아노를 계속 치지 않고, 노래를 부를 때는 입을 열고, 무대에서는 같은 자리에 선다.)
5. 다른 수업 시간이 아닌 체육 시간에 지켜야 할 규칙과 절차에는 무엇이 있습니까? (체육관 신발을 신고, 휘슬을 들으면 조용히 한다.)
6. 당신이 가장 좋아하는 특별 수업은 무엇이고, 이유는 무엇입니까? (정답은 다양하다.)

활동

지시사항 : 학생들은 수업에 맞는 규칙을 연결해야 합니다.

정답 : 1. 미술 2. 음악 3. 체육 4.도서관 5. 특별 독서반 6. 컴퓨터실

보충활동 : 학생들의 정답에 대해 논의합니다. 학생들은 각각의 수업에 해당하는 규칙을 어떻게 알았습니까? 어떤 규칙이 따르기 어려운지 논의해 보세요.

성명 ______________________ 날짜 ____________

3.7 특별반 선생님들

다음의 규칙들이 어떤 특별한 수업과 어울릴까요? 각각의 규칙에 맞는 정확한 수업에 선을 그어 주십시오.

1. 끝날 때 마커 펜의 뚜껑을 닫아야 마커 펜이 마르지 않습니다.	도서관
2. 노래의 단어를 명확하게 불러야 청중들이 들은 것을 이해할 수 있습니다.	컴퓨터실
3. 밖에서 하는 모든 장비들은 건물 안에 들어가기 전에 집어넣으세요.	음악
4. 선반에서 책을 꺼냈으면, 가져다 놓을 때 같은 지점에 넣으세요.	체육
5. 읽는 연습을 위해 이 책을 집에 가지고 가세요; 그리고 내일 올 때 가지고 오세요.	특별 독서반
6. 제가 말하기 전까지 아이콘을 클릭하지 마세요.	미술

3.8 관리인

목표

학생들은 학교 관리인이 책임을 지고 있는 여러 가지 일에 대해 알 수 있습니다.

설명

많은 학생들은 학교 관리인이 어떤 일을 하는지 모릅니다. 그러나 그들은 우리의 삶을 간편하게 하고 학급이 더 원활하게 운영되도록 선생님이 필요로 하는 작은 일들을 처리합니다. 더 큰 책상을 가져오거나, 여분의 책상을 가져오기도 하고, 깨진 유리창을 손보기도 하고, 텔레비전이나 모니터를 옮기는 일을 합니다.

생각하기 질문

1. 교실에 전구가 나간 경우 어떻게 합니까? (관리인이 교체한다.)
2. 관리인이 하는 작업 중 일부는 무엇입니까? (물건을 고치고, 찾고, 청소한다.)
3. 왜 이러한 일이 중요합니까? (누군가는 학교 재산을 잘 관리하거나 그것들을 적절히 유지할 필요가 있다.)
4. 학교 건물이 좋아보이게 하는 것이 왜 중요합니까? (우리는 좋은 환경에서 일하길 원하고, 그러한 환경은 학교에 대한 자부심을 보여줍니다.)
5. 학교 관리인이 어떻게 교사의 일을 더 쉽게 도와줍니까? (교사는 수업시간에 쓸 자료를 찾아다닐 여유가 없다. 그래서 관리인은 교사가 수업시간에 자료를 적절히 사용할 수 있도록 한다.)

활동

지시사항 : 학생들은 활동지에 학교 관리인의 책임이 있는 모든 일에 색을 칠합니다. 당신의 학교를 위해 학교관리인이 하는 활동을 토론해 보세요. 활동지에 있는 것과는 약간 다른 작업 설명이 있을 수 있습니다.

정답 : (개별 학교에 따라 가능한 대답) 1, 2, 3, 5, 7, 9, 10, 12, 14

보충활동 : 선택되지 않은 활동(4, 6, 8, 11, 13)에 대해 책임이 있는 사람이 설명해봅니다. 학교 관리인의 작업 목록에 추가할 수 있는 다른 작업들이 있나요?

성명 ______________________ 날짜 ____________

3.8 관리인

학교 관리인이 하는 모든 작업들에 색을 칠하세요.

1. 교실에 다른 곳으로부터 책상을 가져오기
2. 깨진 창문을 고치기
3. 휴게실 바닥을 청소하기
4. 학교까지 교장을 운전해서 모시기
5. 새 칠판을 옮기기
6. 식당에서 점심밥을 요리하기
7. 고장 난 프로젝터 수리하기
8. 학생들의 숙제를 함께 돕기
9. 점심 후에 쓰레기를 비우기
10. 학교 앞 잔디를 깎기
11. 육상 팀을 코치하기
12. 교사 주차장의 주차선을 페인트 칠 하기
13. 교장의 편지를 분류하기
14. 복도 바닥 광택 내기

3.9 현장학습 도우미

목표

학생들은 학급 친구들과 함께 현장학습을 하는 동안 현장학습 도우미와 함께 지내는 방법을 인식합니다.

설명

현장학습은 즐거울 수도 있지만 악몽 같을 수도 있습니다. 함께 가는 도우미가 있을 때, 그는 학급의 모든 사람들이 여행을 최대한 보람 있게 하도록 일들을 더 원활하게 실행할 수 있습니다. 여행 전에 사전 답사를 하여 현장학습을 위한 준비를 합니다. 도우미가 이름표, 비상조치, 여행 목표, 화장실과 점심식사 절차들을 사전에 파악해두어 모든 사람에게 알려주어야 합니다.

생각하기 질문

1. 당신이 현장학습을 다녀왔던 곳은 어디입니까? (박물관, 동물원, 소풍, 특별한 행사)
2. 여행을 돕기 위해 함께 가는 사람은 누구입니까? (부모님, 버스 기사, 손위 형제, 다른 선생님)
3. 여행이 신중하게 계획되지 않았다면 어떤 것이 잘못 될 수 있습니까? (낙오된 인원 발생, 충분치 못한 점심식사, 비상구급함의 부재)
4. 현장학습 도우미가 얼마나 현장학습을 더 쉽고 재밌게 만들 수 있습니까? (소집단으로 활동하기, 더 쉽게 돌아다니기, 일부 부모들이 정말로 여행을 즐기기, 오래 기다리지 않기)
5. 현장학습 도우미가 좀더 쉽게 현장학습을 도울 수 있도록 당신 또는 우리 학급이 하는 방법은 무엇이 있습니까? (이름표를 착용하기, 학급 규칙 준수하기, 지도, 비상금, 특별한 지시가 있는지 확인하기)

활동

지시사항 : 얼마나 학생들이 현장학습 도우미에게 도움이 됐는지에 대한 설명이 적힌 각각의 그림을 학생들이 맞추도록 합니다.

정답 : 1. d　2. b　3. c　4. a　5. e

보충활동 : 학급에서 현장학습 순서 목록을 만드세요. 무엇이 잘못될 수 있나요? 포함된 절차 중 어떤 것이 위급상황을 만들 수 있나요? 효과적인 현장학습의 안전성을 위해 어떠한 규율을 가져야 하나요?

성명 ______________________________ 날짜 ______________

3.9 현장학습 도우미

이 학생들이 현장학습 도우미와 함께 어떤 좋은 행동을 할까요? 각각의 그림과 설명을 맞추어 보세요.

1. 이름표를 착용합니다.
2. 집단 속에 함께 합니다.
3. 화장실에 갈 때 지시를 따릅니다.
4. 도우미들의 기다리라는 지시를 따릅니다.
5. 영화가 상영되는 동안 조용히 앉아 있습니다.

a.

b.

c.

d.

e.

3.10 학교 상담원

목표

학생은 학교 상담원을 방문하는 다양한 이유를 알 수 있습니다.

설명

상담원은 개별 학교의 요구에 따라 상담이 요구되는 학생들에 대한 일정 관리, 훈육, 약간의 수업을 책임질 수 있습니다. 상담은 모든 학생들에게 훌륭한 자원입니다. 당신의 학생들에게 상담원은 모두가 이용 가능하다는 것을 알려주세요.

생각하기 질문

1. 만일 당신이 학교에 대해 문제를 가지고 있다면 누구에게 갈 수 있습니까? (선생님, 교장 선생님)
2. 당신이 다른 아이들과 어울리는 데 문제가 있거나 집에서의 문제같이 더 큰 문제를 가졌다면 누가 도와줄 수 있습니까? (학교 상담원, 선생님)
3. 상담원은 학생들을 돕기 위해 특별하게 훈련된 사람들입니다. 상담원은 선생님과 달리 무엇을 할 수 있습니까? (큰 학급 대신 작은 단체와 함께 일함, 개인적인 일들에 대해 말할 수 있음, 숙제를 주지 않음)
4. 누군가가 상담원을 만나는 데는 어떠한 이유가 있습니까? (집에서의 문제, 학교에서의 문제, 단지 다른 사람과 얘기하고 싶어서, 계획을 세우기 위해서, 수업에서 면제되므로)
5. 당신이 상담원을 만나기 위해 꼭 문제가 필요할까요? (이상적으로 상담원은 어떤 점에서 모든 학생들과 함께 교감해야 한다. 예를 들어, 공부하는 기술과 문제 해결 방식을 알려줌)

활동

지시사항 : 학생들은 7명의 학생들에 대한 활동지를 읽습니다. 그리고 어떤 학생이 상담을 받아야 하는지 결정합니다.

정답 : 모든 학생들이 상담을 받을 수 있습니다.

보충활동 : 상담원이 당신의 학급에서의 요구에 얼마나 알맞은지 토론하세요. 당신의 학교 안에서 그(또는 그녀)가 어떠한 활동을 책임져야 합니까?

성명 ______________________ 날짜 __________

3.10 학교 상담원

어떤 학생이 학교 상담을 받을 수 있을까요? 당신이 고른 각각의 학생에 동그라미 치세요.

1. 에비는 부모님이 이혼을 준비해서 매우 걱정을 합니다. 그녀는 이것에 대하여 누군가와 얘길 하길 원합니다.

2. 타일러는 그의 과학 발표에서 A를 받았습니다. 그는 너무 신나서 이것을 다른 사람에게 얘길 하길 원합니다.

3. 카일라는 수학 성적을 항상 나쁘게 받아왔습니다. 그녀는 어떻게 공부를 해야 하는지 모릅니다.

4. 알렉스는 학교에 새로 와서 친구를 많이 사귀지 못했습니다. 그는 무섭고 외롭습니다.

5. 클로레는 만일 그녀가 발리볼을 하는 대신 자유 선택 기간 동안 미술 수업을 들을 수 있는지 알고 싶습니다.

6. 앤디는 그의 사물함을 열 수 없습니다.

7. 프리야는 병원에 가기 때문에 학교를 갈 수 없습니다. 그녀는 3일간 결석을 해야 합니다.

3.11 또래 개인교사

목표

학생이 또래 개인교사와 함께 하는 효과적인 개인교수 시간을 갖지 못하도록 하는 변명들을 인식할 수 있습니다.

설명

선배 학생과 후배 학생이 함께 일하는 것은 둘 다에게 이익이 될 수 있습니다. 선배 학생은 후배 학생을 돕는 것을 즐기고 그들의 관계를 잘 맺게 할 수 있습니다. 그러나 가까운 연령대 간의 차이 때문에 때때로 교육을 받는 아이들이 그들의 조력자를 교묘히 조종해 흥미로운 변명을 찾아내거나 '그들의 선생님 같지 않은' 개인교사를 이용하기도 합니다.

생각하기 질문

1. 또래 개인교사가 무엇인가? (당신의 나이와 가깝고 당신을 도울 수 있는 어떤 학생, 우리의 학급에 찾아오고 우리와 함께 읽는 어떤 학생)
2. 당신은 당신이 지금 배우는 것을 그것을 이미 배운 누군가로부터 가르침을 받는 것이 학습을 더 쉽게 한다고 생각하는가? (아마도–그들은 그것이 우리 나이에 어떻게 느껴지는지 기억하고 그들은 교사처럼 엄격하지 않다.)
3. 또래 개인교사를 가짐으로써 어떤 것이 즐거울 수 있습니까? (그는 당신이 이미 알고 있는 사람이 될 수도 있고, 나이가 더 많은 친구 같을 수도 있다. 또한 그는 아마도 좋은 공부 습관을 가지고 있을 것이다.)
4. 또래 개인교사와 선생님과의 공통점은 무엇입니까? (배우는 것을 도와준다, 가르침 받는 대상보다 나이가 더 많다.)
5. 또래 개인교사와 선생님과의 차이점은 무엇입니까? (선생님에 비해 더 어리다. 친구가 될 수도 있고 손위형제 같을 수도 있다.)

활동

지시사항 : 학생들이 또래 개인교사와 함께 공부하고 있는 등장인물의 말을 읽게 하세요. 아이들이 또래 개인교사를 존중하는 모습을 보이나요?

정답 : 1. 아니요 2. 아니요 3. 예 4. 아니요 5. 아니요 6. 아니요 7. 아니요 8. 예 9. 아니요 10. 예

보충활동 : 정답에 대해 토론하세요. '아니요'라는 반응은 왜 존중하지 않음을 나타내나요? 아이들이 하는 변명에 대해 이야기하세요.(개인교사를 산만하게 하기, 학습에서 벗어나기. 과제에 대해 사실대로 말하지 않기, 하지 않은 것에 대해 변명하기)

성명 ______________________________ 날짜 ______________

3.11 또래 개인교사

각각의 학생들이 또래 개인교사를 존중하는 모습을 보여주고 있나요? 각각의 지문 앞의 밑줄에 '예' 또는 '아니요'를 쓰세요.

_________ 1. "네 머리 모양은 이상하구나!"

_________ 2. "넌 내 사촌을 닮았어. 내 사촌은 정말 뚱뚱하거든."

_________ 3. "도와줘서 고마워.

_________ 4. "내가 원하는 하나 빼고 이 문제지의 모든 질문을 할 필요 없어."

_________ 5. "이걸 읽는 방법을 잊어버렸어. 이 이야기를 읽어줄래?"

_________ 6. "우리 선생님은 우리가 일을 끝냈을 때 사탕을 줘어. 나는 네가 날 위해 사탕을 사왔으면 좋겠어."

_________ 7. "네가 하는 말을 내가 할 필요는 없어!"

_________ 8. "나는 네가 나를 읽을 수 있도록 도와주는 것을 좋아해."

_________ 9. "나 또 화장실에 가야겠어."

_________ 10. "내 생각엔 내가 이 단어를 알아낼 수 있을 것 같아. 그러니까 아직 나에게 답을 말하지 말아줘. 알겠지?"

3.12 공공 봉사자

목표

학생은 공공 봉사자와 자원봉사자들이 학교를 어떻게 도와주는지를 알 수 있습니다.

설명

종종 부모나 조부모 자원봉사자 및 다른 공공 봉사자(사서, 경찰, 직업 강사, 교육 관련 사업가)들은 학교에 방문하여 다양한 방식으로 도움을 줍니다. 몇몇은 강연을 하기도 하고, 학생들과 시간을 보내기도 하며 그리고, 어떤 사람들은 구체적인 프로젝트(교단 가꾸기, 연극을 위한 소품 만들기)를 돕습니다. 언제나 이러한 특별한 사람들은 감사의 뜻과 존경을 받아야 합니다.

생각하기 질문

1. 우리 학교에 방문한 어른은 누가 있습니까? (시력측정 전문가, 학급 축제에 찾아온 친구의 엄마, 조부모의 날에 찾아온 조부모님)
2. 그들이 이미 직업이 있거나 무보수로 일해도 학교에 도움을 주는 이유는 무엇입니까? (그들은 그들의 아이들이 어떻게 하고 있는지 보고 싶어 한다. 그들은 학교에 관심이 있다. 그들은 선생님들이 필요로 하는 기술을 가지고 있다.)
3. 이러한 어른들이 일하는 것 중에 당신이 본 프로젝트는 무엇입니까? (인형극의 무대 만들기, 학급 연극을 돕기, 이야기 구연, 자전거의 안전에 대해 강연하기)
4. 이러한 특별한 도우미들이 우리의 학교에 올 때 그들이 감사의 뜻을 느낄 수 있도록 하려면 어떻게 해야 한다고 생각합니까? ("감사합니다."라고 말하기, 그들에게 친절하기, 그들이 하는 것을 모르는 체 하지 않기)

활동

지시사항 : 학생들은 특별한 도우미들 및 그들의 흥미가 적힌 목록을 읽습니다. 그리고 그들은 교실 안에서 도우미가 할 활동을 적어도 한 가지 적습니다.

정답 : 1. 교실에서 이야기를 읽어 줍니다. 2. 연극을 위한 소품의 설계를 돕습니다. 3. 비행기가 나는 것이 어떤지 이야기해 줍니다. 4. 학급을 위한 게시판을 만듭니다. 5. 학급 축제에 게임을 하는 것을 돕습니다. 6. 현장학습에 따라갑니다. 7. 학교 주변에 꽃을 심습니다. 8. 어떻게 만화를 그리는지 학생들에게 보여줍니다.

보충활동 : 한 해 동안 당신의 교실을 도운 방문객과 특별 도우미를 목록에 적습니다. 여러 학생들에게 개인적으로 감사카드를 적고 도우미들에게 보낼 것을 배정합니다. 당신은 이러한 도우미들이 자원봉사자에 대해 특별한 고마움을 표하는 학급 또는 학교의 특별한 조찬을 가지길 원할 수 있습니다.

성명 ______________________ 날짜 ____________

3.12 공공 봉사자

여기에 몇몇 공공 봉사자들이 있습니다. 그들에 대해서 읽고, 그들이 당신의 학교나 교실에서 무엇을 하고 싶어 하는지 생각해 보세요. 당신의 생각을 밑줄에 쓰세요.

1. 알렉산더 씨는 독서 선생님직을 은퇴했습니다. 그러나 그는 여전히 낭독하는 것을 좋아합니다. 그는 매우 좋은 목소리를 가지고 있고 그의 목소리를 다른 등장인물의 소리에 맞게 바꿀 수 있습니다.

2. 보클랜드 씨는 연극하는 것을 좋아합니다. 그녀는 공공 극장에서 여러 번 공연하고 소품도 만들었습니다.

3. 스티븐의 할아버지는 작은 비행기를 가지고 있고 스티븐과 그의 형제들을 주말에 태워줍니다.

4. 스미스 씨는 교사가 그녀에게 시키는 일들을 도와 학교에 오는 것을 좋아합니다.

5. 샐리의 고모는 축제를 좋아합니다! 그녀는 아이들을 위한 좋은 축제 게임의 모든 종류를 알고 있습니다.

6. 조쉬의 아버지는 박물관에 가는 것을 즐깁니다. 당신의 학급은 봄에 박물관에 방문할 수도 있습니다.

7. 아만다의 할머니는 식물을 좋아합니다. 그녀는 무엇이든지 키울 수 있습니다!

8. 캘러 씨는 아이들 책의 삽화를 그립니다. 그는 학교를 방문하는 것을 좋아합니다.

3.13 구내식당 도우미

목표

학생들은 구내식당 직원을 기쁘게 하고 도움이 되는 말을 알 수 있습니다.

설명

우리에게 매일 음식을 제공해주는 사람을 누가 싫어할까요? 구내식당 직원('식당 아줌마')들은 학생들이 제시간에 잘 준비된 식사를 받을 수 있도록 열심히 일합니다. 이러한 직원들에게 공손함을 보이는 것은 시간이 오래 걸리지 않습니다.

생각하기 질문

1. 당신은 구내식당이나 급식소에서 일하는 도우미들의 이름을 알고 있습니까? ('예'이길 바람!)
2. 당신의 학급이 점심시간에 제시간을 지키는 것이 왜 중요할까요? (많은 아이들이 매일 줄을 통과해야 하기(기다려야 하기) 때문)
3. 따듯한 점심식사 또는 차가운 점심식사의 절차는 무엇인가요? (학생들이 급식 절차 상태를 말하도록 함)
4. 식당 직원이 듣고 싶어 하는 말이 무엇이라고 생각합니까? ("난 이 음식이 좋아", "저희 음식을 만들어주셔서 감사합니다!")
5. 식당 직원이 듣고 싶지 않은 말이 무엇이라고 생각합니까? ("맛없게 생겼어.", "제 식권을 잃어버렸어요.", "급식을 또 받아야겠어.")
6. 왜 식당의 도우미들은 아이들이 그들의 음식을 천천히 먹기를 원한다고 생각합니까? (천천히 먹어야 학생들이 체하지 않는다.)
7. 식당 직원들이 당신을 위해 식당을 훌륭한 장소로 만들어 놓는 것에 대해 당신이 알고 있던 것이 있습니까? (벽을 장식하기, 식탁에 꽃을 놓기, 잔잔한 음악 틀기)

활동

지시사항 : 학생들은 활동지 상에 식당에 있는 아이들을 보고 좋은 급식태도를 보인 아이에게 동그라미 치세요.

정답 : 1, 3, 4, 6

보충활동 : 구내식당 직원을 당신의 학급에 초대하여 영양, 학교 전체를 위해 음식을 주문하는 과정, 음식을 준비하는 방법, 그리고 학생들이 흥미로워할 다른 정보에 대해 말해달라고 합니다. 아마도 그녀는 학생들이 식당 설비를 체험하게 해줄 것이며, 학생들이 직원의 훌륭한 행동에 대해 칭찬을 할 때 그녀의 기분이 어떠한지 말해 줄 수 있을 것입니다.

성명 ______________________ 날짜 __________

3.13 구내식당 도우미

이 아이들은 학교식당에 있습니다. 어떤 아이가 좋은 급식태도를 보이는지 동그라미 치세요.

3.14 운동장 관리자

목표

학생들은 활동지의 어떤 학생이 운동장 규칙을 준수하는지 알 수 있습니다.

설명

학생들은 그들의 에너지를 소비하고, 놀고, 다른 이들과 사회화될 시간이 필요합니다. 그리고 그들은 밖에서 노는 것을 좋아합니다. 운동장은 이러한 모든 경험을 위한 훌륭한 기회를 제공합니다. 하지만 운동장은 학생들이 정글짐에서 조심하지 않거나, 서로 밀거나, 그네를 탈 때 너무 높은 공중에서 뛰어내린다면 위험한 장소가 될 수 있습니다. 또한 이 장소는 친구가 없어서 운동장에서 어울리지 못하는 학생들에겐 슬픈 장소가 될 수 있습니다. 운동장 규칙을 준수함으로써 학생들은 자연스런 환경에서 사회적인 기술을 배울 수 있습니다.

생각하기 질문

1. 당신이 운동장에서 시간을 보내는 가장 좋은 방식은 무엇입니까? (그네, 정글짐, 타이어, 농구)
2. 왜 대부분의 아이들이 체육 시간이나 쉬는 시간을 좋아할까요? (운동장에서 그들은 그들이 원하는 어떠한 것도 할 수 있다. 돌아다니는 것은 재밌다. 친구와 있는 것은 재밌다.)
3. 당신이 야외 휴식시간을 가질 때 어떤 규칙이 있습니까? (호루라기가 불 때 줄서기, 울타리 안에 머무르기)
4. 어떤 규칙이 당신을 안전하게 지켜줄까요? (주의 깊게 행동한다면 다치지 않는다. 너무 많은 사람들이 한 번에 타이어에 올라가지 않는다.)
5. 당신은 대부분의 아이들이 다른 사람과 함께 밖에서 노는 것을 좋아한다고 생각합니까? 아니면 아이들이 혼자 있는 것을 좋아한다고 생각합니까? (대부분의 아이들이 아마도 다른 사람과 어울리는 것을 좋아할 것이다.)
6. 친구를 많이 가지지 못한 누군가와 함께 어울릴 수 있는 좋은 방법엔 무엇이 있을까요? (그네에서 내려 다른 사람이 타도록 하고 그에게 공놀이나 술래잡기를 같이 하자고 말한다.)
7. 운동장 관리자로서 가장 힘든 부분이 무엇이라고 생각합니까? (한 번에 많은 아이들을 돌보기, 극도로 덥거나 추울 때 밖에 있기)

활동

지시사항 : 운동장 관리자가 학생들에게 많은 규칙을 따르도록 제시하였습니다. 어떤 학생이 이 절차를 따르고 있습니까?

정답 : 1. 첫 번째 학생 2. 두 번째 학생 3. 첫 번째 학생 4. 첫 번째 학생 5. 첫 번째 학생

보충활동 : 당신의 학교에 필요한 운동장 규칙을 토론하고 학생들이 그들이 운동장에서 할 수 있는 활동 20개를 적어서 목록을 만들게 하세요.(예를 들어, 술래잡기, 공놀이, 대장 따라 하기 놀이) 아마도 운동장 관리자는 매주 가장 규칙을 잘 준수한 학급을 골라 그들에게 5분의 추가 쉬는 시간을 주게 할 수 있습니다.

성명 ______________________ 날짜 ____________

3.14 운동장 관리자

운동장 관리자는 학생들에게 규칙을 알려주었습니다. 각각의 그룹 안에서 누가 지시를 따랐는지 동그라미 치세요.

1.

2.

3.

운동장 관리자(계속)

4.

한 번에 한사람씩
미끄럼틀 사다리에
올라갈 수 있어.
내가 기다릴게.
그러지 말고
서두르자!

5.

너희들이 모래상자
주변에 있을 때
모래를 던지면 안 돼.
멋진 모래케이크를
만들게요!
빨리 생각해!

다른 교직원들과 적절한 관계 형성하기를 위한 학급 조언

- 대체용품만을 분배하는 것이 허락되는 학생들을 위한 특별한 선물상자, 게임, 깜짝 행사를 가지세요. 학생들이 그날 동안 특별한 시간을 보내는 것을 알고 있게 하세요. 학생들은 그들의 행동이 적절했다면, 대접을 받을 것입니다.
- 당신의 보조교사의 생일날 깜짝 파티를 구성하세요. 학생들은 그 행사를 계획하고 실행하는 것을 즐거워 할 것입니다. 모든 학생들이 축하 인사와 귀여운 표시를 그린 축하 카드를 쓰게 하세요.
- 당신의 교장 선생님을 알게 하세요. 그(녀)를 특별한 활동으로써 교실에 초대하고 시간이 된다면 그(녀)가 학생들이 이야기를 읽는 것을 듣게 하세요. 몇몇 학급은 구내식당이나 학급의 축제에서 교장 선생님과 점심식사를 가지는 것을 즐길 것입니다.
- 사무실에서 일하는 것이 어떤지에 대해 말해 줄 수 있는 학교 비서를 특별한 연설가로 초대하세요. 그(녀)가 (일을 하며) 들었던 가장 재밌는 이야기는 무엇인가요? 가장 힘들었던 순간은 언제였나요?
- 학교의 다른 선생님들과 함께 그들의 관심과 취미, 상장과 그 외 그들이 했던 다른 일들이 적힌 게시판을 만드세요. 게시판에는 "어떤 선생님이 스카이다이빙을 해봤나요?", "누가 네 마리의 개를 키우죠?"와 같은 질문을 적을 수 있습니다.
- 현장학습을 가기 전에 현장학습 도우미는 학생들이 해야 할 것과 하지 말아야 할 것을 검토해야 합니다.(학생들은 돈을 구걸하면 안 돼요, 혼자서 돌아다니면 안 돼요, 항상 당신의 선생님이 당신을 볼 수 있는 곳에 있어야 해요.) 현장학습은 즐거울 수도 짜증날 수도 있습니다. 만일 당신이 자원봉사자를 가졌다면 학생들이 다음 여행을 안전하게 보내는 것이 얼마나 중요한지 알려주세요.
- 만일 당신의 학교에 상담원이 있다면(교장 선생님이 대신 할 수도 있습니다.) 그(녀)를 교실에 초대하세요. 그리고 학생들에게 제공 가능한 서비스엔 무엇이 있는지 설명하도록 하세요. 몇몇 학교는 다양한 주제를 토론하기 위해 모이는 동아리가 있습니다.(예를 들어, 이혼, 숙제, 동료 개인교사, 성적을 올리는 방법)

04
Chapter

문제가 발생했을 때

4.1 문제의 발생

목표

학생들이 학교에서나 집에서 경험할 수 있는 보편적인 문제 상황에 대해 알 수 있습니다.

설명

문제 해결에 있어서의 첫 번째 단계는 학생들이 겪고 있는 문제의 본질이 무엇인지에 대해 인식하는 것입니다. 모든 사람은 때때로 문제를 가질 수 있습니다. 그리고 그러한 문제들을 해결하는 것은 쉬울 수도 있고 도전이 될 수도 있습니다. 이 교육의 핵심은 여러 상황에서 근본적인 문제가 무엇인지 결정하는 것입니다.

생각하기 질문

1. 당신이 집 또는 학교에서 가질 수 있는 문제는 무엇이 있습니까? (선생님 또는 학생들과 어울리기, 학습을 따라잡기, 기억하기)
2. 놀이터나 방과 후에 발생할 수 있는 문제는 무엇입니까? (놀이기구 때문에 다투기, 다른 친구들을 쫓아다니기, 선생님이 없을 때 아이들과 싸우기)
3. 대부분의 아이들이 교실에서 다루어야 하는 일은 무엇입니까? (공부하기, 수업 이해하기, 과제 완수하기, 숙제 기억하기)
4. 사람들이 문제로 인해 다른 사람을 비난하는 방법에는 무엇이 있을까요? (다른 사람을 탓하기, 문제를 포기하고 다른 사람이 끝내도록 하기)
5. 당신은 모든 문제에 대해 항상 해결책이 있다고 생각하십니까? (대답은 다양할 수 있다. 하지만 학생들이 모든 문제에 해결책을 발견할 수 있다고 생각하길 희망한다!)

활동

지시사항 : 학생들은 활동지의 각각의 상황에 놓인 문제가 무엇인지 결정하고, 밑줄에 자신의 생각을 적습니다.

정답 : 1. 그는 그의 신발 끈을 묶지 못해요. 2. 그녀는 새로운 펜이 필요해요. 3. 그는 다른 아이에 의해서 괴롭힘 당하고 있어요. 4. 그는 무언가를 이해하는 데 어려움을 느껴요. 5. 그의 키는 책에 닿지 않아요.

보충활동 : 각각의 등장인물들이 문제를 해결하기 위해서 무엇을 해야하는지 학생들이 논의하게 합니다. 각각의 상황의 심각성에 대해 이야기합니다. 각각의 문제는 흥분할 만한 가치가 있는 것일까요? 어느 것이 중요하지 않을까요?

성명 ______________________ 날짜 __________

4.1 문제의 발생

학생들은 각각 어려움을 느끼고 있습니다. 학생들을 괴롭히는 문제들은 무엇일까요? 학생들 옆의 밑줄에 당신의 대답을 적으세요.

1.

____
____
____

2.

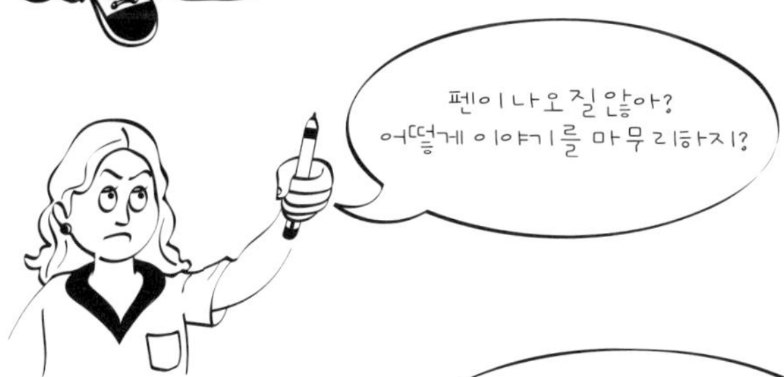

____
____
____

3.

____
____
____

4.

____
____
____

5.

____
____
____

4.2 정중하게 도움 요청하기

목표

학생들이 다른 사람에게 정중하게 도움을 요청하는 방법을 알 수 있습니다.

설명

다른 사람에게 단순히 도움을 요청하면 응답을 받을 수 있겠지만 정중하게 요청한다면 더 좋은 응답을 받을 수 있을 것입니다. 대부분의 요청은 분명하고 적절한 방식으로 전달될 수 있고 결실을 맺을 수 있습니다. 학생들은 명령보다는 요청에 초점을 맞춰야만 합니다.

생각하기 질문

1. 당신이 다른 사람으로부터 무언가를 원할 때 무엇을 합니까? (그 사람에게 그것을 달라고 요청한다.)
2. 당신은 당신이 다른 사람에게 무언가를 요청하는 방식에 따라 차이가 생긴다고 생각하십니까? (대부분의 사람들은 친절하게 요구받는 것을 선호한다.)
3. 학교에서 당신은 어떤 도움을 요청할 수 있습니까? (숙제와 선생님의 시간에 대한 질문)
4. 집에서 당신은 어떤 도움을 요청할 수 있습니까? (숙제, 허드렛일, 심부름)
5. 당신은 요구하기보다 정중하게 요청할 수 있는 방법이 있다고 생각하십니까? (예)
6. 당신이 도움을 요청할 때 더 정중하게 말 할 수 있는 방법엔 무엇이 있을까요? ("부탁입니다."를 덧붙인다, 요구에 대한 정답을 인내심 있게 기다리고 강요하지 않는다.)

활동

지시사항 : 학생들은 활동지에서 정중하게 부탁을 하고 있는 학생들에 ○를 표시하고 그렇지 않은 학생들에게 ×를 표시합니다.

정답 : ○ : 2, 3, 5 × : 1, 4, 6

보충활동 : ×표시가 된 학생들이 정중하게 부탁할 수 있는 방법에 대해 토론하세요. 왜 "너!","야!"는 무례한지 토론하세요. 도움을 요청하는 것은 나쁜 일이 아니며, 많은 문제 해결에 중요하다는 것을 설명하세요. 하지만 요구의 정중함에 따라 그들에게 돌아오는 대답이 달라질 수 있다는 것을 알려주세요.

성명 ______________________ 날짜 __________

4.2 정중하게 도움 요청하기

다음 중 어떤 학생이 정중한 방법으로 도움을 요청하고 있나요? 예의 바른 학생에게 ○ 표시를 하고, 무례한 학생에게 × 표시를 하세요.

4.3 다른 관점에서 생각하기

목표

학생들이 문제를 신중하게 바라봄으로써 문제를 해결하는 방법을 알 수 있습니다.

설명

몇몇 문제들은 상황을 잘 바라봄으로써 간단히 해결될 수 있지만, 자료의 위치, 꼼꼼히 보지 않고 훑어보기, 또는 실제로는 없지만 무언가가 그 자리에 있다고 가정하는 것과 같은 사소한 일들은 간과될 수 있습니다. 학생들에게 흥분하기 전에 신중하게 문제 상황을 평가하는 방법을 알려주세요.

생각하기 질문

1. 당신이 무언가를 찾다가 나중에서야 당신의 바로 앞에서 그것을 발견한 적이 있나요? (아마 누군가는 이런 경험을 했을 것이다.)
2. 당신은 왜 사람들이 1번과 같은 실수를 저지른다고 생각합니까? (그들이 서둘렀기 때문, 틀린 부분을 보고 있었기 때문)
3. 당신은 학교에서 무언가를 꼼꼼히 찾지 않아서 1번과 같은 실수를 저지른 적이 있습니까? (경험담을 요청한다.)
4. 무언가가 보이지 않을 때 문제를 해결하는 방법은 무엇이 있습니까? (두 번 확인하기, 천천히 하기)
5. 다른 사람이 당신이 다른 관점으로 생각해보도록 어떻게 도울 수 있습니까? (당신과 함께 다른 관점으로 확인할 것을 친구에게 요청하기)

활동

지시사항 : 학생들은 톰의 하루를 조사하고 톰이 기분이 좋지 않은 하루를 보내게 된 이유를 찾습니다. 그리고 톰이 간과한 이유를 동그라미 치세요.

정답 : 1. 책상 위의 수학책 2. 문제는 2+3이었다. 3. 문장으로 대답해야 했다. 4. 종이에 이름을 적지 않았다. 5. 시계가 이미 쉬는 시간인 11시를 가리키고 있다, 6. 문이 닫혔었지만 다시 열렸다.

보충활동 : 만일 당신이 당신의 학생들이 문제를 다른 관점에서 본다면 쉽게 해결될 수 있단 것을 알아챈다면 "다른 관점으로 봐라."라는 말의 의미를 당신의 학급과 토론하세요.

성명 ______________________________ 날짜 ______________

4.3 다른 관점에서 생각하기

톰은 아주 나쁜 하루를 보냈습니다. 어느 것도 그에게 맞게 돌아가지 않았어요. 각각의 상황에서 다른 관점으로 바라봄으로써 그의 문제를 조사하고 그를 도와주세요. 놓인 각각의 사진에서 탐이 신중하게 봐야 하는 부분에 동그라미 하세요.

4.4 더 깊게 생각하기

목표

학생들은 대안에 대해 생각하면서 시간을 보냄으로써 다양한 해결 방법을 알 수 있습니다.

설명

우리는 종종 대답을 하기 전에 숙고하기 보단 많은 상황이나 문제에 빠른 대답을 뱉어 냅니다. 학생들에게 대답을 하기 전에 가능한 해결 방법을 생각할 것을 요구하는 것은 학생들이 생각하게 하는 부분과 선생님들이 기다리는 부분에서 좋은 기술입니다.

생각하기 질문

1. 누군가가 당신에게 질문할 때 얼마나 빨리 그 사람에게 원하는 대답을 할 수 있습니까? (보통 곧장)
2. 당신이 잠시 멈추고 무언가에 대해 생각할 때 당신은 당신이 그것에 대해 어떻게 느끼는지 또는 그것에 대해 어떻게 생각하는지에 대한 당신의 마음을 바꾼 적이 있습니까? (경험담을 요청한다.)
3. 만일 당신이 문제 상황에 닥쳤다면 즉시 결론을 내리는 것보단 잠시 생각 하는 것이 왜 중요할까요? (당신은 아마 전체적인 상황을 모를 수 있다. 시간이 지나면 마음이 바뀔 수도 있다.)
4. 누군가가 당신에게 "멈추고 잠깐 생각하라"라고 말할 때 그것을 실행하기가 어렵습니까? (아마도) 그렇다면 왜 그렇고 왜 그렇지 않습니까? (우리는 대답을 빠르게 하곤 한다.)
5. 당신은 한 문제에 여러 대답이 있을 수 있다고 생각합니까? (예. 특히 많은 요인들이 관련되어 있을 경우에 그렇다.)

활동

지시사항 : 학생들은 주어진 상황에 가능한(그럴싸한) 여러 해결 방법을 만듭니다. 학생들이 한 가지만의 대답을 적기 전에 멈추고 생각하는 것을 격려해 주세요.

응답 예 :

1. 당신의 집에 둘 다 초대한다. 메리는 오늘, 엘리자베스는 내일 초대한다. 모두 같이 놀 것을 제안한다.
2. 친구로부터 빌린다. 이웃집에 전화한다. 점심시간에 집에 간다.
3. 그들에게 책을 남겨줄 것을 부탁한다. 친구에게 돈을 빌린다. 후에 도서관에 갈 때 책이 있을지 물어본다.
4. 토니에게 당신의 방을 치워달라고 요청한다.(진정한 친구라면 해줄 것이다.) 토니에게 잠시 기다려달라고 요청한다. 당신의 엄마에게 당신이 다 놀고 난 후에 나머지 허드렛일이나 방을 치워도 되는지 요청한다.

보충활동 : 학생들과 브레인스토밍의 개념을 논의합니다. 첫째, 어리석은 생각들이어도 많고 많은 생각들을 생성합니다. 그러고 나서 좋지 않은 생각은 제외합니다. 명확한 해결책이 없을 때는 생각을 많이 하여 가능한 선택을 좁혀가는 것이 도움이 된다는 점을 설명합니다.

성명 ______________________ 날짜 __________

4.4 더 깊게 생각하기

때때로 문제는 잠깐 그것에 대해 생각함으로써 해결될 수 있습니다. 각각 따라오는 문제에 대해 가능한 해결 방법을 적어도 세 개를 쓰세요. 당신이 대답하기 전에 생각하세요.

1. 미아와 엘리자베스가 당신을 각자의 집에 초대했습니다. 당신은 그들 둘 다를 좋아하지만 한 번에 두 장소에 있을 수 없습니다. 당신은 어떻게 하시겠습니까?

   a. ______________________
   b. ______________________
   c. ______________________

2. 오늘은 점심에 큰 배구 게임이 있는 날입니다. 이런! 당신은 당신의 집에 운동화를 놓고 왔습니다. 당신의 어머니는 이미 일을 하러 나갔습니다. 당신은 어떻게 하시겠습니까?

   a. ______________________
   b. ______________________
   c. ______________________

3. 도서관에서 책을 파는 날입니다. 당신은 도서 판매 행사에서 꼭 사고 싶은 책이 있습니다. 하지만 그것은 당신이 가진 것보다 더 많은 돈이 필요합니다. 오늘은 판매의 마지막 날입니다. 당신은 어떻게 하시겠습니까?

   a. ______________________
   b. ______________________
   c. ______________________

4. 당신의 어머니는 퇴근하기 전에 당신이 당신의 방을 치우길 원합니다. 그것은 평소와 같이 어질러져 있습니다. 그러나 당신의 친구 토니는 어두워지기 전에 당신과 공놀이를 하고 싶어 합니다. 당신에겐 1시간이 주어져 있고 당신은 토니와 놀기를 원합니다. 어떻게 하시겠습니까?

   a. ______________________
   b. ______________________
   c. ______________________

4.5 정말로 좋지 못한 하루를 보냈어요

목표

학생이 교실 안에서 일어날 수 있거나 상상할 수 있는 위기 상황에서 대처하기 위해 수용 가능한 다양한 절차를 알 수 있습니다.

설명

우리는 시작부터 나빴다가 점점 더 나빠지는 하루를 모두 가지고 있습니다. 몇몇 학생들에게 이것은 감정의 폐쇄나 분노나 교실에서의 모든 사람을 불편하게 하는 화나는 행동을 일으키는 일이 될 수 있습니다. 만약 학생들이 그들의 나쁜 하루를 다루는 방법을 배울 수 있다면 이 기술은 그들이 그들 자신을 도울 수 있도록 한걸음 나아갈 힘을 불어넣어 줄 것입니다.

생각하기 질문

1. 당신은 나쁜 하루를 보내본 적이 있나요? 당신에게 어떤 일이 일어났나요? (늦잠, 숙제를 잊어버림, 감기에 걸림)
2. 왜 당신은 시작이 나쁘면 전체 하루가 나쁘게 돌아간다고 생각합니까? (당신은 시작부터 부정적인 생각을 할 수 있다. 당신은 일정이 밀릴 수 있다.)
3. "하루를 재시작하라."라는 말의 의미는 무엇입니까? (나쁜 일들은 뒤로 재껴 놓고, 새로운 시작 지점을 상상한다.)
4. 당신이 경로에서 벗어나게 한 일에 대해 잊을 수 있는 방법엔 무엇이 있습니까? (당신의 일에 집중한다, 다른 사람에게 얘기한다, 잠시 동안 당신 스스로를 안정시킬 수 있는 조용한 장소를 찾는다.)
5. 때때로 당신이 위기 상황에 놓여 있고 나아갈 수 없다고 느낄 수 있습니다. 어떤 사례가 있을까요? (당신이 지금 할 수 있는 것을 생각해 낼 수 없다. 계속해서 운다. 누군가가 당신을 교실에서 계속 괴롭힌다.)
6. 우리의 교실에서 당신이 당신을 침착하게 하고 당신의 나쁜 날을 이겨낼 방법엔 무엇이 있을까요? (잠깐 상황을 벗어나기, 그림그리기 혹은 글쓰기, 상담원와 얘기하기)

활동

지시사항 : 활동지에서 나쁜 하루를 보낸 아이들에 대해서 읽습니다. 그들의 문제를 다룰 수 있는 방법엔 무엇이 있을까요?

응답 예 : 1. 선생님에게 당신이 조용한 휴식시간이 필요하다고 말합니다. 2. 당신이 작업하기 좋아하는 활동으로 바꿉니다. 3. 친구에게 말합니다. 4. 상담원에게 말합니다. 5. 당신이 잘할 수 있는 것에 대해 생각합니다. 6. 얼마다 당신이 침착할 수 있는지 생각합니다.

보충활동 : 위기상황이나 나쁜 하루 또는 화나는 상황을 다루는 수용 가능한 방법에 대해 토론합니다. 학생들에게 그들이 이러한 행동을 하는 포스터를 그리게 합니다. 그리고 그들의 교실 주변에 전시합니다.

성명 ______________________ 날짜 ______________

4.5 정말로 좋지 못한 하루를 보냈어요

아래의 학생이 나쁜 하루를 보내지 않기 위해 취한 방법은 무엇일까요? 당신의 생각을 적으세요.

1. 라이언은 그의 주위에 시끄러운 아이에 의해 괴로움을 느낍니다. 그리고 점점 화가 나고 있습니다. 그는 화를 폭발하기를 원하지 않아요. 그러나 그는 점점 더 화가 납니다. 그는 그의 선생님에게 잠시 동안 마음을 다스릴 수 있는 조용한 장소에 가도 되냐고 물었습니다.

   ____

2. 쉐리는 며칠간 결석했습니다. 그래서 문제지의 수학 문제를 푸는 방법을 이해하지 못했습니다. 선생님이 그녀에게 그녀를 도울 때까지 잠시 기다리라고 말했습니다. 쉐리는 수학을 알아내려고 계속해서 노력했지만 이내 그녀 자신이 멍청하게 느껴졌습니다. 그녀는 그것을 잠시 치워두고 그녀가 좋아하는 단어 배열을 하기로 했습니다.

   ____

3. 조지의 어머니가 늦잠을 자서 그는 버스를 놓쳤습니다. 그래서 그는 학교에 늦었습니다. 그는 학교에 와서 걱정을 했지만 그의 친구 요시푸사는 그에게 그가 놓친 아침 일정을 도울 수 있다고 말했습니다.

   ____

4. 벨린다의 어머니는 병원에 있습니다. 그래서 그녀는 그녀의 어머니가 걱정되기 때문에 학교 활동에 집중을 할 수 없습니다. 그녀는 학교 상담원에게 그녀의 감정을 말할 수 있는지 요청했습니다.

   ____

5. 애슐리는 빠른 주자가 아닙니다. 그리고 그녀는 쉬는 시간에 술래잡기도 좋아하지 않습니다. 그녀의 친구 케이트는 그녀가 책을 정말 잘 읽기 때문에 달리기를 잘하지 않아도 문제없다고 말했습니다. 애슐리는 그녀의 친구가 그녀의 잘하는 것을 상기시켜 준 것을 고마워합니다.

   ____

6. 에일리는 눈 앞에 있는 시험지를 보았습니다. 그리고 그의 정신은 백지장처럼 되어 있습니다. 그는 두려워지기 시작했습니다. 그러나 이내 그는 잠시 동안 심호흡을 하는 것을 기억했고 첫 번째 질문에 초점을 맞췄으며 그가 어젯밤에 공부를 열심히 했기 때문에 답을 할 수 있다고 그 스스로 상기시켰습니다.

   ____

4.6 무엇을 해야 할지 모르겠어요

목표

학생들은 과제를 이해하지 못했거나 명확한 설명이 필요한 상황에서 어떻게 해야 하는지 알 수 있습니다.

설명

비록 교사로서 우리는 가능한 한 명확하게 설명하려고 노력해도 때때로 학생들은 무엇을 해야 할지 이해하지 못합니다. 과제가 약간 어렵거나 설명이 충분하지 못하거나 또는 학생들이 이해하려는 노력을 덜했을지도 모릅니다. 이유가 어떻든지 간에 학생들은 어쨌든 과제를 이해하지 못했습니다. 이 장에서는 학생들이 이러한 문제에 직면했을 때 무엇을 해야 하는지 알아내는 데 도움을 줄 것입니다.

생각하기 질문

1. 배울 때 정말 어려움을 느끼는 것에는 무엇이 있나요? (컴퓨터 게임, 수학 문제, 중심 생각 찾기, 책 내용 이야기하기)
2. 무엇을 해야 할지 이해하지 못했던 이유가 무엇인가요? (너무 어렵다, 선생님이 너무 빨리 이야기한다, 결석했다, 관심 없다.)
3. 만약 당신이 어떻게 해야 하는지 알지 못했다면 누구에게 물어볼 것인가요? (선생님, 보조 선생님, 친구)
4. 만약 당신이 글로 된 지시사항을 이해하지 못한다면 어떻게 할 것인가요? (지시사항을 다시 천천히 주의 깊게 읽어 본다.)
5. 만약 당신이 다른 사람들에게 어떻게 하는지 물어보지 못했던 게임을 하고 싶다면 어떻게 할 것인가요? (게임을 지켜보다가 네가 게임을 제대로 이해했는지 살펴본다.)
6. 왜 당신은 선생님이 그냥 정답을 말해주기보다 다시 한 번 살펴보거나 이해하려 노력하라고 말할 것이라고 생각하나요? (선생님은 할 수 있다면 머리를 써서 정말로 할 수 있는 것을 생각하기를 바라신다.)

활동

지시사항 : 학생들은 중요한 과제를 어떻게 해야 하는지 모르고 있습니다. 각각의 예에는 어떤 문제가 있을까요? 학생들이 무엇을 해야 할지 어떻게 알아낼 수 있을 까요?

응답 예 : 1. 문제점 : 선생님이 너무 빠르게 이야기하고 있어요. 해결방법 : 선생님께 좀 더 느리게 다시 말해 달라고 하세요. 2. 문제점 : 저를 제외한 다른 학생들은 모두 이해한 것 같아요! 제가 참 바보 같네요. 해결방법 : 손을 들고 도움을 청하세요. 3. 문제점 : 일주일을 결석해서 수업에 참여하지 못했어요. 해결방법 : 방과 후에 남아서 보충하세요. 4. 문제점 : 지시사항을 듣지 못했어요. 해결방법 : 손을 들고 선생님께 다시 한 번 말씀해 달라고 이야기하세요. 아니면 옆에 앉아 있는 학생에게 확인해 보세요. 5. 문제점 : 일과표를 봤는데 무엇을 해야 할지 모르겠어요. 해결방법 : 다른 학생들을 지켜보세요.

보충활동 : 학생들과 무엇을 해야 할지 알지 못했던 경우를 공유하세요.(저의 경우에는 컴퓨터 훈련 연수였어요. 저를 제외한 다른 사람들은 다들 쉽다고 하는데 저는 어떻게 해야 하는지 잘 몰랐거든요.) 그런 일을 겪었을 때의 느낌에 대해서 이야기하고 학생들이 느끼는 좌절감에 대해서도 공감해 주세요. 또한 어떻게 문제를 해결했는지에 대해서도 이야기해 주세요.

성명 ______________________________ 날짜 ______________

4.6 무엇을 해야 할지 모르겠어요

학생들은 무엇을 해야 할지 모른다는 문제가 있어요. 각 예에서 무엇이 문제인가요? 해결방법은 무엇인가요?

1. 문 제 점 : ______________________________

   해결방법 : ______________________________

2. 문 제 점 : ______________________________

   해결방법 : ______________________________

4.6 무엇을 해야 할지 모르겠어요(계속)

3. 문 제 점 : ____________________

해결방법 : ____________________

4. 문 제 점 : ____________________

해결방법 : ____________________

5. 문 제 점 : ____________________

해결방법 : ____________________

4.7 울지 않기, 투덜거리지 않기

목표

학생은 울거나 투덜거리지 않고 감정을 절제한 상태에서 자신이 처한 문제를 말할 수 있습니다.

설명

사람들은 문제점이나 불평거리를 예의 바르게 이야기한다면 더 잘 듣습니다. 울거나 투덜거리는 행동은 안 좋게 보여집니다. 만약 학생이 감정을 절제할 수 있다면 문제 상황에서도 좀 더 유쾌한 분위기를 만들 수 있을 것입니다.

생각하기 질문

1. 무언가를 적고 있는데 연필이 부러진 경우에 대해서 말해 봅시다. 이 문제를 해결할 수 있는 가장 좋은 방법은 무엇인가요? (연필을 깎을 수 있는지 묻거나 다른 연필을 쓴다.)
2. 내가 울려고 할 때 다른 사람들이 나를 어떻게 볼까요? (작은 일에 화를 낸다고 생각하거나 질질 짜는 애기라고 생각한다.)
3. 문제가 생겼을 때 왜 조용히 처리하는 것이 더 나은 방법이라고 생각하나요? (다른 사람들이 당신을 좀 더 좋게 평가하거나 어떤 일을 할 때 집중을 잘할 수 있다.)
4. 사람들이 문제가 생겼을 때 울거나 투덜거린다면 무슨 일이 일어날까요? (다른 사람들이 그 투덜거리거나 우는 사람 가까이 가지 않거나 어떤 식으로든 문제를 해결할 수 없다.)
5. 울거나 투덜거리고 싶다면 그 대신 무엇을 할 수 있을까요? (우선 멈추고 생각하기, 조용히 있기, 대신할 수 있는 행동을 생각하기)

활동

지시사항 : 활동지에 있는 학생들을 보세요. 이 학생들은 어떤 문제가 있습니다. 이 학생들이 울거나 투덜거리기 대신에 무엇을 할 수 있다고 생각하나요?

정답 : 1. 다른 연필을 가져다 쓴다. 2. 휴지를 가져온다. 3. 조용히 하고 책을 읽는다. 4. 기다리는 동안 다른 걸 한다.

보충활동 : 학생들이 울었거나 투덜거렸던 상황에 대해 이야기해 보세요. 다쳤을 때 울었던 경우와 실망했을 때 울었던 경우의 차이점에 대해 이야기해 보세요. 우는 것이 적절했던 경우가 있었나요? 투덜거림이 적절했던 경우가 있었나요?

성명 ______________________ 날짜 ____________

4.7 울지 않기, 투덜거리지 않기

아래의 학생들은 어떤 문제가 있습니다. 이 학생들이 울거나 투덜거리는 것 대신에 어떤 행동을 하면 좋을지 써 보세요.

1. "연필을 잃어버렸어! 그건 내가 좋아하는 연필이야! 난 다른 연필 안 쓸 거야! 난 그 연필로만 꼭 쓸 거야! 그 연필이 필요해!"

____

____

2. "콧물이 나. 난 감기 걸렸어. (코를 훌쩍이며) 난 공부할 수 없어. 난 쓸 수도 없어. 기분이 좋지 않아. 코가 계속해서 나오는데 어떻게 내가 뭔가 할 수 있을 것이라고 생각하겠어?"

____

____

3. "나 이 책 싫어. 이 책은 지루해. 난 카우보이 책 읽고 싶어. 이 책은 10쪽이나 돼. 내가 읽기에는 너무 길어."

____

____

4. "엄마 어디 있지? 엄마가 2시에 와야 하는데 지금은 2시 2분이야. 엄마가 잊고 있는 건 아닐까? 엄마 어디 있지? 엄마가 없잖아! (흐느껴 울며) 엄마 어디 있지?"

____

____

4.8 영어로 말할 수 없어요!

목표

학생은 영어로 잘 말할 수 없는 학생을 도울 수 있는 방법을 알 수 있습니다.

설명

많은 학생들은 모국어처럼 영어를 잘 말할 수 없습니다. 비록 이 학생들을 도울 수 있도록 훈련된 교사들이 있더라도 이 학생들이 교실에서 다른 학생들과 잘 어울릴 수 있는 기회가 주어졌는지 할 수 있는 한 많이 배우고 있는지 확인하는 것은 교사에 따라 다릅니다. 교실에서 이러한 것에 대한 정해진 절차가 있다면 이 학생들은 교실에 적응을 하기 위해서 절차를 밟아나갈 수 있을 것입니다.

생각하기 질문

1. 만약 언어를 전혀 모르는 나라에 갑자기 가게 되었다면 어떨 것 같나요? (매우 낯설거나 무섭다.)
2. 새로운 언어는 어떻게 배울까요? (다른 사람들의 말 듣기. 관찰하기, 수업 듣기)
3. 학교에서나 교실에서 영어를 모국어처럼 능숙하게 말하지 못하는 학생들을 본 적이 있을 거예요. 어떤 언어를 들어 봤나요? (스페인어, 일본어)
4. 같은 반 친구가 교실에서 하는 일들을 배우는 데 도울 수 있는 방법은 무엇인가요? (도움을 주거나, 다른 친구들을 지켜보도록 하거나, 특별히 가르친다.)
5. 영어를 모국어처럼 능숙하게 사용하지 못하는 학생들을 도울 수 있는 방법은 무엇인가요? (같이 TV를 보거나, 놀 때 끼워주거나, 언어를 설명해 준다.)
6. 영어를 능숙하게 사용하지 못하는 학생들의 모국어나 문화를 배울 수 있는 방법은 무엇인가요? (그 학생에게 집에서 문화와 관련된 물건을 가져오게 하거나, 그들 언어를 배운다.)

활동

지시사항 : 영어를 능숙하게 사용하지 못하는 학생들을 같은 반 친구들이 어떻게 도와주어야 할까요?

정답 : 1. 점심식사 주문을 어떻게 하는지 보여주기 2. 언어를 가르쳐주기 3. 쉬는 시간에 함께 놀기 4. 그들의 언어를 배우기

보충활동 : 만약 다른 언어권에서 온 학생들이 있다면 그들의 경험담에 대해 학급 친구들과 공유할 수 있도록 해주세요.(그렇게 하는 것을 불편해하지 않는다면) 그리고 그들의 언어로 된 노래나 시를 같은 반 친구들에게 가르쳐 보도록 하시고 그 학생이 학급 친구들과 같은 것과 다른 것에 대해 이야기해 보세요.

성명 ______________________ 날짜 ______________

4.8 영어로 말할 수 없어요!

영어를 능숙하게 사용하지 못하는 학급 친구를 어떻게 도와줘야 할까요?

1. "이건 햄버거고, 이건 피자야. 어떤 걸 먹고 싶니?"

2. "저 선생님은 네가 '제발요'나 '감사합니다'라고 말하면 기분이 좋으실 거야. 잘 봐봐. "감사합니다, 마틴 선생님!"

3. "우린 야구하러 갈 거야. 우리랑 같이 가자!"

4. "'내 차례야!'이걸 너희 나라 말로 뭐라고 하니?"

4.9 변명, 변명

목표

학생은 분위기를 고려하여 받아들어질 수 있는 변명과 받아들여질 수 없는 변명에 대해서 알 수 있습니다.

설명

우리는 왜 숙제 제출을 못했는지, 왜 수업에 지각했는지 또는 왜 전체 과제를 다 수행하지 못했는지에 대한 변명을 종종 듣습니다. 교사로서 이러한 일이 왜 일어났는지 다 알지는 못합니다. 그러나 계속해서 변명을 늘어놓는 학생들이 있습니다. 우리는 이러한 학생들이 일어난 문제에 대해 정당한 이유를 말하는 것과 변명을 이야기하는 것을 구분할 수 있도록 해야 합니다. 실수는 누구에게나 일어날 수 있다는 것을 깨닫게 해야 합니다. 그러나 만약 상황을 조절할 수 있었고 조절해야만 했다면 변명은 어떤 일을 하지 않은 것을 만회시키지는 못할 것입니다.

생각하기 질문

1. 어떤 일을 하지 않은 것에 대한 변명에는 무엇이 있나요? (그걸 잃어버렸거나, 너무 피곤하다거나, 바빴다.)
2. 숙제를 하지 않은 것에 대한 바람직한 변명에는 어떤 것이 있나요? (사고가 났다거나, 선생님이 과제를 나눠주는 것을 잊었다.)
3. 만약에 누군가 항상 변명을 한다면 그 사람에 대해서 어떻게 생각할까요? (정말 하기 싫어하거나, 관심이 없거나, 책임감이 없다.)
4. 어떤 일을 하지 않은 것에 대해 정당한 변명을 할 수 있었던 것은 언제입니까? 상황을 통제할 수 없었을 때나 상황이 변하는 것을 바라지 않은 때는 언제입니까? (몸이 아픈 것은 정당한 변명이다. 계획을 잘 세우지 못한 것은 정당한 변명이 아니다.)
5. 만약 당신이 기르는 개가 교과서를 찢어놨다면 당신 책임인가요? (교과서가 찢어진 것에 대해서는 책임이 있다.)
6. 만약 당신이 물건을 어디에 놔뒀는지 혹은 당신이 무엇을 하고 있는지 신경 쓰지 않는다면 사고가 날 수 있을까요? (그렇다.)
7. 만약 당신의 부주의로 사고가 났다면 변명이 허락될까요? (습관적이지만 않다면 허락된다. 예전에 실수한 것을 반복한다면 허락되지 않는다.)
8. 만약 상황을 알게 된다면 대부분의 사람들은 일이 잘못된 것을 이해할 것이라고 생각하나요? (그랬으면 좋겠다!)
9. 왜 학교 수업을 시작하자마자 변명을 하거나 혹은 남은 과제에 대해 변명을 하나요? (상황에 따라 다르다. 치과에 가는 것은 응급상황이니 이 경우 완전히 다르다.)

활동

지시사항 : 학생들은 과제를 하지 않았거나 늦게 제출한 것에 대한 결과를 생각하지 않은 채 나열된 변명들을 읽고 받아들여질 수 있는 변명인지 아닌지 결정합니다. 학생들이 각 상황에 대해 열심히 생각할 수 있게 해주세요. 학생들은 과제를 회피하거나 문제 상황을 설명하려고 하나요? 만약 현명한 결정을 내리는 데 정보가 부족하다면 필요한 정보를 물어볼 수 있게 해주세요.

정답 :

1. 아마도 아니요. (창밖으로 날아가게 한 것은 무엇인가요?)
2. 아니요. (개의 행동에 당신의 책임이 있어요. 그리고 다른 연필을 찾아 쓸 수 있잖아요.)
3. 아니요. (늦게까지 자지 않은 것은 당신이 통제할 수 있는 일이에요.)
4. 예. (치과에 가는 것은 보통 받아들여지는 변명이에요.)
5. 아니요. (조의 엄마를 탓하는 것은 변명이 되지 않아요.)
6. 아마도 예. (엄마와 동생의 약속이 선약이었다면 먼저 지켜져야 해요.)

보충활동 : 학생들에게 가정에서 흔히 일어날 수 있는 일을 회피하기보다는 계획을 먼저 세우기는 것이 중요하다는 것을 강조하셔야 합니다. 개, 바람 혹은 TV를 탓하지 않도록 해야 합니다. 누구의 책임인지 생각을 하면 그것이 받아들여질 수 있는 변명인지 아닌지 알 수 있습니다.

성명 ______________________________ 날짜 ______________

4.9 변명, 변명

이 학생들은 다 하지 못한 일이나 바르게 하지 못한 일에 대해 저마다 다른 변명을 하고 있습니다. 이 변명들이 받아들여질 것이라고 생각하나요? 각 상황 옆에 있는 줄에 '아니요'나 '예'를 쓰세요.

__________ 1. 난 숙제한 것을 가져오지 못했어요. 왜냐하면 어젯밤에 바람이 불 때 숙제를 들고 있었는데 차 창문 밖으로 날아가 버렸기 때문이에요.

__________ 2. 우리 집 개가 제 연필을 먹었어요. 그래서 전 연습 문제지를 끝낼 수 없었어요.

__________ 3. 전 어젯밤에 영화를 보느라 늦게까지 잠을 자지 않았어요. 그리고 늦잠을 잤고, 읽기를 마칠 수가 없었어요.

__________ 4. 치과에 가서 치료를 받느라 늦었어요.

__________ 5. 조의 어머니께서 아침식사 준비를 늦게 하셔서 아침식사를 하느라 늦었어요.

__________ 6. 방과 후에 네 자전거를 고치는 거 도울 수 없겠어. 내 동생을 가게로 데리고 가겠다고 약속했거든.

4.10 도움을 주는 사람들

목표

학생은 문제를 해결하는 데 도움을 줄 수 있는 사람들을 알 수 있습니다.

설명

학생을 알고 있고, 도움을 청하면 도움을 줄 수 있는 사람들이 많이 있습니다. 이 장에서는 학생들이 문제가 생겼을 때 도움을 줄 수 있는 사람들과 그들이 어떤 방법으로 도울 수 있는지 생각하도록 합니다.

생각하기 질문

1. 만약 당신이 문제가 생기면 누구에게 말할 것 같나요? (정답은 다양하다-친구, 선생님, 가족)
2. 모든 사람들이 같은 답을 했나요? (아마도 아니다.) 왜요? (도와줄 수 있는 사람들이 저마다 다르기 때문이다.)
3. 가족이나 다른 사람들은 학교에서 일어난 문제를 해결할 수 있도록 어떻게 도와줄 수 있을까요? (어머니는 교장 선생님께 말씀드리거나 숙제를 도와줄 수 있고, 나이가 많은 형제나 자매들은 학교에서 문제 학생을 다루는 법을 알려줄 수 있으며 이웃에 사는 사람들은 차를 태워주거나 물건을 줄 수 있다.)
4. 학교와 관련된 사람들은 가정에서 일어나는 문제를 어떻게 도울 수 있을까요? (부모님께 말씀드리는 방법을 말해 주거나 같은 학급 친구들은 당신과 같은 문제를 가지고 있을지도 모른다.)
5. 대부분의 사람들은 다른 사람들을 기꺼이 도울 것이라고 생각하나요? (아마도 예-누군가 학생들에게 도움을 청할 때 어떤 느낌인지 물어본다.)
6. 문제가 생겼을 때 당신이 기대하지 않았던 사람이 당신의 말을 잘 듣고 문제를 해결해 준 경험이 있었나요? 있었다면 말해 주세요. (정답은 다양하다-도움을 준 그 사람은 선생님과 같은 사람이 될 것이다.)

활동

지시사항 : 문제가 생겼을 때 활동지에 적혀 있는 사람들이 학생을 어떻게 도울 수 있는지 적게 하세요. '문제'는 학생이 처한 상황에 따라 다르게 해석될 수 있습니다. 이러한 생각은 학생이 문제가 생겼을 때 학생과 관련된 사람들이 어떻게 도움을 줄 수 있는지 알려줄 수 있을 것입니다.

응답 예 : 이 사람은 유치원 선생님과 같은 좋은 청자일 것입니다. 특별히 더 이해하는 모습을 보이고, 혹은 옹호하는 모습을 보일 것입니다.

보충활동 : 학생들이 원한다면 자발적으로 대답할 수 있게 해주세요. 만약 아버지가 폭력적이라면 그 학생은 아버지를 도움을 청할 사람으로 생각하지 않을 것입니다. 왜냐하면 아버지에게 문제가 있기 때문입니다. 그러나 아마도 무언가는 만들거나, 요리를 하거나, 어디 가는 데 도움이 필요하다면 그 학생은 아버지에게 도움을 청할 수도 있을 것입니다. 학생들이 개인적인 것을 말할 수 있게 해주세요.(만약 이를 더 쉽게 생각한다면)

성명 ________________________ 날짜 ____________

4.10 도움을 주는 사람들

문제가 생겼을 때 여기에 나열된 사람들은 당신을 어떻게 도와줄 수 있을까요?

1. 부모님

2. 누나 또는 언니

3. 학교 상담 선생님

4. 좋아하는 선생님

5. 교장 선생님

6. 가장 친한 친구

7. 이웃 사람

4.11 문제 해결사

목표

학생은 발생한 문제를 가능한 해결책이나 문제를 해결하는 방법과 연관시킬 수 있습니다.

설명

이 장에서는 몇 가지 문제 유형과 해결할 수 있는 방법을 결합하여 복습할 수 있습니다. 문제를 해결하고 해결책을 찾을 수 있는 여러 가지 방법이 있습니다. 이 장에서는 몇 가지 방법을 알려줄 것입니다.

생각하기 질문

1. 만약 당신이 악몽을 꾼다면, 단어 쓰기를 더욱 열심히 연습하여 단어 쓰기 시험을 잘 보는 것은 어떨까요? (만약 당신의 악몽이 단어 시험에서 비롯된 것이라면 그러나 아마 아닐 것이다.)
2. 만약 당신이 다른 반 학생에게 괴롭힘을 당한다면 당신의 담임 선생님께 풀을 달라고 정중히 얘기하면서 문제를 해결하는 것이 어떨까요? (아마도 아니다–발생한 문제와 해결방법이 맞지 않다.)
3. 문제를 해결하는 데 바람직한 방법은 무엇일까요? (상황과 문제를 야기한 것이 무엇인지 생각해 본다.)
4. 문제를 해결하는 것에 대해 우리가 이야기했던 방법에는 무엇이 있나요? (도움을 청하거나, 문제를 다른 관점에서 보거나, 더 열심히 생각하거나. 변명을 하지 않거나, 선생님께 도움을 청하거나, 과제공책을 참고하거나, 숙제를 하거나, 다른 사람들을 참고로 한다.)
5. 만약 하나의 해결방법이 문제를 해결할 수 없다면 무엇을 해야 할까요? (문제를 해결할 수 있는 다른 방법을 계속해서 찾거나 다른 해결방법을 시도해 본다.)

활동

지시사항 : 학생들에게 왼쪽의 그림(명확한 문제가 있는)과 오른쪽의 해결 방법(이것 또한 명확한)과 연결하도록 하세요.

정답 : 1. d 2. c 3. f 4. e 5. b 6. a 7. g

보충활동 : 학생들의 정답에 대해 서로 이야기하도록 하세요. 각 상황에서 제시된 예시 외에 다른 문제 해결 방법에 대해서 이야기하도록 하세요. 비록 연습 문제에서는 하나씩만 연결하도록 했지만 각 상황을 해결할 수 있는 다른 방법이 있나요? 무엇인가요?

성명 ______________________________ 날짜 ____________

4.11 문제 해결사

문제가 있는 학생과 문제를 해결하는 방법을 연결시키세요. 학생들 옆에 해당되는 알파벳을 쓰세요.

1. 조지는 단어 시험에서 나쁜 점수를 받았어요.

2. 마르타는 책을 읽는 데 많은 단어를 잘 읽지 못했어요.

3. 피트는 수학문제에서 계속해서 오답을 적고 있어요.

4. 신디는 준비물을 학교 미술 시간에 가져오는 것을 계속해서 잊어버렸어요.

5. 아르티는 교실 바로 뒷자리에 앉아 있는 학생에게 괴롭힘을 당했어요.

6. 지니는 학교에 지각할까 봐 걱정했어요.

7. 프레드는 연필을 잃어버렸을 때 선생님께 소리를 질러 곤란에 처해 있었어요.

a. 엄마가 알람시계를 가져다 주셔서 제시간에 일어날 수 있었어요.

b. 자리를 바꿔도 되는지 선생님께 여쭤봤어요.

c. 선생님이 단어를 읽는 데 도움을 줄 수 있는 학생에게 도와주라고 했어요.

d. 단어 쓰기를 집에 가져와서 매일 밤 연습했어요.

e. 작은 노트에 기억해야 할 것을 썼어요.

f. 숫자를 잘 보고 문제를 봤어요.

g. 선생님께 연필을 찾는데 도와달라고 공손하게 말하려고 노력했어요.

4.12 숙제 기록하기

목표

학생은 숙제(말로 혹은 써서 내준)를 종이나 알림장에 쓸 수 있습니다.

설명

학생의 학년이 올라갈수록 숙제장에 숙제를 하는 경우와 알림장에 숙제를 적는 경우가 많아집니다. 이것은 학생들이 숙제를 기억하게 하고, 좀 더 정리하게 하고, 어떤 과제를 해야 하는지 계속해서 기억하기 위해 노트를 사용하기 시작하는 데 도움을 줄 수 있는 방법입니다. 그러나 교사로서 학생들이 노트에 과제를 어떻게 기록해야 하는지 가르치는 데 신중해야 합니다. (날짜를 적었는지? 과목을 적었는지? 페이지는 적었는지? 숙제를 다 하고 확인했는지?)

생각하기 질문

1. 만약 오늘 밤에 집에서 해야 할 숙제가 10가지라면 당신은 어떻게 이 모두를 기억할 것인가요? (숙제를 쓴다, 모든 책을 집에 가져간다, 친구에게 전화해서 물어본다.)
2. 당신이 무엇을 해야 하는지 기억하기 위해 알림장을 어떻게 사용할 수 있을까요? (당신이 기억할 필요가 있는 것을 적는다.)
3. 어떤 것을 알림장에 적어야 하나요? (과목, 페이지나 필요한 재료, 숙제를 제출해야 할 날짜)
4. 숙제를 끝냈다는 것을 알리기 위해 알림장에 무엇을 적을 수 있나요? (숙제를 적은 것을 줄어 그어 지우거나 별표를 하거나 확인 표시를 한다.)
5. 왜 숙제를 작은 메모지에 적는 것보다 알림장에 적는 것이 더 나은 방법일까요? (잃어버릴 염려가 적고, 예전에 했던 숙제를 확인할 수 있다.)

활동

지시사항 : 알림장 샘플의 한 부분이 활동지 오른쪽에 그려져 있고, 왼쪽에는 교사가 내준 과제가 있습니다. 학생들은 무엇을 해야 하는지 기억하는 데 도움을 줄 알림장에 무엇을 써야 하는지 적도록 하세요.

응답 예 :

1. 단어 쓰기 – 3번
2. 읽기 – '요술 바이올린'
3. 미술 – 낡은 옷 가져오기
4. 내일 쿠키 가져오기
5. 상자를 집에 가져가서 모자 넣기

보충활동 : 학생들에게 그들의 대답을 공유하도록 하세요. 숙제를 적는 데 좋은 방법을 정하도록 하세요. 어떤 방법이 잘 사용되었나요?

성명 ______________________ 날짜 __________

4.12 숙제 기록하기

다음과 같은 상황에서 당신은 알림장에 무엇을 쓸 것인가요?

1. 단어 쓰기 :

2. 읽기 : "초록색 책 가져가서 읽으세요. '요술 바이올린'이요."

3. 미술 : "낡은 옷을 가져오세요. 색칠하다보면 옷이 지저분해질 수 있어요."

4. 잊지 마세요 : "제임스, 내일 파티에 쓸 쿠키 좀 가져올래?"

5. 잊지 마세요 : "알파벳 'H'로 시작하는 물건을 내일 가져오세요."

학급에서 문제가 발생했을 때 사용할 수 있는 학급 조언

다양한 감정이 나타나 있는 잡지 속에 얼굴 사진을 사용하세요. 이 얼굴 사진 속에 사람들이 어떤 문제가 있다고 생각하세요? 학생들에게 그 사람들이 생각하고 있는 것을 만화 말풍선을 그려서 적도록 하세요.

문제를 해결하는 데 도움이 될 것이라고 논의되었던 방법들을 강조하는 포스터를 만드세요. 학생들을 그룹으로 나누어 만들도록 하세요－한 그룹은 그림을 그리고 한 그룹은 글자를 쓰는 등. 이 포스터를 교실이나 복도에 붙여 놓으세요.

만약 교실에 영어가 모국어가 아닌 학생이 있다면 당신은 다른 학생들에게 이 학생의 모국어로 그들의 문화를 가르치고 싶을 거예요. 이 학생에게 그들의 삶과 언어에 대해 이야기할 수 있는 기회를 주고, 학급 친구들과 그들의 문화를 공유할 수 있게 해주세요.

학급 친구가 교사가 되는 것을 시도해 보세요. 만약 최소한의 가르침만으로도 공부를 잘하는 학생들이 반에 있다면 30분 동안 다른 학생 옆에 앉아서 매우 간단한 과제를 함께 하도록 하세요.(수학 플래시 카드를 가지고 연습하기, 단어 카드를 가지고 'Go Fish'게임하기, 함께 이야기 쓰기와 삽화 그리기) 주목해야 할 문제 : 또래 학생에게 가르침을 받는 학생들(또래 교사는 한 학기 동안만 유지하도록 합니다), 또래 교사에게 전달되는 과제 지시사항이 분명하지 않음(무엇을 해야 하는지 자세히 써 줍니다), 너무 길어지는 수업시간(20분에서 30분으로 제한합니다)

학생들을 도와줄 수 있는 사람들이 많이 있습니다. 학생들에게 가족, 친구, 학교에서 도움을 주는 사람들의 사진과 각 사람들에 대해서 간략하게 쓴 글로 구성된 작은 책자를 만들도록 하세요.

학생들에게 매일 숙제를 적는 알림장을 색칠하거나 꾸미도록 하여 어쨌든 개인적인 것으로 만들도록 하세요. 알림장을 개인적인 것으로 만들 수 있도록 과목의 수업코드, 로고, 좌우명과 다른 독특한 방법을 제시하세요.

PART 02

또래들과 관계 맺기

어느 날 학교 복도를 걷고 있는데 저자 뒤에서 엄청난 웃음소리가 들렸다. 그래서 무슨 일인지 보려고 고개를 돌렸다. 저자는 수업이 끝나 팔짱을 끼고 복도를 깡충깡충 뛰어가는 어린 학생 두 명을 보았다. 저자는 복도를 뛰어다니면 안 된다는 것을 알고 있었다(특히 교장실 앞의 복도에서). 그러나 저자는 그 소녀들에게 멈추라고 하지 않았다. 대신에 저자는 그 소녀들이 가장 친한 친구 사이인지 물었다. 그들은 낄낄대고 웃으면서 그렇다고 대답했다. 저자는 몇 살인지 물었고, 그들은 여섯 살이라고 대답했다. 저자는 밖에 나가서 무엇을 할지 물었고, 그들은 다시 낄낄거렸다. 소녀 중 한 명이 "우린 가장 친한 친구가 되었어요."라고 말했고, 그들은 뛰지 않고 밖으로 나갔다. 친구가 된다는 것은 얼마나 큰 선물인가 – 그냥 친구가 아니고 가장 친한 친구라고 생각했던 것이 기억난다.

저자는 학급 구성원으로부터 소외되는 학생들(냄새가 나서 피하게 되고, 매일 같은 옷만 계속해서 입고 와서 놀림거리가 되고, 재빠르지 못하여 같은 팀으로 지명이 되지 않는 학생들)의 사례가 머릿속에 휙 휙 스치고 지나갔다. 저자는 같이 놀 친구가 없어서 쉬는 시간을 싫어하는 학생을 알고 있다. 또한 생일파티에 초대받지 못한 유일한 여학생을 알고 있다. 저자는 이러한 사례들을 접할 때 그 학생들이 얼마나 상처를 받을지 생각하면 정말 마음이 아프다.

그러나 저자는 몇 달 전에 깜짝 놀란 일을 이야기할까 한다. 레온이라 불리는 학생은 심각한 정서 장애(SED)가 있었고, 읽기 그룹에 속해 있었다. 그는 성미가 급하고 다른 학생들에게 시비를 걸거나 방해를 하였다. 어느 날 레온이 자레드라고 하는 다른 SED 학생을 데리고 왔다. 나는 자레드가 왜 레온과 같이 왔는지 물었다. 자레드는 "우리는 파트너예요. 레온이 매우 화가 났을 때 전 레온을 진정시키죠." 하고 설명했다. 레온은 고개를 끄덕이면서 "그리고 또한 우린 읽기 파트너예요. 나는 읽기를 잘하는데 자레드는 그렇지 못하거든요." 이들에게 무슨 일이 있었던 것인가. 그들의 특수교사는 서로의 약점을 보완하기 위해서 짝을 지어 주었다. 이 두 학생들은 서로에게 책임감을 느끼고 있다. 가장 심각한 행동 장애를 가지고 있는 학생들이라고 할지라도 또래 학생들과 같이 놀고 같이 공부할 수 있는 방법을 찾을 수 있다. 제2부의 다음과 같은 내용은 학생들이 서로서로 관계를 맺는 것을 가르치는 데 도움이 될 것이다.

- 부모에게 보내는 편지
- 이야기 : '랄프와 그의 보랏빛 얼굴'
- 제5장 : 다른 친구들과 함께 배우고 공부하기
- 제6장 : 친구 사귀기
- 제7장 : 친구관계 유지하기

부모에게 보내는 편지 5

★ 내용 : 또래와 관계 맺기-다른 친구들과 함께 배우고 공부하기

부모님께

다음 시간 수업에는 다른 사람들, 특히 같은 학급 친구들과 잘 지내기에 대해서 다룹니다. 학교는 우리 아이들이 큰 규모의 그룹에서 그룹의 일원으로 어떻게 해야 하는지 배우는 첫 번째 장소일 것입니다. 아이들은 아이들이 원할 때마다 돌아다닐 수 없습니다. 아이들은 무언가 하고 싶다는 것을 알리기 위해서 손을 들어야 합니다. 그리고 보통은 책상 앞에 앉아 있습니다. 학교는 아이들이 커서 일터에서도 사용할 수 있는 협동하는 법, 방해하는 것을 무시하는 법, 리더십 기술을 개발하는 등 사회성 기술을 배울 수 있는 훌륭한 장소입니다.

이 장에서 배울 내용 중에는 좋은 리더가 되는 법, 좋은 지지자가 되는 법, 작업을 함께 하는 법, 실수에 대한 책임을 받아들이는 법, 학급에 방해가 되지 않는 법, 방해하는 것을 무시하는 법이 있습니다.

비록 같은 나이의 20명에서 30명의 자녀를 둔 가정은 없겠지만 항상 정신없고 조화롭지 못한 것 같은 느낌을 받으실 겁니다! 가정에서 이럴 때 사용하실 수 있는 팁 몇 가지를 적었습니다.

- 교실에서와 마찬가지로 가족이 서로서로 잘 지내기를 바라실 거예요. 가정에서 개인의 능력과 시간, 다른 요인들을 공정하게 생각하여 일을 나눈 후에 돌아가면서 해보세요. 함께 저녁식사를 준비한다거나 빨래를 하거나 여가 시간을 보내 보세요.
- 안전한 일에 한해 가정에서 아이들이 리더가 되도록 해주세요. 이번 주말에 정원일을 같이 해보시는 건 어떨까요? 일부 아이들은 무슨 일을 해야 할지 스스로 계획을 세울 수 있어요. 아이들에게 연필과 종이를 줘서 더 해야 할 것은 없는지 살펴보도록 하세요.
- 지루하고 재미없는 일을 함께 끝낸 후에 아이스크림을 먹으로 가는 것으로 보상하세요. (가족 구성원 모두가 함께 빨래를 하고, 널고, 분류하고, 서랍에 넣었던 깨끗한 옷을 입고서요.)
- 형제 · 자매간의 말다툼에 개입하기 말아주세요. 계속 하게 내버려두시되 잘 듣고 계세요! 아이들에게 학교에서 사회성 시간에 대처하는 방법을 배웠는지 물어봐 주세요.

감사합니다.

____

교사

부모에게 보내는 편지 6

★ 내용 : 또래와 관계 맺기-친구 사귀기

부모님께

친구를 사귀는 것은 아마도 인생에서 가장 커다란 선물 중 하나일 것입니다. 누군가 자신을 생각하고, 자리를 마련해 주며, 어디 갔을 때 보고 싶어 한다는 것을 아는 것은 정말 소중한 경험입니다. 대부분의 아이들에게는 축구팀이나 스카우트단, 혹은 쉬는 시간에 함께 어울려 노는 것이 매우 쉬운 일일 것입니다. 그러나 일부 아이들에게는 그렇지 않을 것입니다.

전학을 가거나, 다른 반으로 가거나, 가장 나이가 많거나 혹은 가장 어리거나 그 외에 좋은 않은 모든 것은 친구를 사귀는 데 걸림돌이 될 것입니다.

장애가 있거나 과거의 부정적인 경험, 교실에서의 문제아동은 친구 사귀기가 더 어려워집니다. 우리는 모든 아이들이 친구와 잘 어울릴 수 있는 많은 기회를 가지기를 바랍니다.

학교 수업시간에 친구 사귀는 방법에 대해 다룰 것입니다. 아이들은 다른 사람에게 관심을 나타내고, 아이 자신이 흥미로운 사람이 되며, 다른 친구를 도와주고, 다른 친구들에게 멋진 이야기를 들려주고, 혹은 잘 들어주며 함께 노는 것을 배웁니다.

가족 안에서 부모님께서도 몇 개 그룹의 일원이실 겁니다-아마도 교회, 공동체, 취미, 운동. 자녀들이 친구 사귀기 방법을 사용할 수 있도록 이 활동들을 해보세요. 예를 들어

- 가족과 함께 하는 외출이나 극장에 갈 때 친구를 초대하도록 하세요.
- 공동체 운동 팀, 미술 수업, 캠프 가기, 도서관 활동 등을 이용하세요. 자녀가 곧 그룹의 일원이 될 거예요.
- 자녀가 놀면서, TV를 보면서, 여름에 밖에서 레모네이드를 만들어 팔면서 친구를 사귀도록 해주세요. 자녀를 관찰해 주세요. 자녀가 지지자인가요? 리더인가요? 협력하나요?
- 자녀에게 같은 학급 친구들에 대해 물어보세요. 달리기는 누가 제일 잘하는지? 승마하는 친구가 있는지? 단어 게임에서 누가 이겼는지? 자녀가 같은 학급 친구들에 대해 말하고 생각할 수 있게 해주세요. 자녀가 다른 친구에 대해서 그렇게 이야기한 이유에 대해서도 말하도록 하세요.

감사합니다.

____

교사

부모에게 보내는 편지 7

★ 내용 : 또래와 관계 맺기 – 친구관계 유지하기

부모님들께

아이의 가장 친한 친구가 매주 바뀐다는 것을 아시나요? 친구를 사귀는 것도 어려울 수 있지만 친구 관계를 유지하는 것 또한 어려울 거예요. 우정은 시간이 지나면 많은 이유로 변하거나 변할 수 있습니다. 그 이유 중 일부는 매우 적절한 것일 수도 있습니다. 관심사가 바뀌거나 다른 그룹으로 옮겼을 때 그 관계 또한 바뀌게 됩니다. 그럼에도 불구하고 우정을 유지하는 것에 대해서 배우는 것은 책임, 이해, 융통성에 대해서 생각하게 할 수 있습니다.

다음 수업 시간에는 좋은 친구가 되는 법에 대해서 다룰까 합니다.

수업 시간에 다룰 내용은 해야 할 일을 가끔은 친구가 선택할 수 있게 하기, 다른 친구들과 내 친구 공유하기, 너무 많이 머뭇거리거나 너무 많이 매달리지 말기, 약속을 잘 지키기, 문제가 생긴 친구를 변호하기를 포함하고 있습니다.

부모님들은 아이가 문제가 생겼을 때 도와주는 사람으로 자주 거론됩니다. 부모님들은 아이가 좋은 친구 되기에 대해서 배우면서 생길 수 있는 감정의 기복을 잘 지지해 주셔야 합니다. 다음과 같은 방법으로 도와주실 수 있습니다.

- 아이가 다른 친구들과 어떻게 상호작용하는지 조용히 관찰하세요. 자기 멋대로 하지는 않나요? 친구와 무엇을 할지 매번 결정을 하나요? 친구가 활동을 고를 수 있도록 하는 것이 어떤지 친절하게 제안해 주세요.
- 우정이 변한다는 것에 대해 알아차리세요. 아이들은 한 번에 한 명 이상의 친구를 사귀고, 이 친구들 또한 다른 친구들을 사귈 것입니다. 친구들을 공유함으로써 좀 더 많은 사람들을 알게 되는 것이지요. 특별하고 가장 친한 친구를 둘 수 있게 하되 다른 친구들을 집에 놀러오게 하고 아이와 시간을 보낼 수 있게 해주세요.
- 약속을 지키는 것이 매우 중요한 것이라고 이야기해 주세요. 약속을 깨면 우정이 깨질 수 있답니다.
- 충성과 동지애에 대해서 다른 사람들과 이야기 나누세요. 일부 아이들이 다른 친구들을 욕하기 시작했을 때 만약 친구라면 이러한 나쁜 행동에 동참해서는 안 된다는 것을 깨닫게 해주세요. 또한 나쁜 행동을 하는 아이들은 특히 다른 친구들이 관련되어 있다면 비밀이 유지될 수 없다는 것을 말씀해 주세요.
- 아이에게 부모님은 아이 자신은 물론 아이의 친구들도 도와줄 수 있다는 것을 알게 해주세요. 잘 들어주는 것은 좋은 관계를 길게 유지하게 하는 데 도움이 됩니다.

감사합니다.

____

교사

이야기 : 랄프와 그의 보랏빛 얼굴

랄프는 놀리기 재밌는 아이였어요. 같은 반 친구들은 랄프를 놀리는 것을 매우 좋아했어요. 왜냐하면 친구들이 놀릴 때 랄프는 매우 화를 내기 때문이에요. 그리고 화가 나면 얼굴이 보라색으로 바뀌고 귀에서 빨간 연기가 뿜어져 나왔습니다.

친구들은 랄프를 계속해서 놀려댔어요. 불쌍한 랄프.

"재 걷는 것 좀 봐." 빌리가 크게 웃으면서 소리질렀어요. "바지에 개미가 기어다니나봐."

친구들은 랄프를 놀리기 시작했고 랄프는 얼굴이 점점 뜨거워지는 것을 느꼈어요.

"그만해!" 랄프가 소리쳤어요. "이건 좋은 바지야. 그리고 개미 따윈 없어!"

그러나 랄프의 얼굴은 보라색으로 변하기 시작했고, 빨간 연기 또한 귀에서 나오기 시작했어요.

"하하!" 친구들이 웃었어요. "보라색 얼굴, 보라색 얼굴!"

"그만해라." 스네이글 선생님이 단호하게 말씀하셨어요. "수학시간이다. 모두들 자리에 앉아라."

모두들 자리에 앉았지만 랄프는 친구들이 자신을 계속 쳐다보며 낄낄거리고 있다는 것을 알고 있었어요. 빌리는 랄프가 자리에 가서 앉는 동안 계속해서 등을 쿡쿡 찔렀어요. 랄프는 점점 더 화가 났어요.

"숙제 꺼내라." 스네이글 선생님이 말씀하셨어요. 그러고 나서 선생님은 랄프를 보고 말씀하셨어요. "랄프, 첫 번째 문제 정답이 뭐니?"

랄프는 “13이요. 아, 아니 31이요.” 라고 말했어요.

“하하!” 피트가 웃었어요. “랄프는 숫자도 모르나봐.”

“그만해.” 랄프는 얼굴이 보라색으로 변한 채 말했어요.

“그만해, 그만해.” 피트가 놀리듯 노래 불렀어요.

빨간 연기가 나오기 시작했어요.

잠시 후 운동장에서 랄프가 공을 차고 멈추지 않고 2루까지 갔어요.

“야, 보라색 얼굴, 너 1루 안 밟았어, 이 사기꾼아!” 프랭크가 소리 질렀어요.

“아니야!” 랄프가 얼굴이 보라색으로 바뀌면서 소리쳤어요. “이상한 놈이네!” 프랭크가 멱살을 잡으며 말했어요.

랄프의 귀는 마치 빨간 연기가 나오는 굴뚝 같았어요. “그만해!” 랄프는 웃기 시작한 프랭크와 다른 친구들을 향해 소리쳤어요. “나 좀 그만 괴롭혀!”

그러나 친구들을 더 크게 웃었어요.

스네이글 선생님이 랄프를 불러서 말씀하셨어요. “랄프야, 친구들이 너 많이 괴롭히지, 그치?”

랄프는 고개를 끄덕였어요. 랄프는 정말 말하고 싶지 않았어요.

“잘 들어 봐, 랄프야. 좋은 생각이 있어. 다음에 친구들이 널 괴롭히고 화나게 한다면 그냥 무시해버려라.” 선생님이 말씀하셨어요.

“무시하라구요?” 랄프는 믿을 수 없다는 듯 말했어요. “하지만 걔네들은 날 정말 화나게 한다구요, 선생님! 난 얼굴이 보라색으로 변하고 빨간 연기가 날 수밖에 없어요!”

"나도 이게 어렵다는걸 안단다. 하지만 네가 못 들은 척 한다면 친구들은 놀리지 않을 게다. 네가 무슨 행동을 할지 친구들이 알지 못하게 하렴."

"어려워요." 랄프가 풀이 죽어 말했어요.

"네 얼굴이 보라색으로 변하고 빨간 연기가 귀에서 나오면 친구들은 그걸 보고 재밌어 하는 거야. 친구들이 재미가 없도록 만들어 버리자."

"알았어요, 제가 어떻게 하면 되죠?" 랄프가 말했어요.

"자, 이렇게 해 봐라. 친구들이 놀릴 때 다른 곳을 보며 아무 말도 하지 말거라. 단 한마디도. 거기에 친구들이 없는 것처럼. 만약 네가 그렇게 하지 못할 것 같으면 나를 보렴. 내가 윙크해 줄게. 내가 윙크를 하는 이유는 넌 할 수 있고 잘하고 있으니 계속하라는 의미란다."

"해 볼게요, 선생님." 랄프는 대답하면서 기분이 조금 나아졌어요. "흥, 걔네들이 무슨 일일까 궁금하게 만들 거야!"

첫 번째 기회가 그날 오후에 찾아 왔어요. 에이미가 랄프 책상 옆에 와서 속삭였어요. "보라색 얼굴, 보라색 얼굴" 그러나 랄프는 자신의 머리를 긁적인 후 단어를 쓰려고 공책을 폈어요.

"야, 빨간 연기는 어디 갔어?" 프레드가 물었어요. 랄프는 고개를 돌리고 단어를 썼어요.

에이미와 프레드는 놀라서 서로 쳐다봤어요. 아무 일도 일어나지 않았거든요!

속으로 랄프는 웃었어요. 랄프는 화나지 않았어요.

친구들은 무슨 영문인지 몰랐어요. 친구들은 월요일 오후 내내 랄프 얼굴이 보라색이 되게 하려고 놀려댔어요. 그런데 이건 통하지 않았어요.

친구들을 화요일날 더 심하게 놀려댔어요. 그러나 랄프의 얼굴은 친구들이 '멍청이'라고 놀려댈때도 조금도 변하지 않았어요.

수요일이 되자 친구들이 지치기 시작했어요. "랄프는 더 이상 화내지 않아." 프레드가 말했어요.

"응, 우리는 더 이상 빨간 연기를 볼 수 없을 것 같아."

목요일에 친구들은 더 이상 랄프를 놀리지 않았어요. 그들은 싸움 없이 공놀이를 하는 것에 더 흥미를 느꼈답니다.

금요일에 친구들은 랄프에 대해서 다른 점을 알게 되었어요. 랄프는 단어를 잘 쓴다는 것이지요.

지금은 "보라색 얼굴"이라고 부르는 대신에 "랄프야, 단어 쓰는 것 좀 도와줄래?" 하고 말한답니다.

그러면 랄프는 웃으면서 얘기해요. "물론, 기꺼이."

끝

05

Chapter

다른 친구들과 함께 배우고 공부하기

5.1 리더를 따르기

목표

학생은 그룹 리더의 지시나 요구사항을 잘 따르는 사람은 어떤 특징을 가지고 있는지 알 수 있습니다.

설명

그룹을 만들어 무언가를 할 때 일부 학생들은 어른들의 지시만을 따라야 한다고 생각할지 모릅니다. 그러나 서로 협력을 하는 그룹에서 뭔가를 할 때 모든 학생들은 리더가 될 수 있는 기회가 있을 겁니다. 학생들은 그룹 내에서 리더의 역할과 리더를 따르는 사람의 역할을 다 배울 필요가 있습니다. 이 장에서는 리더를 따르는 사람에 대해서 이야기해 보도록 합니다.

생각하기 질문

1. 그룹에서 할 수 있는 활동에는 무엇이 있을까요? (미술 시간에 포스터 만들기, 연극하기, 게임하기, 단어 연상 퀴즈)
2. 그룹을 만들어 뭔가를 할 때, 리더가 없어도 잘되나요? (모든 그룹 구성원들이 협력적일 때에만)
3. 만약 당신이 그룹의 리더이고 당신의 그룹이 벽에 커다란 벽화를 완성해야 한다면 어떻게 할 건가요? 당신은 당신의 그룹이 프로젝트를 끝낼 수 있도록 어떻게 도울 것인가요? (목표 세우기, 그룹 구성원들이 잘할 수 있는 일로 배분하기, 프로젝트를 감독하기)
4. 만약 프로젝트를 하기 싫어하는 그룹 구성원이 있다면 당신은 어떻게 할 건가요? 왜 이것이 리더로서 힘들까요? (이는 전체 프로젝트를 위태롭게 만들고, 리더는 그 사람들이 일을 하도록 재촉해야 할 것이며 재미있게 프로젝트를 진행하지 못할 것이다.)
5. 그룹의 리더를 잘 따르려면 어떻게 해야 할까요? (리더의 말을 경청하기, 다투지 않기, 협력하려고 노력하기)

활동

지시사항 : 학생들에게 활동지에 있는 사람들 중에 누가 리더를 잘 따르는지 이름을 적게 해주세요. 또한 각 그룹의 리더가 누구인지 동그라미 치도록 하세요.

정답 : 1–리더 : 랜디, 리더를 잘 따른 친구들 : 조시, 벤
2–리더 : 에밀리, 리더를 잘 따른 친구들 : 닉, 루이스

보충활동 : 활동지에 있는 그룹의 구성원들에 대해 이야기하도록 하세요. 누가 가장 협조적인가요?(주제나 프로젝트와 관련된 말을 한 사람들) 그룹의 구성원 중 리더를 가장 잘 따른 사람은 누구인가요?

성명 ______________________ 날짜 ______________

5.1 리더를 따르기

그림 속에 학생들은 함께 프로젝트를 하고 있어요. 그리고 각 그룹에는 리더가 있답니다. 각 그룹에서 리더를 잘 따른 학생의 이름을 쓰세요. 그룹 리더는 동그라미 치세요.

1.

리더를 잘 따른 친구들 :

____

리더를 따르기(계속)

2.

리더를 잘 따른 친구들 :

5.2 리더 되기

목표

학생은 그룹의 좋은 리더는 어떤 특징을 가지고 있는지 알 수 있습니다.

설명

좋은 리더가 되는 것은 쉬운 일이 아닙니다. 교실에서 활동할 때 리더가 되어 보는 것은 학생들에게 좋은 경험이 됩니다. 과제에 대해 정확하게 설명하기, 다른 사람들의 의견을 모으기, 과제 나누기, 과제에 대한 그룹을 유지시키기와 같은 방법은 리더를 할 때 모두 중요한 것입니다. 이 장에서는 학생들에게 리더를 할 때 하는 행동의 특징들을 평가하도록 합니다.

생각하기 질문

1. 그룹의 리더가 되는 것과 리더를 따르는 사람이 되는 것 중 어느 것이 더 쉽나요? (선택은 다양할 것이다–리더는 더 많은 책임감을 갖게 될 것이다. 리더를 따르는 사람들은 자신들이 하고 싶은 것을 선택하지 못할 것이다.)
2. 리더가 된다는 것은 그룹 구성원들이 해야 할 것을 말하는 것이라고 생각하나요? (아니다, 리더는 그룹을 '이끄는 것' 혹은 '안내하는 것'을 의미한다.)
3. 만약 모든 사람들이 뭔가를 하는 방법에 대한 생각이 매우 다를 경우 어떨까요? 그럴 때 리더는 무엇을 해야 하나요? (모든 사람들의 생각을 듣는다, 그룹 구성원들에게 투표를 하게 하거나 의견일치가 되게 한다.)
4. 그룹 구성원에 대해 리더는 무엇을 알아야 하나요? (그룹 구성원들이 생각하는 것이 무엇인지, 그룹 구성원들이 가지고 있는 기술이 무엇인지, 과제를 할 때 질문을 어떻게 해야 하는지)
5. 때때로 리더가 된다는 것은 왜 좋은가요? (다른 사람들과 함께 하는 것을 배운다, 일을 담당한다, 결과물에 대해 책임을 진다.)
6. 만약 좋은 리더의 특징에 대한 목록이 있다면 여기에 무엇이 포함되어야 할까요? (분명하다, 공정하다, 모든 사람들의 말을 경청한다, 우두머리 행세를 해서는 안 된다.)

활동

지시사항 : 학생들에게 활동지에 있는 리더의 말을 읽게 하세요. 그리고 좋은 리더라고 생각되는 학생을 동그라미 치게 하세요.

정답 : 1. 아니요 2. 예 3. 아니요 4. 예 5. 예 6. 아니요

보충활동 : 왜 특정 학생들이 더 좋은 리더라고 생각했는지 이야기를 나누게 하세요. 다른 학생들은 무슨 문제가 있나요? (1–그룹을 하려는 노력이 없다, 3–우두머리 행세 6–전혀 분명하지 않다! 무엇을 해야 하는지 생각이 없다!)

성명 ______________________ 날짜 ______________

5.2 리더 되기

이 학생들은 그룹의 리더입니다. 누가 가장 좋은 리더라고 생각하나요? 동그라미 치세요.

1. 얘들아, 우리 수학 문제를 함께 끝내야 해.
   밥아, 네가 다 풀면 나한테 알려줘.

2. 우리 연극 잘하자.
   먼저 대본에 모르는 단어가 있으면 안 되니까 쭉 읽어 보자.
   그러고 나서 역할을 고르고 연습하자. 모두들 괜찮지?

3. 내가 리더야. 그러니까
   내가 말하는 거 너희들이 다 따라야 해.
   그렇지 않으면 내쫓을 거야.

4. 내 생각에 모든 사람들의 생각을 들어보고
   그 것에 대해 이야기해 보는 것이 좋을 것 같아.
   그러고 나면 우리가 해야 할 것을 고를 수 있어.

5. 피트야, 넌 그림을 제일 잘 그리잖아.
   그림을 그리는 게 어때? 배경에 뭘 그려 넣으면
   좋을지 좋은 생각나는 사람 있니?

6. 난 뭘 해야 할지 모르겠어.
   너희들이 원하는 것이 무엇이든 그냥 해.

5.3 무시해야 할 때 무시하기

목표

학생은 무시해야 하는 교실에서의 사건이나 방해되는 것을 알 수 있습니다.

설명

학생들이 과제를 수행할 때 들리는 소음이나 다투는 소리 혹은 흔히 접할 수 있는 산만한 상황들은 방해가 될 수 있습니다. 이 장에서 학생들은 무시하면 더 좋을 몇 가지 방해되는 행동을 알게 될 것입니다.

생각하기 질문

1. 교실에서 뭔가를 할 때 당신을 괴롭히거나 집중을 못 하게 하는 것이 있나요? (친구들이 돌아다녀서, 소음, 산만한 것)
2. 누군가 큰 소리를 내면서 걸어 다닌다면 그것이 왜 당신을 괴롭히는 것인가요? (하고 있었던 일을 계속 할 수 없고 그 친구가 하고 있는 말에 대해 신경을 쓸 것이다.)
3. 누군가 다른 것에 대해 이야기하면서 당신을 방해한다면 그것이 당신을 방해하나요? (그것은 아마도 과제 수행하는 것을 방해할 것이다.)
4. 당신이 다른 일을 하는 동안 다른 사람들의 다툼이나 대화에 끼게 된다면 무슨 일이 일어날까요? (그것은 아마도 과제 수행하는 것을 방해할 것이다.)
5. 왜 산만한 행동들은 무시하기 어려운가요? (흥미로운 것이거나 큰 소리를 들었을 때 위험을 감지하고 보게 되거나 하고 있는 일이 지루하거나 친구와 관련된 것이기 때문이다.)
6. 산만한 행동들을 무시하거나 하지 못하게 하는 방법을 무엇인가요? (하고 있던 일에 계속 집중하거나 산만한 행동에 관심을 갖지 않거나 조용히 하고 있는다.)

활동

지시사항 : 활동지에서는 여러 가지 방해되는 행동이 일어나고 있는 교실을 보여줍니다. 학생들에게 방해가 되고 무시해도 되는 사람, 행동, 상황에 ×표시를 하세요.

정답 : 교장 선생님이나 선생님이 방해하기, 연필로 탁탁거리는 여학생, 하품하는 남학생, 학생과 문제행동에 대해 이야기하는 선생님, 여학생의 머리카락을 잡아당기는 남학생, 싸우고 있는 두 남학생, 퍼즐을 하고 있는 여학생을 방해하는 여학생

보충활동 : 교실을 둘러보세요. 상황을 무시하기 어렵다면 발생할 수 있는 문제는 무엇이 있을까요? 방문객들을 나중에 오시도록 할 수 있나요? 학생들이 하루 일과를 알고 있나요? 다른 학생들 앞에서 너무 큰 소리로 훈육을 하나요? 학생들이 발생한 문제들을 쉽게 무시할 수 있도록 도울 수 있나요?

성명 ______________________ 날짜 __________

5.3 무시해야 할 때 무시하기

당신이 생각하기에 무시해도 되는 사람과 행동에 ×표시를 하세요.

5.4 다른 사람들을 방해하지 않기

목표

학생은 흔히 접할 수 있는 교실 상황이나 과제를 보면서 다른 친구들을 방해하는 방식이나 방해하지 않는 방식의 뭔가를 하는 그림을 그릴 수 있습니다.

설명

방을 걸어서 지나가는 것 같은 간단한 것도 여러 가지 방법으로 할 수 있습니다. 시끄럽게 쿵쾅거리며 걷는 것은 사람들이 싫어할 것입니다 – 그래서 조용히 걸어야 하는 것입니다. 교실 상황에서 학생들은 간단한 과제를 방해하지 않는 방법으로 할 수 있어야 합니다.

생각하기 질문

1. 사람들이 어떤 일을 하거나 집중할 때 무엇이 그들을 방해할 수 있을까요? (사람들이 돌아다니는 것, 소음)
2. 사람들이 어떻게 움직이는지 얼마나 크게 소리를 내는지 또는 얼마나 빨리 일을 하는지 조절할 수 있다고 생각하나요? (그렇다.)
3. 다른 친구들을 방해하지 않고 교실 저쪽에 있는 친구와 이야기하려면 어떻게 할 수 있을까요? (일어나서 친구가 있는 곳으로 간다, 조용히 이야기한다. 이야기할 타이밍을 보면서 기다린다.)
4. 교실에서 나가야 하는데, 다른 친구들을 방해하고 싶지 않다면 어떻게 해야 할까요? (조용히 나간다, 책상 사이로 나가지 않는다.)
5. 다른 친구들을 방해하지 않고 뭔가를 하는 것을 기억하려면 어떻게 할 수 있을까요? (먼저 생각한다, 사람들이 어디에 있는지 무엇을 하고 있는지 둘러본다–그들은 주변이 조용하길 바라는가?)

활동

지시사항 : 학생들에게 흔히 접할 수 있는 교실 상황 그림을 제시하세요. 학생들에게 그림 속의 학생들이 방해를 하는 방식이나 방해를 하지 않는 방식으로 과제를 수행하는 것을 그리도록 하세요. 이 두 방식 중 하나는 이미 그려져 있어요. 학생들에게 그리는 것이 중요한 것이 아니라고 다시 말씀해 주세요 – 서툴게 그림을 그렸어도 말로 설명이 가능하다면 충분합니다.

응답 예 :

1. 등교하자마자 연필을 깎고 있는 학생을 그린다.
2. 앞에 앉은 친구의 머리를 치면서 종이를 건네는 학생을 그린다.
3. 창문을 조용하고 천천히 닫는 학생을 그린다.
4. 지우개를 빌리기 위해 소리 지르는 학생을 그린다.

보충활동 : 학생들에게 그들의 그림과 생각을 공유하도록 하세요. 정말 사소한 일이라도 그것을 시끄럽게 수행하고, 하지 말아야 할 시간에 하고 혹은 이렇게 하면 누군가에게 방해가 될 수 있는가를 생각하지 않고 일을 하면 얼마나 큰 문제가 될 수 있는지 이야기 나누도록 하세요. 학생들에게 오늘 하루 동안 누가 다른 사람들을 방해하지 않고 생활했는지 칭찬하도록 하세요.

성명 ______________________________ 날짜 ____________

5.4 다른 사람들을 방해하지 않기

왼쪽에 적혀 있는 과제를 수행할 때 다른 사람들을 방해하는 방식이나 방해하지 않는 방식 둘 중 하나를 빈 공간에 그리세요.

	방해하는 방식	방해하지 않는 방식
1. 연필 깎기		
2. 종이를 앞사람에게 건네기		

5.4 다른 사람들을 방해하지 않기(계속)

	방해하는 방식	방해하지 않는 방식
3. 교실 창문 닫기		
4. 친구에게 지우개 빌리기		

5.5 장애가 있는 친구들

목표

학생은 교실에서 장애가 있는 친구들과 잘 지낼 수 있는 방법을 알 수 있습니다.

설명

점점 더 많은 학급에서 시각, 청각 혹은 신체적으로 겉으로 드러나는 장애를 가진 학생들과 같이 생활하고 있습니다. 그리고 이 학생들이 학교생활을 잘하기 위해서는 적응이 필요합니다. 또한 감정적, 행동적, 그리고 다양한 정도의 정신적 장애가 있는 학생들도 있습니다. 교실에서 잘 지내기 위해서 학생들은 장애 학생들과 함께 무엇을 해야 하는지 같이 잘 지내는 적절한 방법은 무엇인지 그들을 돕는 방법과 즐겁게 지내기 위한 여러 가지 생각을 해야 합니다.

생각하기 질문

1. 팔이나 다리가 불편한 학생이 같은 학급 친구가 된다면 무슨 일이 일어날까요? (호기심이 생길 것이다. 무슨 일이 있었는지, 어떻게 먹고 걷는지 궁금할 것이다.)
2. 장애 학생들이 일반 학생들과 마찬가지로 많은 일을 할 수 있을 것이라고 생각하나요? 무엇을 할 수 있을까요? 무엇을 할 때 어려움을 느낄까요? (이야기 나누세요.)
3. 간혹 장애 학생들은 상황을 더 힘들게 만드는 장애를 가지고 있습니다. 이것에 대해 당신이 들어본 것이 있나요? (자폐, 뇌성마비, 학습장애, 주의력 결핍 장애)
4. 모든 사람들은 일을 할 때 문제가 있기 마련입니다. 어떤 일을 하는 데 있어 당신보다 학급 친구가 더 어려움을 느낄 수 있습니다. 그러나 교실에서 같은 학급 친구들이 잘할 수 있도록 돕는 방법을 알고 있나요? (이것에 대해 이야기 나누세요 : 일부 학생들은 장애를 가진 친척이나 친구와의 경험이 있을지도 모른다.)
5. 장애를 가진 사람들이 존중받길 바란다고 생각하나요? (그렇다.) 왜 그렇다고 생각하나요? (그래서 다르게 생각하지 말고 곁눈질하지 않으며 놀리면 안 된다.)
6. 일부 장애 학생들은 일반 학생들과 같은 것을 배울 수 있지만 다른 방식으로 배워야 합니다. 이것이 무슨 의미인지 아나요? (배우는 데 시간이 좀 더 오래 걸리거나 청각보다 시각에 의존하면서 배울지도 모른다.)
7. 교실에서 과제를 수행할 때 집중하기 매우 어렵거나 화를 내거나 가만히 있기만 하는 친구가 간혹 있을 겁니다. 이러한 학생들을 도울 수 있는 방법은 무엇인가요? (그 학생의 눈높이를 맞추기 위해 말 해 본다. 무시하는 법을 배운다.)

활동

지시사항 : 활동지에 장애 학생의 예가 있습니다. 장애 아동을 존중해 주는 친구를 동그라미 치도록 해주세요.

정답 : 1. A　2. B　3. A　4. A

보충활동 : 당신의 학교 특수교육 교사에게 요청하여 반 학생들에게 교육과 관련된 장애와 이것이 학생들에게 어떤 영향을 미치는지에 대해 말씀해 달라고 하세요. 학생들에게 장애가 있지만 이를 극복한 유명인들을 조사하도록 하세요. 장애를 있을지 모르는 당신 학급의 학생을 잘 살펴보세요. 일부 장애 학생들은 이러한 주제에 대해서 이야기하기 괜찮을지 모르지만 대부분은 일반 학생들과 섞이길 바라고 관심 받길 원하지 않을 것입니다.

성명 ______________________________ 날짜 ______________

5.5 장애가 있는 친구들

밑에 각 세트에는 학교생활 하기에 어려움이 있는 장애 학생들이 있습니다. 각 세트에서 장애 학생들을 존중해 주는 비장애 학생을 동그라미 치세요.

1. A. “내 팔꿈치를 잡아. 내가 급식실에 같이 가 줄게.”

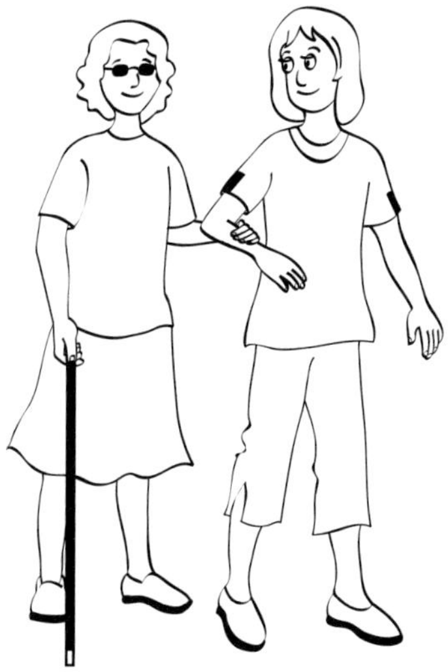

1. B. “내가 대신 해줄게.”

2. A. “내가 네 휠체어에 앉아도 되겠니?
나 진짜 빨리 갈 수 있는데!”

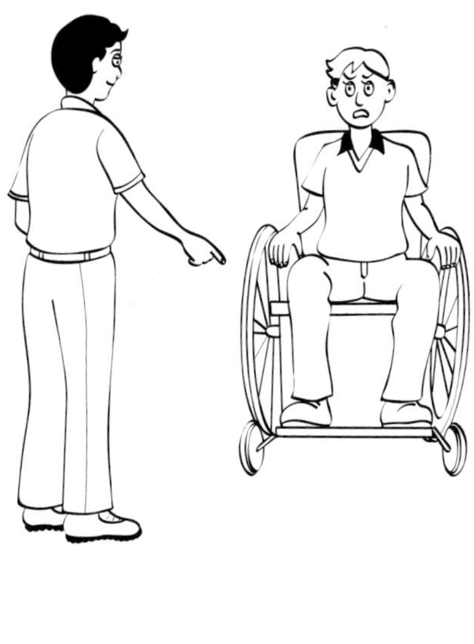

2. B. “내가 문 잡아주길 바라니?”

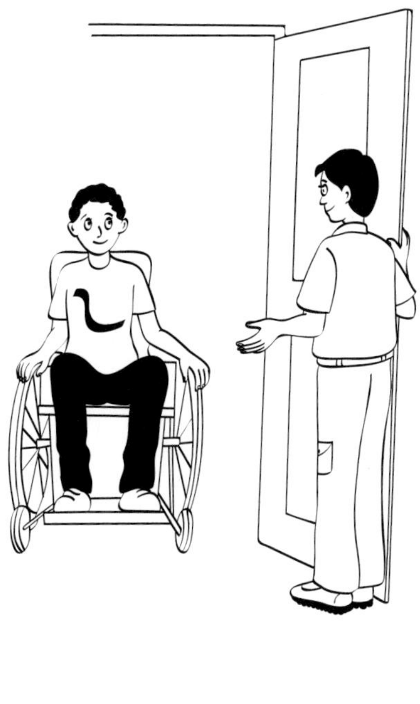

성명 ______________________ 날짜 ______________

5.5 장애가 있는 친구들(계속)

3. A. "난 단어를 말해 주지 않을 거야. 내가 힌트를 줄게."

3. B. "내가 읽어 줄게."

4. A. "너도 우리랑 같이 놀자. 공 받아!"

4. B. "쟤가 우리 팀에 안 들어 왔으면 좋겠어. 그럼 우린 이길 수 없잖아."

5.6 문제 학생들

목표

학생은 학교에서 문제 학생들과 어떻게 지내야 하는지 알 수 있습니다.

설명

괴롭히기는 두 종류의 마음을 다치는 사람들이 있다는 점에서 정말 가슴 아픈 문제입니다. 다른 친구들을 괴롭힐 필요가 있다고 느끼는 학생(정신적으로나 육체적으로)과 공격의 희생양이 되는 학생이 있습니다. 이것은 특히 다루기 어려운 문제입니다. 왜냐하면 교사가 무슨 일이 있었는지 직접 보지 못할 수도 있고 문제 학생이 학교에서 누군가를 괴롭히는 사람이라고 주목받는 것을 피하려고 학교 밖에서 문제를 일으킬 수도 있기 때문입니다. 우리는 학생들이 배려심이 있는 멋진 사람으로 자랄 수 있도록 이끌어 줄 수 있다고 믿고 있지만 불행하게도 다른 사람들을 배려하지 않을 것 같은 학생들이 분명 있습니다. 이 문제를 다루기 위한 첫 단계는 학생들에게 안전한 공간과 다른 사람들을 이해하는 분위기를 만드는 것입니다.

생각하기 질문

1. 문제 학생은 무엇입니까? (학교마다 다른 정의와 정책이 있을 것이다. 예를 들어, 당신을 괴롭히려고 하는 사람, 다른 사람들을 하찮게 여기는 사람, 다른 사람을 육체적으로 다치게 하는 사람)
2. 문제 학생들이 학교에서 다른 친구들을 괴롭히려고 하는 행동에는 어떤 것이 있나요? (친구가 점심 사 먹을 돈을 뺏는다, 욕을 한다, 발을 걸어 넘어뜨린다, 친구들을 곤란하게 한다.)
3. 이와 같은 학생들이 왜 있을 것이라고 생각하나요? (그들은 사람들이 자신을 두려워하길 바란다, 그들은 이기적이다, 잘 양육되지 않았다, 그들은 일반 학생들보다 덜 똑똑하고 빠르지 않은(기타 이와 비슷한 류의) 학생들을 놀리기를 좋아한다.)
4. 만약 학교에서 누군가 괴롭힘 당하는 것을 봤다면 무엇을 해야 할까요? (선생님께 말씀드린다, 교장선생님께 말씀드린다, 부모님께 말씀드린다, 문제 학생에게 말해 본다.)
5. 만약 당신이 왕따를 당하고 있고 다른 사람들에게 말하기가 겁난다면 어떨까요? 무슨 일이 일어날까요? (문제 학생은 괴롭힘을 멈추지 않을 것이다, 문제 학생은 당신이 다른 사람에게 자신을 고자질한 것을 알게 된다면 당신을 더 괴롭힐 것이다.)
6. 교실에서, 학교에서 혹은 마을 안에서 괴롭히는 행동을 멈추게 하려면 우리는 무엇을 할 수 있나요? (문제 학생에게 경고하고 그의 부모님께 알린다, "다른 친구들을 배려하면서 놀아라. 그렇지 않으면 절대 친구와 같이 놀 수 없다."라는 규칙을 정한다, 무엇은 허용이 되고 무엇은 허용되지 않는지 분명한 정의를 내린다.)

활동

지시사항 : 누군가 자신을 괴롭히려고 하면 무엇을 해야 하는지에 대한 몇 가지 제안이 여기에 있습니다. 당신의 학교에서 이 제안들을 어떻게 적용하면 좋을지 그림으로 그리세요.

정답 : (다양할 것이다.) 1. 문제 학생을 피해서 간다. 2. 문제 학생에게 괴롭힘을 당하는 친구를 내버려 두라고 말한다. 3. 부모님께 말씀드린다. 4. 아무 말도 하지 않는다. 5. 친구와 같이 다닌다. 6. 문제 학생에게 친구관계에서 지켜야 할 규칙을 깨고 있다고 말한다.

보충활동 : 이러한 문제들이 당신의 학교와 얼마나 관련되어 있는지에 따라 PTA회의에서 문제행동 정책에 대해 논의하거나 정책에 대한 통신문을 가정으로 보내길 바랄 것입니다. 문제 학생의 부모님들을 잘 살피세요. 그들은 아마도 당황하고 있거나 이러한 상황을 부정할지도 모릅니다. 이 문제는 부모의 입장에서나 교사의 입장에서 가장 다루기 힘든 일 중 하나일 것입니다.

성명 ______________________ 날짜 ____________

5.6 문제 학생들

다음과 같은 전략 중 하나를 골라서 아래 빈 공간에 어떻게 이 전략을 적용할 수 있는지 그림을 그리세요.

1. 피해 가라.
2. 친구를 방어하라.
3. 누군가에게 말하라.
4. 무시하라.
5. 안전한 친구와 함께 있어라.
6. 문제 학생과 정면으로 부딪혀라.

5.7 자신의 몫을 다하기

목표

학생은 과제를 공평하게 나누는 방법을 알 수 있습니다.

설명

그룹 프로젝트를 할 때 일부 그룹 구성원들은 자신의 몫을 하지 않습니다. 프로젝트의 모든 부분을 똑같이 나누는 것은 종종 어려운 일입니다. 그러나 만약 모든 그룹 구성원이 협조적이라면 성공적으로 끝낸 프로젝트 결과물에 모든 그룹 구성원들이 참여한 부분이 있을 겁니다. 이 장에서 학생들은 프로젝트를 할 때 모든 그룹 구성원들이 어떻게 참여할 수 있는지 그 방법에 대해 생각할 것입니다.

생각하기 질문

1. 그룹에서 작업을 할 때 만약 단지 한 명만이 과제를 수행한다면 무슨 일이 일어날까요? (그건 그 사람에게 공평하지 않은데, 왜냐하면 더 열심히 해야 하니까, 이 프로젝트는 그룹 구성원들이 노력한 결과가 아니다, 단지 하나의 생각만 반영된다.)
2. 당신이 속한 그룹이 미술 프로젝트를 하는데 단지 한 명만 그림 그리는 것을 좋아한다면 어떨까요? 다른 그룹 구성원들이 이 프로젝트에 어떻게 참여할 수 있을까요? (계획을 세운다, 밑그림을 그린다, 재료를 모은다, 책을 본다, 그림을 베낀다.)
3. 그룹에 모든 사람들이 프로젝트에 어떤 방법으로 참여할 수 있다고 생각하나요? (아마도–그들의 재능을 사용하여 그룹 프로젝트에 참여하기)
4. 만약 그림을 잘 그릴 수 있고 그림 그리기 좋아하는 사람들이 그림을 다 그리고 다른 사람들은 다른 걸 한다면 이것은 공평한 건가요? (그렇다. 프로젝트 결과물이 그룹 구성원 모두의 생각을 반영하고 그룹 구성원 모두가 어떤 방식으로든 참여하기만 한다면)
5. 그룹을 만들어서 하는 프로젝트에 모들 그룹 구성원이 참여하는 방법에는 어떤 것이 있나요? (물건을 얻어 온다, 조사한다, 서류를 챙긴다, 학급 친구들 앞에서 프로젝트에 대해서 이야기한다, 어떤 방식으로든 자신이 가지고 있는 재능을 이용한다.)
6. 그룹 구성원 전부가 그림 그리는 것을 좋아하지 않는데 포스터를 완성해야 한다면 어떻게 해야 하나요? 어떻게 프로젝트를 잘 마칠 수 있을까요? (그림을 그리는 방법 외에 다른 방법을 찾는다–잡지를 이용한다, 컴퓨터를 이용한다, 단어를 사용한다, 다른 종류의 재능을 이용한다.)

활동

지시사항 : 학생들은 모든 그룹 구성원들이 다 참여할 수 있는 방식으로 과제 활동을 나눌 것입니다.

응답 예 : 1. 지시사항을 읽는다./재료를 얻어 온다./재료를 섞는다./접시를 닦는다.
2. 대사를 읽는다./분장을 공들여 한다./무대 장치를 만든다./소품을 바꾼다. 3. 파트너를 정하고 서로 퀴즈를 낸다./역할을 바꿔가며 퀴즈를 낸다./한 친구가 여러 친구들에게 퀴즈를 낸다. 4. 신문을 길게 찢는다./반죽을 만든다./종이조각을 풍선에 붙인다./종이조각을 붙인 풍선을 파란색과 초록색으로 색칠한다.

보충활동 : 학생들이 대답한 것을 공유하도록 하세요. 조를 나누어 자신들의 대답에 대해 이야기를 나누고 가장 좋아하는 계획을 제시하도록 하세요. 왜 일부 계획은 적용할 수 없을까요? 과제를 수행하는 데 가장 좋고, 가장 쉽고, 가장 빠르고, 가장 재미있는 방법은 무엇이었나요?

성명 ______________________ 날짜 __________

5.7

자신의 몫을 다하기

각 그룹에 4명의 학생들이 있습니다. 각 그룹에서 다음과 같은 주제를 가지고 그룹 구성원들의 과제를 나누도록 하세요.

1. 케이크를 구워요.

2. 책에서 골라 연극을 하세요.

5.7 자신의 몫을 다하기(계속)

3. 서로서로 단어 쓰기 퀴즈를 내세요. 그러고 나서 모든 그룹 구성원은 함께 그 단어를 시험 볼 것입니다.

4. 종이공예로 지구를 만드세요.

5.8 항상 "나 먼저!"라고 말하지 않기

목표

학생은 '나 먼저'라고 말하는 사람들의 특성을 알 수 있습니다.

설명

항상 자신이 먼저 해야 하는 사람들이나 자신의 요구를 누구보다도 먼저 들어주길 원하는 사람들이 그룹에 있다면 같이 그룹을 하기 어렵습니다. 학생들은 그 자신이 그러하다는 것을 알지 못할 것이지만 이러한 태도는 모든 그룹 구성원들이 같이 하기에 어렵게 만들고 이렇게 주장하는 사람은 일반적으로 많은 것을 얻지 못할 것이라는 것에 대한 동의를 얻는 것은 중요합니다.

생각하기 질문

1. 그룹 구성원 중에 누군가가 자신이 먼저 해야 한다고 한 상황이 있었나요? 그것에 대해 이야기해 주세요. (일화를 이야기할 때는 특정 이름을 말하지 말아야 한다.)
2. 내가 제일 처음이야만 하고, 제일 먼저 줄 서며 그 밖의 모든 것을 먼저 해야 하거나 모든 사람들이 다 같이 가져야 할 것을 자신이 가져간다고 주장하는 사람이 있다면 당신은 어떻게 생각하나요? (화가 난다, 복수하고 싶은 기분이 든다.)
3. 이와 같은 사람에게 싸우지 않고 당신이 할 수 있는 말이나 행동은 어떤 것이 있을까요? ("네 순서를 기다리지 그러니?", "조금만 기다려 줄래? 나 거의 끝났거든.")
4. 항상 자신이 먼저 해야 한다고 고집 부리는 사람에게 가끔은 마음대로 하게 내버려두는 것과 이것이 옳은 행동이 아니기 때문에 항상 뭐라고 하면서 싸우는 것 중 어느 것이 더 나을까요? (만약 그 사람이 그러한 행동을 하도록 내버려 둔다면 그것은 싸울 만한 가치가 없는 것이다. 그럼에도 불구하고 항상 가장 먼저 하는 것을 포기할 줄 알아야 한다.)
5. 당신은 '나 먼저' 라고 말한 적이 있었나요? 어떻게 했나요? (일화를 듣는다—먼저 해야만 한 것이 얼마나 중요했는지에 대해서 이야기한다.)
6. 당신이 '나 먼저'라고 말할 만한 가치가 있는 일은 무엇인가요? (당신의 소유물, 안전, 교과서와 관련 서류들)
7. 학생들은 '나 먼저'라고 말하는 태도를 없애기 위해서 서로 어떻게 도울 수 있을까요? (공유해야 한다는 것을 상기시킨다, 가끔 일부러 다른 친구들을 먼저 하게 한다, 돌아가면서 첫 순서를 해 본다.)

활동

지시사항 : 활동지에 있는 학생들은 모두 '나 먼저'라고 말하고 있습니다. 학생들에게 이들이 뭐라고 말할지 상상해서 쓰도록 하세요.

응답 예 : 1. "그네에서 내려 와. 내 차례야." 2. "내가 마커펜을 사용하는 중이야." 3. "나 목말라. 나 먼저 마신다."

보충활동 : 괴롭힘을 당하고 있는 인물들이 선생님께 이르러 가거나 결국 싸우게 되는 일 없이 어떻게 상황을 다룰 수 있을지 이야기 나누세요. '나 먼저'라고 말하는 친구들에게 대신 뭐라고 말할 수 있을까요? 어떻게 말할까요? 생각 : 1-남학생은 협상할 수 있다.("나 5분만 타고 내릴 거야. 나 곧 갈 거거든!") 2-여학생은 쓰지 않는 마커펜을 달라고 할 수 있고, 마커펜을 움켜쥐고 있는 학생에게 이것은 모두가 같이 사용해야 한다고 말한다. 3-남학생은 다음과 같이 말할 수 있다.("네가 꼭 먼저 해야 한다면 먼저 해. 난 기다릴 수 있어.")

성명 ______________________ 날짜 ______________

5.8 항상 "나 먼저!"라고 말하지 않기

이 학생들은 모두 "나 먼저!"라는 태도를 취하고 있습니다. 각 학생들은 뭐라고 이야기하고 있을까요? 말풍선에 써 보세요.

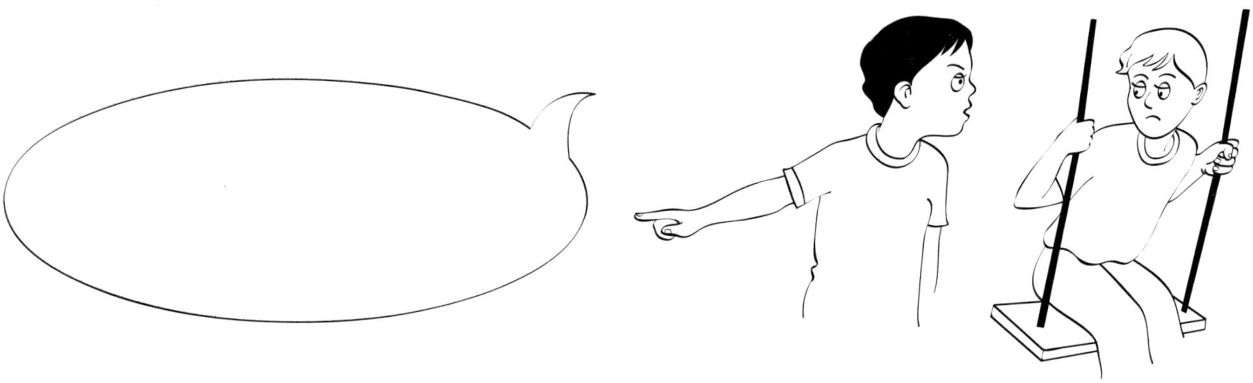

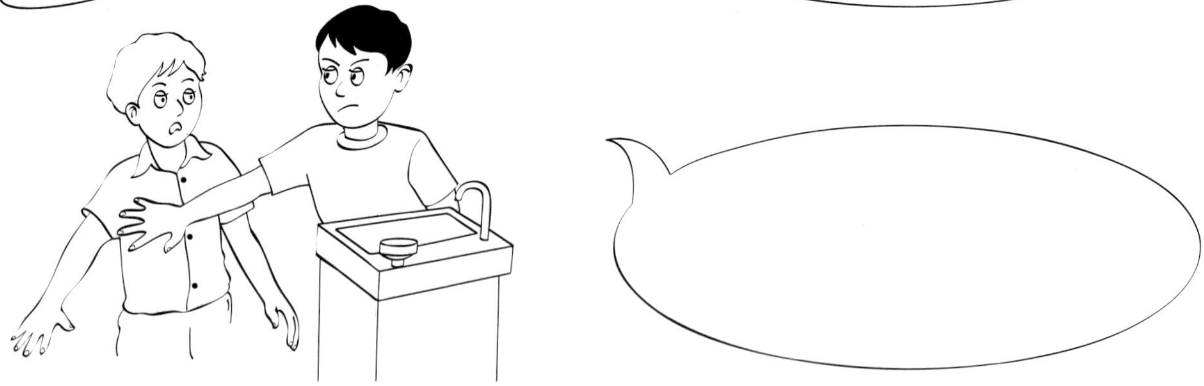

5.9 부정행위

목표

학생은 부정행위와 그렇지 않은 행동을 구별할 수 있습니다.

설명

학생들이 자신들이 해야 하는 과제를 쉽게 하려고 다른 사람의 것을 베끼거나 책 뒤에 있는 해답지를 보거나 뭔가를 배우는 데 드는 노력을 하지 않는 행동들을 할 때 그들이 부정행위를 했다고 합니다. 그리고 부정행위하게 하는 사람은 다른 사람이 뭔가를 배울 수 있는 기회를 뺏는 것입니다. 학생들은 그룹으로 하는 것과 개인적으로 하는 것이 다르다는 것을 이해할 필요가 있습니다.

생각하기 질문

1. 부정행위는 무엇을 의미하나요? (정답을 보고 쓴다, 자신이 해야 할 일을 하지 않는다, 쉽게 할 수 있는 방법을 택한다.)
2. 수학에서 부정행위는 무엇이 있는지 예를 들어 보세요. 단어 쓰기 시험에서는요? 읽기 연습 문제지에서는요? (여러 가지 예들을 묻는다.)
3. 부정행위가 잘못되었다고 생각하는 이유가 무엇인가요? (해야 할 일을 하지 않고 다른 사람의 것을 베낀다.)
4. 당신이 누군가의 정답을 보지 않았지만 당신의 정답을 누군가에게 보여줬다면 이것은 잘못된 것이나 여전히 부정행위인가요? (그렇다–당신은 누군가의 정직한 배움의 기회를 빼앗을 것이다.)
5. 왜 당신은 사람들이 부정행위를 한다고 생각하나요? (그들은 그 과제를 할 수 있다고 생각하지 않는다. 과제를 할 만큼 똑똑하지 않거나 게으르고 너무 피곤하다.)
6. 부정행위를 하는 이유를 정당히 설명할 수 있나요? (아니다.)

활동

지시사항 : 학생들에게 각 행동을 읽고 부정행위인지 아닌지 결정하게 하세요.

정답 : 1. 아니요 : 그룹 작업은 괜찮다. 2. 예 : 시선을 딴 곳에 두었다. 3. 예 : 다른 사람에게 당신의 일을 하게 했다. 4. 아니요 : 지시사항을 베끼는 것은 괜찮다, 정답을 베끼는 것만 아니라면 5. 예 : 정답을 베끼는 것은 잘못된 것이다. 6. 예 : 친구에게 베끼게 하는 것도 역시 부정행위이다.

보충활동 : 각 부정행위에 대한 예에 대해서 이야기 나누세요. 각 예에서 누가 배울 기회에 부정행위를 했는지 이야기 나누세요. 자신이 해야 할 일을 스스로 하는 것이 항상 더 좋은 일이라고 설명하세요. 예에 나온 부정행위를 한 각 아동들이 문제를 해결하거나 자신의 일을 잘 끝내기 위해 해야 하는 좀 더 나은 방법은 무엇인지 이야기 나누세요.

성명 ______________________ 날짜 ____________

5.9 부정행위

이것은 부정행위인가요? 각 문제 끝에 '예'나 '아니요'를 쓰세요. 정답에 대해 이야기 나누세요.

1. 선생님께서 그룹을 만들어 함께 지도를 색칠하고 이름 붙이라고 말씀하셨어요. ____________

2. 교실에서 시험 보는 동안 가리개를 놓았어요. 그러나 로날드는 옆 친구의 답을 훔쳐보았어요. 그는 베끼지는 않고 옆 친구의 답이 나와 같은지 확인하길 바랐거든요. ____________

3. 마르타는 이틀 동안 아팠고, 단어 쓰기를 하지 못했어요. 마르타는 휴식시간에 놀고 싶어서 친구 제리에게 그 단어들을 써 달라고 부탁했어요. ____________

4. 테일러가 스피치 교실에 있는 동안 선생님께서 과학 숙제를 내주셨어요. 그래서 테일러는 숙제를 해야 하는 페이지를 친구 알림장을 보고 베껴 썼어요. ____________

5. 빌리는 어떻게 수학문제를 풀어야 하는지 잘 몰랐어요. 그래서 책 뒤에 있는 해답지의 정답을 보고 썼어요.

   ____

6. 샘은 친구 집에서 하룻밤을 잤어요. 샘과 친구는 숙제를 하지 않았다는 것을 알았어요. 샘은 수학 숙제를 했고, 친구는 읽기 숙제를 하고 나서 바꿔서 숙제를 베꼈어요. 그래서 둘 다 숙제를 마쳤어요. ____________

5.10 다른 친구들의 생각을 들어주기

목표

학생은 다른 사람들의 말과 글을 듣거나 다른 사람들의 생각을 말할 수 있습니다.

설명

간혹 그룹 안에서 다른 사람이 말할 때 듣지 않고 내가 무엇을 얘기할까에 대해서 생각하면서 정말로 듣지 않을 때가 있습니다. 이 장에서는 다른 사람들의 말을 듣는 연습을 합니다.

생각하기 질문

1. 그룹을 할 때 당신이 좋은 생각을 가진 유일한 사람인가요? (아니다, 다른 사람들도 역시 그룹에 기여하고 있다.)
2. 그룹 구성원들의 생각을 알아내는 가장 좋은 방법은 무엇인가요? (그들에게 물어본다. 그리고 그들의 말을 듣는다.)
3. 누군가 당신의 말을 듣고 있다는 것을 당신은 어떻게 알 수 있나요? (관심 있는 것처럼 보인다, 조용히 있다, 당신이 말한 것을 그룹 구성원들에게 다시 말한다.)
4. 내가 방금 전에 말한 것을 말해 주세요. (누군가 당신 말을 들었다면 어떻게 말할 것인가에 대한 것)
5. 다른 사람이 말한 좋은 방법을 잘 듣고 있었는지 알아보기 위해 왜 반복해서 말하게 하나요? (잘 듣고 있었다면 같은 단어와 생각을 말할 것이다.)
6. 당신은 정확하게 같은 단어를 사용하지 않고 반복해서 말할 수 있나요? 어떻게요? (그렇다, 다른 표현으로 바꾸어 말하는 것은 단순히 반복만 하는 것보다 더 높은 수준을 요한다. 이는 같은 의미이지만 약간 다른 단어를 사용하는 것이다.)

활동

지시사항 : 학생들을 소그룹으로 나누고(만약 당신 학급이 작은 규모가 아니라면) 활동지에서 선택한 주제로 이야기 나누도록 하세요. 그 주제에 대한 다른 친구들의 생각을 들은 후에 각 주제에 대한 다른 그룹 구성원들의 생각과 말을 요약해서 적도록 하세요.

정답 : 다양한 대답들은 길지 않아야 한다. 그러나 각 그룹 구성원들의 생각에 대해 뭔가 말해야 합니다.

보충활동 : 각 그룹 구성원들이 자신의 생각을 말한 것에 대해 쓴 메모가 정확한지 그룹 구성원과 함께 확인해 보세요. 다른 사람들이 말한 것을 기억하는 것이 어려웠나요? 당신이 기억해야만 한다는 것을 알고 나서 듣는 것이 어려웠나요?

성명 ______________________ 날짜 ______________

5.10 다른 친구들의 생각을 들어주기

작은 그룹으로 나누어 서로의 말을 들어주세요. 그리고 아래에 있는 밑줄에 다음의 주제에 대한 서로의 생각을 요약해서 쓰세요.

1. 내가 하기 좋아하는 운동

____

____

____

2. 휴가 보내기에 가장 좋은 장소

____

____

____

3. 친구들에게 추천하고 싶은 영화

____

____

____

4. 다음 생일 파티에서 하고 싶은 것

____

____

____

5. 애완동물로 키우기 좋은 동물

____

____

____

5.11 실수하는 사람들

목표

학생은 특정 상황에서 실수를 하는 사람의 특징과 실수를 했을 때 그 사람이 어떻게 느낄지 알 수 있습니다.

설명

모든 사람들은 실수를 합니다. 실수를 한 사람과 그 상대방 둘 다가 실수한 행동에 대해 어떻게 생각하고 행동하는지에 따라 사회적 성숙도를 알아볼 수 있습니다. 이 장에서 학생들은 실수를 하면 어떤 느낌이 드는지와 그룹에서 다른 친구들이 실수를 했을 때 취해야 할 적절한 반응에 대해서 생각하게 될 것입니다.

생각하기 질문

1. 실수를 하거나 당황스런 행동을 한 적이 있었나요? (그렇다–일화를 듣는다.)
2. 실수를 했을 때 어떤 느낌인가요? (당황스럽다, 슬프다, 겁먹었다.)
3. 누군가 당신을 옹호해 주거나 기분이 나아지게 해주었나요? (선생님, 친구, 아마도 낯선 사람)
4. 다음에 당신이 실수를 하거나 당황스런 상황이 닥쳤을 때 다른 사람이 당신을 어떻게 도와주길 바라나요? (상황에 따라 다르다–멋진 말을 건네기, 물건 줍는 것을 돕기, 실수를 못 본 체 하기)
5. 실수와 사고 간에 차이점이 있나요? (사고는 도울 수 없다, 실수는 배움을 통해 고칠 수 있을 것이다.)
6. 당신의 자전거가 나무로 돌진하거나 뭔가 엎지르는 것과 같은 사고가 실수로 판단될 수 있나요? (아마도–자전거를 좀 더 잘 타게 되거나 식탁에서 팔 힘을 잘 조절한다면 사고를 막을 수 있다.)
7. 실수든지 사고든지 간에 실수한 사람을 어떻게 대해야 할까요? (비웃지 않는다. 실수한 사람을 도와주려고 해야 한다.)

활동

지시사항 : 학생들에게 상황을 살피고 각 상황에서 실수를 한 사람을 동그라미 치게 하세요.

정답 : 1. 여학생 2. 글을 읽고 있는 여학생 3. 테니스 치는 여학생 4. 시험지를 제출한 여학생

보충활동 : 각 상황에서 학생들이 동그라미 친 학생이 어떤 느낌일지 이야기 나누세요. 각 상황에서 상대방 학생이 실수한 학생에게 어떤 반응을 보였나요? 1. 기분 나쁜 말 2. 비웃기 3. 여학생을 하찮게 여기기 4. 실수에 모두가 집중하도록 크게 말하기. 각 상황에서 할 수 있는 좀 더 나은 반응은 무엇일까요? 1. 여학생이 흘린 것을 닦을 때 도와주기 2. 아무 말도 하지 않기 3. 계속해서 열심히 하도록 격려해 주기 4. 사라에게 말하거나 시험지를 옮겨 놓기

성명 ______________________ 날짜 __________

5.11 실수하는 사람들

이 그림에서 실수를 한 학생을 동그라미 치세요.

5.12 차례 지키기

목표

학생은 함께 과제를 하거나 활동을 할 때 차례를 지켜서 하는 방법을 알 수 있습니다.

설명

일부 학생들은 우두머리가 되고 싶어 합니다–그들은 제일 먼저 하길 바라고 다른 친구들에게 무엇을 해야 하는지 말하고 싶어 합니다. 수동적인 학생들도 있습니다–그들은 차례가 되었는데도 하지 않습니다. 또한 충동적인 학생들도 있습니다–그들은 자신의 일을 중간 정도만 끝내 놓고 다른 사람들이 나머지를 해주었으면 합니다. 그룹 프로젝트나 활동에서 차례를 지키는 것은 그룹 활동을 하면서 그룹 구성원들 간에 배려를 하는 것뿐만 아니라 차례 지키기를 배우는 좋은 경험이 될 것입니다. 이는 차례를 열심히 지키려는 학생과 차례를 잘 지키지 않는 학생들 둘 다에게 모두 도움이 될 것입니다.

생각하기 질문

1. 무료로 주는 아이스크림을 받으려고 줄을 서 있다고 가정해 봅시다. 당신은 무슨 생각을 할까요? ("못 기다리겠어." "빨리빨리!" "더 이상 참지 못하겠어.")
2. 하고 싶은 일을 기다리는 것은 왜 어려울까요? (정말 재밌거든!) 왜 차례를 기다리는 것이 중요한가요? (그렇지 않으면 모든 사람들이 동시에 달려들어 엉망이 될 것이다.)
3. 선생님이 내신 문제에 당신이 그 답을 알고 있어서 손을 들었는데 선생님은 시켜주지 않으셨다면 어떨까요? 기분이 어떨까요? (선생님이 시켜주지 않아서 실망한다.)
4. 왜 선생님은 학생들을 차례로 시켜주시나요? (모든 학생들이 공평한 기회를 얻는다.) 선생님이 시켜주시지 않는다면 그건 당신을 싫어한다는 의미인가요? (아니다.)
5. 차례를 지켜야 하는 학교 활동에는 무엇이 있나요? (컴퓨터, 퍼즐, 교실에서 그룹으로 하는 게임, 서클 활동 등)

활동

지시사항 : 활동지에 있는 학생들은 그림에 있는 활동을 할 때 차례를 지켜야 합니다. 차례를 지키지 않는 학생을 동그라미 치고 그 학생이 어떤 행동을 했는지 밑줄 그은 곳에 쓰도록 하세요.

정답 : 1. 두 번 째 학생 : 우두머리 행세, 다른 사람의 기회를 빼앗음 2. 첫 번째 학생 : 충동적임, 순서를 기다리지 않음 3. 두 번째 학생 : 멈추지 않음 4. 첫 번째 학생 : 느린 학생을 기다려 주지 않음

보충활동 : 각 학생들이 적절하게 차례를 지키지 않는 이유에 대해 이야기를 나누세요. 과제를 할 때 내가 다른 친구들보다 더 잘할 수 있고, 더 빠르게 더 능률적으로 할 수 있어도 시간이 좀 더 필요하거나 적응할 필요가 있는 학생들을 위해 차례를 기다려주는 것이 공평한 것이라는 것을 설명해 주세요.

성명 ________________________ 날짜 ______________

5.12 차례 지키기

이 학생들 중 일부는 차례를 지키지 않고 있습니다. 차례를 지키지 않은 학생을 동그라미 치고 어떤 행동을 했는지 밑줄 그은 곳에 쓰세요.

1.

____

____

2.

____

____

3.

____

____

4.

____

____

다른 친구들과 함께 배우고 공부하기를 위한 학급 조언

- 학생들에게 학생이 이끄는 그룹에서 리더를 따르는 사람을 해보도록 하세요. 또한 너무 빨리 문제를 해결하도록 하지 마시고 리더 학생에게 리더 역할을 하게 해주세요. 그룹 활동에 참여하고 협조적으로 리더를 잘 따르는 학생들을 칭찬해 주세요. 마지막에는 그룹 프로젝트 한 것을 전시하고 리더에게 그룹 활동을 잘한 학생들의 이름을 물어보세요.
- 학생들에게 리더 역할을 차례로 해볼 수 있게 하세요. 작은 규모의 협력이 잘되는 그룹을 이끌거나 복도에서 줄을 세우거나 시험지를 나눠주는 일을 할 수 있을 것입니다. 만약 그룹 구성원이 리더에게 질문을 하지 않고 바로 선생님께 와서 질문을 한다면 리더 학생에게 질문을 할 수 있도록 해주세요.
- 만약 다른 친구들이나 뭔가를 무시해야 하는 특별히 어려운 시간을 보내고 있는 학생이 있다면 학생이 잘하고 있다는 것을 알 수 있도록 학생과 둘 만 알 수 있는 특별한 신호(윙크, 코 찡긋거리기)를 만드세요. 그 학생은 당신과 함께 한다는 것을 느끼는 순간 극복할 수 있는 힘을 더 얻게 됩니다.
- 학생이 다른 친구들을 방해하는 분위기이거나 특히 앞으로 무슨 일이 일어날지 추측이 가능하다면 그 학생이 하는 행동을 살펴보세요. 만약 화를 내려고 한다면 부름을 보내세요. 만약 두 학생이 다투고 있다면 둘을 떼놓고 새로운 그룹을 만드세요! 교실 뒤편에서 광대 흉내를 내면서 학급 친구들의 주의 끌기를 바라는 친구가 있다면 점심시간 전에 잠깐 시간을 내어 그 학생에게 다른 친구들을 웃길 수 있는 시간을 주세요. 당신의 유머를 발휘하세요. 그래피티를 하고 싶어 하는 학생이 있다면 학교 복도 벽에 그림을 그리고 맨 밑에 사인하게 하세요. 문제를 일으키는 학생들은 관심 받고 싶어 합니다. 긍정적인 결과가 나올 수 있도록 해주세요.
- 장애 아동이나 성인이 나오는 감동적인 영화나 이야기를 함께 보고 들을 수 있는 날을 잡으세요. 거기에는 장애가 있지만 성공적인 삶을 살고 있는 운동선수나 유명인, 혹은 우리 주변의 사람들이 있을 것입니다.
- 그룹 과제를 다 끝낸 후에 학생들에게 과제를 할 때 자신이 어떤 참여를 했는지 적고 그룹 구성원들과 공유하도록 하세요. 모두 동의하나요? 학생들은 서로 평가를 하면서 그룹 과제에 참여하는 것은 매우 가치 있는 일이라고 생각할 것입니다. 비록 자신이 한 것이 많지 않다고 생각해도 말입니다. 그룹 프로젝트에 많이 참여하지 않아도 모든 그룹 구성원들이 서로 신뢰하도록 해주세요.
- '너 먼저' 하고 양보하는 날이나 뭔가 먼저 할 수 있는 '권리'를 적극적으로 포기할 수 있는 오후 시간을 만드세요. 당신은 이러한 일을 할 두 명의 학생을 비밀리에 뽑길 바랄 것입니다. 이 활동을 마치고 다른 학생들이 당신이 뽑은 학생들을 눈치챘는지 확인해 보세요. 쉽게 첩자라고 추측할 수 없을 만큼 모든 학생들이 서로서로 배려한다면 굉장히 멋진 일이 아닐까요?
- '듣기와 말하기' 시간을 가져보세요. 학생 한 명이 교실 앞으로 나와 2~3분간 이야기하면 다른 학생들은 그것을 듣고 요약을 합니다. 잘 들은 학생은 칭찬해 주세요.
- 학생들은 다른 사람이 한 실수에 대한 이야기에 자신의 이야기로 마무리 지어 쓰기를 좋아할 것입니다. 학생들 사이에서 흔하게 일어날 수 있는 문제를 골라 이야기하기 시작하세요.(뭔가를 잊었다거나, 팀에서 경기를 못 했다거나) 학생들에게 자신의 이야기로 마무리 짓도록 하세요. 이야기를 공유하고 '실수를 너그럽게 봐 준 학생들'을 칭찬해 주세요.
- 학생 두 명이 한 그룹이 되도록 해주세요.(A와 B) 그리고 짧은 시간 동안 할 수 있는 과제를 주세요.(아마도

칠판에 뭔가 쓰기, 짧은 이야기 읽기, 단어 쓰기 목록 만들기, 알파벳 순서로 카드 정리하기가 될 수 있을 것이다.) 학생 A가 먼저 과제를 시작하면 15초 후에 학생 B가 이어서 합니다. 과제를 완성할 때까지 매 15초마다 교대로 과제를 수행합니다. 과제를 나눠서 하는 게 쉬웠나요, 어려웠나요? 과제를 적절하게 끝마치는 데 중요한 것이 무엇이었나요?

06
Chapter

친구 사귀기

6.1 타인에게 관심 갖기

목표

학생은 다른 사람들에게 관심을 보이는 기술들을 찾아낼 수 있습니다.

설명

친구를 사귀는 가장 좋은 방법은 다른 사람들에게 진심어린 관심을 보이는 것입니다. 대부분의 사람들은 다른 사람들이 자신에게 관심 가져주는 것을 좋아하고 더 많이 알아주기를 바랍니다. 상대방에게 질문을 한다거나, 그가 무엇을 하는지 또 어떤 옷을 입는지 알아차린다거나, 타인이 가진 기술과 재능에 주의를 기울인다거나 시선을 맞춤으로써 상대방에 대해 더 잘 알게 됩니다.

이 수업에서는 이러한 것들과 기타 테크닉들을 알아볼 것입니다.

생각하기 질문

1. 친구 사귀는 것이 왜 중요하다고 생각하나요? (함께 활동하는 게 더 재미있고 서로 도울 수 있음)
2. 누군가에게 친구가 되고 싶다는 것을 어떻게 보여줄 수 있나요? (우호적으로 행동하기, 그들에게 관심 보이기, 물건 공유하기)
3. 누군가에게 관심을 보인다는 것은 관계를 시작하기에 좋은 방법이에요. 관심 가지고 있다는 것을 알려주기 위한 좋은 방법은 무엇이 있을까요? (질문하기, 그들 주변을 얼쩡거리기, 관심 보이기)
4. 그러한 방법은 누군가에게 바로 다가가거나 학생이 가지 자신에 대하여 이야기하면서 관계를 시작하는 것보다 왜 더 나을까요? (다가간 학생 자신에 대해 듣거나, 그 학생이 무엇을 하고 있는지에 별로 관심이 없을지도 모르는 또 다른 사람, 중요한 것은 그들에 대해 발견하는 것임)
5. 누군가에게 관심을 갖는 것과 간섭(참견)하는 것의 차이점은 무엇일까요? (그 사람이 당신이 너무 도가 지나칠 때에 알려줌, 간섭한다는 것은 당신이 상대방에게 배려하지 않음을 뜻하는 것임)

활동

지시사항 : 학생들은 세 명의 인물에 관한 간략한 기술을 읽고 자신들이 그 인물에게 다가가고 싶다는 생각을 보여줄 수 있는 방법을 두 가지 이상 말하거나 적도록 하세요.

응답 예 : 1. 축구하자고 제안하기, 그의 가족에 대해 물어보기 2. 그가 말타는 것을 보러 가도 되는지 물어보기, 그녀의 옷차림에 대해 칭찬하기 3. 함께 게임을 해도 되는지 물어보기, 집단 안에서 알렉스 주변에 서성대기

보충활동 : 이 세 명의 인물들에게 관심을 보이는 방법에 대한 아이디어들을 나눠 보세요. 어떤 것이 좋은 아이디어인가요? 잠재적인 문제점이 있는 아이디어는 어떤 것인가요?

성명 ______________________ 날짜 __________

6.1 타인에게 관심 갖기

아래에는 알게 되면 재미있을 것 같은 사람들이 있습니다. 당신이 그들에게 관심을 가지고 있음을 그들이 알도록 하게 만드는 행동이나 말에는 어떤 것들이 있는지 적어도 두 가지 이상 말해보세요?

1. 레이먼은 학교 미식축구팀 선수입니다. 그는 멕시코 출신으로 그의 가족은 올해 미국으로 막 이사를 왔습니다.

____

____

____

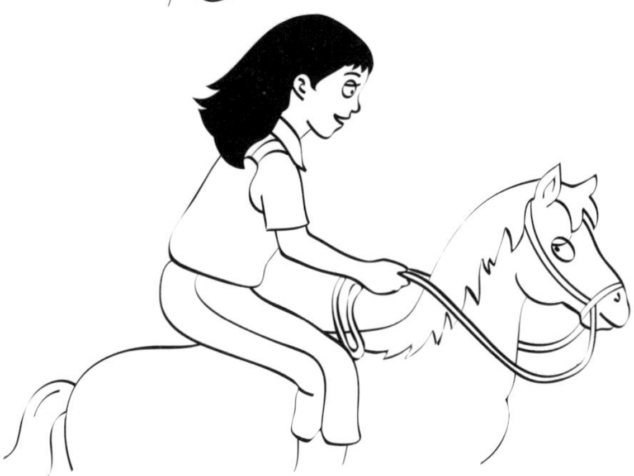

2. 크리스는 말을 한 마리 갖고 있으며 승마를 좋아합니다. 그녀는 남들과 다른 색다른 옷을 입기를 좋아합니다.

____

____

____

3. 알렉스는 항상 게임을 잘할 수 있는 좋은 아이디어를 가지고 있습니다. 그는 모든 사람을 웃길 수 있으며 모두에게 친절합니다.

____

____

____

6.2 자신을 공개하기

목표

학생은 자신에 대해 독특하다고 생각되거나 관심거리가 되는 것을 10가지씩 열거할 수 있을 것입니다.

설명

사람은 재미있는 사람에게 끌리게 마련입니다. 자신의 독특한 특징이 드러나도록 하는 자기성찰의 시간을 보내는 것은 가치 있는 일입니다. 두 사람은 똑같지 않으며, 차이점이 있다는 점은 더욱 재미있게 만드는 것입니다. 독특하면서 매력적인 당신 학생들의 특징에 초점을 맞추도록 해주세요.

생각하기 질문

1. 이 학급 또는 모임에서 당신은 다른 사람들과 어떤 차이점이 있나요? (이름, 가족, 외모, 재능)
2. 자부심을 갖고 있는 차이점은 어떤 것이 있나요? (스포츠 능력, 학업 성취)
3. 만약 자신에 대하여 다른 사람에게 말할 수 있는 1분이 주어진다면 꼭 말하고 싶은 것은 무엇인가요? (가장 중요한 것–다양할 것임)
4. 다른 사람들이 당신에 대하여 흥미로운 '다른'점을 발견할 것이라고 생각하나요? 그 이유는 무엇인가요? (아마도 그럴 것임–보통 독특한 것을 좋아하는 경향이 있기 때문에 그것에 주목함)
5. '같은 점'이 있다는 것에 대해서는 어떻게 생각하는가? 그것은 다른 사람에게 흥미를 가지게 만드는 것이라고 생각하나요? (예–어떤 집단의 친구들은 공통의 관심사를 중심으로 다루기 때문에)
6. 만약 자기 자신의 재미있는 점에 대하여 생각해 본다면, 그것은 같은 점에 넣을 것인가, 다른 점에 넣을 것인가, 또는 둘 다에 포함시킬 것인가요? (모두 잘 조합하기)

활동

지시사항 : 학생들은 다른 사람들이 발견할 수 있는 자기 자신에 대한 관심거리 10가지를 열거할 것입니다. 활동지에 스포츠 관심사, 기술, 여행, 애완동물, 가족 관련, 음악을 포함하여 단서를 주세요.

정답 : 다양한 응답이 예상됨

보충활동 : 학생들이 목록들을 가지고 서로 나누도록 하세요. 가장 많이 열거된 것은 어떤 항목인가요? 학생들이 서로에 대해 흥미롭게 생각하는 것은 무엇인가요? 목록에서 독특하다고 생각되는 것은 누구인가요?

성명 ______________________ 날짜 __________

6.2 자신을 공개하기

다른 사람이 당신에 대해 관심을 가질 수 있도록 하는 10가지 방법들을 열거해 보세요.

1. ______________________
2. ______________________
3. ______________________
4. ______________________
5. ______________________
6. ______________________
7. ______________________
8. ______________________
9. ______________________
10. ______________________

6.3 동아리 혹은 과외활동에 가입하기

목표

학생이 가입해 이용할 만한 동아리 혹은 과외활동을 다섯 가지 이상 찾아볼 것입니다.

설명

집단행사나 동아리에 참석하는 것은 친구를 사귀고 비슷한 관심거리를 가진 사람들을 만나는 자연스러운 방법입니다. 가입하는 학생들은 공통의 관심사를 기반으로 하는 우정을 발전시킬 수 있을 것입니다.

생각하기 질문

1. 만약 방과 후 프로그램에 가입하기를 원한다면 당신이 가입할 수 있는 활동은 어떤 것인가요? (농구, 스카우트활동, 댄스반, YMCA 활동)
2. 당신이 이미 가입되어 있는 활동은 무엇인가요? (볼링팀, 교회모임, 승마연습, 예술동아리, 단어 공부모임, 체육 또는 학습 동아리)
3. 다른 사람들과 함께 커뮤니티 안에서 할 수 있는 것은 어떤 것이 있나요? (롤러스케이팅, 공원 활동, 수영)
4. 비용이 많이 들지 않지만 당신이 친구와 함께 할 수 있을 만한 활동을 생각할 수 있나요? (영화관람, 방과 후 예술동호회, 행사용 장식 준비하기)
5. 동아리나 클럽에 가입하는 것이 친구를 사귀는 데 왜 도움이 될까요? (같은 걸 하는 사람들과 함께 있을 수 있다, 무엇인가를 함께 하면서 이야기할 거리가 생긴다, 사람들이 당신에 대해 알게 된다.)

활동

지시사항 : 학생들이 학교에서 혹은 방과 후 활동할 수 있는 지역사회에 있거나 친구들이 만든 동아리나 활동 다섯 가지를 열거하도록 해보세요.

정답 : 다양한 응답이 예상됨

보충활동 : 학생들이 서로의 대답을 나누도록 해주세요. 누군가 학교나 지역사회의 어떤 것에 흥미를 갖고 있을 때 어떻게 새로운 집단을 만들 수 있는지에 대해 이야기해 보세요. 많은 소규모 집단들이 스케이트장, 동네 놀이터, 예술교실과 같은 데서 단지 누군가가 필요하다고 말하고 자원봉사자를 모집함으로써 시작되었습니다.

성명 ______________________ 날짜 ____________

6.3 동아리 혹은 과외활동에 가입하기

당신이 가입하고 싶어 하거나 이미 흥미로워하는 동아리나 과외활동 다섯 가지를 열거해 보세요.

학교에서

____

____

____

____

방과 후

____

____

____

____

지역사회에서

____

____

____

____

친구들과 만든 조직

____

____

____

____

6.4 당신이 속한 집단에 다른 사람을 초대하기

목표

학생은 어떤 집단에 가입하도록 누군가를 초대하는 정중한 방법의 예를 들 수 있을 것입니다.

설명

때로는 집단은 선택함으로써 결정되는 데 다른 경우는 임의적입니다. 만약 학생이 어떤 집단의 구성원이 되도록 누군가에게 초청받을 기회를 가졌다면 이것은 사회적으로 성숙한 일인 것입니다. 신입생들은 어떤 집단 속에 끼는 것을 망설이거나 꺼릴 수도 있습니다. 이미 형성된 친구 집단에 외부인이 들어오도록 허용한다는 것은 위협적일 수도 있습니다. 그렇지만 다른 사람이 들어와서 집단이 확장됨에 따라 학생들에게는 새로운 관계를 탐색하고 공유할 기회가 주어집니다. 즉 경험이 증대됩니다.

생각하기 질문

1. 아는 사람이 아무도 없는 새로운 학교에서 생활하기 시작한다면 당신은 어떻게 느낄까요? (상실, 두려움, 수줍음)
2. 만약 우리 학교에서 이런 일이 있다면 새로운 사람이 잘 배울 수 있도록 가르쳐 줄 수 있는 좋은 방법은 무엇이 있을까요? (그 사람이 어디에 있는지를 가르쳐 줄 수 있는 누군가에게 맡기기, 특별히 그 사람에게 다정하게 하도록 모든 사람들에게 말하기)
3. 점심식사에 당신이 원하는 누군가를 초대하여 당신의 집단 옆에 앉도록 했는데 그 집단의 다른 사람이 그것을 원하지 않는다면 어떻게 할까요? (나중에 그 사람에게 말하기, 새로운 사람을 당신 옆에 앉히기, 한 사람이 공간을 더 만들도록 집단을 설득하기)
4. 당신 집단에 들어오도록 새로운 사람을 초대하면 어떤 좋을 일이 있을까요? (새로운 친구를 사귀게 됨, 그 사람이 재미있고 흥미로울 수 있음, 그것을 좋게 느낄 것 같음)
5. 당신 집단에 들어온 신규 멤버가 모든 사람들에게 우두머리가 되려 하거나 폭력적이라는 것이 판명된다면 어떻게 될까요? (다른 사람들이 집으로 초대하지 않을 것임)
6. 인기가 없거나 당신집단과 다른 사람을 초대하는 것은 왜 당황스러울 수 있을까요? (다른 사람들은 당신이나 그 사람을 비웃을 수 있음, 그 집단에서 쫓겨날 수 있음)
7. 당신은 그런 상황에서 무엇을 할 건가요? (그 집단과 함께 있기를 원하든지, 새로운 사람이 좋고, 당신 친구가 되기를 원하든지 결정하기)

활동

지시사항 : 학생들이 누군가를 동아리에 초청할 때 어떤 말을 해야 하는 것이 좋은지를 활동지에서 골라야 합니다. 학생들은 적절한 진술문 옆에 체크해야 합니다.

정답 : 1, 2, 4, 6, 7

보충활동 : 3, 5, 8번에 있어서 무엇이 무례하고 둔감한 것인지 논의하세요.(이러한 진술들은 마치 자신들이 사람이 없어서 어쩔 수 없이 선택된 것처럼 느껴지고, 친구로서는 매우 바람직하지 않고, 친절하게 대하기 싫도록 만듭니다.) 이 말들이 정말로 집단의 생각을 표현한 것이라 해도 어떻게 그 사람이 기분좋 게 집단에 들어올 수 있을까요?(예 : 3번-"넌 우리팀이야, 제프", 5번-"함께 에이미를 기다리자", 8번-"여기에 자리가 남아.")

성명 ______________________ 날짜 ______________

6.4 당신이 속한 집단에 다른 사람을 초대하기

다음 중 어떤 말들이 당신이 속한 집단에 다른 사람을 초대하는 좋은 방법인가요? 당신이 생각하는 답을 찾아 체크하세요.

______ 1. "우리랑 함께 수영하러 갈래?"

______ 2. "버스 안에 이 자리는 비어 있어. 우리랑 여기 함께 앉아도 돼."

______ 3. "음… 아무도 남지 않았군, 내 생각에 네가 우리 팀이 되어야 할 것 같아."

______ 4. "놀이터에 우리와 함께 가지 않을래?"

______ 5. "우리가 매우 천천히 걷는다면 우린 그녀를 놓치고 말 거야."

______ 6. "도서관에서 미술과 공예 강좌를 한대. 우리 모두 함께 가보자."

______ 7. "우리는 모두 아이스크림을 먹으러 나갈 거야. 너도 갈래?"

______ 8. "너는 점심을 우리와 함께 먹어야 할 걸. 누가 너한테 잘 대해주라고 했어."

6.5 새로운 집단에 가입하기

목표

학생은 어떤 집단의 멤버가 되는 적절한 방법을 찾게 될 것입니다.

설명

신입이 되는 것은 힘듭니다! 특히 모든 사람들이 잘 알고 있는 것 같고 서로 좋아하며 당신만 외부인인 것처럼 보일 때, 기존 집단 사람들 속에서 활동하기는 어렵습니다. 신입멤버는 혼자 힘으로 익숙한 곳이 되도록 시도하기 전에 사교적이 되든지 그 집단 역동을 파악하면서 편히 앉아 있을지를 결정할 필요가 있습니다.

생각하기 질문

1. 방과 후에 만날 농구팀에 들어가려고 결정하였지만 그 팀은 이미 다 구성되었습니다. 당신은 어떻게 할 수 있을까요? (팀에서 코치를 당신에게 두도록 요청함, 당신 자리가 있을 때까지 잠시 관찰함)
2. "이봐, 난 진짜 괜찮은 아이야! 너희들은 바로 날 끼워 줘야 해!"라고 말하는 것은 왜 좋은 방법이 아닐까요? (떠벌리고 있음, 다른 사람들은 이미 그 팀에서 자신의 위치를 갖고 있을 수 있음)
3. 만일 스카우트에 가입했는데 다들 이미 자격 배지들을 갖고 있고 당신은 아무것도 없다면 어떻게 할 것인가? 어떻게 맞출 수 있을까요? (당신을 도와줄 사람에게 요청함, 배지 획득을 시작하고 얼마나 많이 가질지는 걱정하지 않음)
4. 자동차 동호회에 가입하고 싶다고 말하지만 이미 자동차 모형들이 어느 정도 세워져 있습니다. 어떻게 하면 당신이 기술들을 가지고 있다는 것을 다른 사람들에게 알릴 수 있는 좋은 방법이 될까요? (당신이 자동차 몇 대를 가지고 와서 모두에게 보여주도록 요청함, 당신의 그림을 공유하도록 제공함)
5. 체조팀에 가입하고 싶은데 당신은 이전에 한 번도 체조를 한 적이 없다면 어떻게 할까요? (당신의 수준에서 가능한 집단을 찾아봄, 도움 요청을 두려워하지 않음, 당신이 더 향상되도록 꾸준히 연습함)

활동

지시사항 : 학생들은 새로운 집단에 끼어 들어가려고 시도하는 네 명의 아동에 대한 기술을 읽고, 적절한 방법을 선택하고 있는 사람을 골라 동그라미 표시를 하도록 합니다. 집단에 가입하려고 하는 각 학생들의 방법을 논의하도록 준비해 주세요.

정답 : 1. 아니요-매우 거만함 2. 예-기회를 기다리고 있음 3. 예-기술을 공유할 준비를 함 4. 아니요-집단에 들어가려고 아무것도 하지 않음

보충활동 : 2, 3번 아동은 집단에서 그들을 수용하고 싶어 하도록 어떻게 하고 있는지 토론하세요. 4번 아동은 불쾌한 정도는 아니지만 왜 집단에 들어가려고 아무것도 하지 않고 있는지 토론해 보세요. 학급에 새로 온 학생이 성공적으로 학급에 참여할 수 있는 집단 활동과 방법들의 목록을 만들어 보세요.

성명 ______________________ 날짜 __________

6.5 새로운 집단에 가입하기

아래의 아동들 중 새로운 집단에 들어가기 위한 시도를 잘 수행한 아동은 누구인가요? 그 집단에 수용될 것 같은 사람을 찾아 동그라미 표시를 하세요.

1. 샤론은 쉬는 시간에 다른 여자아이들과 축구하기를 원합니다.

6.5

새로운 집단에 가입하기(계속)

2. 후앙은 아이들이 진행 중에 있는 벽화 그리기 작업에 동참하고 싶어 합니다.

3. 리찌는 롤러스케이트장에서 다른 아이들과 함께 롤러스케이트를 타고 싶어 합니다.

새로운 집단에 가입하기(계속)

4. 알렉스는 농구 경기를 하고 있는 같은 반 친구들을 보고 있는데 함께 게임할 수 있는지 물어보는 것이 너무 망설여집니다.

6.6 경청하기

목표

학생은 다른 사람의 말에 귀 기울이고 있는 것으로 보이는 사람이 말한 내용들을 찾아낼 수 있을 것입니다.

설명

경청은 친구를 사귀는 데 있어서 훌륭한 방법 중 하나인데, 대부분의 사람들은 자신의 말에 귀 기울여 주는 것을 좋아합니다. 당신이 경청하고 있다는 것을 보여주는 방법 한 가지는 상대방이 이야기하고 있는 것과 관련된 말을 하는 것입니다. 이 수업에서 학생들은 다른 사람의 말을 경청함으로써 적절하게 반응하고 있는 인물을 찾아내야 합니다.

생각하기 질문

1. 사람들은 말하기를 좋아하나요? 듣기를 좋아하나요? (의견은 다양할 것이다–그들 자신이 말하기를 좋아하기 때문에 듣는 사람들보다 말하는 사람들이 많다고 생각할 것임)
2. 사람들의 대화에 귀를 기울인다는 것은 왜 친구를 사귀는 좋은 방법이 되는 것일까요? (그 사람, 그들의 관심사들에 대해 뭔가를 발견할 것이다. 이 사람에 관심 있다는 것을 보여준다.)
3. 경청은 왜 어려운 것인가요? (우리는 말하기를 원함, 우리는 훨씬 중요한 이야기할 것이 있다고 생각함)
4. 이야기하고 있는 사람에게 경청하고 있다는 것을 어떻게 보여줄 수 있나요? (그들을 주시함, 조용히 함)
5. 상대방의 이야기가 다 끝난 다음에 당신이 경청하고 있었다는 것을 어떤 말로 보여줄 수 있는가요? (이야기한 내용에 대해 질문하기, 그 상황의 보다 상세한 내용을 요청하기)
6. 당신이 실제로는 관심이 없는데도 불구하고 상대방과 말하고 있는 것에 관심을 보이는 척 해야 하는 것을 어떻게 생각하나요? (아마 처음에는 관심 있는 척 하지만 나중에는 정말 관심을 갖게 될 수도 있음, 이러한 방법은 여전히 친구를 사귀는 정중한 방법이 될 것임)

활동

지시사항 : 학생들로 하여금 왼쪽에서 말하고 있는 사람과 오른쪽에서 경청한 후 적절하게 반응하고 있는 사람을 서로 짝짓도록 합니다.

정답 : 1. b 2. d 3. e 4. a 5. c

보충활동 : 사람들은 자신이 다른 사람들의 말에 귀 기울이고 있다는 것을 어떻게 보여주고 있나요? 그들의 언급은 얼마나 정중하고 적절한가요? 어느 쌍이 보다 많은 정보를 요청했나요? 각 사람의 언급은 말한 사람이 어떻게 느끼게끔 만들었을까요?

성명 ______________________________ 날짜 ______________

6.6 경청하기

말하고 있는 왼쪽의 각 학생과 오른쪽의 청취자들을 서로 짝지어 보세요.

1.

a.

2.

b.

3.

c.

4.

d.

5.

e.

6.7 격려란 무엇인가?

목표

학생은 상대방에게 격려의 말을 하는 인물을 찾을 수 있게 될 것입니다.

설명

많은 학생들은 다른 사람을 어떻게 격려해야 할지 모릅니다. '나를 우선'하거나 자기 자신을 위해 애쓰려는 생각은 종종 다른 사람이 관심 받도록 자신감을 심어주거나 양보하는 일보다 먼저 일어납니다. 이 수업에서는 격려가 무엇이고 격려의 말을 어떻게 하는지 토론합니다.

생각하기 질문

1. '의욕이 꺽인다는 것(좌절)'의 의미는 무엇인가요? (상실감, 희망이 없음, 시도하지만 아무데서도 얻지 못하는 것)
2. 언제 좌절을 경험하였나요? (시험 점수가 낮거나 시합에서 패했던 일화를 물음)
3. 당신이 좌절을 경험했을 때에 누군가가 당신에게 힘내라고 다정한 말을 했었나요? 그런 말에는 어떤 것이 있었나요? (아마도 부모님은 지지했을 것임, 어떤 친구는 "멋진 시도였어."와 같은 말을 했을 것임)
4. '격려'의 의미는 무엇인가요? (좌절의 반대말 – 당신이 어떤 말을 할 때 다른 사람이 희망을 느끼게 하는 것)
5. 당신이 다른 사람에게 희망을 주기 위해 말할 때 그 사람은 어떤 기분이 들까요? (아마 조금 나아질 것임)
6. 그 사람은 격려해 준 당신에 대해 어떤 감정이 들까요? (친구로 여기며 바라볼 것임)
7. 당신이 한 말이 아무런 변화를 가져오지 못했다 할지라도 그 말들은 어떤 식으로 좌절한 그 사람에게 도움이 될까요? (당신이 신경을 쓰고 있다는 것을 알게 함)

활동

지시사항 : 학생들로 하여금 오른쪽에 있는 두 학생들 중 좌절하고 있는 왼쪽 학생을 격려하고 있는 학생을 찾아 동그라미 표시를 하도록 합니다.

정답 : 1. 두 번째 학생 2. 첫 번째 학생 3. 첫 번째 학생 4. 첫 번째 학생 5. 두 번째 학생

보충활동 : 각 예에서 격려하고 있는 사람의 구체적인 표현에 대해 토론해 보세요. 그 말들이 좌절한 사람에게 희망을 줄 수 있을까요? "희망"을 주는 것은 얼마나 현실적인가요? (또는 가치가 있을까요?) 그것은 격려하는데 정말로 도움이 될까요? 아니면 그저 듣기 좋은 말을 건네는 것에 불과할까요?

성명 ______________________ 날짜 ______________

6.7 격려란 무엇인가?

오른쪽에 있는 한 쌍의 학생들 중 왼쪽의 학생을 격려하고 있는 학생을 찾아 동그라미 표시를 하세요.

6.8 좋은 말 해주기

목표

학생은 주어진 상황에서 할 수 있는 정중한 말의 사례를 기술할 수 있을 것입니다.

설명

당신이 친구가 되기를 원한다는 것을 누군가에게 알려주는 또 다른 좋은 기술은 그저 다정한 말을 하는 것입니다. 만약 학생들이 칭찬은 다른 사람들과 가까워지게 하는 매우 좋은 방법이라는 사실을 수용한다면 아마도 보다 자주 칭찬하려고 할 것입니다. 사람들은 자신에 대해 좋을 말 듣기를 좋아합니다. 기회가 주어진다면 우리는 의식적으로 더 자주 그렇게 해야 합니다.

생각하기 질문

1. 칭찬이란 무엇일까요? (누군가가 그것은 훌륭하다고 말하는 것, 당신이 실천한 일을 칭송하는 말)
2. 어떤 사람이 당신을 칭찬한다면 어떤 기분이 될까요? (매우 좋을 것임)
3. 당신이 다른 사람에게 좋은 점을 말해서 그들의 기분이 좋아지게 했던 일 중 떠오르는 상황이 있나요? (일화를 물어봄)
4. 누군가에 대해서 또는 누군가에게 좋은 것을 이야기하는 것은 친구를 사귀는 좋은 방법이 될까요? (그렇다) 왜 그럴까요? (다른 사람에게 당신이 우호적이고 긍정적이고 상대방에게 관심을 가지고 있다는 것을 알리는 것임)
5. 누군가에 대하여 좋은 것들을 이야기하는 것은 어려운데, 특히 그 사람이 무례하거나 부정적인 말을 하고 난 후에는 왜 더 힘들까요? (그 사람은 당신이 친구가 되기를 원치 않는다고 생각할 것임, 당신이 그 생각에 동의하지 않는다는 것을 보여줌)
6. 당신이 다른 사람에 대해 항상 좋을 것들을 이야기한다면 다른 사람들은 당신에 대해 어떻게 생각할까요? (당신을 존경할 것임, 그들은 당신이 동의하지 않을 것이라는 것을 알기 때문에 아마 타인에 대해 상스럽게 말하기를 멈출 것임)

활동

지시사항 : 네 가지 상황을 제시하고 학생들이 해야 할 적절한 좋은 말을 말풍선 안에 채우도록 합니다.

응답 예 : 1. 색깔이 매우 예쁜데. 2. 안 돼, 그건 그 애를 다치게 한단 말이야. 로버트를 가만 놔둬. 3. 그 아인 소프트볼을 진짜 잘해. 4. 그래, 그렇게 할게, 네 책 좀 보여줘.

보충활동 : 여러 상황들을 가정하고 각 상황에서 잠재적 친구의 시각으로 그 상황을 바라보게 합니다. 특이한 드레스를 입은 그 소녀는 어떻게 반응할까요? 로버트의 경우는? 아마도 로버트는 인기가 없는 듯합니다. 당신이 그와 친구가 되고 싶지 않을지라도 뭔가 좋은 말을 해주는 것이 어떻게 화자에게 더 좋은 친구가 되도록 해줄까요? 3번에서 소녀는 새로운 소년이 있는 앞에서 그런 얘기하고 있습니다. 좋은 말을 해주면 두 아이들은 어떻게 반응할까요? 누군가 당신의 친절한 말을 우연히 듣는다면 어떻게 생각할까요?

성명 ______________________________ 날짜 ______________

6.8

좋은 말 해주기

아래의 각 상황에서 당신이 할 수 있는 좋은 말은 무엇입니까? 말풍선 안에 답을 적어 보세요.

1.

2.

3.

4.

6.9 바람직한 집단활동

목표

학생은 긍정적인 사람들과 함께 어울리며 학교나 지역사회 안에서 경험하는 집단활동 몇 가지를 알게 될 것입니다.

설명

집단 속에서 구성원으로 있다는 것은 비슷한 관심거리를 가지고 있는 사람들과 만나는 좋은 방법입니다. 그것은 아동들에게 서로 이야기할 것을 주고, 함께 행동할 무언가를 그들에게 제공합니다. 그러나 모든 집단 활동이 우정을 키워갈 수 있는 것은 아닙니다. 학생들은 친한 우정으로 갈 수 있는 활동이 되는지를 세심하게 살펴야 합니다.

생각하기 질문

1. 우리는 이미 앞에서 또래들과 함께 어울릴 만한 동아리나 활동들에 대해 토론하였습니다. 무엇이 있었나요? (스카우트, 예술 동아리, 방과 후 활동)
2. 항상 계획된 모임보다는 때로는 그냥 뭔가를 함께 하는 집단들이 있습니다. 그런 집단은 어떤 것이 떠오르나요? (생일파티에 가는 것, 롤러스케이팅, 친구와 영화 보러 가기, 승마)
3. 당신이 친구의 집단과 함께 활동을 할 때에 주의해야 할 것은 어떤 것이 있을까요? (그들이 곤란해지지 않도록 허락받기, 시간 맞춰 집으로 가기, 누군가를 다치게 하는 일을 하지 않기)
4. 당신이 요청받았었던 활동들 중에서 좋은 선택을 하는 것은 중요합니다. 나쁜 집단과 함께 행동하게 되거나 당신이 잘못된 선택한 결과 어떤 일이 생기나요? (가족이 곤혹스럽게 됨, 나쁜 집단으로 규정됨)
5. 만약 당신의 친구들을 위해 좋은 활동을 계획한다면 무엇을 할 수 있을까요? (영화 보러 가기, 축구하기, 연극 연출하기)

활동

지시사항 : 학생들에게 어떤 집단활동이 가장 긍정적이고 좋은 경험이 될 것 같은지 결정하기 위하여 활동지에 6개 상황을 검토하게 하세요. 자신의 답을 논의하도록 준비되어야 합니다.

정답 : 1. O, 생일파티는 즐겁고 모든 사람들을 참여시킴 2. O, 연극하는 것은 즐거움 3. X, 담배 피는 것은 누군가를 곤란하게 할 것이고 건강에 해로움 4. X, 남에 대해 기록하는 것은 불쾌할 수 있음 5. O, 워터파크는 매우 즐거움 6. X, 부모님이 집에 안 계심

보충활동 : 활동지의 답들을 가지고 논의하세요. 어떠한 위험요소가 즐거워 보이는 활동들(3, 4, 6번)에 잘못된 결과를 가져올 수 있는 있는 것인지 논의해 보세요. 학생들에게 대안적 집단활동들을 제시하도록 해주세요.

성명 ______________________ 날짜 __________

6.9 바람직한 집단활동

아래 학생들은 모두 집단활동에 동참하도록 요청받았습니다. 최선의 선택이라고 생각하는 사람에게 동그라미 표시를 하세요.

1. 생일파티 참석하기

2. 연극 공연하기

3. 담배 피기

6.9 바람직한 집단활동(계속)

4. 기록하기

5. 워터파크 가기

6. 외박파티

6.10 손님 맞이하기

목표

학생은 손님이 오셨을 때 우호적으로 대하는 방법을 알게 될 것입니다.

설명

누군가가 당신의 집을 방문하면 즐거운 일이긴 하지만 재미있게 노는 것이 때로는 어려울 수 있습니다. 형과 누나들, 동생들, 예상치 못한 다른 친구들, 부서진 장난감들, 날씨 등 이러한 모든 것들이 어떤 경험을 하게 될지에 영향을 줄 수 있습니다. 손님들에게 분명한 기대감을 갖도록 하는 것과 좋은 매너를 보여주는 것은 당신의 집에서 우호감을 갖게 할 수 있는 방법들에 해당합니다.

생각하기 질문

1. 당신의 친구가 집을 방문하면 당신은 어떤 것을 하고 싶은가요? (공예, 야구게임, 모형 만들기)
2. 친구를 초대하였는데 뭔가 잘못되어 싸움으로 끝난 적이 있나요? 이야기해 보세요. (대답은 다양할 것임)
3. 친구가 집에 올 때 부모님이 당신에게 부여한 규칙이 있나요? (싸우지 말기, 친구가 집에 갈 시간 규정이 없음, 친구가 돌아가기 전에 정리정돈하기)
4. 이런 일이 당신에게 생긴 적이 있었나요? 당신은 친구와 놀려고 하지만 예상치 못한 손님이 오게 되었습니다 – 잘 모르지만 같이 뭔가를 해야 할 사촌이 다른 지역에서 찾아옴. 어떻게 하였나요? (대답은 다양할 것임)
5. 당신이 손님으로 다른 집을 방문할 때 당신이 기억해야 할 것은 어떤 것이 있나요? (부모님께 감사의 인사를 전하기, 집안에 있는 가구를 조심해서 다루기)

활동

지시사항 : 친구가 집에 방문할 때 생길 수 있는 재미있는 방해물의 목록이 학생들에게 제시됩니다. 그중에서 세 가지를 선택해서 그 상황이 좋은 경험으로 전환될 수 있는 방안들을 묘사하게 하세요. (학생들이 별도의 종이에 그림을 그리도록 하세요. 그림으로 묘사하기 싫어하는 학생들은 방안을 적어서 내도록 하세요.)

정답 : 다양한 응답이 예상됨

보충활동 : 학생들이 자신의 답과 그림에 대해 공유하도록 하세요. 학생들이 소집단을 구성해서 각 상황에서 처음엔 불편한 반응을 보여준 후 이어서 가능한 긍정적 결과를 보여주는 식으로 역할극을 하게 할 수도 있습니다.

성명 ______________________ 날짜 __________

6.10 손님 맞이하기

다음은 친구가 당신의 집을 방문했을 때 발생할 수 있는 몇 가지 상황들입니다. 세 가지를 선택해서 어떻게 하면 당신이 더 좋은 상황으로 만들 수 있을지를 그려봅시다.

1. 이럴 수가! 당신의 어머니가 치과에서 돌아올 때까지 두 살짜리 남동생을 돌봐야 합니다!

2. 친구가 방과 후에 오기로 했는데 당신은 샌드위치 10개를 먹고 나서 아픈 상태입니다.

3. 당신과 친구는 같은 시간대에 다른 TV 프로그램을 보고 싶어 합니다.

4. 친구가 당신의 방을 많이 어지럽혔는데 돌아갈 시간이 되어도 그 친구는 치울 생각이 전혀 없습니다.

5. 친구가 귀가하려고 할 때 다른 친구로부터 전화가 왔고 당신은 전화 온 친구와 통화하고 싶은 마음에 지금 와있는 친구를 내버려두고 있습니다.

6. 당신은 바깥에 나가서 야구를 하고 싶은데 친구는 집 안에서 비디오게임을 하고 싶어 합니다.

7. 친구는 당신의 방을 연한 붉은색으로 칠하면 훨씬 나을 것 같다고 말합니다. 그래서 그 친구는 약간의 칠과 새 단장을 할 것을 제안하고 있습니다.

8. 친구가 와서 다른 친구들 몇 명을 더 초대하는 바람에 이제 당신은 관심 밖으로 멀어졌습니다.

친구 사귀기를 위한 학급 조언

- 학생을 한 명씩 선정한 후 다른 학생들로 하여금 그 학생에 대해 알 수 있는 질문을 5~10가지씩 작성하도록 합니다. 선정된 학생이 부끄러움을 많이 타지 않는다면 그 학생을 가운데 앉혀놓고 질문에 답하도록 하세요.
- 학생들을 짝 지어주고 2분 동안 서로의 관심거리를 최대한 많이 알아내도록 하세요. 알아낸 것들을 다른 학생들과 공유하게 하세요.
- 다른 학생들이 알지 못하는 자신에 대해 보여줄 수 있는 포스터나 휘장을 만들게 하세요. 신입생을 위해 활동 6.2에서 만들었던 목록을 활용하여 학생들이 사진이나 기념품 혹은 자신과 닮은 미술작품을 전시하도록 합니다.
- 친구와 함께 가서 시간을 보내고 싶은 장소의 목록을 함께 만들도록 하세요. 학생들은 왜 그 장소들이 좋은 곳인지를 설명하는 광고를 기술하거나 제작할 수 있습니다.
- 이미 조직되어 있는 모임들(교회 청년부, 스카우트, 수영팀)은 공통된 관심사를 바탕으로 친구를 사귈 수 있는 좋은 공간들입니다. 새로 가입하는 학생들이 그 모임에서 환영받고 있나요? 그러한 모임에 이미 속해 있는 학생들의 경험을 말하게 하세요. 왜 재미가 있는지? 그곳에 참여하는 데 초대 이상의 무언가가 필요한가요?
- 전화번호부에서 볼 수 있는 광고처럼 교실에서 활용할 수 있도록 다른 친구들에게 제공할 수 있는 도움이나 기꺼이 다른 친구들과 공유하고 싶은 것에 대한 광고를 제작하게 하세요. "컴퓨터에 대한 도움이 필요하면 라티샤를 찾아 오세요.", "초상화라면 마크를 찾아가면 됩니다."와 같이 만들면 됩니다. 학생들은 이러한 서비스가 학급 내 선택된 몇 명에게만이 아니라 모든 학생들이 이용 가능하다는 사실을 알아야 할 것입니다.
- 학생들이 간단한 촌극을 준비해서 듣는다는 것과 듣지 않는다는 것에 대한 역할극을 하게 합니다. 역할극을 마친 후 참여자는 누군가 다른 사람의 말을 진정으로 들어준다는 예로 무엇을 보여주려고 했는지 설명하게 합니다.
- 학생들은 소규모의 협동적인 집단에서 활동할 때 서로를 더 도와주며 격려하는 경향이 있습니다. 학생들에게 함께 수행하고 제출하며 평가할 수 있는 과업을 주도록 하세요. 그런 후 학생들이 서로를 격려하면서 "나는 바로 이 집단에 속하기를 원해요. 얘들아, 너희들도 서로를 도와주고 있니?"와 같은 말을 하는 걸 지켜 보세요.
- 다른 사람에 대해 좋은 말을 한 학생에게 스티커를 주세요. 절대로 스티커를 준 이유에 대해서 이야기하지 마세요. 아이들이 스스로 알아차리게 놔두세요.
- 학생들에게 일주일의 시간을 주고 지역 신문을 조사해 집단활동들을 최대한 많이 찾아내게 하세요. 도서관 책읽기 행사, 지역사회 파티, 자원봉사자 교육 등 얼마나 많은 활동들을 찾아내 오는지 지켜 보세요.

07

Chapter

친구관계 유지하기

7.1 친구로부터 배우기

목표

학생은 친구로부터 배울 수 있는 것들의 예를 알게 될 것입니다.

설명

친구관계는 다른 사람의 새로운 기술 혹은 그 사람이 가진 생각들을 배운다는 의미가 포함되어 있습니다.(형제지간에 우연히 가르치고 배웠던 모든 것들을 생각해 보세요.) 인간은 다른 누군가와 함께 시간을 보내면서 그가 하는 행동들을 관찰함으로써 많은 것을 배울 수가 있습니다. 이것은 친구를 사귀고 친구관계를 유지하는 데 큰 도움이 되는 비공식적인 교육의 하나입니다.

생각하기 질문

1. 만약 당신이 미식축구공을 던지는 법을 배우고 싶다면 누구에게 물어볼 것인가요? (형제나 자매, 부모님, 코치)
2. 누가 수영을 잘하나요? 춤은? 승마는? 체조는? 당신은 이 기술들을 어떻게 배웠나요? (아마도 누군가가 그것들을 가르쳐 주었겠죠.)
3. 당신의 친구들에게서 배울 수 있는 것은 어떤 것들이 있을까요? 그들은 무엇을 잘하나요? (스포츠, 그림 그리기, 게임)
4. 친구는 기술이나 게임 외에 어떤 것을 당신에게 가르쳐 줄 수 있나요? 친구가 도울 수 있는 것에는 어떤 것들이 있을까요? (숙제, 형제들과 잘 지내는 방법)
5. 당신이 가지고 있는 문제의 해결 방법을 친구가 가르쳐 줄 수 있을까요? (그 친구도 비슷한 경험을 했을 수 있음)
6. 친구로부터 배우는 것이 우정의 한 부분이라고 생각하나요? 어떻게? (당신의 친구는 당신이 모르는 것을 알 수도 있습니다. 만약 당신이 그것을 함께 할 수 있다면 당신은 함께 재미있을 수 있는 무언가를 가지고 있는 것입니다.)

활동

지시사항 : 누군가에게 무엇을 가르칠 수 있는 친구를 짝지어 보세요. 그 친구가 어떤 도움이 되는지 논의할 수 있게 준비해 주세요.

정답 : 1. c : 낚시를 하는 방법 가르치기 2. d : 수학문제를 어떻게 푸는지 설명하기 3. a : 선생님과의 문제를 다루는 방법 조언해 주기 4. b : 집단응원을 하는 법 보여주기

보충활동 : 활동지에 있는 각 친구들이 어떤 방식으로 가르치고 선보이고 누군가의 역할모델이 되었는지에 대해 토론해 봅니다. 친구로부터 배우는 것이 선생님, 부모님 또는 다른 성인들로부터 배우는 것과 무엇이 다른지 토론해 봅니다. 더 쉬운가요? 어떤 점이 더 어려운가요? 모든 사람들은 배워야 할 것과 가르쳐 줄 수 있는 것들을 가지고 있습니다. 학생들 자신의 삶에서 생각해 볼 수 있는 구체적인 예에는 어떤 것들이 있을까요?

성명 ______________________________ 날짜 __________

7.1 친구로부터 배우기

이 친구들은 무엇인가를 가르치고 있습니다. 가르치고 있는 것이 무엇인지 그 친구와 짝지어 봅니다.

1.

a. 선생님과 잘 지내기

b. 집단활동의 한 부분을 담당하기

c. 어떤 기술을 구사하는 가장 좋은 방법

d. 수학문제를 풀 수 있도록 돕는 좋은 방법을 설명하기

2.

3.

4.

7.2 공정한 친구가 되기

목표

학생은 '공정한 친구'란 다른 누군가에게 제한을 가하는 사람이 아니라 다른 사람들과 친구를 공유하는 사람이라고 설명할 것입니다.

설명

어떤 학생들은 친구를 자신의 사유재산으로 여깁니다. 자신의 친구는 다른 사람들과 이야기하거나 함께 놀 수 없으며 자신이 도움이 필요하거나 놀기를 원할 때 등 어떤 이유를 대더라도 친구는 항상 자신에게 시간을 내줘야 한다고 생각합니다. 다른 사람들과 공정하게 지낸다는 것은 우정이 비현실적인 속박이 아님을 이해하면서 다른 사람이 자신의 삶을 살 수 있도록 자유를 허용하는 것을 의미합니다.

생각하기 질문

1. 만약 당신에게 단 한 명의 친구만 허락한다면 어떤 기분이 들까요? (제한적임, 한 명만을 선택하기 어려움)
2. 만약 당신이 다른 사람들과 놀거나 얘기를 나누는 것이 허용되지 않고 어떤 이가 원할 때 무조건 그를 도와줘야 한다면 어떨까요? 그것이 재미있을까요? (아닐 것임, 아주 제한적일 것임)
3. 어떤 말로 이 문장을 완성할 수 있을까요? : "만약 …한다면 너는 나의 친구가 될 수 있어." (네가 그 장난감을 나에게 준다면, 내가 다가갈 수 있게 해준다면, 네가 날 도와준다면)
4. 친구들이 많은 것이 왜 중요하다고 생각하나요? (그중 누군가는 떠날 수 있음, 더 많은 사람들을 알게 됨, 어떤 것들은 집단으로 할 때 더 재미있음)
5. '공정한 친구'란 어떤 의미라고 생각하나요? (친구들이 자신의 방식으로 하도록 허용하기, 다른 친구들을 사귀는 것, 그들에게 "만약" 이라고 말하지 않기)
6. 다른 이들에게 공정하지 않은 예를 몇 개 들어 볼 수 있나요? (친구에게 누구와는 어울려도 되고 누구와는 어울려서는 안 되는지를 말하기, 교우관계를 빨리 바꾸기, 다른 사람에게 진정한 관심을 갖지 않는 것)

활동

지시사항 : 학생들은 '공정하지 않은' 학생과 그에 해당하는 오른쪽의 이유를 짝지어야 합니다.

정답 : 1. d 2. c 3. e 4. b 5. a

보충활동 : 공정하지 않은 친구에 의해 이용당한 각 학생들이 어떻게 정중하면서도 공정한 마음으로 반응할 수 있는지 토론해 봅니다. 각 상황에서 어떻게 하면 양쪽 친구들이 함께 활동하고 즐거운 가운데 상황을 바로잡을 수 있을까요?

성명 ______________________________ 날짜 ______________

7.2 공정한 친구가 되기

다음의 학생들 중 공정한 학생은 없습니다. 왜 각 학생이 공정하지 않은 것인지 이유를 짝지어 봅니다.

1. 

____

2. 

____

3. 

____

4. 

____

5. 

____

a. 당신 방식이나 당신 가정에서 하는 것을 다른 사람에게 항상 기대하는 것은 불공정합니다.

b. 당신이 해야 할 일을 친구가 하도록 하고 그게 안 될 때 친구의 잘못으로 모는 것은 불공정합니다.

c. 친구가 당신에게 뭔가를 줘야 한다고 주장하면서 그렇지 못할 때 당신은 더 이상 친구가 아니라고 말하는 것은 불공정합니다.

d. 친구에게 누구와는 놀 수 있고 누구와는 놀 수 없다고 말하는 것은 불공정합니다.

e. 단순히 당신의 친구라는 이유로 그에게 당신이 하기 싫은 허드렛일을 시키는 것은 불공정합니다.

7.3 친구를 공유하기

목표

학생은 친구가 다른 사람과 혹은 어떤 상황에서 공유되는 방식들을 알게 될 것입니다.

설명

어떤 사람들은 친한 친구가 다른 누군가와 좋은 시간을 보내는 것을 종종 힘들어 합니다. 하지만 친구는 결코 소유물이 아닙니다. 자신의 친구가 다른 누군가를 사귄다거나 다른 사람들과 함께 어떤 활동을 하는 것은 충분히 예상할 수 있는 일입니다. 좋은 친구는 이런 일을 대수롭게 생각하지 않으며 자신의 친구가 다른 누군가와 무엇을 함께 할 수 있다는 사실을 인정할 것입니다.

생각하기 질문

1. 당신에게 절친한 친구는 몇 명이 있나요? (손으로 세어보기)
2. 절친한 친구가 있다는 것은 왜 즐거울까요? (당신이 믿을 수 있는 사람, 당신이 특별히 함께 즐기는 사람, 당신 가까이 살고 있는 사람)
3. 당신이 초대받지 못한 어떤 일에 당신의 친한 친구가 초대받은 적이 있나요? 그럴 때 어떤 기분이 들었나요? (아마도 난 버려진 것이다, 질투)
4. 절친한 친구에게 당신의 유일한 친구가 되어 주기를 기대하는 것은 공정한 일인가요? (아니요, 상황들은 변하기 마련이고, 알아보면 재미있는 다른 사람들이 주위에 많음)
5. 친구를 다른 사람들과 공유하는 것이 왜 어렵다고 생각하나요? (친구가 당신보다 다른 누군가를 더 좋아할까 봐 걱정됨, 당신이 잊힐까 봐)
6. 당신의 친구를 다른 사람들과 멀어지게 하는 것이 당신과의 관계에 어떻게 해가 될 수 있나요? (당신의 친구는 당신이 벌인 그 일에 엄청나게 화가 날 것임. 다른 사람들이 당신을 초대하려 할 때 당신 역시 그 기회를 놓칠 수 있음)
7. 만약 당신의 친구가 당신은 할 수 없거나 하도록 요청받지 않은 일을 하려고 하면 어떻게 할 건가요? (당당하게 경쟁함, 친구에게 좋은 시간이 되길 바란다고 말함, 다른 일을 찾아봄)

활동

지시사항 : 학생들은 활동지에 별이 표시된 인물의 관점에서 각 상황을 바로 볼 것입니다. 학생들은 별표가 있는 인물들이 다른 학생들과 어떻게 친구를 공유할 수 있는지를 그림으로 그리거나 글로 적도록 합니다.

응답 예 : 1. 세 명의 소녀가 함께 자전거 타는 모습을 보여주기 2. "다른 날 나 좀 도와줘. 파티에서 재밌는 시간 보내길 바래." 3. 선택받지 못한 소년이 말할 수 있다. "앤디야, 수업 마치고 기다릴게." 4. 왼편의 소녀가 말할 수 있다. "샌디야, 내가 널 지켜 봐도 되니? 나도 다이빙을 배우고 싶은데."

보충활동 : 선택받지 못하고 남겨지는 것은 심적으로 힘든 일이지만 자신의 품위를 지키고 그런 일을 수용하는 법을 배우는 것은 사회적 성숙을 위한 실질적 단계에 해당한다. 별표가 표시된 각 인물들이 배제되거나 거부되었을 때 어떤 느낌을 받았을지 토론해 본 후 그와 같은 상황에서 각 인물이 취할 수 있는 긍정적 방법들에 대해서도 논의해 본다.

성명 ______________________________ 날짜 ______________

7.3 친구를 공유하기

☆ 표가 있는 학생들이 자신의 친구를 다른 학생들과 어떻게 공유할 수 있을까요? 그 방법을 글로 적거나 그림으로 그려 보세요.

1.

2.

3.

4.

7.4 함께 웃기

목표

학생은 친구들과 함께 웃음을 공유하는 방법을 알게 될 것입니다.

설명

함께 웃는 것만큼 친구들을 친밀하게 만드는 것은 없습니다. 친구들과 재미있는 일화를 공유하는 것, 코미디 영화를 보는 것, 또는 서로를 웃기는 것 등은 우정을 단단하게 해주는 감정을 공유할 수 있도록 해줍니다.

생각하기 질문

1. 절친한 친구들 중 한 명을 떠올려 보세요. 이 사람이 당신을 웃게 해주나요? 왜죠? (유머감각을 소유함, 당신을 웃기는 방법을 알고 있음)
2. 당신과 친구는 사람들이 웃은 창피한 순간이나 바보 같은 이야기가 있나요? 어떤 것이 있나요? (대답은 다양할 것임)
3. 누군가와 함께 웃는 것과 그 사람을 비웃는 것 사이에는 어떤 차이점이 있나요? (전자는 둘 다 포함, 후자는 사악함)
4. 당신을 웃게 만드는 것에는 어떤 것이 있나요? (재미있는 것을 했을 때, 당신이 실수를 했을 때, 당신이 행복할 때)
5. 누군가와 함께 웃는 것은 왜 그 사람과 함께 즐기는 것에 도움이 된다고 생각하나요? (어울리기 쉬움, 재미있음, 문제들을 잊을 수 있게 함)
6. 웃기를 포함하여 당신의 친구와 함께 하는 것 중 가장 좋아하는 것은 무엇인가요? (영화 보러 가기, 연극 보러 가기, 아빠에게 농담 던지기)

활동

지시사항 : 웃을 수 있는 활동들의 목록이 제시되어 있습니다. 친구와 웃음을 공유할 수 있는 좋은 방법들을 골라 번호 앞에 체크하세요. 당신이 표시한 내용을 가지고 토론할 준비를 하세요.

정답 : 1. 예 2. 아니요-이렇게 웃는 것은 비열함 3. 아니요-단 한 사람(실수를 한 그 한 사람)만이 여기서 웃고 있다. 4. 예 5. 아니요-위험할 수 있다. 6. 예 7. 예 8. 아니요-농담이 지나침, 좀 더 일찍 멈추도록 했어야 함

보충활동 : 학생들의 반응들에 대해 토론해 봅니다. 학생들이 함께 웃을 수 있고 재미있는 경험을 공유할 수 있는 어떤 활동들을 계획하도록 합니다.

성명 ______________________ 날짜 __________

7.4 함께 웃기

다음은 당신과 당신의 친구가 함께 웃을 수 있는 몇 가지 방법들입니다. 당신이 생각하기에 친구와 웃음을 공유할 수 있는 좋은 방법이라 여겨지는 내용 앞에 체크하세요.

- ☐ 1. 굴러 떨어지고 바지를 잃어버리는 것을 보여주는 옛날 영화 보기
- ☐ 2. 바닥에 놓인 책에 발이 걸려 넘어지는 학급친구 보기
- ☐ 3. 당신의 친구가 수학 시험지에 어리석은 실수를 했을 때 웃기
- ☐ 4. 다른 혹성에서 온 것처럼 흉내를 내거나 재미있는 목소리로 이야기하기
- ☐ 5. 서로 눈을 가리고 길거리를 걷기
- ☐ 6. 학교축제에서 서로의 얼굴에 그림 그리기
- ☐ 7. 2인3각 달리기(한 다리가 다른 사람의 다리에 함께 묶여 있음)
- ☐ 8. 당신의 친구가 손에 페인트가 묻은 줄 모르고 머리를 만지는 바람에 초록색 머리가 된 것을 다른 사람들에게 이야기하기

7.5 약속 지키기

목표

학생은 한 친구가 다른 친구에게 지킬 수 있는 현실적인 약속들이 어떤 것인지 구분할 수 있게 될 것입니다.

설명

어떤 학생들은 누군가를 친구로 유지하기 위해 다른 사람들에게 비현실적인 약속들을 합니다. 이러한 약속이 친구가 되길 원하는 사람에게는 매력적으로 보일지 모르지만 그 약속이 깨지면 큰 실망과 언쟁이라는 결과를 가져오게 됩니다. 친구끼리 서로 약속하고 그 약속을 지키는 것은 중요합니다. 또한 지켜질 수 없는 큰 약속으로 친구를 얻으려고 하지 않는 것이 중요합니다.

생각하기 질문

1. 친구들과 맺는 약속에는 어떤 것들이 있나요? (비밀 말하지 않기, 서로 도와주기, 무언가를 공유하기)
2. 만약 누가 당신의 친구가 되기 위해서 비싼 선물을 주기로 약속하고 당신의 친구가 된다면 어떨까요? 그것이 친구를 사귀는 좋은 방법일까요? (아마도 아닐 것임–만약 약속을 지키지 못한다면?)
3. 당신의 친구가 당신을 진정으로 좋아한다거나, 단지 그 친구를 위해 당신이 할 수 있거나 줄 수 있는 것만을 좋아한다면 당신은 뭐라고 말할 건가요? (진정한 친구라면 그 모든 것이 없어도 너를 좋아할 것임)
4. 친구가 당신에게 약속을 하고 잊어버리거나 그의 마음이 변한다면 당신은 어떤 느낌이 들까요? (친구에게 화가 남, 슬픔, 배신감)
5. 당신이 한 약속들을 지키는 것은 왜 중요한가요? (누군가는 당신을 믿는다, 당신이 한 말을 지켜야 함)
6. 약속들을 지키는 것이 중요하다면, 당신이 어떤 약속들을 하는지에 대해 왜 주의해야 할까요? (당신이 약속 지킬 수 있음을 확신해야 함, 당신이 그저 누군가에게 좋은 인상을 주려고 하는 것이 아님을 분명히 해야 함)

활동

지시사항 : 학생들에게 약속 목록을 보여주고 지킬 수 있는 약속에 표시를 하도록 합니다.

정답 : 2, 5, 7, 9에 표시

보충활동 : 체크가 되지 않은 약속들이 왜 비현실적이거나 안전하지 않은 약속들인지 토론해 보세요. 당신은 어떤 사람과 진정한 약속을 할 수 있나요?(3, 8, 10) 항상 지킨다거나 절대로 하지 않겠다와 같은 약속들은 왜 위험한가요?

성명 ______________________________ 날짜 ______________

7.5 약속 지키기

다음 중 당신이 생각하기에 사람들이 지킬 수 있는 약속은 어느 것입니까? 약속 옆에 체크 표시하세요. 그리고 지킬 수 있는 당신의 약속을 더 기술해 보세요.

1. □ "너 아닌 사람과는 절대 점심을 함께 먹지 않을 거야. 절대로."
2. □ "네가 우리와 함께 바다에 갈 수 있는지 내가 아빠한테 여쭤 볼게."
3. □ "너를 위해서 내 형이 리키를 때리게 만들 거야."
4. □ "집에 함께 갈 수 있도록 방과 후에 꼭 너를 기다릴게."
5. □ "내가 먼저 도착하게 되면 너를 위해 버스 좌석을 맡아 놓을게."
6. □ "상점에 가서 사탕을 훔치자. 만약 네가 잡히면 누구에게도 말하지 않을 거야."
7. □ "네가 아프니까 내가 너를 대신해서 도서관에 책을 반환할게."
8. □ "네가 내 친구가 된다면 내 아빠한테 얘기해서 네게 무선조정 자동차를 사주도록 할게. 그건 겨우 150달러야!"
9. □ "네가 시험에서 안 좋은 점수를 받았다는 것을 데비한테 말하지 않을게."
10. □ "내가 얘기하면 선생님은 네 포스터에 A를 주실 거야."
11. ______________________________
12. ______________________________
13. ______________________________
14. ______________________________

7.6 친구와의 의견 차이

목표

학생은 친구들이 동의하지 않는 이유를 알 수 있으며 그러한 차이를 해결하는 방법들을 제시할 수 있게 될 것입니다.

설명

친구들은 말다툼을 할 수 있습니다. 어떤 때에는 모형 자동차에 칠할 색깔을 놓고 다툴 수도 있습니다. 때로는 그러한 언쟁에 마음이 상해서 친구관계가 깨질 정도의 무엇(배신, 아주 지나친 무시행동들)으로 악화되기도 합니다. 정상적인 친구관계라 해도 의견이 맞지 않는 시기가 있을 수 있는데, 그렇다 해도 그것이 교우관계를 끝내야 한다는 것을 의미하는 것이 아니며, 약간의 재조정과 용서 등이 요구되는 것입니다. 이것은 삶의 한 부분입니다.

생각하기 질문

1. 당신은 친구와 절대로 싸우거나 언쟁하지 않을 것이다. 이 말은 참일까요, 아니면 거짓일까요? (거짓 : 모든 사람들은 의견이 맞지 않을 때가 있음)
2. 당신이 친구와 말다툼한 내용에는 어떤 것들이 있을까요? (어디에 가야 할지, 무엇을 해야 할지, 무엇을 할 때 누구의 차례인지)
3. 당신은 친구와 싸운 것이 어떻게 느껴집니까? (화남, 슬픔, 울고 싶음)
4. 당신이 친구와 언쟁했을 때 어떤 방법으로 화해를 했습니까? (그것에 대해 얘기를 나누기, 그것을 언급하지 않기, 서로 떨어져서 시간을 보낸 후 다시 함께하기)
5. 당신과 친구가 무언가에 동의하지 않을 때 당신이 할 수 있는 것들에는 무엇이 있을까요? (그것에 대해 얘기하기, 다른 사람에게 물어보기, 다음에 그것을 하기)

활동

지시사항 : 여기에 친구들 간 의견이 서로 맞지 않은 대화들이 있습니다. 이 문제들을 어떻게 해결할 수 있을지 적어봅시다.

정답 : 다양한 응답이 예상됨

보충활동 : 의견이 맞지 않는 것을 해결하는 좋은 방법들(그것에 대해 이야기 나누기, 공정하도록 시도하기, 충고받기) 그리고 안 좋은 방법들(화내기, 때리기, 이름 부르기)에 대해 논의해 봅니다. 서로 다른 측면을 담을 수 있는 차트를 만들어서 학생들로 하여금 어떤 사건에 대해 의견이 맞지 않을 때 그것을 해결하는 좋은 방법들과 안 좋은 방법들을 나열하도록 합니다. "모든 이야기에는 두 측면이 있다."는 말의 의미에 대해 얘기해 봅니다. 어느 누구도 항상 옳을 수는 없습니다.

성명 ______________________ 날짜 ______________

7.6 친구와의 의견 차이

상황 1

후안 : 나는 또 다른 동물 영화를 보고 싶지는 않아. 저번에는 네가 보고 싶어했던 걸 봤잖아. 우리는 항상 네가 보고 싶어하는 것만 본단 말이야.

마이클 : 우리가 함께 즐길 수 있는 영화는 없었어. 게다가 저번 영화는 너도 보고 싶어 했잖아. 우리는 둘 다 그걸 즐겼는데 왜 나만 즐긴 것처럼 말하니?

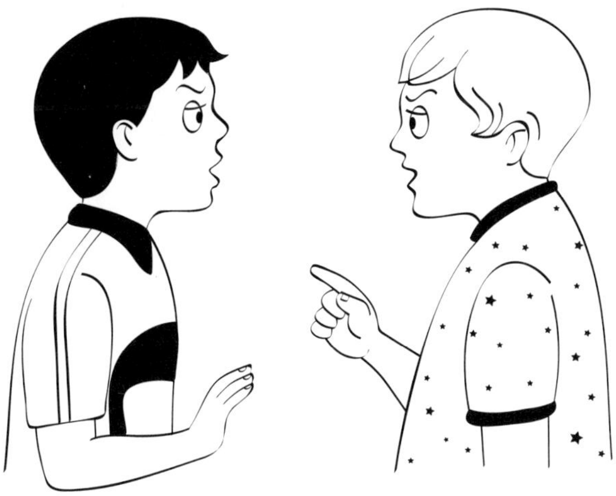

상황 2

안드레 : 난 메리의 파티에 가고 싶지 않아. 난 메리를 좋아하지 않거든. 가지 말자.

레아 : 마리는 내 옆집에 살아. 우리 가족들의 친구야. 난 그녀의 파티에 가야 한다고 생각해.

7.6 친구와의 의견 차이(계속)

상황 3

매니쉬 : 야, 자전거를 빌려주었더니 이렇게 더럽게 타고 찌그러뜨려 놓기까지 했네. 난 네가 이걸 고쳐놓아야 한다고 봐!

테오 : 뭐라고? 너 역시 내 자전거를 빌렸을 때 깨끗하게 사용하지는 않았잖아. 게다가 그 자전거의 찌그러진 부분은 내가 빌리기 전부터 있던 거야.

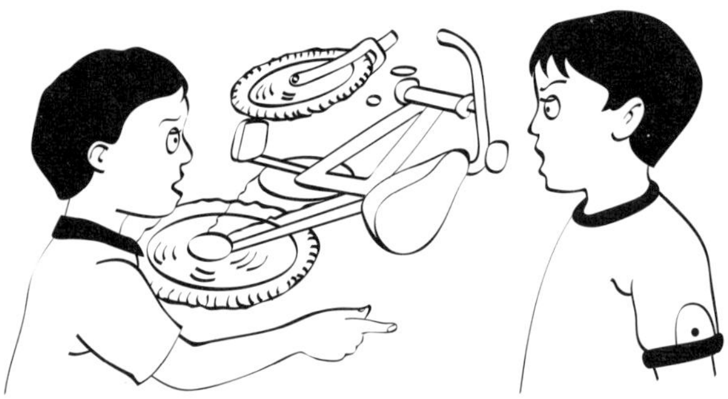

상황 4

요란다 : 워터파크에 가자!

이안 : 볼링하러 가자.

7.7 친구를 지지해 주기

목표

학생은 다양한 상황에서 친구를 지원해 줄 수 있는 방법들을 찾을 수 있게 될 것입니다.

설명

친구들은 보통 서로를 지지해 주는데, 특히 어떤 상황에서 그 친구가 자신을 방어할 수 없을 때 그렇게 합니다. 하기 쉬울 때만 지지해 준다면 그것은 친구 사이가 아닙니다. 하지만 친구를 지지해 준다는 것이 싸운다는 의미는 아닙니다. 이 수업에서는 친구를 지지해 주는 방법들을 살펴볼 것입니다.

생각하기 질문

1. 만약 사람들이 당신의 가장 친한 친구를 험담하는 것을 들었을 때 당신은 무엇을 할 것인가요? (무시하기, 그만하라고 말하기, 위협하기)
2. 누군가가 당신의 친구에 대해 나쁜 말을 하는 것이 왜 당신을 불편하게 만드는 일일까요? (당신은 그 친구를 좋아하고 그 친구가 오해받는 것을 원치 않음, 다른 사람들이 당신이 가진 친구에 대한 취향에 대해 이런 저런 시비를 거는 걸 원치 않음)
3. 큰 언쟁이나 싸움에 휘말리지 않으면서 당신의 친구를 지지해 주는 방법에는 어떤 것들이 있나요? (당신의 의견을 분명히 얘기한 후 그 자리를 떠나기)
4. 사람들이 당신의 친구를 괴롭히는 상황에서 당신의 친구가 너무 수줍어하거나 뭔가 하기를 두려워한다면 어떻게 할 것인가요? 싸우지 않고 무엇을 할 수 있을까요? (믿을 수 있는 어른, 선생님, 상담 전문가와 의논하기, 괴롭히는 사람들에게 말하기, 무엇인가 시도하려고 생각하는 친구를 도와주기)
5. 다른 사람들이 당신의 친구에 대해 얘기하는 것에 대해 당신의 친구가 조금도 신경을 쓰지 않는다면 어떻게 할 것인가요? 당신이 무엇인가를 해야만 할까요? (만약 친구가 신경을 쓰지 않는다면 당신은 그 친구가 정말로 신경을 쓰지 않는 것인지 확인을 해볼 필요가 있다. 만약 정말로 그런 것이라면 괴롭히던 사람들이 지쳐서 떠나도록 그 상황을 내버려 두는 것이 나을 수도 있다.)

활동

지시사항 : 학생들은 친구가 곤란한 상황에 처해 있는 각 상황에서 어떻게 행동을 할 것인지 적어 보도록 합니다.

응답 예 :
1. 당신이 지켜보고 있음을 말하고, 만약 친구의 물건을 가져간다면 선생님에게 보고한다.
2. 롭과 함께 있어 준다.
3. 니나에게 네가 책상 옆을 지나갈 때 내 친구를 너무 많이 건드려서 네 팔을 다칠 수 있으니 주의하라고 얘기한다.
4. 안토니오에게 방과 후에 그를 기다려 줄 것이고 또 그의 숙제를 도와주겠다고 말한다.

보충활동 : 학생들의 생각을 논의해 봅니다. 친구를 지지해 주려고 얼마나 많은 친구들이 자기 방식대로 싸우고 폭력을 휘둘렀나요? 다른 사람들에 맞서지 않고 그들의 친구가 됨으로써 자신의 친구를 지지해 주는 방법에 대해서 논의해 봅니다.

성명 ______________________ 날짜 ______________

7.7 친구를 지지해 주기

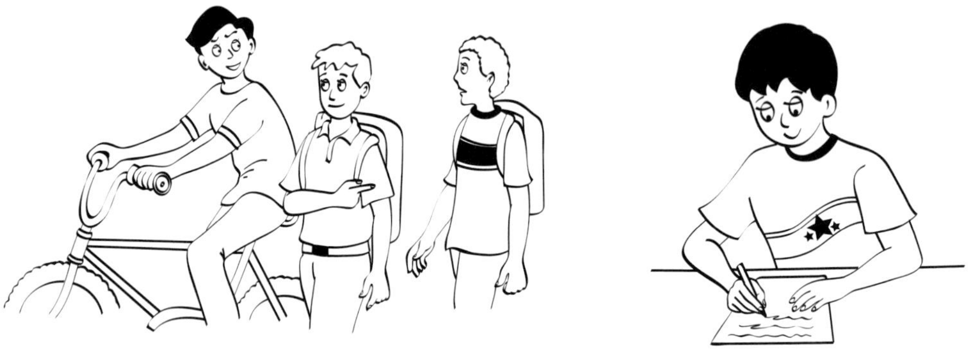

다음의 각 상황에서 당신은 어떻게 할 것인가요? 밑줄 위에 당신의 대답을 써보세요.

1. 어느 날 당신의 친구는 아파서 결석을 했습니다. 두 명의 아이들이 그 친구의 책상을 뒤지면서 연필이나 돈을 찾고 있습니다. 그들은 당신에게 누구에게도 말하지 말라고 합니다.

____

____

2. 당신은 친구 롭과 함께 학교에서 집으로 가는 중입니다. 또 다른 친구인 게리가 자전거를 타고 당신 옆으로 지나가면서 함께 자전거를 타고 호수에 가자고 물어봅니다. 당신은 그러고 싶지만 롭과 게리는 서로 좋아하지 않습니다. 당신은 롭과 함께 갈 수 있냐고 물어보았지만 게리는 싫다고 합니다.

____

____

3. 니나는 당신 친구의 책상을 지나갈 때마다 그 친구의 몸을 계속 건드리게 됩니다. 당신은 니나가 일부러 그러지 않는다는 것을 알고 있습니다. 당신의 친구는 선생님이나 니나에게 말하는 것을 수줍어합니다.

____

____

4. 안토니오는 숙제를 하지 않아서 쉬는 시간에도 교실에 남아 있습니다. 두 명의 소녀들이 교실을 지나가면서 그를 놀립니다. 그들은 그의 이름을 불러가며 멍청하다고 합니다. 당신은 안토니오가 지난 밤 몸이 아파 숙제를 못한 사실을 알고 있습니다.

____

____

7.8 문제를 지닌 사람 도와주기

목표

학생은 어떤 특정한 문제를 지닌 친구를 도울 수 있는 전략들을 알게 될 것입니다.

설명

친구들끼리는 서로의 문제점들을 공유할 수 있으며, 때로는 자신의 의견이나 조언으로 친구를 도울 수 있는 입장에 서 있는 자신을 발견할 수도 있습니다. 이 수업은 문제를 지닌 친구를 돕기 위한 아이디어를 고민하고 있는 학생들에 관한 것입니다.

생각하기 질문

1. 문제를 지닌 친구를 사귀어 본 적이 있나요? 그 때 당신은 어떻게 했나요? (경청하기, 조언하기)
2. 친구가 당신에게 문제를 해결해 주거나 아이디어를 주기를 원하나요? (단지 아이디어를 주고 도움되는 말하기)
3. 당신이 친구의 문제에 도움주기를 원할 때 잘 해결할 수 있는 방법을 한 가지 이상 생각해 보세요? 왜 그렇게 생각하나요? (보통 몇 가지 대안들이 가능함)
4. 친구를 도와 줄 수 있다는 것은 어떤 느낌을 주나요? (좋음, 능력 있음, 행복함)
5. 만약 문제를 지닌 친구를 실질적으로 도와줄 수 없다면 다르게 도와줄 방법에는 어떤 것들이 있나요? (귀 기울이기, 친구가 어른과 상의하도록 함, 홀로 내버려 두지 않고 친구와 함께 있기)

활동

지시사항 : 학생들은 친구의 문제를 해결할 수 있는 몇 가지 서로 다른 아이디어들을 평가하게 될 것입니다. 하나 이상의 적절한 대답이 있을 수 있습니다. 학생들은 대답에 대한 생각을 '예' 또는 '아니요'로 표기할 것입니다.

정답 : 1. 예 : 두 번째와 네 번째 대답 2. 아니요 : 첫 번째와 네 번째 대답 3. 예 : 세 번째와 네 번째 대답

보충활동 : 왜 어떤 대답은 버려지고 다른 것들은 보다 합리적인 대안이 될 수 있는지 토론해 보세요. 경청하기, 공감하기, 기술을 실행하도록 돕기와 같이 일반화된 진술 목록을 만들어 보세요.

성명 ______________________ 날짜 ____________

7.8 문제를 지닌 사람 도와주기

친구가 어떤 문제를 갖고 당신을 찾아옵니다. 어떻게 말해 줄 수 있을까요? 적절한 대답을 보여주는 곳에 '예' 또는 '아니요'를 쓰세요..

1.

"네가 우리 집으로 들어오면 좋을 텐데. 난 착한 동생이 있거든." ____________

"여동생에 대해 부모님과 상의할 수 있겠니?" ____________

"여동생 물건을 함께 가져와서 모두 숨겨버리자." ____________

"네가 여동생과 상의하고 네 감정을 설명할 수 있도록 내가 도와줄게." ____________

2.

"방과 후에 나랑 같이 연습할래?" ____________

"축구는 멍청한 짓이야. 그냥 포기해." ____________

"다른 학교로 전학을 가봐. 아마도 넌 거기서 팀에 들어갈 수 있을 거야." ____________

"네가 공을 잘 패스할 수 있도록 도와줄게." ____________

7.8 문제를 지닌 사람 도와주기(계속)

3.

"우리 엄마 지갑에서 꺼내올게." ____________

"창문 깬 것에 대해 아무것도 말하지 마. 그러면 너를 잡을 수 없을 거야." ____________

"내가 약간은 빌려줄 수 있어. 나도 은행에 얼마를 넣어야 하거든." ____________

"너네 부모님에게 말하는 게 좋을 것 같아. 내가 함께 가줄게." ____________

7.9 친구에게 도움이 필요한지에 대해 문의하기

목표

학생은 친구가 정말로 도움이 필요한 상태인지를 알게 해주는 적절한 자원을 알게 될 것입니다.

설명

만일 친구가 경청하고 있고 충분히 공감하고 있는 상황이라면 참으로 다행스러운 일입니다. 그러나 어떤 상황에서는 문제를 해결할 수 있는 제삼자의 참여가 요청되는 상황도 발생할 수 있습니다. 이 수업에서 학생들은 도움을 제공해 줄 수 있는 다른 사람을 소개해 줄 것을 요청받고 있습니다.

생각하기 질문

1. 만약 친구의 연필이 부러졌다면 당신은 그 친구를 도와줄 수 있나요? (예) 어떻게? (연필을 빌려주기, 친구를 위해 연필 한 자루 사기)
2. 만약 친구의 발목이 부러졌다면 그 문제를 해결할 수 있나요? (아마도 못함–그것은 심각한 의료적 문제임. 그러나 그 친구를 도와달라고 전화할 수는 있음. 도와줄 다른 사람을 기다리면서 친구 옆에 있어 줌)
3. 왜 1번 사고보다 2번 사고가 더 힘든 일인가요? (발목이 부러진 일은 연필이 부러진 경우보다 훨씬 더 심각한 것임)
4. 친구에게 당신이 제어할 수 있는 것 이상의 문제가 있음을 안다면 도와줄 수 있는 사람은 누구인가요? (부모, 교사, 의사, 상담가)
5. 만약 친구가 원하지 않거나 혼자서 해낼 수 있다고 할 때 당신이 직접 돕도록 해달라거나 다른 곳에 도움을 청하러 가는 것에 대해 어떻게 친구를 설득할 수 있나요? (보다 전문적인 도움이 필요한 문제라는 것을 친구에게 설명하기, 그것이 문제라는 것을 비밀로 하겠다고 약속하기, 적절한 경우라면 부모님과 상의하기)

활동

지시사항 : 학생들은 활동지 상의 각 친구가 경험하고 있는 상황에서 도움을 줄 수 있는 적절한 정보원을 찾을 수 있을 것입니다.

응답 예 : 1. 학교 상담가, 교사 2. 나이 많은 친구 또는 형제 3. 교사, 교장 4. 학교 상담가, 교장, 교사 5. 간호사, 의사, 부모 6. 버스운전사

보충활동 : 각 상황들을 살펴보고 각 상황의 심각성의 정도를 평가해 봅니다. 어떤 상황이 감정상의 문제입니까? 어떤 상황이 신체적 문제입니까? 왜 이들 문제들이 활동지 7.8에 나온 문제들보다 더 심각한 것인가요?

성명 ______________________ 날짜 ____________

7.9 친구에게 도움이 필요한지에 대해 문의하기

당신의 친구가 도움이 필요한 상황인지에 대해 당신은 누구와 얘기해 볼 수 있을까요?

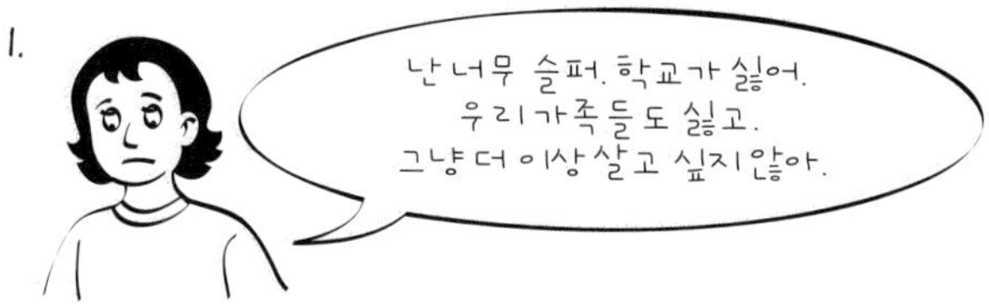

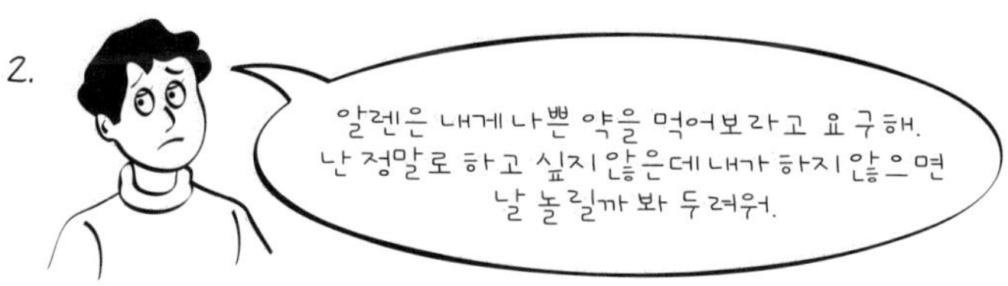

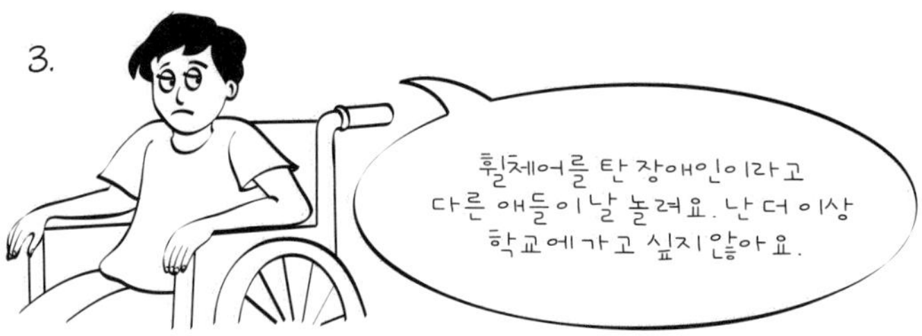

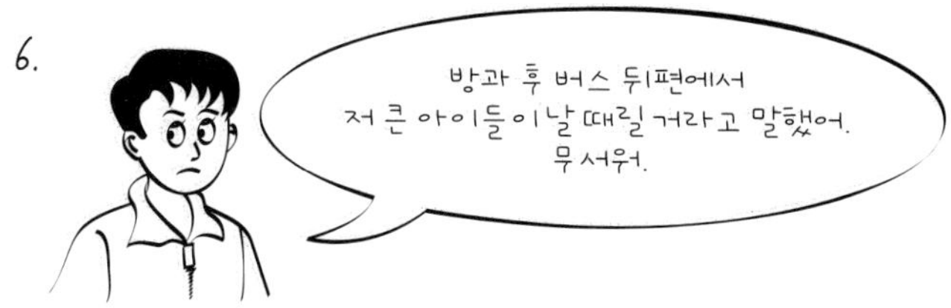

1. ____________________
2. ____________________
3. ____________________
4. ____________________
5. ____________________
6. ____________________

7.10 친구관계의 변화

목표

학생은 친구관계가 잘못되거나 변하게 되는 이유에 대해 알게 될 것입니다.

설명

평생 동안 우정이 유지되는 경우도 있지만 현실에서 대부분의 우정은 시간이 지나면서 변해버립니다. 이사를 간다거나, 서로 다른 관심사가 생기거나, 어떤 이유로 인해 서로 떨어져서 살게 되면 우정은 저절로 변하는 것입니다. 이것이 꼭 나쁜 것은 아니지만 아동들에게 큰 슬픔의 원인이 될 수 있습니다.

생각하기 질문

1. 가장 오래된 친구는 누구인가요? (대답은 다양할 것임)
2. 오랫동안 친구로 지내왔던 이유는 무엇이라고 생각하나요? (서로 가까운 데 살고 있음, 말을 좋아함, 양 가족이 서로 친함)
3. 전에는 친한 친구였으나 지금은 그렇지 않은 친구를 생각해 보세요. 왜 그렇게 되었나요? (새로운 친구들을 만남, 서로 많이 볼 수가 없음)
4. 멀리 떨어져 있어도 서로 연락할 수 있는 방법에는 어떤 것이 있나요? (편지, 전화, 방문, 이메일)
5. 새로운 취미나 관심사는 왜 우정을 변하게 할 수 있다고 생각하나요? (다른 사람들이 당신이 하는 것에 더 이상 흥미를 느끼지 못함)
6. 새로운 친구를 만나는 것은 어떻게 좋은 일인가요? 왜 슬픈 일이 될 수 있는가요? (좋은 일 : 새로운 사람들은 당신에게 새로운 것을 가르칠 수 있음. 슬픈 일 : 주변에 옛 친구가 없어서 당신이 전에 자주 하던 것을 하지 못할 수 있음)

활동

지시사항 : 여기에 더 이상 절친한 친구가 아닌 아이들이 있습니다. 그들의 우정에는 어떤 일이 일어난 걸까요?

정답 : 1. 멀리 이사감 2. 다른 관심사가 생김 3. 중요한 일에 서로 의견이 다름 4. 함께 지낼 시간이 없음 5. 성격이 변함

보충활동 : 우정은 인생에서 매우 중요한 부분입니다. 친구가 단기간이든 평생이든 그들 모두는 우리에게 무엇인가 아주 중요한 기여를 합니다. 학급에서 우정을 예찬하는 우정기념일을 만들어 보세요. 우정의 가치를 언급하고 있는 시, 이야기, 인용문, 카드를 찾아보세요. 누군가에게 절친이 될 수 있다는 것은 한 친구를 평생 사귀는 것이든 여러 친구를 서로 다른 기간에 걸쳐 사귀든 자신의 인생 전체에 도움이 되는 하나의 사회적 기술임을 강조해 주세요.

성명 ______________________ 날짜 ______________

7.10 친구관계의 변화

아래에 정말 더 이상 절친한 관계가 아닌 아이들이 있습니다. 그들의 친구관계에 무엇이 일어났는지 써 보세요.

1. **신디 :** 이건 내 친구 에이미의 사진이야. 우린 1~ 2학년 때 정말 친한 친구였는데 지금은 그 친구가 플로리다에 살고 있어서 더 이상 만나지 않고 있어.
   에이미 : 우리는 한동안 편지도 주고받았어. 지금은 내가 응원부와 체조부에서 활동하는 바람에 바빠서 더 이상 하지는 않아.

2. **팀 :** 우리가 함께 축구를 했을 때 난 자말을 만나곤 했지… 그런데 요즘 난 야구팀에 몰두하고 있어.
   자말 : 난 여전히 팀을 좋아해. 그런데 더 이상은 팀을 만날 수가 없었어.

7.10 친구관계의 변화(계속)

3. **이사벨라 :** 패트리시아와 나는 큰 과학 프로젝트에서 함께 일하기 전까지는 좋은 친구였어. 난 포스터 만들기를 원했는데 그 친구는 희곡 쓰는 걸 원했어.
   패트리시아 : 아마도 우리는 각자 최고의 아이디어를 갖고 있었다고 생각했던 것 같아.

4. **에밀리 :** 난 매주 승마수업을 받아! 난 말을 사랑하지! 그래서 더 이상 루크와 많은 시간을 함께 보낼 수는 없어.
   루크 : 에밀리는 요즘 항상 바빠. 난 축구에 열심이지. 그래서 나 역시 바쁘다고 생각해.

5. **네아시아 :** 로렌이 소피아와 함께 어울리면서 스스로 인기가 많다고 생각하는 다른 여자아이들을 만나러 다니기 전까지 로렌과 난 좋은 친구였어.
   로렌 : 네아시아는 너무 조용해. 그녀는 새로운 사람을 만나는 걸 원하지 않아. 내가 우리와 함께 다니면 그녀의 인기도 높아질 거라고 말했지만 그녀는 원하지 않았어.

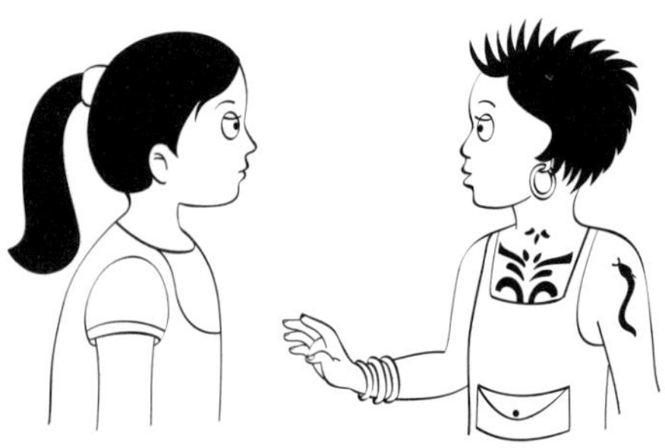

친구관계를 유지하기 위한 학급 조언

- 나눔 시간이나 동아리 활동을 할 때 친구에게 어떻게 하는 것인지 방법을 가르쳐 준 친구들을 칭찬해 주세요.
- 자유시간이나 쉬는 시간 동안 어느 누구도 불평 없이 모두가 참여해야 한다는 것을 이해하면서 차례대로 활동을 선택할 수 있게 해주세요. 학생들이 뭔가 새로운 것에 도전하는 법을 배울 수 있게 해주세요.
- '나의 친구에게'라는 제목으로 익명의 편지를 작성하게 하세요. 학생들이 누구에 대해서 쓴 이야기인지 추측할 수 있도록 하세요. 그리고 친구에 대해 얼마나 소중하게 생각하는지에 대해서도 논의해 보세요.
- 학생들에게 다양한 학생들의 기술이나 재능을 강조하는 포스터를 만들게 하세요. "내가 이야기를 나누고 싶은 사람은 …입니다.", "축구를 하게 되면 나는 …에게 함께 하자고 이야기할 거야."와 같은 문장을 완성하게 하세요. 활동의 성격에 따라 서로 다른 친구들이 필요하다는 점을 설명해 주세요. 사람들은 단 한 명의 친구와 모든 것을 함께 하는 것을 좋아하지 않으며, 그렇기 때문에 많은 친구들을 사귀는 것이 좋다는 설명을 해주세요.
- 똑똑 두드리는 날(Knock–knock day). 먼저 재미있는 농담을 찾은 후 짝을 찾아서 점심식사 전에(휴식시간 혹은 집에 갈 시간에) 그 이야기를 1~2분 동안 나누게 하세요.
- 진지한 약속들이 적힌 종이사슬을 만들어 보세요. 학생들과 약속들을 공유한 후 함께 연결하여 종이사슬을 칠판이나 창문에 늘어뜨리게 하세요. 종이사슬이 끊어지는 것은 약속을 지키지 못하는 것과 같다고 상징화해서 설명해 주세요.
- 어린아이들이 나오는 동화책을 이용하여 친구를 지지하는 예를 찾아보세요. 학생들이 동일한 상황에서 각자의 역할을 맡기를 원할 수도 있습니다.
- 모든 학생들을 짝지어서 '오늘(혹은 이번 주)의 친구'라고 지정해 주세요. 지정된 학생들끼리는 학교 활동이나 숙제, 팀 활동 등에 서로 도움을 주어야 한다고 일러주세요. 짝은 되도록이면 자주 바꿔주세요.
- 차트 한쪽에는 자주 발생할 수 있는 학교문제들을 나열하게 하고 다른 쪽에서는 학생들이 해결할 수 있는 대안을 나열하게 해보세요. 아이디어를 도출해 낼 수 있도록 함께 브레인스토밍을 해보세요.
- 가상으로 다른 친구들의 조언자 역할을 하는 과제를 내도록 합니다. 학생들이 익명으로 자신의 고민거리를 편지나 쪽지로 써서 상자에 넣은 후 뽑힌 고민거리 편지에 대해 학생들이 조언할 수 있게 해보세요. 그 결과를 함께 공유하도록 하세요.
- 상담교사, 교장, 보건교사 등을 초청해서 아동 학대, 우울증, 장애 등 학생들이 속한 환경에서 벌어질 수 있는 일들에 대한 이야기를 나누어 보세요. 도움의 원천 그리고 문제들을 해결하도록 훈련된 사람들에 대해서도 토론해 보세요.
- 우정에 대한 희곡을 쓰도록 해주세요. 이야기 구성은 학교에서 친구를 배신하는 간단한 내용으로 유머와 캐릭터를 적절하게 섞어 주세요. 학급에서 한 무리는 연극을 담당하고 또 다른 무리는 그 연극에 대한 질문과 연극의 성과에 대해 논의할 수 있게 합니다.

PART 03

긍정적인 사회적 기술 개발하기

우리 지역에서는 성인 자원봉사자들이 저소득층 가정의 아이들과 짝을 이뤄 휴일에 함께 쇼핑을 가는 프로그램을 지원한다. 저자와 보조원은 이 프로그램에 참가하기로 결정하였고, 칼리라는 귀엽게 생긴 어린 소녀의 이름과 주소를 제공받았다. 우리는 칼리를 몰랐지만, 알고 보니 그녀는 우리 학교 학생이었다. 우리는 칼리의 옷 사이즈 목록과 어떤 경우든 그녀의 손을 꼭 잡고 다니라는 유의사항을 전달받았다. 이후 한 시간 동안 우리는 아무 옷이나 카트에 담아버리는가 하면 카트 안의 물건들을 도로 꺼내고, 옷의 색상과 사이즈, 그리고 스타일에 대해 투덜대고, 씨몽키(애완용 바다새우)가 정말로 꼭 필요하다고 떼를 부려대는 이 조그마한 2학년 아이를 쫓아다니느라 진땀을 뺐다.

저자는 통상 하는 식으로 "지금 당장 할머니께 전화 드려서 그냥 집에 간다고 할 거야."라는 말을 하여 칼리를 잠시 진정시킬 수는 있었지만 기분은 썩 좋지 않았다. 계산대에 도착하자 칼리는 계산대에 물건들을 올려놓는 것을 도와주었고(껌과 초콜릿바를 몰래 물건들과 함께 계산대에 올려놓으면서), 계산원에게 예쁘게 활짝 웃어보였다.

"얘야, 재미있었니?" 계산원이 칼리에게 물었다. 칼리는 예쁜 모습으로 말했다.

"이것 봐요! 아저씨들이 내게 분홍색 우산도 사주었어요! 우리 할머니는 지난번에 여기 왔을 때 안 사줬는데 말이에요!"

칼리를 무사히 집에 바래다주고 나서 보조원과 저자는 녹초가 되었고, 그 주의 가장 최악의 실내 활동에서 살아남은 것 같은 기분이 들었다. 다음 날 나를 당황스럽게 만드는 재주가 있는 아이, 칼리에 관한 정보를 더 얻기 위해 칼리의 특수교육 선생님을 찾았다. 칼리는 약간의 주의력 결핍 및 과잉행동 장애를 갖고 있다는 이유로 따돌림 받고 있었다는 사실을 알게 되었다. 칼리는 아침에는 치료 프로그램에 참여하고 학교에는 일부 시간만 출석한다고 했다.

칼리는 학문적으로 재능이 있음에도 불구하고 긍정적 사회성 기술이 부족했으며, 그리고 그것을 한정적으로 사용할 수 있었다. 칼리는 칼리를 위해 헌신적인 늙은 조부모 아래서 자랐지만, 상황은 눈에 띄게 악화되었다. 작은 소녀 칼리는 친구도 없었고, 다른 이를 위해 배려하는 것에 대해서도 잘 알지 못했으며, 늘 성급하게 굴었다. 또한 칼리는 자기 자신이 다른 사람들에게 어떻게 여겨질지에 대해서도 무관심했다. 이는 아이가 긍정적 사회성 기술을 습득하고 발휘하는 것이 절실하게 필요하다는 것을 보여주는 전형적인 사례이다.

제3부에서는 칼리 같은 아이들에게 크게 도움이 된다고 입증된 많은 활동을 다룬다. 제3부는 다음과 같이 구성되어 있다.

- 부모에게 보내는 편지
- 이야기 : '사고'
- 제8장 : 사회적 상황 이해하기
- 제9장 : 긍정적 성격의 특성
- 제10장 : 가족과 잘 지내기
- 제11장 : 일상 예절

부모에게 보내는 편지 8

★ 내용 : 긍정적인 사회적 기술 개발하기–사회적 상황 이해하기

부모님께

혹시 다른 나라에 다녀오신 경험이 있습니까? 그들의 언어, 관습, 옷차림, 교통수단 등 모든 것이 우리와 다릅니다. 따라서 우리는 눈을 크게 뜨고 사람들이 어떻게 행동하는지 주의 깊게 살펴보아야 할 것입니다.

이제 가이드와 함께 여행을 하고 있다고 상상해 보십시오. 가이드는 당신에게 그 나라에서 할 수 있는 것과 하지 말아야 할 유의사항을 알려줄 것입니다. 그리고 관광할 때 유용하게 쓰일 몇 가지 표현들도 가르쳐 줄 것입니다. 또한 당신이 묵을 집 주인에게 좋은 인상으로 각인될 수 있도록 고마움을 표현하는 선물을 준비하라고 귀띔해 줄 것입니다. 긍정적 사회 기술을 개발하는 것은 앞서 언급한 여행 과정과도 같습니다. 우리는 학생들이 사회적 환경에서 어떤 행동을 해야 하는지, 사회 구성원의 일부가 되는 방법에 대해 가르칠 것입니다. 그리고 아이들이 최대한 많은 긍정적 사회 기술을 익혀서 다방면에서 장점을 갖출 수 있도록 도울 것입니다. 몇몇 아이들은 많은 사회적 상황을 이해하는 것을 어려워합니다. 예컨대, 대인관계에서의 분위기 흐름을 잘 알아차리지 못하거나, 주어진 상황에서 어떻게 대응을 해야 할지 잘 모르고, 자신의 목소리를 친근하게 하고 혹은 누그러뜨리는 것에 익숙하지 못한 아이들은 학교나 집에 있을 때, 그리고 친구네 집에 가거나, 상점에서 사람들과 대화하는 것과 같은 상황에서 여러 가지 문제를 야기할 수도 있다는 것입니다.

본 수업에서는 장애 아동으로 하여금 적절하게 행동하기와 상대방의 의견을 존중하기, 그리고 상대방에게 무언가를 요구하기 전에 상대방의 목소리 억양과 표정, 주어진 상황에 주의를 기울이기 등에 대한 방법들에 대하여 배우게 될 것입니다.

부모님들은 가정에서 다음과 같은 방법으로 도움을 줄 수 있습니다.

- 아이와 특정 상황을 가정하고, 어떻게 행동할지 상의해 보세요. 베르타 이모가 그에게 뽀뽀하려고 할까? 수영장을 사용해도 되냐고 물어봐야 할까? 아이가 마주하게 될 상황에 대비할 수 있게 해주세요.
- 아이에게 부모 본인의 분위기와 표정, 행동들을 보여주고 어떤 기분일지 추측하게 해보세요. 아이에게 무엇을 보았는지 물어보세요. 너의 기분은 어떠니? 왜?
- 아이에게 부모 본인의 도덕적 잣대에 대해 명확히 설명하세요. 만약에 아이가 학교에서 부정행위를 하였다면 부모님은 속상한가요? 싸움은 용납될 수 있는 건가요? '옳은 것'과 '옳지 않은 것'의 의미는 무엇인가요? 아이들이 자신들에 인생의 나침반이 될 수도 있는 도덕적 잣대를 어디서 배울 거라고 생각하는 건가요? 부모님께 달려 있습니다!

감사합니다.

____

교사

부모에게 보내는 편지 9

★ 내용 : 긍정적인 사회적 기술 개발하기-긍정적 성격의 특성

부모님께

우리가 호감이 가는 사람을 생각할 때 대개 우호적이고 재미있고 주변 사람들에게 친절하게 대해 주는 경우일 것입니다. 솔직히 외모가 출중하다거나 근육질 몸매를 갖고 있다고 하여 항상 매력적으로 느껴지지는 않습니다. 멋진 사람은 좋은 사람을 의미합니다.

그렇다면 좋아지게 하기 위해서는 사람들은 어떻게 행동할까요?

본 수업에서는 친구를 사귀는 방법 그리고 다른 사람과 어울리는 방법과 같은 긍정적인 자질의 개발에 대해서 다룹니다. 또한 관심사 만들기, 잘하는 운동 개발하기, 다른 사람에게 관대하게 대하기, 다른 사람의 정당한 비판 수용하기, 조직에 속하는 방법 등의 개발과 관련된 내용도 다룰 것입니다.

가정에서 다음 내용을 지도해 주시거나 강화시키시면 도움이 될 수 있습니다. 몇 가지 제안 사항은 다음과 같습니다.

- 아이가 새로운 경험과 흥미를 찾을 수 있도록 용기를 북돋아 주세요. 운동 프로그램, 공예 수업, 자원 봉사의 기회가 있는지 확인해 보세요.
- 좋은 스포츠맨 정신의 예시를 보여주세요. 무언가 잘못 되었을 때 어떻게 책임감을 가지고 상황을 극복해야 하는지 보여주세요. 훌륭한 패배자가 되는 것이 부끄럽지 않다는 것을 보여주세요. 패배를 인정하고 겸허히 받아들이는 자세를 가지는 훌륭한 패배자가 되는 것이 승자가 되는 것보다 훨씬 어렵답니다!
- 만약 아이가 리더 성향이 있다면, 이러한 능력을 가족 내 다른 형제들 모으는 것을 돕는 데 사용하도록 하세요. 아이에게 가족 소풍을 계획하는 일, 옷가지들을 정리하는 일 또는 장보기 목록을 작성하는 일을 도와달라고 해보세요.
- 아이가 잘못했을 때 크지 않은 잘못이라면, 심한 처벌 없이 아이를 타이르고 문제를 적당하게 처리하여 상황을 조금은 가볍게 만들어 주세요. 아이가 정직하게 잘못을 인정한 것에 대해 감사하게 여겨 주세요－비록 아직도 개선되어야 할 것이 많지만 말입니다!

감사합니다.

____

교사

부모에게 보내는 편지 10

★ 내용 : 긍정적인 사회적 기술 개발하기–가족과 잘 지내기

부모님께

본 단원은 부모님들을 위한 단원이라고 할 수 있습니다! 저희는 학생들을 가정에서까지 지도할 수는 없지만, 가정에서의 행동이 학교생활에 영향을 미칠 수 있고, 반대로 학교생활이 가정생활에 영향을 미칠 수도 있다는 것을 알고 있습니다. 만약 우리가 일상생활에서 타인과의 관계에 대해 지속적으로 스트레스를 받고 있다면 그것이 학교에서 건 혹은 가정에서 건과는 상관없이 '좋은 관계 형성하기'와 같은 교육을 시행할 것입니다. 가족들은 단순하게 '이전 세대'라고만 정의될 수 없습니다. 가족은 재혼하신 두 부모님과, 집에 함께 사는 조부모님, 이복형제나 다른 나라에서 입양된 이복형제 등으로 구성될 수 있습니다. 누가 모여 가족을 구성하건, 가족은 아이의 인생에 있어서 굉장히 중요한 한 부분입니다.

본 단원의 수업에서는 부모님과 사이좋게 지내기, 나이가 가장 많거나 가장 어리거나 어중간한 나이의 아이 등 가족 구성원과 어울려 지내기, 집안일과 숙제를 도와주기 그리고 가족 구성원 중 하나로서 즐거운 시간 보내기 등과 같은 분야에 대해 다룹니다. 다음과 같은 방법으로 아이를 지도할 수 있습니다.

- 아이에게 우리 가족의 규칙에 대해 설명해 주세요. 규칙이 필요한 이유와 규칙을 지키지 않았을 때 벌어질 결과에 대해서 토의할 수 있습니다.
- 아이에게 단순하게 '막내'나 '내 아들'이 아닌, 하나밖에 없는 특별한 존재라는 것을 일깨워 주세요. 자녀들의 특별한 성취를 개개인마다 일일이 칭찬하고, 본인의 흥미를 찾도록 도와주세요.
- 집안일 당번은 체계적이고 공정하게 정하세요.
- 모든 사람은 가정을 이루며 살고 있습니다. 그래서 모두가 어떤 일을 해내는 것에 일조할 수 있습니다. 집안일을 하는 것은 처벌로 여겨져서는 안 됩니다. 단지 모두가 힘을 합치면 일을 쉽게 해낼 수 있기 때문에 책임감을 가지고 집안일을 돕는 것입니다.
- 아이와 영원히 함께 살 수만은 없다는 사실을 기억하세요. 아이에게 행복한 유년기를 만들어 주기 위해, 다수의 좋은 경험과 가족들이 서로를 응원하고 사랑했다는 추억을 선물 하기 위해 가지고 계신 시간을 아이와 함께 보내는 데 사용하세요. 가족끼리 재미있게 시간을 보낼 수 있는 방법을 찾아보세요.

감사합니다.

____

교사

부모에게 보내는 편지 11

★ 내용 : 긍정적인 사회적 기술 개발하기-일상 예절

부모님께

생일 축하 파티에 초대된 아이들로 꽉 찬 영황관에 가보신 적이 있습니까? 또는 식료품점에 가서 계산 차례를 기다릴 때 초콜릿바와 잡지 없이 못 사는 아이를 자녀로 둔 사람 뒤에서 계산을 기다려 본 적이 있습니까? (아이를 갖기 전에) "내 자녀는 절대로 저렇게 행동하도록 키우지 않겠어!"라는 말을 한 적이 있습니까? 자, 이제는 잘 알았지요! 아이는 아이라는 것을요!

마지막 단원에서는 매일 벌어질 수 있는 상황에서 사용할 수 있는 사회적 기술에 대해 배웁니다. 모든 부모들은 자녀가 예의 바르고 다른 사람을 존중할 수 있는 사람으로 자라길 바랍니다. 또한 식사 전에 손을 씻거나, 올바른 식사예절에 대해 알고, 적절한 어휘를 사용하거나 감사 편지를 쓰는 등의 일도 할 수 있는 사람으로 말입니다.

아마 이 책에서 가장 중요한 사회적 기술은 마지막으로 배우는 바로 이 기술일 것입니다. 행동의 기본 양식과 내가 대접받고 싶은 만큼 남을 대접해야 한다는 사실에 대해 토의해 보세요. 이 토의로 지금까지 배운 모든 것에 대해 이야기할 수 있습니다.

가정에서 아이들이 좋은 예절을 배울 수 있도록 도와 주세요.

- 아이가 집에 오면 다른 사람에 대해 소개하는 법과 친구들을 사귀는 법에 대해 특히 신경을 써서 지도해 주세요. 격식 차릴 필요는 없지만, 서로의 이름을 주고받고 눈을 맞추며 이야기했는지 확실히 해두세요.
- 손을 씻고, 은 식기류를 사용하고, 식탁의 접시를 건네주는 것은 식사시간의 한 영역으로 만드세요. 작은 아이가 콩을 먹으려고 달려드는 것은 귀엽지만, 식사예절에 대해 더 잘 아는 사람이 음식을 먹으려고 달려드는 것은 그다지 유쾌하지는 않습니다. 비록 식사시간을 자주 갖지 않아도, 식사 예절을 가르치는 시간을 꼭 가지세요.
- 공중전화 같은 공공 기물을 이용하거나 대중교통을 탈 때, 북적이는 대기실에 앉아 있을 때 아이에게 일반적인 공손함에 대해 가르칠 기회를 찾아보세요. 다른 사람들에게 친절하게 대하는 법에 대해 보여주세요.
- 아이가 다른 사람에게 공손하게 행동할 때, 아이를 자랑스럽게 여기세요. 아이에게 사려 깊은 모습을 보인 것에 대해 칭찬하세요(아이의 행동에 놀라게 되더라도 말입니다!).

가정에 행운이 깃드시길 바랍니다.

감사합니다.

____

교사

이야기 : 사고

신시아와 린다는 클락 선생님 반 학생이지만 그것 말고는 아무런 공통점이 없었어요. 린다는 키가 매우 컸지만 신시아는 키가 작았어요. 린다는 야구를 좋아했지만 신시아는 그림 그리는 것을 좋아했어요. 그리고 둘은 거절하는 방법도 무척 달랐어요.

린다는 어떤 일을 하고 싶지 않을 때 숨을 깊게 들이쉰 뒤 폐에서부터 숨을 끌어 올리고서는 매우 큰 목소리로 "싫어!"라고 소리 질러요. 하루는 마이클이 지우개를 빌려줄 수 있냐고 물어보았어요. 린다는 강한 숨결로 불쌍한 마이클을 넘어뜨릴 만큼 큰 목소리로 "싫어!"라고 소리 질렀어요.

린다가 싫다고 말할 때는 정말 싫은 것이에요. 더 이상의 토를 달아서는 안 돼요.

반면에 신시아는 누군가에게 "싫어."라고 말하고 싶을 때, 항상 종국에는 "그래, 좋아."라고 말하며 끝내요. 그러나 이것은 진짜 거절이 아닌 셈이에요.

하루는 낸시가 와서 신시아의 독해 책의 정답을 베껴도 되냐고 물었에요. 신시아는 낸시에게 자기 숙제를 보여주고 싶지 않았지만, 결국에는 "그래, 좋아."라고 대답하고서는 자기 숙제를 낸시에게 건네주었어요.

클락 선생님은 어느 날 린다와 신시아가 놀이터에서 함께 노는 것을 보았어요. 스티븐은 꽤 오랜 시간 그네를 타고 있던 린다에게 다가가 정중하게 "그네를 바꿔 탈 수 없겠니." 하고 물었어요. 린다는 고개를 확 쳐들고는 숨을 깊게 들이쉰 뒤 소리 질렀어요. "싫어! 당장 저리가!"

그래서 스티븐은 옆에 있던 그네로 가서 신시아에게 똑같이 부탁했어요. 신시아는 그네를 탄지 얼마 안 되었을 뿐더러 그네에서 내리고 싶지 않았지만 "그래, 알겠어."라고 말한 뒤 그네에서 내려왔어요.

클락 선생님은 문득 한 생각이 머리에 스쳤어요. 클락 선생님은 스미스 선생님을 찾아가서 말했어요. "린다는 신시아를 반만 닮았으면 좋겠고, 신시아는 린다의 반만 닮았으면 좋겠어요. 그러면 자기 자신이나 남을 화나게 하지 않고 거절할 수 있을 텐데 말이에요."

선생님은 스티븐에게 가서 신시아에게 그네를 다시 돌려주는 게 좋겠다고 말했어요. 그러나 스티븐은 선생님의 제안에 기분이 좋진 않았어요. 그래서 클락 선생님이 가려고 뒤돌았을 때, 신시아를 정말 세게 밀어버렸어요! 사실 그렇게 세게 밀려던 것은 아니었지만 그 바람에 신시아와 린다는 서로 머리를 박아버렸어요.

두 소녀는 소리를 지르기 시작했어요! 그들은 서로 부딪힐 것이라는 것을 알았어요. 부딪히기 직전에 린다는 "싫어어어어-!"라고 소리질렀고, 신시아는 "그래-!"라고 소리질렀어요.

결국 둘은 서로 부딪혔어요. 엄청나게 세게 부딪혔어요! 그러고는 두 소녀는 땅에 풀썩 주저앉아 머리에 난 큰 혹을 문질렀어요.

"둘 다 괜찮니?" 클락 선생님이 급히 달려가서 물었어요.
"예, 좋아요." 린다가 말했어요.
"아니요!" 신시아가 말했어요.
두 소녀는 깜짝 놀라 서로를 쳐다 보았어요.
"방금 뭐라고 했니," 클락 선생님이 물었어요."내가 잘못 들었니?"
신시아는"아니요!"라고 했고, 린다는 "예, 좋아요."라고 했어요.

두 소녀는 깜짝 놀라 서로를 쳐다보며 입을 크게 벌렸어요. 무슨 일이 일어난 것일까요?

“집에 가야 하는 거 아니니?” 클락 선생님이 걱정스럽게 물었어요.

“싫어요!” 신시아는 린다가 평소 그랬던 것처럼 소리 질렀어요. 신시아는 놀라서 입을 가렸어요. “예”라는 말을 잘못 말해버린 것이어요.

“알겠다.” 클락 선생님이 손을 들며 말했어요. “뭐 하나만 물어볼게. 소리 지르지는 말고 얘기하렴. 너는 어떠니, 린다야? 어머니께 전화 드릴까?”

린다는 고개를 흔들었어요. 왜냐하면 엄마가 낮에 외출한다는 사실을 알고 있었기 때문이에요. 하지만 “그래요, 좋아요.”라는 말이 불쑥 튀어나왔어요. 클락 선생님은 전화기를 들었어요. 린다는 소름끼칠 만큼 똑같이 신시아처럼 말했어요.

두 소녀가 이상해지고 나서, 클락 선생님은 두 부모님에게 모두 전화를 드렸고, 두 소녀는 집으로 돌아가 오후 동안 쉬면서 큰 혹을 가라앉히기 위해 얼음찜질을 했어요.

두 소녀가 서로 머리를 부딪치고 그네에서 떨어지기 직전에 말한 단어만을 말할 수 있게 되었다는 것을 알아차리는 데 긴 시간이 걸리지 않았어요. 이유는 알 수 없지만 사고를 당할 때, “싫어.”라는 말과 “그래, 좋아.” 라는 말이 서로 뒤엉켜 목소리가 섞여버렸어요.

“낮잠 자고 싶니?” 린다의 엄마가 집에 돌아왔을 때 물었어요.

린다는 당연히 낮잠이 자고 싶지 않았어요. 뒷마당으로 가서 야구를 하고 싶었어요. 하지만 입 밖으로 튀어 나온 단어는 “그래요, 좋아요”였어요. 그래서 엄마와 함께 침실로 갈 수밖에 없었어요.

“네가 조용조용 말하니까 정말 듣기 좋구나.” 린다의 엄마가 말했어요. “난 네가 지금처럼 말하는 게 참 좋단다, 린다야.” 린다는 침대 속으로 기어 들어가서는 자신이 꽤 피곤하다는 사실을 깨달았어요.

그날 밤 린다의 엄마는 성대한 저녁상을 차렸어요. “이 브로콜리랑 시금치 캐서롤 좀 먹어보지 않겠니?” 엄마는 린다에게 물었어요.

린다가 유일하게 브로콜리보다 더 싫어하는 것이 시금치였지만 린다는 아무 말도 할 수 없었어요. 다만 "그래요, 좋아요."라고 말할 수 있을 뿐이었어요. 그리고 접시의 3분의 2를 차지하는 초록색 덩어리를 마주하게 되었어요.

"나는 린다 네가 새로운 것들을 시도하는 게 정말 좋구나." 린다의 엄마가 웃으며 말했어요. "난 항상 네가 야채를 싫어한다고 생각했거든."

그리고 막상 먹어보니 초록색 덩어리는 썩 나쁘지 않았어요.

저녁 후에, 린다의 남동생 지미는 린다에게 물었어요. "린다 누나, 나 숙제하는 것 좀 도와줄래? 수학이야." 지미는 멋쩍게 웃으며 혀를 내밀었어요.

린다는 지미의 숙제를 도와주는 것보다 더 지루한 일은 없을 거라는 생각이 들었지만, "그래, 좋아."라고 대답했어요. 그러고는 지미 옆에 앉았어요. 지미는 너무 기뻐서 자기가 가장 좋아하는 장난감 트럭을 린다에게 주었어요. 린다는 딱히 트럭을 갖고 싶었던 것은 아니지만, 지미를 돕는 것이 내심 기분 좋았어요.

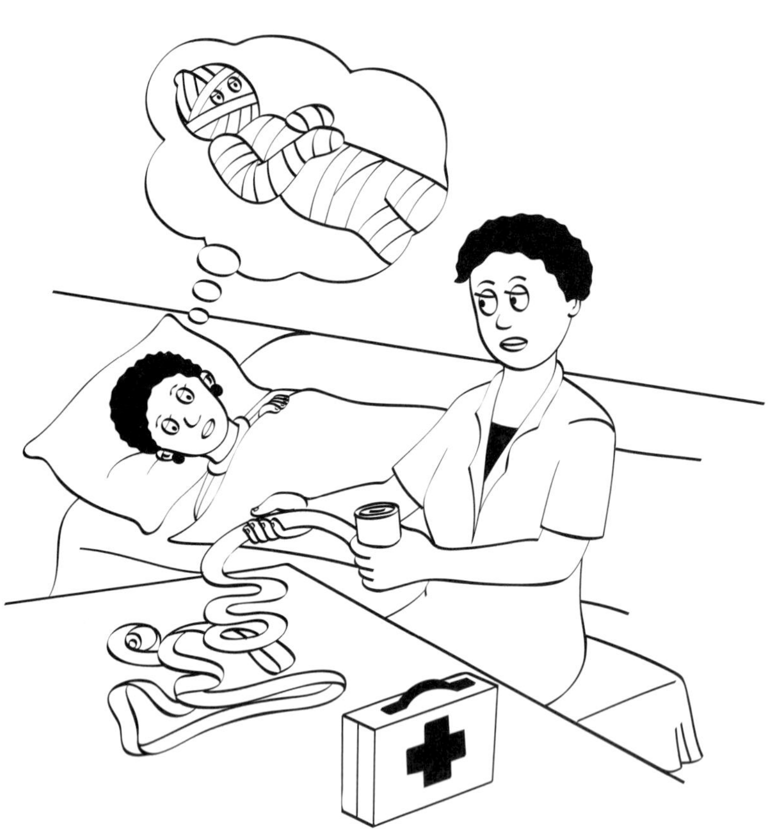

한편 신시아의 엄마는 신시아가 머리만 다쳤음에도 신시아의 온몸을 붕대로 감고 또 감았어요. "불쌍한 우리 아가." 엄마가 말했어요. "괜찮아질 때까지 붕대를 감고 있어야만 해, 알겠지?"

신시아는 속으로는 짜증이 났어요. 작은 반창고가 하나만 필요한 경우에도 엄마는 온 몸을 붕대로 감아주기 때문이에요. 하지만 그럴 때마다 평소에 "그래요, 좋아요."라고 말했었던 것이, 엄마의 물음에 대답하기 위해 입을 열었을 때 "싫어요."라는 대답이 흘러나오자 신시아는 자신의 대답에 깜짝 놀랐어요.

"뭐라고" 엄마가 놀라며 말했어요. "반창고 붙이는 게 싫어?"
"싫어!" 자신의 목소리에 놀라 쇼파에서 거의 반쯤 굴러 떨어지며 신시아는 대답했어요. "그래, 알겠다." 신시아의 엄마가 구급상자를 치우며 말했어요.

신시아는 믿을 수 없었어요! 반창고를 안 붙여도 되다니! 놀라웠어요! 이건 휠체어 역시 타지 않아도 된다는 말과 같을 것이에요. 신시아의 엄마는 신시아가 다치면 가끔 흥분하여 도가 지나치게 행동하는 경향이 있어요.

잠시 후 옆집에 사는 앨리스가 함께 놀자고 신시아를 찾아왔어요. 신시아는 앨리스를 좋아했지만, 앨리스가 신시아의 자전거를 가져가서 진흙에서 타고 놀 때는 싫었어요. 하지만 신시아는 언제나 앨리스가 자전거를 빌려줄 수 있냐고 물으면 "그래, 좋아."라고 대답했어요.

하지만 이번에는 앨리스가 자전거를 빌려달라고 찾아오자 신시아는 약간은 즐기며 말했어요. "싫어."

"정말?" 앨리스가 재차 물었어요. "그래, 네가 빌려주기 싫다면 할 수 없지. 난 집에 가서 내 자전거나 타야겠다."

신시아는 그렇게나 바로 "싫어."라고 말하고 싶진 않았지만, 입을 꼭 다물고 머릿속으로는 자전거를 빌려주지 않아도 된다는 사실을 기뻐했어요!

그날 저녁 낸시가 신시아에게 숙제를 보여 달라고 찾아왔어요(낸시는 매일 밤마다 그랬어요). 신시아는 낸시가 집으로 걸어오는 것을 바라보며 웃었어요. 이제 신시아는 거절을 즐기는 것 같았어요.

"신시아, 집에 있니?" 낸시가 자신의 비어 있는 학습지를 흔들며 말했어요. "숙제 보-"

이웃들은 꽤나 깜짝 놀랐을 것이에요. 그도 그럴 것이 어린 소녀가 앞마당에 대고 소리를 질렀기 때문이에요.

다음 날 학교에서 두 소녀는 나란히 앉아서 수업을 들었어요. 신시아는 린다에게 다음과 같은 쪽지를 썼어요.

"내가 너의 목소리 덕분에 즐거웠던 만큼 너도 즐거웠니?"

답장이 왔어요. "아니! 그렇지만 많은 걸 배웠어!"

신시아와 린다는 이전 자신의 목소리를 완전히 되찾을 때까지 몇 주간은 선생님 앞에서 발표를 해야 했어요.

린다는 모기만한 목소리로 "싫어."라고 했지만, 실은 정말 싫다는 의미였어요.

신시아는 더 이상 사람들이 자신을 이용해 먹는 것을 내버려두지 않고 정말로 원치 않는 일인 경우에만 "싫어."라고 말했어요.

"나는 정말 너희들이 자랑스럽구나." 클락 선생님이 말했어요. "이번 일은 너희에게 있어 정말 좋은 경험이 될 것 같구나, 그렇지 않니?"

두 소녀는 서로를 바라보고 빙그레 웃으며 동시에 대답했어요. "예!"

끝

08

Chapter

사회적 상황 이해하기

8.1 올바르게 예측하기

목표

학생들은 특정한 사회적 상황이 주어졌을 때 적어도 하나 이상의 타당한 결과나 예측을 올바르게 도출할 수 있습니다.

설명

사회에서 발생하는 수많은 당황스러운 문제들은 사회적 상황을 명확히 이해하지 못했을 때의 결과입니다. 사회성 기술은 일반적으로 연습과 많은 사회적 경험으로 향상되지만, 행동하기 전에 잠시 멈추고 상황에 직면하지 않았을지라도 그 상황은 어떤 사회적 현상을 수반하는지 생각하는 것도 사회성 기술을 향상시키는 데 도움이 됩니다. 특히 일부 특정 학생들에게는, 상황이 닥치기 전에 어떤 일이 일어날지 생각하고 미리 행동양식을 준비하는 것이 매우 큰 도움이 됩니다.

생각하기 질문

1. 만약 당신이 서커스에 초대된다면, 스키나 테니스 라켓을 가져갈 것인가요? (아마 안 가져갈 것 같다.)
2. 연설을 하게 되었다고 가정할 때, 아무도 없는 빈 방으로 걸어 들어가면 어떤 기분이 들까요? (혼란스럽다. 휴~ 다행이다!)
3. 만약 무언가를 준비할 때 제한시간 안에 해야 한다는 것을 알게 된다면, 더 잘하기 위해 어떻게 할까요? (미리 연습해 본다, 물건들을 미리 갖다놓는다, 필요한 게 있으면 미리 사둔다.)
4. 만약 백악관에 초대되어 대통령과 함께 식사를 하게 되었다면, 만찬에 가기 전에 어떤 준비를 할 것인가요? (새 옷을 산다, 머리를 감는다.)
5. 왜 파티에서 옷을 잘못 입었거나, 시간을 잘못 맞춰 왔다든지 혹은 필요한 것을 가져오지 않았을 때 당황스러울까요? (바보같이 보일까 봐, 사람들과 다르게 보이니까.)
6. 왜 파티나 경기, 행사 같은 곳에 가게 될 때, 가기 전에, 사전정보를 알아 가면 좋은 걸까요? (그곳에 가서 뭐가 필요할지 미리 알고 준비할 수 있다.)
7. 사교적인 자리에서 기대했던 일이 일어나지 않아서 실망했던 적이 있습니까? 있으면 말해 보세요. (깜짝 파티를 기대했는데 일어나지 않았거나, 왔으면 좋겠다고 생각한 사람이 오지 않았을 때다.)

활동

지시사항 : 학생들은 네 가지 사회적 상황을 읽고, 각 상황에 가장 어울리는 답을 고릅니다. 학생들에게 각 상황마다 정답은 단 한 개만 있다고 알려줍니다.

정답 : 정답 : 1. c　2. a　3. b　4.c

보충활동 : 선택하지 않은 답변들이 왜 타당한 예측이 아닌지 논의합니다. 왜 이웃들은 당신을 위해 수영복을 준비해 주지 않았을까요? 당신은 어떤 경우에 사람들에게 너무 많은 기대를 하게 되나요? 가끔은 비논리적인 상황이 벌어져서 꽤 놀라게 되는 경우가 있습니다. 하지만 대부분의 상황에서는 다른 사람들에 대해 예측할 수 있습니다. 대부분의 상황에서 어떤 것이 전형적이거나 평범할지 중점적으로 생각해 보고, 가끔은 이상한 일이 벌어질 수도 있다는 것을 인정해야 합니다.

성명 ______________________________ 날짜 ______________

8.1 올바르게 예측하기

다음 상황을 읽고, 각 상황에 어울리는 정답을 고르세요.

1. 이웃집에서 열리는 수영장 파티에 초대를 받았습니다. 적어도 4시까지 도착해서 야외 바베큐 파티에 참석해야 합니다. 이런 상황에서는 어떤 예측이 가능할까요?

   ________ a. 이웃들이 당신을 위해 수영복과 수건을 준비해 줄 것입니다.

   ________ b. 거기 있는 모든 사람들을 위해 저녁식사를 준비해 가야 합니다.

   ________ c. 본인 수영복과 갈아입을 옷, 같이 먹을 감자튀김 정도의 음식을 챙깁니다.

2. 선생님께서 식물 기르는 법에 대해 설명하고 있는데 교장 선생님이 교실로 들어오셨습니다. 선생님은 잠시 수업을 멈추고 교장 선생님과 말씀하시려고 밖으로 나가셨습니다. 이런 상황에서는 어떤 예측이 가능할까요?

   ________ a. 조용히 하고 선생님이 말씀을 끝내시고 다시 돌아오실 때까지 기다립니다.

   ________ b. 선생님은 바닥에 식물을 던질 것입니다.

   ________ c. 교장 선생님은 선생님 책상을 훑어 볼 것입니다.

3. 어떤 남자아이가 새로 전학을 왔습니다. 쉬는 시간이 되자, 그 아이는 내가 속해 있는 공차기 모임에 자기를 끼워줄 수 있냐고 부탁합니다. 이런 상황에서는 어떤 예측이 가능할까요?

   ________ a. 그 아이가 모두를 때리며 동그랗게 돕니다.

   ________ b. 함께 놀게 합니다.

   ________ c. 다 함께 그 아이를 무시합니다.

4. 큰 누나(언니)가 새로 산 빨간 스웨터를 축구경기 하러 갈 때 입으라고 빌려 주었습니다. 이런 상황에서는 어떤 예측이 가능할까요?

   ________ a. 친구에게 쏟아진 음료수를 닦으라고 스웨터를 빌려 줍니다.

   ________ b. 누나(언니)에게 스웨터를 아예 가지겠다고 말합니다.

   ________ c. 스웨터가 더러워지지 않게 조심히 입습니다.

8.2 무례하지 않게 '아니요'라고 거절하기

목표

학생들은 상대방에게 예의 바르고, 상대방이 수용할 수 있는 방법으로 '아니요'라고 말할 수 있는 방법을 알 수 있습니다.

설명

우리는 거절이 완전히 수용될 수 있는 많은 상황을 직면합니다. 하지만 상대의 의견이나 상대가 원하는 것을 거절하거나 받아들일 수 없다고 말하는 것은 적대시하는 것으로 비춰질 수 있습니다, 학생들은 무례하지 않고, 상대방이 화가 나거나 적대감을 느끼지 않게 '아니요'라고 거절할 수 있는 법을 알아야 합니다.

생각하기 질문

1. 누군가 당신이 가진 돈 전부나, 가장 좋아하는 청바지, 집에 있는 가장 좋아하는 장난감을 빌려달라고 말했을 때, 어떻게 대답해야 할까요? ("그럴 생각 꿈도 꾸지 마.", "절대 안 돼.", "미쳤니.")
2. 그 사람이 정중하다고 느끼게끔 거절하려면, 어떻게 말해야 할까요? (위 문제에서 말한 대답을 "미안하지만 안 돼.", "그럴 수 없을 것 같아."라고 바꾸어 말한다.)
3. 거절할 만한 상황에는 어떤 것들이 있을까요? (나눠주면 안 되는 것을 나눠달라고 할 때, 가지 말아야 할 곳을 같이 가자고 할 때)
4. 누군가에게 정중하게 거절했을 때는 그렇지 않았을 때랑 같은 결과가 일어날까요? (아마도 그럴 것 같다. 누군가는 계속 더 부탁할 수도 있을 것 같다.)
5. 무례하고 예의 없게 거절하는 것은 상황을 어떻게 악화시킬 수 있을까요? (상대방이 화가 날 수도 있다. 상대방이 다음번에 내가 부탁할 때 나눠주기 싫어할 수도 있다.)

활동

지시사항 : 활동지에서 정중하게 거절하는 등장인물에 동그라미를 그리고 그렇지 못한 등장인물에는 × 표시를 합니다. 등장인물들을 통해 무례하려고 의도하지 않았어도, 발화 방법에 따라 정중하지 못하게 들릴 수 있다는 것을 강조할 수 있습니다.

정답 : O : 2, 3, 6 X : 1, 4, 5

보충활동 : 학생들에게 정중하지 않게 느껴지는 거절을 좀 더 정중하게 들리게끔 바꾸어 말하도록 지도합니다. 거절할 때 목소리의 음색으로도 의도를 전달할 수 있습니다. 학생들이 등장인물의 대사를 읽을 때 기분 좋은 어투나 일반적인 어투로 읽도록 지도합니다.

성명 ______________________ 날짜 ____________

8.2 무례하지 않게 '아니요'라고 거절하기

다음 학생들은 모두 거절을 해야 하는 상황입니다. 정중하게 거절한 사람에게는 동그라미를 그리고, 무례하게 거절한 사람에게는 × 표시를 해보세요.

1.

2.

3.

4.

5.

6.

8.3 '싫어'라고 거절하고 싶을 때, '그래'라고 수락하지 않기

목표

학생들은 특정 문제에 대하여 그림을 그리거나 혹은 해결 대안의 설명을 통하여 상대방에게 '싫어'라고 적절하게 말함으로써 거절할 수 있습니다.

설명

일부 학생은 쉽게 '싫어'라고 거절하지 못하는 문제점이 있습니다. 그런 학생들은 본인이 해내지 못하는 일임에도 불구하고 수락하거나 일을 벌여놓는 경향이 있습니다. 이번 수업은 주어진 상황에서 '그래'라고 수긍하는 대신에 '싫어'라고 거절할 수 있는 기술에 대한 것입니다.

생각하기 질문

1. 사실은 하기 싫은데도 불구하고 수긍한 적이 있나요? 있다면 말해 보세요. (학생들에게 본인의 경험을 얘기한다.)
2. 앞서 말한 경험이 문제가 되어버린 적이 있나요? 있다면, 어떤 문제가 되었나요? (수락한 일을 해내는 데에 생각보다 많은 시간이 걸렸다, 작업이 어려웠다, 이 밖에도 학생들의 좋지 않았던 점들을 말해 보세요.)
3. 정말로 반드시 거절해야만 했던 상황이 있었나요? (있다) 어떤 상황이었나요? (옳지 않은 일을 부탁 받았을 때, 위험에 처할 수도 있는 일을 부탁 받았을 때)
4. 사람들은 왜 적절한 시기가 아니거나 위험할 수도 있는 일을 수락하는 것일까요? (웃음 거리가 되기 싫어서, 괴롭힘 당할까 봐, 바보처럼 보일까 봐)
5. 부탁을 거절했을 때 일어날 수 있는 최악의 상황은 무엇일까요? (웃음거리가 되는 상황, 상대방이 나랑 친구하지 않겠다고 말하는 상황)
6. 거절해서 당황스러운 상황을 겪는 것이 위험하거나 옳지 않은 일을 수락하여 문제가 생기는 것보다 낫다고 생각하지 않나요? (그렇다!)

활동

지시사항 : 학생들은 학습지에 등장인물이 '싫어'라고 거절하는 상황을 그림으로 그려봅니다. 학급에서는 그림을 이용하거나 또는 학생들이 말풍선을 이용하는 등 다양한 표현방법의 글쓰기를 이용하여 학습목표에 도달할 수 있습니다.

응답 예 :
1. "싫어, 그렇게 하고 싶지 않아."
2. "싫어, 그건 공정하지 않아."
3. "오늘 밤은 정말 안 돼, 오늘은 내 생일이거든. 게다가 이미 선약도 있어."
4. "몸 상태가 좋지 않아, 나 아무래도 집에 가야겠어."

보충활동 : 학생들끼리 의견을 나누게끔 지도합니다. 활동지의 상황들은 왜 잠재적인 문제를 내포하고 있을까요?(위험, 커닝) 거절하는 상황에서 상대방이 이해하지 못하는 것이 가장 두려운가요, 아니면 '싫어'라는 거절을 순순히 받아들이지 않는 것이 가장 두려운가요?

성명 ______________________ 날짜 ______________

8.3 '싫어'라고 거절하고 싶을 때, '그래'라고 수락하지 않기

만약 다음 상황을 겪게 된다면 어떻게 '싫어'라고 거절할 것인가요? 문제를 어떻게 해결할지 그림을 그리고 글로 쓰세요.

1. 나보다 더 나이가 더 많은 친구가 담배를 권하면서 피우지 않으면 애송이라고 부를 거라고 한다.	2. 가장 친한 친구가 숙제를 보여 달라고 한다.
3. 오늘은 나의 생일이라서 친구들과 볼링을 치러 가기로 했다. 그런데 이웃이 오늘 저녁에 아기를 돌봐 달라고 한다.	4. 몸 상태가 매우 좋지 않은데 선생님께서 방과 후에 학급 소식지 작업을 도와달라고 하신다.

8.4 상대방의 기분을 상하게 하지 않기

목표

학생들은 생각 없이 말하거나 무례한 충고가 때로는 상대방의 기분을 상하게 할 수도 있다는 것을 인지할 수 있습니다.

설명

의도를 했든 혹은 안했든지 간에, 상대방의 감정을 제대로 알지도 못하면서 상대방이나 상대방의 상황에 대해서 즉흥적으로 내뱉는 말들은 상대방의 기분을 상하게 하기 쉽습니다. 충동적으로 말하기 전에, 그 말이 상대방의 감정에 어떻게 영향을 줄 수 있는지를 헤아릴 수 있어야 합니다.

생각하기 질문

1. 나 자신이 제일 민감하게 여기는 부분에 대해서 생각해 봅시다. 특별한 경우가 아니라면, 대다수 사람들이 가장 예민하게 생각하는 부분은 무엇일까요? (몸무게, 외모, 학업문제, 못하는 운동)
2. 어떤 사람이 다른 사람의 실수나 약점에 대해 말하는 경우에 대해 생각해 보세요. (여러 가지 예시를 들어본다.)
3. 앞에서 언급한 상황에서 다른 사람이 이를 듣는다면 어떤 반응을 보일까요? (기분이 상한다, 화를 낸다.)
4. 대부분의 사람들은 다른 사람의 기분을 상하게 하려고 할까요? (상황과 사람에 따라 다르다고 생각한다.)
5. 상처받은 사람들은 어떻게 행동할지 이야기해 보세요. (아마 매우 슬퍼 보일 것 같다, 울 것 같다, 그 모임을 떠 날 것 같다.)
6. 사람들은 자신이 상처 받았다는 것을 숨기기 위해 어떤 행동을 할까요? (아무렇지 않은 척 한다, 주제를 다른 것으로 돌린다.)
7. 상대방의 기분을 상하게 하려는 의도와 관계없이, 말하는 것만으로도 상대방을 예민하게 혹은 기분을 상하게 할 수 있습니다. 예를 들면 어떤 것들이 있을까요? (상대방의 약점, 습관, 가정형편 등에 관한 것)
8. 상대방의 기분을 상하게 해서 얻게 되는 좋은 것이 있을까요? (직접적인 것은 없다.)

활동

지시사항 : 학생들은 목록에 있는 말들을 읽고, 상처를 주는 말 옆에는 슬픈 얼굴을 그리고, 긍정적이거나 중립적인 말에는 아무 표시도 하지 않습니다.

정답 : 슬픈 얼굴 : 1, 2, 5, 6, 9, 10

보충활동 : 학생들과 슬픈 얼굴을 그린 이유에 대해 이야기해 봅니다. 왜 그 말은 상처를 주는 말인가요? 대화 상대의 약점은 무엇인가요?(외모, 잘 못하는 일, 위생적인 것, 경제적인 문제)

성명 ______________________________ 날짜 ______________

8.4 상대방의 기분을 상하게 하지 않기

어떤 말이 상대방의 기분을 상하게 할 수 있을까요? 상처 주는 말 옆에 슬픈 얼굴을 그려보세요.

1. "너 진짜 뚱뚱하다."
2. "너 이 단어 읽을 줄 몰라? 너 진짜 진도 느리다."
3. "잘했어! 다음번 엔 꼭 득점할 수 있을 거야!"
4. "연필 좀 건네줄 수 있겠니?"
5. "너 그 스웨터 말인데, 재활용 수거함에서 주워 왔니?"
6. "너 양치 좀 하고 다니란 말 안 듣니?"
7. "너 테니스 신발 참 예쁘다."
8. "로날드가 우리 반에서 가장 빨리 달릴 거야."
9. "우리 모임에 세라는 끼워주고 싶지 않아."
10. "네 셔츠 뒷부분에 그거 찢어진 거니? 아니면 그냥 뭐 묻은 거니?"

8.5 장애란 무엇인가?

목표

학생들은 학교 또는 지역사회에서 만날 수도 있는 신체적 혹은 정신적 장애를 가진 아이를 인지할 수 있습니다.

설명

대다수의 사람들은 처음에는 심한 장애를 가지고 있는 사람과 상호작용을 하는 것을 불편하게 생각할 것입니다. 그래서 아마 무얼 해야 할지, 어떤 말을 해야 할지 몰라 어색할 것입니다. 학생들이 장애에 대하여 더 잘 알고, 또 장애인들이 함께한 상황에서 더 편안하게 얘기할 수 있으면 있을수록, 학생들은 이러한 상황을 더 적절하게 다룰 수 있습니다.

생각하기 질문

1. '장애'라는 말을 들으면 가장 먼저 어떤 생각이 드나요? (앞이 안 보이는 사람, 휠체어를 탄 사람, 불구인 사람)
2. 장애에는 많은 종류가 있습니다. 신체적인 장애에는 무엇이 있을까요? (시각장애, 청각장애, 지체장애)
3. 장애가 있는 사람들은 살면서 상태가 좋아질 수 있을까요, 아니면 사는 내내 장애를 안고 살아야 할까요? (어느 정도는 좋아질 수도 있다, 하지만 신체적인 장애는 아마 항상 관리해야 한다.)
4. 신체적인 장애가 있는 사람들 중에서 장애가 있음에도 불구하고, 그들이 하고 싶은 것의 대부분을 이룬 사람이 있을까요? (학생들은 아마 지역 내 아는 사람, 유명한 운동선수, 헬렌켈러에 대해 이야기 할 것이다.)
5. 단지 장애가 있다고 해서, 그 사람이 아프거나 즐거운 일은 하나도 할 수 없다는 것을 의미 할까요? (꼭 그렇지만은 않다, 그들 나름대로 주어진 환경에 적응해 나갈 방법을 찾는다.)
6. 어떤 장애의 경우 눈에 확연히 드러나지 않습니다. 정신적 장애에는 어떤 것이 있을까요? (다운증후군, 자폐증, 학습장애)
7. 읽기장애나 학습장애 때문에 학교에서 남들에 비해 더 열심히 노력하는 학생들이 많습니다. 단지 겉으로 보이는 것만으로 남을 판단할 수 없듯이, 이 학생들 역시 자기들만의 문제를 극복해야만 합니다. 이 학생들은 학교에서 어떤 어려움을 겪고 있을까요? (과제하는 데 더 어려움을 겪을 것 같다, 읽는 데 남들보다 더 많은 시간이 걸릴 것이다, 아이들에게 놀림 받을 수도 있을 것 같다.)
8. 길거리를 걷거나 식당에 갔을 때, 겉으로 확연히 드러나 보이는 장애를 가진 사람들을 보면 어떤 기분이 드는지 말해 보세요? (어색하게 느껴진다, 호기심이 생긴다.)
9. 그렇다면 장애를 가진 당사자는 어떤 기분일지 추측해서 말해 보세요? (사람들의 지나친 시선 때문에 당황한다, 사람들의 지나친 시선 때문에 화가 난다.)
10. 만약 장애를 가진 사람들이 자신의 문제에 대해 신경을 쓰는지 그렇지 않은지를 알 수 없다면, 대화할 때 가장 먼저 어떻게 해야 할까요? (장애에 관한 이야기 하지 않는다, 말하기 전에 상대방 말을 먼저 듣는다, 응시하지 않는다.)
11. 모든 장애를 가진 사람들이 당신에게 항상 바로 도와주길 바랄까요? 예를 들면, 문을 열어 주는 등의 도움 같은 것 말입니다. (아니다, 그렇지 않다.)
12. 장애 때문에 어떤 일을 해내는 것에 더 어려움을 느낄 수 있지만, 장애를 가진 사람을 위해 언제나 속도를 늦춰주어야 할까요? (그렇지 않다, 장애를 가졌음에도 불구하고, 혹은 장애 때문에 더 노력하여 성공한 사람들이 많다.)

13. 장애를 가진 사람들의 삶을 이해할 수 있는 방법은 무엇이 있을까요? (장애 관련 서적을 읽는다, 이야기를 나누어 본다, 관찰한다, 장애를 가진 사람처럼 생각해 본다.)

활동

지시사항 : 학생들은 장애와 골칫거리에 관한 항목을 읽고, 정말 장애적인 요소라고 판단되는 항목 옆에 표시를 합니다.

정답 : 표시 : 2, 3, 6, 7, 8, 11

보충활동 : 각 항목들의 내용들을 보고 해당 항목들이 왜 장애적 요소인지 아닌지 토론해 봅니다.(성가신 요소들을 가지고 있는 것은 일시적인 것이다. 예를 들면, 키가 너무 큰 것은 작은 차에 탈 때만 힘든 것이고, 일상에서는 활동하는 데 아무런 지장이 없기 때문이다.) 그러고 나서 목차에 있는 장애적 요인을 가지고 있는 사람들이 장애 때문에 아무것도 하지 못하는 사람처럼 보이지 않기 위해, 일상에서 얼마나 잘 생활하고 있는지 생각해 보세요.(휠체어가 어느 정도는 이동에 제한을 주지만, 경사로도 있고 전용 차도 있으며 쉽게 접근할 수 있게 해주는 전동장치도 있다. 또한 청각장애인의 경우는 시각을 이용하여 신호를 줌으로써 기능을 잘 활용할 수 있거나 문자 표시가 가능한 특수 전화기를 사용할 수 있다.)

성명 ______________________ 날짜 ____________

8.5 장애란 무엇인가?

다음 항목들은 누군가로 하여금 생활하는 데 있어 약간의 어려움을 느끼게 하는 것들입니다. 일시적으로 불편함을 느끼게 하는 사소한 것들과는 다르게, 장애라고 생각될 수 있는 항목은 무엇인가요? 진정한 장애라고 생각되는 것에 체크하세요.

☐ 1. 손톱 옆에 각질이 일어남

☐ 2. 휠체어를 타고 다님

☐ 3. 잘 들을 수 없음

☐ 4. 빨간 머리를 가지고 있음

☐ 5. 키가 큼

☐ 6. 눈이 안 보임

☐ 7. 팔이 하나 없음

☐ 8. 단어와 글자가 모두 뒤엉켜 보여서 읽을 수 없음

☐ 9. 감기에 걸림

☐ 10. 코피를 흘림

☐ 11. 인조 다리를 갖고 있음

☐ 12. 꽃가루 알레르기 때문에 재채기를 함

8.6 나와 다른 사람들

목표

학생들은 상대방에 대하여 자기 자신과는 다른 특성을 적어도 한 가지 이상 알아 낼 수 있으며, 또한 공통점을 한 가지 이상 말할 수 있습니다.

설명

우리는 우리와는 다르다고 생각되는 사람들과 마주하게 될 때 먼저 그 사람의 관심사, 인종, 특이한 성격 또는 어떤 다른 특성 등과 차이점을 보게 되는 경향이 있습니다. 특이한 아이들과 함께 할 때 그 자체로도 계속 응시하게 하거나, 당황스러운 질문을 하거나, 또는 강한 호기심을 유발하게 하는 요인이 됩니다. '차이점'은 흥미를 유발하거나 이해를 도울 수 있는 요인이 될 수 있다는 것입니다. 이번 수업은 자신과는 다르다고 생각되었던 상대방에게서 자신과 공통점을 탐색하는 데 중점을 두고 있습니다.

생각하기 질문

1. 모든 사람들이 다 똑같은가요? (그렇지 않다.)
2. 사람들은 어떻게 다른가요? (인종, 생김새, 성별, 감정)
3. 때때로 우리는 외국인처럼 우리와는 전혀 다른 사람들과 마주치는 경우가 있습니다. 그 사람과 나 사이에는 어떤 차이점들이 있을 수 있을까요? (언어, 문화, 관심사, 의복)
4. 나와의 공통점이 있는지에 대하여 생각해 볼 수 있을까요? 있다면 무엇일까요? (좋아하는 음식, 함께 게임하는 것, 같은 것을 보며 웃는 것)
5. 사람들은 외적인 것 말고도, 행동이나 신념에 대해서도 차이점이 있을 수 있습니다. 교회는 어느 소속 교회에 다니는지, 어느 정당에 관심을 보이는지, 가입한 동아리는 무엇인지 말해 보세요? (침례교 혹은 천주교, 공화당 혹은 민주당, 엘크스(농구팀) 혹은 라이온스(농구팀))
6. 단지 몇 가지가 조금 다르다고 해서, 그 사람과 어울릴 수 없는가요? (그렇지 않다. 우리는 모두 약간의 차이점이 있지만, 한편으로는 공통점도 가지고 있기 때문이다.)
7. 나 스스로 노력하고 적극적으로 해 본다면, 나는 거의 모든 사람과 약간은 공통점을 찾을 수 있다고 생각하지는 않나요? (그렇다고 생각한다.)

다섯 가지 활동

지시사항 : 활동지 그림에는 다섯 명의 등장인물이 있습니다. 학생들이 자신과 다른 한 명을 선택하여, 공통적으로 좋아하거나 관심 있는 활동이나 대화 주제를 적어도 세 가지 이상 쓰도록 지도합니다.

응답 예 : 1. 마리아는 외국인이지만, 우리는 카드놀이를 같이 할 수 있고, 줄넘기도 함께 할 수 있고, 공 주고받기 놀이, 숲 산책로 걷기, 인형놀이 등을 할 수 있다.

보충활동 : 학생들이 왜 그 인물을 골랐는지 토론하도록 지도합니다. 인물의 어떤 부분이 자신과 가장 다른가요? 어느 나라 출신이건, 어떤 사회적 지위를 가지고 있건 상관없이, 아이들이 가장 인상 깊게 여긴 주제나 관심사는 무엇인가요?

성명 ______________________ 날짜 ____________

8.6 나와 다른 사람들

다음 다섯 사람 중 나와 다른 한 사람을 고르고, 함께 할 수 있는 활동이나 대화할 수 있는 주제를 적어도 세 개 이상 쓰세요.

1. 마리아는 볼리비아에서 왔습니다. 그녀는 영어를 한 마디도 할 줄 모릅니다. 마리아에게는 여덟 명의 형제와 자매가 있습니다.

____

____

____

2. 딜런은 휠체어를 타고 다닙니다. 그는 태어날 때부터 척추에 문제가 있어서 절대 걸을 수 없습니다.

____

____

____

나와 다른 사람들(계속)

3. 캐롤라인은 여느 다른 반 친구처럼 다른 종교를 가지고 있습니다. 캐롤라인의 종교는 내가 가진 종교와 다릅니다.

4. 토미는 북미 원주민입니다. 그의 피부는 어두운색이고, 토미의 조부모님은 전통춤을 추실 줄 압니다.

5. 카를로스는 대저택에 삽니다. 그의 부모님은 차가 8대나 있고 아주 큰 수영장도 갖고 있습니다. 카를로스는 방학 때마다 해외로 여행을 다닙니다.

8.7 어조

목표

학생들은 상대방의 어조를 통해 상대방이 말하고자하는 의도를 정확히 인지할 수 있습니다.

설명

청자가 듣고 해석하기 전까지 단어는 그냥 단어 그 자체에 불과합니다. 학생들은 가끔 단어가 전달되는 어조에는 신경 쓰지 않고 단어에만 집중해서 듣는 경우가 있습니다. 화자는 화를 내거나, 조롱하거나, 웃거나 하는 등의 감정을 실어 말하기 때문에 단어의 의미가 감정에 따라 완전히 다를 수 있습니다. 사회적 상황을 올바르게 이해하려면, 상황 이해에 큰 도움이 되는 화자의 어조를 반드시 감별할 수 있어야 합니다.

생각하기 질문

1. 내가 "문… 닫… 아… "라는 말을 듣는다면 나는 어떻게 해야 할까요? (문을 닫는다.)
2. 만약 앞서 말한 세 글자를 정말 화난 것처럼 들리게 하려면 어떻게 말해야 할까요? (문! 닫! 아!!!)
3. 만약 앞서 말한 세 글자를 세상에서 가장 웃긴 말을 들었던 것처럼 말한다면, 어떻게 말해야 할까요? (웃으면서 말한다.)
4. 만약 앞서 말한 세 글자를 상대방 문이 아니라 창문을 닫았는지 확인한다면 어떻게 말해야 할까요? (문을 닫아, 문)
5. 말하려던 말을 바꾸어 이야기 할 때, 어떤 식으로 말 할까요? (문장의 달라진 부분을 강조하여 말한다.)
6. 대화 중, 상황을 이해하기 위해 어떻게 상대방의 목소리에 집중해서 듣는가요? (상대방의 얼굴을 살펴본다. 상대방이 강조하는 단어를 파악한다. 목소리의 높낮이나 날카로운 정도를 살핀다.)

활동

지시사항 : 인물들의 대사를 읽고, 그림과 문맥을 단서로 이용하여 화자의 목소리와 어조를 추측해 봅니다. 화자의 메시지와 어울리는 정답 옆에 체크하도록 합니다.

정답 : 1. a 2. b 3. b

보충활동 : 학생들이 역할을 맡아 인물들의 대사를 적절한 목소리와 어조로 읽게끔 지도합니다. 특정 단어를 강조하여 읽는 것이 대사의 의미를 어떻게 바꿀 수 있는지, 다른 발화 방법(개가 꼬리를 흔들 듯 나불나불 거리는 모습, 선생님이 말하듯 근엄한 모습)은 화자의 의도를 파악하는 데에 어떻게 도움이 되는지 의논해 봅니다.

성명 ______________________ 날짜 __________

8.7 어조

아래 각 인물들이 말하는 것을 읽고, 그 사람이 의도하는 것을 설명하는 문장을 찾아 체크하세요.

1.

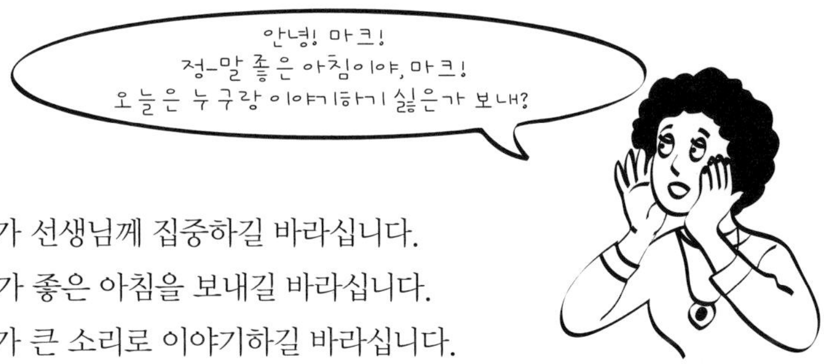

- ☐ a. 선생님은 마크가 선생님께 집중하길 바라십니다.
- ☐ b. 선생님은 마크가 좋은 아침을 보내길 바라십니다.
- ☐ c. 선생님은 마크가 큰 소리로 이야기하길 바라십니다.

2.

- ☐ a. 소년은 개를 싫어하고 같이 있는 것도 싫어합니다.
- ☐ b. 소년은 개를 놀리고 있다. 그는 사실 개를 좋아합니다.
- ☐ c. 소년은 개 때문에 다쳤습니다.

3.

- ☐ a. 선생님은 소년이 종이 무엇을 의미하는지 모른다고 생각하십니다.
- ☐ b. 선생님은 소년이 당장 자리에 앉기를 바라십니다.
- ☐ c. 선생님은 소년이 의자를 찾기를 바라십니다.

8.8 얼굴 표정

목표

학생들은 얼굴 표정에서 상대방의 감정과 정서를 인지할 수 있습니다.

설명

화자의 표정에 나타난 모습을 보고 무엇을 생각을 하고 있는지 혹은 무엇을 느끼는지 추측할 수 있습니다. 입을 벌리거나, 이를 악물거나, 이마를 찡그리거나, 얼굴이 붉어지거나 하는 것 등은 내부 감정이 신체적으로 표현되어 나타나는 현상 입니다. 학생들은 얼굴 표정만으로도 상대방의 감정을 인지할 수 있는 훈련을 통해서 사회적 상황을 읽어낼 수 있는 좋은 연습을 하게 됩니다.

생각하기 질문

1. 비록 말이 없어도, 누군가 나에게 매우 화가 많이 났다는 사실을 어떻게 알아 차릴 수 있나요? (얼굴이 울그락 불그락 해진다, 입을 꾹 다물고 있다, 주먹을 꽉 쥐고 있다.)
2. 말이 없어도, 상대방이 슬픈지를 어떻게 알아낼 수 있나요? (눈에 눈물이 고여 있다, 입을 찡그리고 있다.)
3. 말이 없어도, 상대방의 감정이 어떨까에 대해서 많이 알아낼 수 있나요? (할 수 있다, 신체적인 정보를 이용하면 된다.)
4. 사람이 얼굴 표정으로 감정을 표현하는 또 다른 방법에는 어떤 것이 있나요? (화가 났을 때는 눈을 질끈 감고 있다, 코를 벌렁거린다, 입을 비죽거린다.)
5. 얼굴 표정을 살펴보았을 때 쉽게 알아낼 수 있는 또 다른 감정 표현에는 어떤 것이 있을까요? (슬픔, 기쁨, 놀람)

활동

지시사항 : 학생들은 얼굴표정과 이에 걸 맞는 감정을 연결할 수 있습니다. 학생들에게 눈과 입과 같은 얼굴 표정의 단서를 살피는 것을 주지시킵니다.

정답 : 1. c 2. d 3. a 4. e 5. b

보충활동 : 학생들이 돌아가면서 학습지의 표현을 따라하도록 지도합니다. 예를 들면, 기분은 어떤가요? 얼굴표정으로 표현하는 것이 분노, 놀람, 당혹감 등을 표현하는데 도움이 되는가요? 얼굴에 미소를 짓거나 행복하게 보이는 표정을 짓는 것이 더 행복한 감정을 느끼는 데 도움이 되는가요? 등입니다.

성명 ______________________ 날짜 ______________

8.8 얼굴 표정

다음 인물들의 표정을 보고, 보기 중 가장 적합하다고 생각되는 감정과 연결하세요.

1.

a. 매우 화가 남
b. 알쏭달쏭 함, 확신이 서지 않음
c. 놀람
d. 짜증남, 후회
e. 지루함, 아무 생각도 들지 않음

2.

4.

3.

5.

8.9 타인의 의견

목표

학생들은 상대방의 의견을 존중하며 경청하는 사람들에 대해서 인지할 수 있습니다.

설명

우리는 살면서 우리와는 의견이 다른 사람들을 반드시 만나게 됩니다. 그들의 의견에 동의를 하든 안 하든, 그들을 인정하고 다른 사람들에게 그들의 의견을 말하도록 허용하는 것은 존중의 태도로 여겨질 수 있습니다. 이번 수업에서는, 다른 사람의 의견을 존중하며 듣는 것에 대해 알아봅니다.

생각하기 질문

1. 가장 실력 있는 농구선수[록크 가수 혹은 선생님]가 누구라고 생각하나요? (학생들은 저마다의 생각을 이야기한다.)
2. '1번 문제'에서 왜 각자 다 다른 대답을 했을까요? (다른 의견을 가지고 있어서)
3. 질문에는 단 한 개의 정답만 있는가요 아니면, 각기 다른 사람들이 각자 다른 의견이나 생각을 가질 수 있는가요? (학생들은 각자의 생각을 이야기한다.)
4. 누군가 나의 의견에 동의하지 않는다면, 그 사람은 틀린 것 인가요? (아니다, 그냥 의견이 다를 뿐이다.)
5. 그럼 내가 틀린 것인가요? (그렇지 않다, 다시금 말하지만 의견이 다를 뿐이다.)
6. 만약 어떤 문제에 있어서 내가 느끼는 감정과 전혀 다르게 생각하는 사람에게, 그 의견에 동의하지 않는다고 말하는 것은 좋은 결과를 야기할까요? (아마 거의 좋지 않을 것 같다, 논쟁으로 이어질 수 있다.)
7. 상대방이 동의하지 않을 것을 알면서도 나의 기분에 대해 표현하는 것이 좋을까요? (해도 괜찮을 것 같다, 상황에 따라서 다르기도 하고, 싸움을 걸지 않으려고 노력하면서 말하면 괜찮을 것 같다.)
8. 만약 두 명이 서로에게 완전히 동의하지 않고, 굉장히 다른 의견을 갖고 있는데도 서로 친구가 될 수 있을까요? (될 수 있다, 그렇지만 친구가 되려면 각자의 차이를 인정해야만 할 것이다.)

활동

지시사항 : 활동지는 다른 사람들의 의견을 경청하는 학생들을 포함하여 총 다섯 가지 상황을 보여주고 있습니다. 각각의 밑줄에 상대방의 의견을 존중하고 경청하는 학생이면 ○라고 쓰고, 그렇지 못한 학생 옆에는 ×라고 쓰도록 합니다.

정답 : 1. × 2. ○ 3. × 4. ○ 5. ×

보충활동 : 다음과 같은 추가 질문이 가능합니다. ×라고 쓴 학생의 대사가 정중하고 친절한 답변이 되려면, 학생의 대사를 어떻게 수정해야 할까요? 다소 불쾌한 의견을 듣거나, 성의 없게 들리는 단답 형태로 의견을 들은 등장인물의 기분은 어떠할까요? 존스 부인이나 강아지와 함께 보낸 시간들 중에서, 어떤 사건들이 등장인물들의 생각과 기분에 영향을 줄 수 있는가요? 우리의 많은 경험들은 우리의 생각에 어떤 영향을 미칠 수 있는가요?

성명 ______________________ 날짜 ____________

8.9 타인의 의견

별표가 되어 있는 학생들 중 어떤 학생이 상대방의 의견을 존중하고 있는가요? 각 상황 옆에 있는 밑줄에 ○ 또는 ×로 표시하세요.

1.

____

2.

____

3.

____

8.9

타인의 의견(계속)

4.

5.

8.10 지금이 적절한 시기일까?

목표

학생들은 주어진 상황이 어떤 행동을 하거나 중간에 끼어들기에 적절한 시기인지를 판단할 수 있습니다.

설명

어떤 행위 자체는 문제될 것이 없지만, 상황에 따라서 그 행위를 하는 것이 적절할 수도 적절하지 못할 수도 있습니다. 행동을 하기 전에 먼저 상황이 적절한지 아닌지 고려해야만 할 것입니다.

생각하기 질문

1. 북적이는 거리 한 가운데에 있다고 가정해보세요. 앉아서 바둑 두기에 적절한 상황인가요? (아니다.) 이유에 대해 이야기해보세요. (주변이 너무 소란스럽기 때문에 적절하지 않다, 위험하다.)
2. 바둑을 두는 것 자체는 위험한 행동인가요? (바둑 자체는 위험하지 않다.)
3. 그렇다면 상황을 위험하게 하는 요인은 무엇인가요? (바둑을 두는 주변 환경)
4. 질문을 하거나, 어떤 물건을 줄 수 있냐고 부탁하거나, 지난밤에 한 일에 대해 이야기하는 것은 잘못된 것인가요? (잘못되지 않은 것 같다.)
5. 그렇다면, 앞서 말한 행위들이 다른 사람들을 난처하거나 불편하게 할 수 있는 상황에는 어떤 것이 있을까요? (상대방이 바쁠 때, 다른 이와 대화 하고 있을 때)
6. 다른 사람들에게 말을 걸기 전에, 말을 걸기 적당한 상황인지 살펴보는 것이 도움이 될까요? (상대방이 바쁘다면 내게 집중하지 못할 것이고, 나 때문에 하던 일을 멈춰야 한다면 상황이 악화될 수도 있다.)

활동

지시사항 : 학생들은 활동지의 각 상황을 읽고, 주어진 행동을 하기 적절한 상황인지 판단합니다. 적절하면 ○, 적절하지 않으면, ×에 체크하도록 합니다.

정답 : 1. X 2. X 3. O 4. X 5. O

보충활동 : 각 예시에서 주어진 행동이 적절한지의 여부에 대해 토론해 봅니다. 각 상황에서 주어진 행위를 하기에 가장 적절한 장소나 시기를 생각해 봅니다. 행동 자체가 잘못된 걸까요? 아니면 시기가 문제인 걸까요?

성명 ______________________ 날짜 __________

8.10 지금이 적절한 시기일까?

주어진 상황을 읽고 등장인물들이 원하는 행동을 하기에 적절한 상황이면 ○, 그렇지 않으면 ×에 체크하세요.

1. 화재경보기가 울렸습니다! 반 아이들은 모두 문 앞에 한 줄로 서서 밖으로 나갈 준비를 하고 있습니다. 마샤는 엄마께 학교로 인형을 가져다 달라고 전화해도 되는지 선생님께 여쭤보기에 적당한 상황인가요?

   ○ __________ × __________

2. 모두 조용히 하고 책을 읽는 시간입니다. 바비는 친구들에게 가져온 물총을 자랑하기에 적절한 상황인가요?

   ○ __________ × __________

3. 방에서 좋은 사진을 찍는 방법에 대한 초청 강연이 열리고 있습니다. 내가 가지고 있는 카메라 플래시를 터뜨리는 방법에 대해 물어보기 적절한 상황인가요?

   ○ __________ × __________

4. 점심을 먹는데 옆에 새 친구가 와서 앉았습니다. 같이 점심을 먹는 아이들은 모두 나와 함께 많은 시간을 보냈던 친구들입니다. 친구들에게 함께 자전거를 타러 가자고 말하기에 적절한 상황인가요?

   ○ __________ × __________

5. 친구네 집에서 스파게티를 먹고 있습니다. 먹는데 스파게티 소스가 너무 묽어서 여기저기에 다 튀어버렸습니다. 냅킨을 무릎에 올려놓거나 조심히 먹기에 적절한 상황인가요?

   ○ __________ × __________

8.11 선생님의 기분 이해하기

목표

학생들은 활동지에서 묘사된 얼굴 표정이나 제시된 대사를 이용하여, 선생님의 기분을 추측할 수 있습니다.

설명

좋은 사제지간에는 서로의 기분에 대해 상호 간의 이해가 존재합니다. 선생님들도 사람이기 때문에 어디까지나 주관적일 수 있습니다. 때문에 같은 상황이라 할지라도 각자 다른 반응을 보일 수 있죠. 선생님의 기분을 이해함으로써 학생들은 자신들의 요구나 부탁이 그 상황에 적절한지 판단할 수 있습니다.

생각하기 질문

1. 선생님의 기분은 때때로 어떠한가요? (행복해 보이신다, 화가 나 보이신다, 짜증스러워 보이신다, 즐거워 보이신다.)
2. 선생님은 어떤 일 때문에 그렇게 여러 가지 기분을 느끼는 것 같은가요? (안 좋은 날–무언가 잃어버리셨을 때, 좋은 날–학생들이 선생님 말을 잘 따라줄 때)
3. 선생님께 공부하다가 모르는 것에 대해 질문하기 가장 적절한 때는 언제인가요? (선생님이 업무 하시느라 바쁘지 않을 때, 지정된 시간 동안에)
4. 그렇게 급하지는 않은 문제가 생겼는데 선생님이 매우 지쳐 보이십니다. 이 상황이 왜 선생님께 질문하기 좋지 않은 상황일까요? (그렇게 급한 문제는 아니라서, 반드시 봐야 할 문제는 아니라서, 문제에 대해 잘 들어주시지 못할 것 같아서)
5. 선생님께 학교에서의 문제에 대해 말씀드리기 적당한 때는 언제일까요? 가정문제는 언제가 적당할까요? 일상적인 대화는 언제가 적당할까요? 불만사항은요? 어떤 문제에 대해 이의를 제기하는 것은요? (어떤 답변을 받고 싶은지 생각해 보세요. 선생님이 반을 조용히 시키시는 상황에서 나의 문제에 대해 감정적으로 공감하시고 위로해 주실 수 있을까요?)

활동

지시사항 : 학생들은 사진과 대사를 단서로 하여 어떤 단어가 선생님의 상황이나 감정을 가장 잘 나타낼 수 있는지 선택할 수 있습니다. 활동지에서 해당되는 단어에 동그라미 표시하세요.

정답 : 1. 지침 2. 언짢음 3. 들뜸

보충활동 : 어떤 단어들은 서로 비슷한 맥락의 의미를 가지고 있습니다(지침/화남, 언짢음/슬픔, 놀람/들뜸). 이 단어들 간의 차이와 어떤 단어가 더 정답과 가까운지에 대해 토론하여 봅니다.

성명 ______________________________ 날짜 ______________

8.11 선생님의 기분 이해하기

어떤 단어가 선생님의 기분을 가장 잘 묘사하고 있는가요? 정답에 동그라미 표시하세요.

1.

기쁨　　지침　　화남

2.

언짢음　　슬픔　　지침

3.

놀람　　조용함　　들뜸

8.12 타인의 감정 이해하기

목표

학생들은 다음 감정들을 표현할 수 있습니다 – 질투, 슬픔, 두려움, 흥분됨, 행복함, 피곤함

설명

모두가 행복하거나 슬픈 것은 아닙니다. 각자 다른 상황을 겪고 다른 하루를 보냈기 때문에 감정의 종류에도 여러 가지가 있을 것입니다. 이번 수업에서는 학생들이 상황이나 사건에 따라 어떤 감정을 느끼는지 알아봅니다.

생각하기 질문

1. 매우 매우 기뻤던 경험이 있습니까? 이야기 해보세요. (파티, 선물, 사건에 대한 일화)
2. 엄청나게 두렵거나 걱정했던 적이 있습니까? 언제였나요? (각자의 일화)
3. 짜증 나거나 성질이 날 것 같은 상황에는 어떤 상황이 있을까요? (약속에 항상 늦는 사람을 기다릴 때, 게임을 빨리하고 싶을 때)
4. 모든 사람이 같은 사건에서 같은 기분을 느낄까요? 왜 어떤 사람들은 다른 기분을 느낄까요? (어떤 사람들은 사람들이 많은 파티를 좋아하고, 어떤 사람들은 사람이 많은 자리 가 부끄러울 수 있다, 롤러코스터가 무서운 사람도 있고 재밌게 타는 사람들도 있다.)
5. 사람들은 자신의 기분을 조절할 수 있을까요? 사람들이 자신의 기분에 따라서만 행동하 면 어떻게 될까요? (토론해 봅니다.)

활동

지시사항 : 학생들에게 주어진 상황에서 사람들이 어떤 기분일지 그림을 그리도록 지도해 봅니다. 주어진 감정을 묘사하는 그림을 그려봅니다.

응답 예 : 1. 세 친구가 함께 있는 상황; 두 친구만 같이 장난감을 가지고 놀고 한 명은 혼자 떨어져 있다. 2. 강아지가 아프다. 3. 강도를 보았다 4. 크리스마스 트리 밑에 큰 선물이 놓여 있다. 5. 수영하고 있다. 6. 삽으로 쌓인 눈을 치운다.

보충활동 : 내가 그린 그림과 그림에 담긴 생각에 대하여 반의 다른 친구들과 이야기해 봅니다. 다른 친구들이 각기 다르게 묘사한 감정에서 나와 공통된 맥락을 찾아봅니다.

성명 ______________________ 날짜 __________

8.12 타인의 감정 이해하기

아래의 표에 주어진 감정을 느낄 수 있도록 하는 그림을 그려 상황을 묘사하세요.

1. 질투	2. 슬픔
3. 두려움	4. 흥분됨
5. 행복함	6. 피곤함

8.13 나의 경우라면 어떻게 할까요?

목표

학생들은 주어진 상황에서 등장인물을 위해 적어도 세 가지 이상의 대안을 제시할 수 있습니다.

설명

대부분의 상황은 단 하나의 정답 또는 행동방식만 있는 것은 아닙니다. 학생들은 단 하나의 정답을 찾는 경향이 있는데, 이 활동은 생각의 폭을 넓히게 합니다. 틀에 갇힌 생각을 깨고 다른 가능한 대안을 생각할 수 있게 합니다.

생각하기 질문

1. 식탁 앞에 피자를 두고 앉아 있다고 가정해 보세요. 어떤 행동을 취할 것인가요? (피자를 먹는다, 기다린다, 피자 냄새를 맡는다.)
2. '1번 문제'에서 다른 대답은 몇 가지가 나올 수 있나요? (여러 개)
3. 선택을 해야 하는 대부분의 상황에서, 가능한 선택이 한 개 또는 두 개밖에 없다고 생각하나요? (그렇지 않다. 보통 여러 개의 대안이 존재한다.)
4. 문제에 직면했을 때, 문제를 해결하기 위해 할 수 있는 일이 단 한 가지뿐 인가요? (아니다, 한 가지 해결책을 정하기 전까지 여러 가지 해결책에 대해 생각할 수 있다.)
5. 만약 두 친구와 함께 영화를 보러 가기로 했는데, 두 명이 서로 다른 영화를 보길 원하면 어떻게 해야 할까요? 이 문제를 해결할 수 있는 해결책을 4~5가지 정도 생각해 보세요. (A와 같이 영화를 본다, B랑 본다, 그냥 모두랑 영화를 보지 않는다, 다른 친구랑 본다, 다른 두 친구를 더 부른다.)

활동

지시사항 : 각 등장인물은 여러 가지 해결책에 대해 고민하고 있습니다. 학생들은 등장인물을 위해 세 개의 대안을 더 내보도록 합니다.

응답 예 :

1. 마크는 지금 아닌 다음에도 수영은 할 수 있다, 마크는 친구도 함께 수영할 수 있겠는지 물어본다, 마크는 일단 수영을 하고, 그 다음에 친구랑 논다.
2. 테일러는 책을 빌린다, 테일러는 집에 전화해서 책을 가져다 달라고 한다, 테일러는 선생님께 나중에 말씀 드린다.
3. 샘은 선생님께 말씀드린다, 샘은 그 소년한테 정면으로 맞선다, 샘은 친구에게 함께 가자고 부탁한다.

보충활동 : 각 상황에 대하여 반 친구들이 썼던 대안에 대해서 토의해 보세요. 어떤 해결책이 가장 논리적이고 갈등을 최소화 할 수 있을까요? 학생들은 각 상황에 쓴 답안들 중에서 가장 좋은 해결책에 동그라미를 표시하세요.

성명 ______________________ 날짜 ____________

8.13 나의 경우라면 어떻게 할까요?

다음 학생들은 반드시 선택을 해야만 하는 상황입니다. 적어도 세 가지 이상의 대안을 적어보세요. 한 가지 해결책은 예시로 이미 주어져 있습니다.

1. 마크는 수영 파티에 초대 받았지만, 친구는 초대 받지 못했습니다.

마크는 혼자서만 수영파티에 갑니다.

____

____

____

2. 테일러는 학교에 교과서를 가져오는 것을 깜박했습니다. 그녀의 선생님은 현재 기분이 좋지 않아 보이십니다.

테일러는 선생님께 예의 바르게 말씀 드리고 이유를 설명합니다.

____

____

____

3. 샘은 자기보다 더 나이가 많은 소년에게 운동장에서 괴롭힘을 당하고 있습니다.

샘은 그 소년을 무시합니다.

____

____

____

8.14 올바른 행동은 무엇일까요?

목표

학생들은 올바른 선택과 잘못된 선택을 포함한 여러 상황들이 주어졌을 때, 올바른 선택을 할 수 있습니다.

설명

문제에 대해 맞는 답과 틀린 답을 명확하게 찾는다는 것이 점점 더 어렵게 보입니다. 모든 것은 저마다 상황논리에 의해 얽혀 있기 때문입니다. 예를 들면, 가정, 학교, 교회 그리고 다른 환경에서의 도덕적 행동 기준이 서로 다르기 때문이죠. 이번 수업에서는, 타인을 괴롭히거나, 타인을 속이기, 타인의 것을 훔치기, 타인에게 거짓말하기 등은 옳지 않다는 것을 배웁니다.

생각하기 질문

1. 훔치는 행위는 왜 옳지 않은 행동일까요? (내 것이 아닌 것을 가져가니까, 물건을 도둑맞은 사람에게 피해가 생긴다, 돈을 내지 않고 그냥 가져가 버린다면 정당하게 돈을 내고 산 사람에게 불공평한 일이다.)
2. 속임수의 경우는 어떨까요? (다른 사람의 생각을 가로채서 내 생각인 것처럼 사용하는 것은 공정하지 않다. 속임수를 쓴다면 내가 한 일에 대해 공정하게 평가받을 수 없다.)
3. 이 밖에 대다수 사람들이 잘못되었다고 여기는 행위에는 무엇이 있을까요? (살인, 거짓말, 폭행)
4. 그렇다면 이 행위들은 왜 항상 잘못된 행동으로 여겨질까요? (다른 사람들의 권리를 침해한다. 인격 형성에 악영향을 끼친다, 이러한 행위를 함으로써 더 큰 문제에 빠질 수 있다.)
5. 누군가 "너는 뭐가 옳고 그른지 구분할 줄 몰라"라고 말했다면, 무슨 의미로 한 말일까요? (어떤 것은 옳고 그른 것이 분명하다. 어떤 것은 항상 실행되어야 할 옳은 것으로 간주된다.)
6. 타인에게 거짓말하고, 속이고, 다치게 하면 어떤 문제가 발생할까요? (가정에 문제가 생길 수 있다, 내 권리에 문제가 생길 수 있다, 친구를 잃을 수도 있다, 손해 배상을 해야 할 수도 있다.)
7. 왜 어떤 사람들은 잘못 되었다는 것을 알면서도 잘못된 행동들을 하는 걸까요? (스릴감 때문에, 그냥 재미로, 무언가에 정말 화가 나서, 아무런 생각 없이)

활동

지시사항 : 학생들은 주어진 상황의 보기 중 상황에 가장 알 맞는 행동을 선택하도록 합니다. 보기는 도덕적 선택 사항을 포함하고 있습니다 – 거짓하기, 속이기, 타인 괴롭히기 등은 선택하지 않기로 합니다.

정답 : 1. 두 번째 보기 2. 첫 번째 보기 3. 첫 번째 보기 4. 두 번째 보기 5. 첫 번째 보기

보충활동 : 각 상황에서 잘못된 답변을 고른 사람은 왜 잘못 골랐는지 이야기해 봅니다. 어떤 의도로 선택했나요?(되갚아주고 싶어서, 두려워서, 당황해서) 올바른 행동을 함으로써 얻게 되는 것은 무엇일까요? 왜 발각되거나 경찰에게 체포당하지 않아도 올바르게 행동해야 할까요?

성명 ____________________ 날짜 __________

8.14 올바른 행동은 무엇일까요?

주어진 상황에 가장 알맞은 행동을 골라 옆에 체크하세요.

1. 한 소년이 놀이터에서 머리에 충격을 받고, 기절한 채 쓰러져 있습니다.

_________ 소년을 기절시킨 사람을 쫓아가서 때려눕힙니다.

_________ 선생님이나 다른 어른들께 도움을 요청합니다.

2. 시험이 매우 어려워서 통과하지 못할까 봐 걱정이 됩니다.

_________ 그래도 최선을 다해 시험을 치릅니다.

_________ 옆에 앉은 친구의 답안지를 베껴 씁니다.

3. 가장 친한 친구가 이번 주말에 열리는 생일파티에 와 달라고 했고, 그러겠다고 했습니다.

_________ 파티에 갑니다.

_________ 파티에 갑니다. 하지만 그날 다른 친구가 더 재미있는 것을 하자고 제안하지 않았을 때만 갑니다.

4. 한 소녀가 선생님이 계시지 않을 때 선생님 책상에 다가갔다. 그러고 나서 선생님께서 돈이 없어졌다고 하십니다.

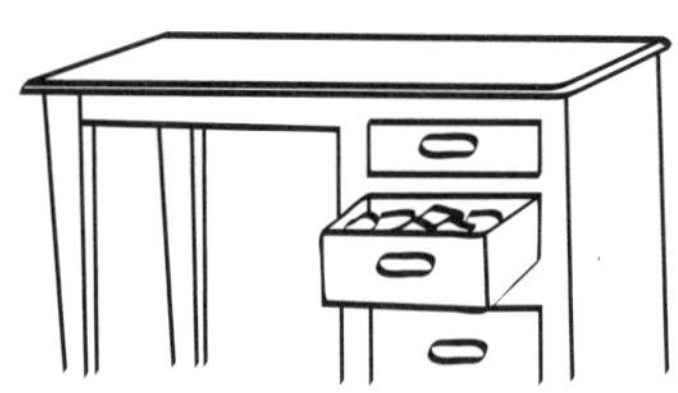

_________ 선생님께 내가 가진 돈의 일부를 드립니다.

_________ 선생님께 내가 봤던 것을 말씀 드립니다.

5. 아이들에게 내가 가장 좋아하는 음료수를 학교에 가져와서 나눠 주겠다고 했는데, 잊어버리고 가져오지 않았습니다. 그래서 아이들이 화가 습니다.

_________ 아이들에게 사과하고 내일 가져온다고 말합니다.

_________ 지난밤 집에 도둑이 들어와서 음료수를 훔쳐갔다고 말합니다.

8.15 도움 요청하기

목표

학생들은 주어진 상황에서 누군가 도움이 필요할 때, 그 사람에게 상황을 알리기 위한 방법과 도움을 줄 수 있는 사람을 알 수 있습니다.

설명

어떤 사회적 상황은 위험하거나 잠정적으로 위험한 요소를 내포하고 있습니다. 이런 상황에서 학생들은 누가 도움을 줄 수 있고, 그들이 도와주기 위해서 무엇을 해야 하는지에 대하여 어느 정도 알고 있어야 합니다.

생각하기 질문

1. 만약 누군가 이웃을 차로 치고 달아났다면 어떻게 해야 할까요? (도망간다, 경찰을 부른다.)
2. 도망가는 차에 달려들어 차를 멈춰 세워야 할까요? (그건 아니다!)
3. 누군가 숨을 쉬지 않는 것을 발견하게 되면 어떻게 해야 할까요? (구급차를 부른다, 경찰을 부른다, 어떤 학생은 심폐소생술을 할 줄 안다고 대답할 수도 있다.)
4. 만약 위험하거나 다급한 상황을 직면하게 되면, 누가 도움을 줄 수 있을까요? (소방관, 경찰관, 주변에 있는 어른)
5. 이웃에게 벌어질 수 있는 사고에는 무엇이 있을까요? (교통사고, 화재, 유리 파손)
6. 우리 동네에서 사고 났거나, 불이 났거나, 경찰에 신고해야 할 상황이 생겼을 때 어떻게 해야 할까요? (경험을 이야기한다－119에 신고하기, 기타 효과적이었던 경험 등)

활동

지시사항 : 활동지는 잠재적 위험이 있거나 적어도 번거로운 상황 다섯 가지를 제시하고 있습니다. 다른 사람에게 도움을 요청하거나 문제에 대해 알리는 방법을 그림을 그려 설명하도록 지도합니다.

응답 예 :
1. 소방서에 전화합니다.
2. 소녀를 소녀의 부모님에게 데려다 줍니다.
3. 파티에 있는 어른에게 알립니다.
4. 쇼핑몰에 있는 경비원에게 알립니다.
5. 휴대폰이나 공중전화로 집에 전화합니다./공공장소까지 자전거를 끌고 갑니다.

보충활동 : 만약 혼자서 이 상황을 모두 해결하려고 하면 어떤 문제가 생길지 토의해 봅니다. 예를 들어, 대니가 혼자서 불을 끄려고 한다면 어떨까요? 또는 리타가 혼자서 뛰어 다니는 개를 잡으려고 한다면 어떨까요? 일단 가장 먼저 도움을 줄 수 있는 사람에게 알리고 도움을 요청하는 것이 가장 좋은 방법인지 이야기해 봅니다.

성명 ______________________ 날짜 ______________

8.15 도움 요청하기

다음 등장인물들은 어떤 이유에서 도움을 필요로 합니다. 그림을 그려 도와주러 가거나 도움을 요청하는 방법을 설명하세요.

1. 대니는 학교 가는 길에 사람이 없는 건물에서 연기가 나는 것을 발견했습니다.

2. 리타는 어린 여자아이가 이웃집의 큰 검둥이 개한테 물린 것을 보았습니다.

3. 앨리슨은 파티에 있었는데, 친구가 맛이 상한 음식을 삼켜 울고 있는 것을 발견했습니다. 그 음식에는 독성이 있을 수도 있습니다.

4. 리키는 쇼핑몰 주차장을 걸어가고 있었습니다. 그런데 작은 남자아이가 엄마를 잃어버려 울고 있는 것을 발견하였습니다.

5. 엠마는 공원에서 자전거를 타고 있습니다. 그녀의 친구는 깨진 유리조각 위를 지나갔는지 자전거 바퀴에 구멍이 나버렸습니다. 집까지 가려면 아직 한참 가야 하는 상황입니다.

8.16 과장하지 않기

목표

학생들은 정말 중요한 사회적 상황(위험하거나, 오래 지속되거나, 상처 받을 수 있는)과 일상적이거나, 대수롭지 않게 받아들일 수 있는 사회적 상황을 구별할 수 있습니다.

설명

음료수를 사려고 기다리는 줄에 서 있다가 누군가와 부딪혔다고 가정 해보세요. 많은 결과가 발생할 수 있습니다. '먼저 와서 부딪힌 사람'이 공격적일 수도 있습니다. '가만히 있다가 부딪히게 된 사람'이 땅에 쓰러져 구급차를 필요로 하게 될 수도 있습니다. 아니면 미안하다는 사과와 함께 상황이 가볍게 종료될 수도 있습니다. 일반적이라면, 상황을 대수롭지 않게 여길 것 입니다. 결국엔 사고였을 뿐이기 때문입니다. 그러나 많은 학생들이 그냥 넘어가지 못하고, 격분하여 언쟁을 일으켜서 누군가가 만류해야 하고, 상황이 악화 될 수도 있습니다. 부딪힌 것이 단순한 사고였는지 일부러 계획하여 그랬던 건지 진상을 알아내기는 어렵지만, 가장 좋은 해결책은 별 것 아닌 일로 치부해버리는 것입니다.

생각하기 질문

1. '바늘만한 것을 몽둥이 만하다고 한다'는 말은 무슨 뜻인가요? (사소한 일을 크게 부풀려 생각하지 말자는 뜻이다.)
2. 누군가 모르고 내 책상에 부딪혀서 책상에 있던 책이 떨어지면 어떨까요? 어떻게 반응할 것인가요? (그냥 떨어진 책을 줍는다. 그 사람을 거칠게 불러 세운다. 그 사람의 책도 똑같이 떨어뜨린다.)
3. 만약에 내가 모르고 다른 사람의 책을 떨어뜨리면 어떨까요? 어떻게 반응해야 할까요? (책을 주워준다. 사과한다. 멋쩍게 장난을 친다.)
4. 다른 사람은 짜증나지 않을 수도 있지만, 나를 짜증나게 하는 것들은 무엇이 있을까요? (시끄럽게 하기, 이상한 표정 짓기, 손가락으로 책상 두드리기)
5. 짜증나는 일이 어떻게 '몽둥이'처럼 크게 번질 수 있을까요? (보복하게 되면, 선생님께 말씀 드리게 되면, 상대방에게 그만하라고 소리 지르면)
6. 왜 사소한 일은 무시하는 것이 좋을까요? (무시하면 알아서 그만두게 된다. 흥분할 가치도 없는 일이니까)

활동

지시사항 : 다음은 나에게도 벌어질 수 있는 일입니다. 다음 중 '바늘(사소한 일)'은 무엇이고, '몽둥이(크고, 심각할 수 있는 일)'는 무엇인가요?

정답 : 1. 바늘 2. 몽둥이 3. 몽둥이 4. 바늘 5. 바늘 6. 바늘

보충활동 : 정답에 대해 논의해 보고, 작은 일이 큰 일로 번지게 되는 행동에 대해 이야기해 봅니다. 심각한 일도 누군가에겐 사소한 일로 치부될 수 있는 이유에 대해 이야기해 봅니다. 굉장히 예민한 사람과 다른 사람에게는 사소한 일이 누군가에겐 어째서 심각한 일이 될 수 있는지 토의해 봅니다.

성명 ______________________ 날짜 ______________

8.16 과장하지 않기

다음은 내게도 벌어질 수 있는 일입니다. 다음 중 '바늘(사소한 일)'은 무엇이고, '몽둥이(크고, 심각할 수 있는 일)' 는 무엇인가요? 밑줄에 답을 쓰세요.

1. 까먹고 받아쓰기 시험지에 이름을 쓰지 않고 제출했는데, 선생님께서 시험지를 돌려주실 때 내 이름을 대신 써서 돌려주셨습니다. ______________________

2. 기말고사를 잘 치루지 못해서 여름 방학에도 학교에 나오게 되었습니다. ______________________

3. 엄마 휴대폰에 전화를 해도 연락이 되지 않고 있는데, 농구 시합이 밤늦게 끝나면 집까지 타고 올 차가 없습니다. ______________________

4. 학교에 과학 과제를 갖고 오는 것을 잊어버렸습니다. 그래서 아빠께 나중에 가져다 달라고 부탁을 드려야 하는 상황입니다. ______________________

5. 우리 팀이 한 점 차이로 경기에 졌지만, 내일 한 번 더 경기하기로 했습니다. ______________________

6. 즐거운 물 미끄럼틀을 타려고 하는데, 누군가 갑자기 먼저 타려고 내 앞에 끼어들어 새치기를 했습니다. ______________________

8.17 장난이 때로는 유쾌할 수 있습니다

목표

학생들은 다른 사람에게 장난치는 것이 적절한 상황인지 구분할 수 있습니다.

설명

장난치는 행위는 애정을 드러내거나 친근함을 표현할 수 있고, 농담의 일부가 될 수 있습니다. 이번 수업을 통해, 서로간의 동의가 있으면 놀리는 행위가 적절할 수도 있다는 것을 배울 수 있습니다. 별명을 지어주거나, 당황스러운 순간을 웃어넘기기 위한 장난, 또는 자신을 소재로 하여 웃기는 행위 등은 장난이 때론 유쾌할 수 있는 경우 입니다.

생각하기 질문

1. 반에서 별명을 가진 사람이 있나요? 어떤 별명이고, 어떻게 해서 얻게 된 별명인가요? (별명을 물어본다.)
2. 유명 인사나 운동선수 중에 별명을 가진 사람들이 있나요? (김연아 선수-피겨요정, 유재석-국민MC)
3. 몸집이 우람한 프로레슬링 선수에게 '꼬마'라는 별명을 짓는 것은 왜 웃길까요? (프로레 슬링 선수의 생김새와는 너무 상반된 별명이라서)
4. 누군가 나에게 유쾌한 장난을 친 적이 있나요? (선생님을 실수로 '엄마' 라고 부르고 다같이 웃은 적이 있다, 축구를 할 때 눈을 감고 슛을 성공시킨 적이 있는데, 이 때 "국가대표해도 되겠다."라는 소릴 들었다, 넘어졌을 때 "네 이름은 Grace(신의 가호라는 의미가 있다)임이 틀림없어."라고 했다.)
5. 그런 장난을 쳤을 때 기분이 좋지 않았었나요? (그렇진 않았다, 왜냐하면 나를 좋아해서 한 장난이지, 악의를 가지고 한 장난이 아니기 때문이다.)
6. 실수를 저질렀는데 사람들이 그 실수를 가지고 장난친 적이 있나요? 있으면 설명해 보세요. (있었던 일을 물어본다.)
7. 누군가 좋은 의도로 장난을 쳤을 때, 기분이 어땠나요? (나를 정말 좋아하는구나 싶었다, 큰 실수가 아니라는 생각이 들었다.)`

활동

지시사항 : 활동지에 상대방에게 유쾌하게 장난칠 수 있는 방법에 대해 써보세요.

정답 : 1. 별명을 지어준다. 2. 실수를 한 것에 대해 웃어준다. 3. 내 생김새에 대해 우스갯소리를 한다. 4. 유쾌하게 웃어넘길 수 있는 장난을 친다.

보충활동 : 기분을 상하게 하려는 의도가 없는 장난의 예시에 대해 토의해 봅니다. 이러한 장난들의 장점에 대해서 토의해 봅니다. 반 친구들 모두에게 각자 불려 지길 원하는 별명을 지어 봅니다.

성명 ______________________ 날짜 __________

8.17 장난이 때로는 유쾌할 수 있습니다

다음 예시에서 제시된 유쾌한 장난에는 어떤 것이 있을까요?

1

2.

장난이 때로는 유쾌할 수 있습니다(계속)

3.

4.

8.18 장난이 때로는 불쾌할 수 있습니다

목표

학생들은 다른 사람에게 장난치는 것이 적절한 상황인지 구분할 수 있습니다.

설명

장난은 약간의 부정적인 측면이 있습니다. 장난이 농담이 아니거나, 오히려 누군가의 마음 아픈 곳이나 슬픔을 조롱하는 것은 그것은 전혀 즐거운 것이 아닙니다. 누군가 민감한 문제(머리 색, 몸무게, 가정사)를 갖고 있을 때, 그 부분은 놀리거나 비꼬면 안 됩니다. 학생들은 이러한 사회적 상황을 이해할 필요가 있습니다. 도대체 장난치기 적절한 시간이나, 상황, 또는 장난쳐도 되는 사람이 따로 존재하는 걸까요? 장난이 상대방에게 상처 주려는 의도가 있거나, 장난으로 인해 상대방이 마음 아파하거나 슬퍼하면 그것은 적절하지 못한 경우인 것입니다.

생각하기 질문

1. 장난치기에 즐겁고 재미있는 상황도 있지만, 가슴 아프고 상처가 되는 상황도 있습니다. 나는 재미있다고 생각할지 몰라도, 다른 사람은 내가 한 말 때문에 상처받거나 화가 날 수 있습니다. 그런 장난은 해서는 안 됩니다. 어떤 사람들이 장난에 상처를 받을 수 있을까요? (뚱뚱한 사람, 마른 사람, 가난한 사람, 슬픔에 젖어 있는 사람, 소수인종에 속하는 사람, 모임에 새로 가입한 사람 등)
2. 만약에 진짜 마른 어떤 한 소년의 별명이 이쑤시개라고 가정해 보세요. 왜 그 소년은 그별명을 싫어할 것 같은가요? (마른 외모를 어떻게 할 수 있는 건 아니니까, 외모보단 내면의 자신으로 알려지고 싶어서)
3. 만약 이쑤시개라고 불리는 소년이 별명에 대해 크게 신경 쓰지 않는다고 가정해 보세요. 사실 소년은 그 별명을 좋아합니다. 그 별명을 불러도 괜찮은지 어떻게 알 수 있을 까요? (그렇게 불러도 된다고 허락을 해 줄 것이다. "다들 날 이쑤시개라고 부르더라."라는 말을 한다. 일종의 친근함의 표현이라고 생각한다.)
4. 만약 항상 달리기 경주에서 꼴찌를 하는 아이에게 '날쌘돌이'라는 별명으로 부르거나, 맞춤법을 자주 틀리는 아이에게 '똑똑이'라고 부른다면 어떨까요? 그러한 별명들은 상처를 줄 것 같나요? (그 별명은 오히려 그들이 잘하지 못하는 것들을 부각시킨다.)
5. 다른 사람에게 유명한 사람이 그를 보러 온다거나 모두가 무료입장권을 얻게 되었다는 식의 장난을 거는 것은 어떻게 상처를 줄 수 있을까요? (기대에 부풀어 올랐다가 사실이 아니라는 것을 알고 진짜라고 믿었던 자신이 바보가 된 기분일 것이다. 다시금 말하지만 이러한 장난은 상대방의 기분을 상하게 한다.)

활동

지시사항 : 활동지에서 악의를 가지고 누군가를 놀리는 행위는 어떤 것인가요?

정답 : 1. 신체적인 요소를 놀린다. 2. 속임수를 써서 놀리는 것은 상대방으로 하여금 바보가 된 기분을 느끼게 할 수 있다. 3. 악의적인 별명을 지어준다. 4. 은근히 상대방이 똑똑하지 않다는 것을 내비친다.

보충활동 : 다른 사람에게 상처를 줄 수 있는 장난에 대해 토의해 봅니다. 상대방의 반응을 보고 장난을 하기에 적절한지 부적절한지 구별하는 것의 중요성에 대해 토의해 보세요. 예를 들어, 한 소년이 주근깨에 대해 놀리는 것을 신경 쓰지 않는다면, 주근깨에 관한 장난을 통해 그 소년과 친해질 수 있을 것입니다. 하지만 장난이 의도하지 않게 다른 이에게는 상처를 주는지 사회적 상황의 이해를 통해 꼭 확인해야 합니다.

성명 ____________________ 날짜 __________

8.18 장난이 때로는 불쾌할 수 있습니다

다음 상황들은 어떻게 악의를 가지고 장난을 치는 것인가요?

1.

2.

8.18 장난이 때로는 불쾌할 수 있습니다(계속)

3.

4.

8.19 특정 장소에서의 적절한 행동

목표

학생들은 주어진 상황에 적절한 행동에 대해 설명할 수 있습니다.

설명

놀이터에서 소리치는 것은 괜찮지만, 사회학 시험을 보는 동안에는 갑자기 소리치는 것은 문제가 됩니다. 음악시간에 노래 부르는 것은 괜찮지만, 소방 훈련을 하는 동안에는 노래를 부르면 안 됩니다. 집에서 기도를 드리는 동안에 조용히 하는 것은 매우 훌륭하지만, 응원 대회 때 조용히 하는 것은 적절하지 않습니다. 특정상황에 알맞은 행동이 무엇인지 인지하는 것은 사회적 상황 이해의 한 부분이라고 할 수 있습니다.

생각하기 질문

1. 엄청 크게 소리 지르고 시끄럽게 굴어도 되는 때는 언제일까요? (놀이터에 있을 때, 축구 경기를 관람할 때, 응원할 때)
2. 조용히 해야 하는 경우에는 어떤 때일까요? (장례식에 갔을 때, 예배 드리는 시간일 때, 시험 볼 때, 선생님께서 이야기하시는 중일 때)
3. 웃어도 괜찮을 때는 언제일까요? (영화 보고 있을 때, 웃긴 TV 프로그램을 보고 있을 때, 친구가 웃긴 농담을 할 때)
4. 웃으면 주의를 받게 될 상황에는 무엇이 있을까요? (누군가 설명을 하고 있을 때, 누군가 굉장히 주의 깊게 무언가를 듣고 있을 때, 누군가에게 내가 굉장히 예민하게 굴 때)
5. 큰 소리로 말해야 할지, 조용히 해야 할지, 웃어야 하는 상황인지 어떻게 알 수 있을까요? (그때 그때 상황에 따라 다르다.)
6. 어떻게 해야 상황에 맞게 행동하는 것인지 확신이 서지 않을 때, 제일 좋은 해결책은 무엇일까요? (조용히 다른 사람들을 관찰한다, 조심스럽게 행동한다.)

활동

지시사항 : 제시된 상황에서 적절한 행동과 적절하지 않은 행동에 대해 나열하세요.

정답 : 다양한 응답이 예상됨

보충활동 : 학생들끼리 가장 맘에 드는 답변에 대해 이야기 나누어 봅니다. 제시된 상황에서 왜 그 행동이 적절하거나 적절하지 않은지 토의해 봅니다.

성명 ______________________ 날짜 __________

8.19 특정 장소에서의 적절한 행동

제시된 상황에 적절한 행동과 적절하지 않은 행동에 대해 쓰세요.

1. **소방 훈련을 하고 있는 복도**

   적절한 행동 ______________________

   적절하지 않은 행동 ______________________

2. **축구 경기를 하고 있는 운동장 가장자리**

   적절한 행동 ______________________

   적절하지 않은 행동 ______________________

3. **수학 시험이 진행되고 있는 교실**

   적절한 행동 ______________________

   적절하지 않은 행동 ______________________

4. **그림을 그리는 미술시간**

   적절한 행동 ______________________

   적절하지 않은 행동 ______________________

5. **경찰과 자전거 안전수칙에 대해 이야기를 나눌 때**

   적절한 행동 ______________________

   적절하지 않은 행동 ______________________

8.20 내가 잘하고 있다는 단서

목표

학생들은 주어진 상황에서 내가 잘하고 있는지 혹은 아닌지에 대하여 적어도 네 가지 단서를 나열할 수 있습니다.

설명

학생들에게 적절하게 행동하고 있다는 것을 일러주는 것은 아주 짧은 시간이나 작은 동작만으로도 가능합니다. 예를 들면, "마침내! 그들이 해냈다!", 윙크나 고개를 끄덕이고, 엄지를 치켜 올리는 것, " 그렇지! "라고 말하는 등의 행동으로 학생들의 행동에 확신을 줄 수 있습니다. 이러한 귀띔들에 대해 알아채도록 가르치고, 귀띔에 반응할 기회를 주는 것은 그들이 잘했다는 것을 그들 스스로 인지할 수 있게 해주는 것입니다. 학생들에게 있어서 본인이 올바른 행동을 함으로써, 누군가의 긍정적인 반응을 이끌어내는 것은 언제나 즐거운 일이다.

생각하기 질문

1. 미식축구에서 선수가 터치다운을 할 때, 관중들이 그에게(또는 그의 팀에게) 어떻게 반응하나요? (박수치고, 응원한다.)
2. 사람들이 그런 반응을 보일 때, 그 선수의 기분은 어떨 것 같나요? (완전 좋을 것 같다.)
3. 내가 부모님이나 선생님이 나를 자랑스러워할 만한 무엇인가를 해냈을 때, 그들은 어떻게 반응하나요? (잘했다며 등을 토닥여준다, "잘했어."라고 말해 준다, 아이스크림을 사준다.)
4. 부모님이나 선생님이 나에게 매우 잘했다고 말했을 때, 기분이 어떠한가요? (기분이 좋다. 내 자신이 자랑스럽다는 생각이 든다.)
5. 다른 사람에게 그 사람이 잘했다는 것을 알리는 방법에는 어떤 것이 있을까요? 다음과 같은 실마리들이 있습니다–눈 (윙크), 엄지 (엄지 치켜 올리기), 머리 (고개 끄덕이기), 손 (박수), 목소리 ("장하다", "잘했어"라고 말하기). 또 다른 방법은 뭐가 있을까요? (하이파이브 하기, 주먹끼리 마주치기, 서로의 가슴끼리 부딪치기)
6. 부모님이나 친한 친구만 아는 "잘했어."라는 의미의 행동이 있나요? 다른 사람과의 독특한 방법으로 말하는 특별한 신호 같은 것이 있나요? (대답은 다양할 수 있다.)

활동

지시사항 : 친구들과 독특한 방법으로 "잘했어."라고 신호를 보내고, 서로 알아챌 수 있는지 관찰해 봅니다.

정답 : 다양한 응답이 예상됨

보충활동 : 반 아이들끼리 자기만의 특별한 신호를 만들어, 서로에게 신호를 보내보도록 합니다. 손으로 하는 신호가 될 수도 있고, 특정 행동일 수도 있고, 무언가 색다른 신호가 될 수도 있을 것입니다. 하루나 한 주 또는 한 해 동안, 올바른 행동을 한 학생에게 그 신호를 사용하여 잘했다고 칭찬해 보도록 합니다.

성명 ____________________ 날짜 ____________

8.20 내가 잘하고 있다는 단서

친구들과 독특한 방법으로 "잘했어."라고 신호를 보내고, 서로 알아챌 수 있는지 보세요. 시작하기 전에 다음 세 가지 신호를 먼저 보내 보세요.

1. 박수갈채 : 모두 원을 이루고 앉아서 손을 이용해 손뼉을 쳐 보세요.
2. 두 엄지 치켜 올리기, 엄지 한 쪽을 세우고 다른 한쪽도 세웁니다. 그리고 두 엄지를 함께 흔들어 보세요.
3. 윙크, 서로 눈을 마주치면 재빠르게 윙크를 해보세요.

사회적 상황 이해하기를 위한 학급 조언

- 체육관에 가거나, 다른 반에서 열리는 학예회에 참석하거나, 조례를 하러가기 전에 유의 사항에 대해서 토의해 보세요. 그 상황에서는 어떤 일이 벌어질지 미리 예측해 보세요. 일이 일어난 후에, 토의 했던 것들을 검토해 보세요. 그 일은 예상 가능한 일이었나요? 미리 계획하는 것이 일을 더 수월하게 만들어주었나요?
- 보조 선생님이나 학급과 연계된 지인을 위해 깜짝 파티를 계획해 보세요. 왜 기대를 하지 않게 만드는 것이 성공적인 깜짝 파티의 핵심인지 토의해 보세요. 예상을 가능하게 하는 실마리들을 없애는 것이 특정 행사를 어떻게 깜짝 행사로 만드는지 보여 주세요.
- 누군가와 대화를 할 때 무례하게 굴면, 무례한 행동을 즉각 수정해 달라고 요청하도록 하세요. "지금 뭐라고 했니" 또는 "너가 그런 의미로 말한 게 아니라고 믿어, 다시 한 번 말해줄래."라는 식으로 화자에게 더 정중할 필요가 있다고 가르칠 수 있습니다.
- 자신의 의견을 주장하는 연습은 다른 사람들에게 자꾸 이용 당해왔던 일부 순한 성격의 학생들에게 도움 될 것입니다. 지도를 해주는 상담자 역할의 보조 선생님과 함께, 소모 임에서 활동하는 것은 학생들로 하여금 적절하게 거절하고 각자의 권리를 지켜낼 수 있으며, 자신의 의견을 확실하게 말할 수 있게 도와줍니다.
- 학급이 장애에 대해 크게 의식하지 않게 하고, 장애를 가진 사람들이 어떻게 훌륭한 업적을 성취해낼 수 있었는지 강조하세요. 장애를 가진 운동선수들의 성공담을 읽어주고, 장애를 가진 사람들이 더 쉽게 생활하기 위해 발명했던 장치에 관한 기사를 서로 이야기 해 보세요. 그리고 자신의 장애에 대해 기꺼이 얘기해 줄 수 있는 사람을 초청하세요.
- 다른 나라에서 오거나 다른 나라에서 온 사람과 연계된 사람을 초청하여 그들의 문화, 언어, 학교, 그리고 놀이문화에 대해 이야기를 나누어 보세요.
- 강의 중 다양한 어조와 목소리를 녹음하여 테이프를 만드세요. 예를 들면, 화자는 언쟁을 할 수도 있고, 야구 경기를 응원할 수도 있습니다. 학생들이 화자가 어떤 기분인지, 화자가 있는 장소가 어디인지 생각해보도록 지도하세요. 적절하다면 희극적인 요소를 사용하여도 좋습니다.
- 얼굴 표정 표현이 나타나있는 잡지의 사진을 오려보세요. 학생들에게 표정에 어울리는 적절한 설명(익살스러운 표정일지라도)을 써보도록 지도하세요.
- 소규모의 토론을 해보세요 – 한 사람이 30초에서 60초 사이에 토론주제에 대한 의견을 이야기하고, 그런 다음 다른 관점의 의견을 가진 사람들이 자신의 의견에 대해 이야기 하도록 하세요. 토론 주제는 간단해야 합니다 – 최고의 애완동물, 가장 중요한 공휴일, 가장 훌륭한 식사. 좋은 의견을 갖고, 자신의 의견을 명확하게 발표하는 것이 훨씬 더 중요합니다. 청중 역할을 하는 학생들은 어느 쪽 의견이 더 설득력 있었으며, 그 이유는 무엇인지에 대해 토의해 보세요.
- 평소와 다르게 기분이 좋거나, 기분이 좋지 않을 때, 어떤 기분이 들고 왜 그런 기분이 드는지에 대해 설명하도록 하세요(적절하다면). 학생들에게 나의 기분에 대해 알 수 있게끔 하고, 나의 기분을 존중해 줄 기회를 주세요. 학생들의 걱정에 감사표시를 하세요. 존중은 상호적인 것입니다. 학생들에게 그들의 기분을 알려달라고 부탁하거나 좋지 않았던 일에 대해 이야기 해달라고 부탁하세요. 소통하세요.
- 독서를 하는 동안 중간에 읽는 것을 잠시 멈추고, 그 상황에서 등장인물이 느낄 감정 을 반영하며 읽습니다.

학생들은 적어도 며칠 동안은 자신이 가장 좋아하는 등장인물이 된 것처럼 일기를 쓰며 즐거워할 것입니다. 빨간 망토의 소녀는 늑대를 처음 보았을 때 어떤 생각이 들었을까요? 골디락스는 실수로 의자를 부숴버린 것에 대해 걱정했을까요? 각자 다른 인물의 입장이 되어 그가 어떤 기분일지 생각해 보도록 하세요.

- 지역 사회에서 일어나는 옳고 그른 사건들을 다룬 기사들을 수집해 보세요. 누군가를 구출한 용감한 시민에 대한 기사도 있을 것이고, 다른 사람에게 상해를 입히거나 사유재산을 훼손하여 구속된 사람들의 기사도 있을 것입니다. 학생 의회는 피해에 대해 어떤 판결을 내릴 것인가요? 어떤 처벌을 내릴 것인가요?
- 적당하다면, 고대 법률 시스템인 함무라비(바빌론의 왕) 법전에 대해 의논해 보세요. 오늘 날에는 그 법전이 어떻게 적용될 수 있을까요?
- 학생들에게 '응급상황'에 대한 이야기를 지어보도록 하세요! 이야기가 허구일지라도, 응급 상황을 올바르게 해결할 수 있는 방법에 대해 이야기해 보세요. 이야기를 만들어내기 위해서는 정확한 조사(광견병의 치료법은 무엇인가? 소방관들은 어떻게 화재를 진압하는가? 세척제를 삼켰을 때는 어떻게 해야 하는가 등에 대한 조사)가 필요합니다.
- 영상 자료를 통해 학생들이 기분 좋게 여겨질 수 있는 장난과 기분 나쁜 장난과의 차이점에 대해 명확하게 인지할 수 있도록 하세요. 영상에서 본 장난이 어떤 종류의 장난인지를 구분하고, 놀림 당하는 사람의 반응이 어떨 것 같은지 글로 써보도록 하세요.
- '주간 귀띔'을 고르고 연습하도록 지도하세요. 다른 사람들과 나눌 수 있는 신호를 개발하여, 다른 사람들을 격려하게끔 지도하는 것은 긍정적 사회성 기술의 개발에 도움이 됩니다.

09

Chapter

긍정적인 성격의 특성

9.1 관심거리와 취미 만들기

목표

학생은 최소한 다섯 개의 자신에게 중요한 관심거리나 취미를 확인할 것입니다.

설명

우리가 서로 공유하는 것들 중 일부는 우리 자신을 독특하게 만드는 우리 자신에 관한 것들입니다. 취미를 가지거나 우리 자신의 관심거리에 지속적으로 시간을 보내는 것은 우리 자신의 성격을 만들어 가는 방식입니다. 이번 수업은 학생들이 새로운 관심거리를 탐구할 뿐만 아니라 현재 그들에게 중요한 영역들을 확인하도록 합니다.

생각하기 질문

1. 취미는 무엇인가요? (당신이 즐거움을 위해 시간을 보내는 어떤 것, 좋아하는 활동)
2. 사람들이 가질 수 있는 취미에는 어떤 것들이 있나요? 예를 들어 보세요. (골프, 물건 수집하기, 그림 그리기)
3. 사람들이 수집할 수 있는 물건에는 어떤 것이 있나요? 예를 들어 보세요. (조개껍질, 돌멩이, 동물 모형, 야구 카드)
4. 당신은 취미와 관심거리를 가지는 것이 왜 중요하다고 생각하나요? (당신을 흥미로운 사람으로 만든다, 새 친구를 사귈 수 있다, 당신이 특히 잘하는 것에 관해 많은 것을 배울 수 있다.)
5. 당신은 어떻게 새로운 취미를 배우고, 당신을 흥미롭게 하는 새로운 것에 참여할 수 있을까요? (강좌 찾기, 책 읽기, 사람들과 이야기하기, 도서관이나 박물관 방문하기)
6. 당신은 어떤 것을 하거나 그것을 시도하는데 관심이 없어서, 그것을 한 후에 그것에서 도망쳐 버렸다고 생각하는 상황이 이전에 있었나요? 그것에 관해 말해 주세요. (과거 경험에 관해 묻기)
7. 새로운 것을 시도하면 어떤 점이 좋을까요? (자신이 실제로 잘하는 것 찾기, 새로운 사람 만나기)

활동

지시사항 : 학생들은 그들이 관심 있어 하는 활동지의 목록에서 최소한 다섯 개를 체크합니다.

정답 : 다양한 응답이 예상됨

보충활동 : 학생들은 수업에서 자신의 생각과 취미를 나눕니다. 그들은 자신과 서로에 관해 어떤 발견을 했나요? 누가 독특한 관심거리와 취미를 가졌나요? 그들은 취미나 활동을 통해 어떤 경험을 했나요?

성명 ______________________ 날짜 ____________

9.1 관심거리와 취미 만들기

다음 목록에 당신이 관심을 가지고 배우거나 할 수 있는 몇 가지가 있습니다. 목록에 당신 자신의 생각을 첨가하세요. 그러고 나서 당신이 가장 관심 있어 하는 것 다섯 개를 체크하세요.

- ☐ 소프트볼 경기
- ☐ 농구 경기
- ☐ 동전 수집하기
- ☐ 개 훈련하기
- ☐ 그림 그리기
- ☐ 책 읽기
- ☐ 자전거 타기
- ☐ 놀기
- ☐ 이야기 쓰기
- ☐ 수영하기
- ☐ 요리하기
- ☐ 점토 만들기
- ☐ 바느질하기
- ☐ 십자수 하기
- ☐ 말 타기
- ☐ 활 쏘기
- ☐ 볼링하기
- ☐ 피아노 치기
- ☐ ______________________
- ☐ ______________________

9.2 다른 사람에게 참을성 가지기

목표

학생은 어떤 사람에게 참을성을 나타내는 사람들을 활동지에서 확인할 것입니다.

설명

다른 사람에게 좋은 성격은 참을성입니다. 그것이 환경 때문이든 다른 사람 때문이든 말입니다. 학생들이 다른 사람과 잘 어울리기를 원한다면, 참을성이라는 미덕을 개발하는 것이 좋을 것입니다.

생각하기 질문

1. 당신은 아주 급할 때 그리고 어떤 사람이 신발을 찾거나 전화하는 것을 기다려야만 할 때 기분이 어떤가요? (견디기 힘들다, 화가 난다.)
2. 당신이 기억하기에 어떤 사람에게 아주 참기 힘들었을 때가 있었나요? (일례를 찾아보세요.)
3. 당신은 다른 사람이 빨리 움직이도록 혹은 매번 무언가를 하도록 할 수 있나요? (아니요.)
4. 당신은 스스로 참기 힘들면서도 어떤 것도 할 수 없을 때가 있었나요? 당신이 할 수 있는 것은 무엇이었나요? (어떤 대답도 가능, 어떤 사람에게 말하기, 당신이 급하다고 그리고 다음에 준비가 될 거라고 그 사람에게 말하기, 침착해지려고 하기)
5. 어떤 사람이 당신을 참기 힘들게 하고 그것에 관해 불친절하게 느낀다면, 당신은 그 사람에게 당신이 괜찮다는 것을 알리기 위해 무엇을 말하거나 할 수 있나요? (그들에게 괜찮다고 말하기, 그들을 바쁘게 하는 것이 무엇이든지 간에 그들을 돕기, 그것이 당신을 성가시게 하지 않는 것처럼 행동하기)
6. 어떤 사람을 늦도록 하거나 실망시키는 그 사람이 바로 당신일 때 기분이 어떨까요? (나 또한 실망한다, 그 사람이 화를 낼까 봐 겁난다.)

활동

지시사항 : 활동지에 다른 사람과 함께 있는 상황을 묘사해 놓은 8개의 상황이 있습니다. 학생은 활동지에서 다른 사람에게 참을성을 나타내는 사람을 ○표시를 하세요.

정답 : 카라, 리즈, 조안, 브라이언

보충활동 : 활동지에 있는 각각의 상황에서 환경적인 측면을 의논하세요. 참을성 없는 사람이 학생들에게 어떤 인상을 줍니까? 참을성 있는 사람은 그 상황을 어떻게 다루었나요? 그리고 불편함을 긍정적인 것으로 어떻게 바꾸었나요?

성명 ______________________________ 날짜 ______________

9.2 다른 사람에게 참을성 가지기

다음 학생들 중에서 누가 참을성이 있나요? 혹은 누가 다른 사람에게 참을성을 가지려고 노력하나요? 참을성이 있는 학생의 이름에 ○표시를 하세요.

9.3 정정당당한 태도 가지기

목표

학생은 어떤 사람이 좌절하는 상황에서 정정당당한 태도를 가지는 것을 보여주기에 적절한 말을 쓸 것입니다.

설명

다른 사람을 실망시키거나 괴롭히는 혹은 어려운 상황에서 정정당당한 태도를 가지기는 어렵습니다. 그러나 정정당당한 태도를 가진 사람들은 경쟁하는 것을 좀 더 즐거워하고 아마도 더 나은 경험을 하는 것으로 끝나게 됩니다. 여기서 학생들은 실망스러운 결과의 수용을 나타내는 말들을 씀으로써 정정당당한 태도를 나타내는 기회를 얻을 것입니다.

생각하기 질문

1. 당신은 전에 농구경기나 축구경기를 했을 때 1점 차이로 진 적이 있나요? 기분이 어땠나요? (화가 났다, 슬펐다, 좌절했다.)
2. 당신이나 당신의 팀이 경기에 졌을 때조차도, 당신은 어떤 방식으로 정정당당한 태도를 보여줄 수 있나요? (상대편에게 축하한다고 말하기, 다른 팀에 대해 나쁜 말 하지 않기, 심판을 비난하지 않기)
3. 사람들은 어떤 방식으로 정정당당하지 않은 태도를 나타내나요? (2번 답과 정반대 측면)
4. 운동경기나 게임 외에 어떤 사람이 어떤 것에 관해 정정당당하지 않은 태도를 느끼도록 하는 상황에는 어떤 것이 있나요? (당신이 받을 만하다고 생각한 점수를 받지 못했을 때, 콘테스트에서 졌을 때, 당신을 난처하게 만드는 상황에 있을 때)
5. 당신은 언제 정정당당한 태도를 보이나요? 그것은 당신과 다른 사람들에게 어떤 영향을 미치나요? (당신 자신–당신 자신을 더 나은 사람으로 만든다, 좋은 판단을 했다/다른 사람–좋은 예를 만들었다, 좋은 분위기를 만들었다, 당신이 좋은 경쟁자임을 보여준다.)

활동

지시사항 : 학생은 활동지에 있는 상황에서 정정당당한 태도를 나타내는 말을 쓰세요.

응답 예 : 1. 우리는 다음에 이길 거야! 2. 나는 어쨌든 엘리슨에게 카드를 줄 거야. 3. 나는 삼촌에게 선물을 줘서 고맙다고 할 거야. 4. 나는 불평 없이 벌금을 낼 거야. 5. 나는 팀 네가 운전을 더 잘할 거라고 생각해.

보활동 : 운동경기 외에 정정당당한 태도가 어떻게 모든 종류의 상황에 적용될 수 있는지 생각해 보세요. 어떤 사람이 실망할지라도 그 상황에서 정정당당한 태도를 가지는 것은 그 사람을 어떻게 도울 수 있나요?

성명 ______________________ 날짜 __________

9.3 정정당당한 태도 가지기

다음의 사람들은 그들이 정정당당한 태도를 보여주기 위해 다음의 상황에서 어떤 말을 할 수 있나요?

1. 조의 농구팀은 1점 차이로 졌습니다.

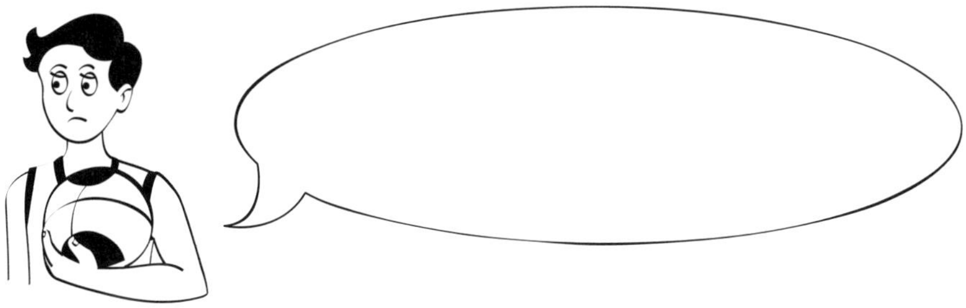

2. 메리는 학급에서 엘리슨의 생일잔치에 초대받지 않은 유일한 여자아이입니다.

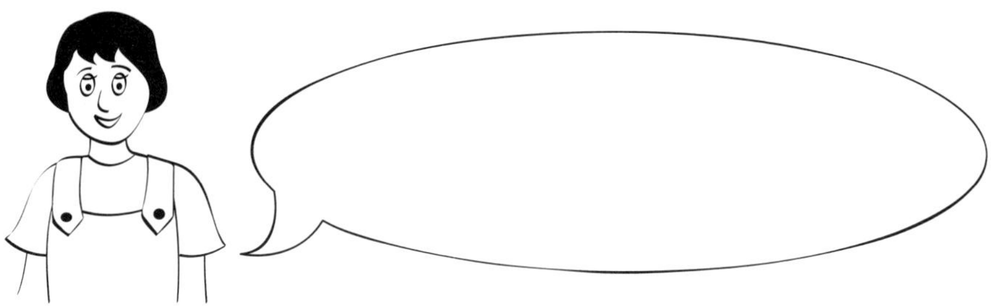

3. 잭은 크리스마스 선물로 삼촌이 게임을 줬으면 했지만, 삼촌은 옷을 선물했습니다.

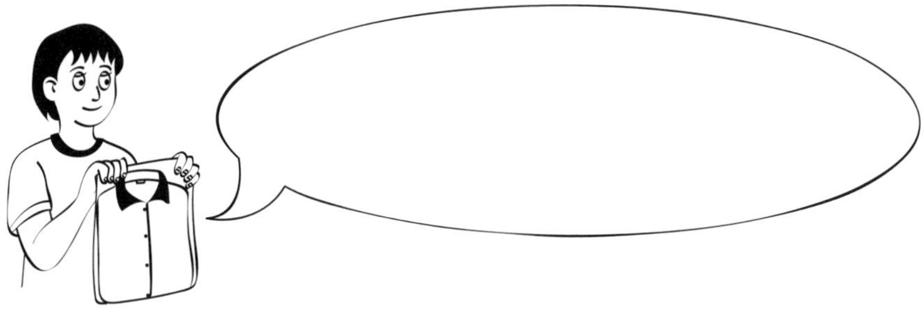

정정당당한 태도 가지기(계속)

4. 캐서린은 도서관 책을 깜빡해서 벌금을 물었습니다. 그녀의 동생이 그 책을 숨겼습니다.

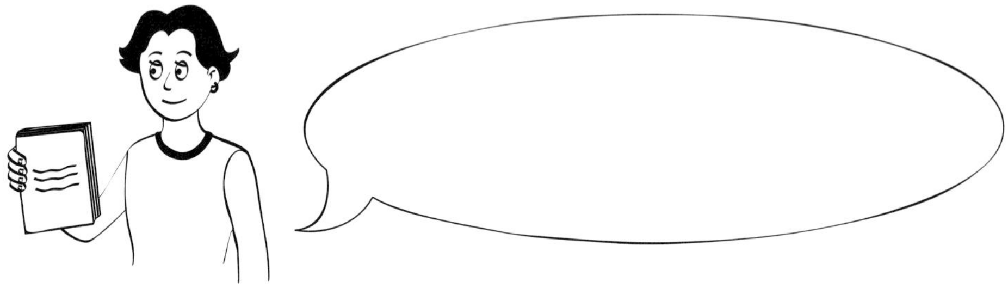

5. 팀과 리사는 둘 다 스포츠카의 앞자리에 앉고 싶었지만, 팀이 먼저 거기에 앉아서 움직이지 않았습니다.

9.4 과장하지 않기

목표

학생은 과장이 왜 부적절한지를 설명하고 좀 더 명확한 방법으로 다시 말할 것입니다.

설명

의사소통은 생각을 표현하거나 사건을 말하거나 상황을 기술할 때 중요합니다. 학생들이 과장할 때, 어떤 일이 벌어지고 있고 무엇이 중요한지를 정확하게 설명하기는 어렵습니다. 학생들은 무엇이 과장이고 명확한 정보가 중요할 때 과장이 왜 도움이 되지 않는지 알아야만 합니다.

생각하기 질문

1. 당신은 타박상을 입거나 살짝 베인 것 같은 작은 상처를 입은 사람이 마치 구급차를 불어야만 하는 것처럼 과장되게 행동하는 것을 본 적이 있나요? 당신은 그것에 대해 어떻게 생각했나요? (어리석다, 웃기다, 밉살스럽다.)
2. 당신은 어떤 사람이 사실을 약간 과장되게 말해서 다른 사람을 곤경에 빠트리는 것을 본 적이 있나요? (어떤 사람이 그들이 했던 것보다 더 세게 때렸다고 말했다, 실제보다 더 손상을 입힌 것처럼 말했다.)
3. 과장한다는 것은 어떤 의미인가요? (사실을 벗어나는 것, 어떤 것을 더 크게, 더 나쁘게, 더 두드러지게 만드는 것)
4. 사람들은 어떤 것이 얼마나 좋은지 말할 때 왜 과장할까요? (그들이 실제로 원기왕성하고 똑똑한 것처럼 보이기를 원해서, 아마도 그들이 관심 받고 싶어서)
5. 어떤 사람이 사실을 많이 과장했을 때 당신은 어떤 느낌을 받나요? (당신은 어쨌든 그 사람을 실제로 믿지 않는다, 그 사람이 왜 사실을 말하지 않는지 의심스러워한다.)
6. 당신이 어떤 사건을 본다면, 당신은 왜 어떤 사람에게 일어난 일을 명확하게 설명하고 싶은가요? 왜 과장하고 싶지 않은가요? (사실을 알고 싶어서, 어떤 것이 실제로 얼마나 나쁜지 알고 싶어서)

활동

지시사항 : 활동지에 있는 아이들은 약간 과장되게 말하고 있습니다. 당신은 아이들이 그것을 명확하게 사실 그대로 어떻게 말해야 하는지 다시 말할 수 있나요?

정답 : 1. "손가락을 베었어." 2. "고생학생들이 아주 크더라." 3. "교장선생님이 쓰레기를 주우라고 말했어." 4. "다른 선수 3명이 점수를 얻었어." 5. "지난밤에 숙제하는데 한 시간이나 걸렸어."

보충활동 : 좋은 이야기를 만들기 위해 사실적이지 않고 밉살스럽게 과장하는 것과 재미있게 꾸미는 것 간의 차이를 논의해 보세요. 생생한 언어는 글을 쓸 때 특히 아주 좋습니다. 이는 사실적인 글과 상상으로 꾸며낸 글에 관해 말할 수 있는 좋은 기회입니다.

성명 ______________________ 날짜 __________

9.4 과장하지 않기

다음의 아이들은 조금 과장되게 말하고 있어요. 아이들이 말하는 것을 명확하고 사실적으로 다시 말해 보세요.

1. "종이에 끔찍하게 베었어. 나는 베인 손으로는 연필을 잡을 수 없을 거야. 자, 봐! 피가 엄청나게 났어."

2. "고등학생 옆을 지나갔었는데, 모두 키가 최소 3미터는 되어 보이더라. 아주 무례해 보였어."

3. "교장선생님이 한 시간 동안 나한테 소리를 지르더라. 내가 급식실 바닥에 바나나 껍질을 떨어뜨렸다고."

9.4 과장하지 않기(계속)

4. "내가 바로 우리 팀을 위해 무언가를 한 단 한 명의 선수였어. 나 혼자서 다 한 것 같았거든."

5. "그 숙제 하느라 밤새 시달렸어."

9.5 다른 사람을 배려하기

목표

학생은 어떤 사람을 배려하는 상황을 확인할 것입니다.

설명

긍정적인 성격 특성은 다른 사람을 배려하는 능력입니다. 당신이 하고 싶은 것을 참으면서 우선 다른 사람을 배려하는 것입니다. 이번 수업에서 학생들은 배려하는 것의 예를 살펴봅니다.

생각하기 질문

1. 당신과 친구가 더운 날씨에 달리기를 하고 둘 다 목이 마르다면, 당신은 누가 먼저 물을 마시러 갈지 어떻게 결정할 건가요? (당신이 먼저 거기에 간다, 친구에게 먼저 가라고 한다, 누가 더 목이 마른지 생각해 본다.)
2. 어떤 사람이 수돗가에서 목을 잡고 숨차 하며 기침을 하고 있다면 어떻게 할 것인가요? 누가 먼저 물을 마셔야 하나요? (아마도 힘들어하는 그 사람)
3. 어떤 사람이 힘들어하거나 급해 한다면 그 사람에게 양보하는 것은 왜 좋은 일인가요? (다른 사람의 필요가 그들에게 아주 중요해서, 더 중요한 상황일 수 있어서)
4. 어떤 사람이 당신이 아주 배려심 많은 사람이라고 말한다면, 그것은 어떤 의미인가요? (당신이 다른 사람을 배려하고 있다.)
5. 당신이 집에서 당신 자신이 하고 싶은 것에 관해 생각하기 전에 다른 사람의 원하는 것을 배려할 수 있는 것들에는 어떤 것이 있나요? (어떤 사람이 일할 때 조용히 있거나 청소할 때 당신의 방을 청소한다.)

활동

지시사항 : 학생들은 다른 사람이 하고 싶어 하는 것이나 상황을 배려하는 것을 나타내는 예들을 체크합니다.

정답 : 1, 2, 4, 6, 8, 10

보충활동 : 각 예에서 어떻게 배려가 나타났는지 논의해 보세요. 다른 사람은 각 예에서 어떻게 배려를 했나요? 배려심이 없는 행동의 예에서는 다른 사람을 배려하기 위해 어떻게 하는 게 좋았을까요?

성명 ______________________ 날짜 ____________

9.5 다른 사람을 배려하기

다음의 행동들 중에 당신이 생각하기에 다른 사람이 하고 싶어 하는 것을 배려하는 행동은 어떤 것인가요? 정답에 체크해 보세요.

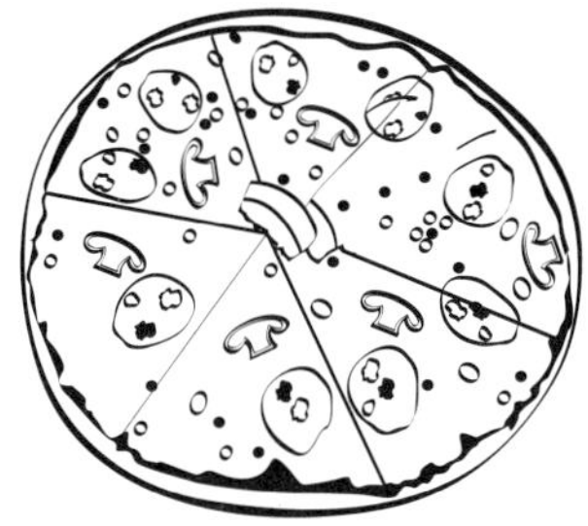

_________ 1. 당신은 패티가 당신보다 많이 급하다는 것을 알기 때문에, 물을 마시기 위해 선 줄에서 당신 앞에 패티가 서도록 했습니다.

_________ 2. 엄마의 생일이라 특별한 카드를 만들었습니다.

_________ 3. 저녁식사로 피자를 먹으러 가고 싶어서, 다른 사람들에게 당신이 하고 싶은 것을 알렸습니다.

_________ 4. 사촌이 일주일 동안 당신 집에 머무를 거다. 당신은 그녀가 좋아하는 것을 찾아서 즐거운 시간을 가질 것입니다.

_________ 5. 목욕탕이 지저분합니다. 엄마에게 청소하라고 말할 겁니다.

_________ 6. 동생 자전거 바퀴의 공기가 빠져 납작해졌습니다. 당신이 공기를 넣어줄 겁니다.

_________ 7. 버스를 타려면 다른 가족들보다 일찍 일어나야 합니다. 당신이 시끄럽게 굴면 다른 사람이 일어나 당신과 함께 있어 줄 겁니다.

_________ 8. 닭장을 청소할 시간입니다. 조슈아의 차례지만, 당신은 그가 싫어할 걸 알기 때문에 대신 해 줄 겁니다.

_________ 9. 테니스를 치고 나니 피곤했습니다. 그래서 테니스 라켓을 거실 벽장에 넣는 대신 식탁 위에 올려두었습니다.

_________ 10. 당신은 밧줄 올라가기를 정말로 잘합니다. 친구가 함께 줄을 타고 싶어 했습니다. 당신은 하고 싶지 않았지만, 친구가 당신과 함께 줄 타는 것을 좋아한다는 걸 압니다.

9.6 좋은 리더 되기

목표

학생은 집단을 긍정적이거나 도움이 되는 방향으로 이끄는 사람의 리더십 자질을 확인할 것입니다.

설명

우리가 리더는 집단의 생각이나 활동을 이끄는 사람이라는 전제하에 출발한다면, 좋은 리더는 긍정적인 방향으로 다른 사람들을 이끄는 사람이라 기대할 것입니다. 어떤 사람은 집단에 좋지 않은 충고를 하고 집단을 문제 상황에 빠뜨릴 수 있으며, 리더쉽이 효과적일 때조차도 마지막 결과는 좋지 않을 수 있습니다. 좋은 리더는 모든 사람에게 긍정적이고 도움이 되는 마지막 결과로 집단을 이끈다는 것을 강조합니다.

생각하기 질문

1. 당신이 좋은 리더라고 생각하는 사람들 중에는 누가 있습니까? (교장 선생님, 스포츠 팀의 감독, 교사)
2. 그 사람이 왜 좋은 리더라고 생각하나요? (다른 사람들을 도와줘서, 현명한 판단을 해서, 집단에 있는 다른 사람들의 의견을 들어서)
3. 좋은 리더이자 많은 사람들이 그를 따르지만 곤경에 처한 사람들의 한쪽 편을 들어주는 어떤 사람에 관해 어떻게 느끼나요? (화가 난다, 다시는 그들을 따르고 싶지 않다.)
4. 모든 사람들이 원하는 대로 하게 두지만 집단에 문제가 생겼을 때 피해버리거나 사라져버리는 사람이 좋은 리더인가요? (아니요.) 왜 그런가요? (리더는 집단을 지켜야만 한다. 버리지 말아야 한다, 그렇지 않다면, 리더는 단지 그들을 이용하는 것이다.)
5. 좋은 리더는 어떻게 정의할 수 있나요? (이끌 만한 능력이 있는 사람, 좋은 결과나 긍정적인 결과로 이끄는 사람)

활동

지시사항 : 학생들은 각 상황에 있는 두 사람 중에서 좋은 리더십을 나타내는 사람을 고르세요. 좋은 리더의 정의를 다시 한 번 생각해 보세요.

정답 : 1. 두 번째 학생 2. 첫 번째 학생 3. 첫 번째 학생 4. 두 번째 학생

보충활동 : 첫 번째 사람의 충고를 따른다면 각 상화에서 어떤 결과가 나올 수 있는지 이야기 나눠 보세요. 그러고 나서 두 번째 사람의 리더십에 대해서도 이야기 나눠 보세요. 이것은 누가 좋은 리더인지를 결정하는 데 어떤 도움을 주나요?

성명 ______________________ 날짜 ____________

9.6 좋은 리더 되기

누가 좋은 리더인지 두 학생 중 한 명에 ○표시를 하세요.

9.7 좋은 협력자 되기

목표

학생은 집단 활동에서 다른 학생 리더의 지시를 따를 것입니다.

설명

학생들이 '교사'인 척 하는 것은 재미있습니다. 그러나 다른 아이들이 그들에게 오랫동안 주의를 기울이지 않는다는 것을 빨리 알아차리게 된다면 실망스러울 겁니다. 소집단 수업에서는 더욱더 학생들이 리더쉽 능력을 지니는 것이 중요합니다. 또래를 가르치는 것은 학생들이 자기 확신을 가지는 그리고 그들이 가르칠 자료를 숙련할 수 있는 훌륭한 방법입니다. 그러나 집단에 있는 다른 학생들은 그 리더십을 존중할 필요가 있습니다. 어느 날 그것은 그들의 차례가 될 수 있습니다.

생각하기 질문

1. 단지 선생님이 이끌어야만 우리가 할 수 있는 활동에는 어떤 것이 있습니까? (새로운 수학 수업 소개하기, 받아쓰기 시험, 안내장 읽기)
2. 학생들이 이끌 수 있는 활동에는 어떤 것이 있습니까? (급식당번, 날씨 보고, 보여주고 말하기, 줄 당번)
3. 학생들 중 한 명이 리더일 때, 다른 학생들은 어떻게 행동해야만 합니까? (학생 리더가 말하는 것을 한다.)
4. 선생님보다 학생의 지시를 따르는 것이 왜 힘들다고 생각하나요? (학생은 실수를 할 수 있어서, 쉬는 시간에도 놔두지 않을 것 같아서)
5. 리더가 교사가 아닌 학생일 때조차도, 리더의 지시를 따르는 것을 배우는 것이 왜 중요하다고 생각하나요? (교사가 그 학생에게 그 일을 하도록 했으니까, 다른 사람에 대한 존중감을 보여줄 수 있어서, 내가 리더가 되었을 때 내가 말하는 것을 친구들이 하기를 원하니까)

활동

지시사항 : 활동지에는 친구들에게 해야 할 것을 말해주는 한 학생이 있습니다. 2명의 친구 중 어떤 친구가 좋은 협력자입니까?

정답 : 1. 두 번째 친구 2. 첫 번째 친구 3. 두 번째 친구 4. 첫 번째 친구

보충활동 : 순서대로 리더가 될 수 있는 일반적인 학급 활동 목록을 만들어 보세요. 리더가 될 준비를 하면서 리더십 기술을 학생들이 갖추도록, 그리고 따르는 친구들에게는 그것을 존중하고 시키는 대로 할 수 있는 기회를 주는 작업을 해보세요.

성명 ______________________ 날짜 ____________

9.7 좋은 협력자 되기

친구들에게 해야 할 것을 말해주는 한 학생이 있습니다. 누가 좋은 협력자인지 두 학생 중 한 명에 ○표시를 하세요.

1.

2.

9.7

좋은 협력자 되기(계속)

3.

4.

9.8 다른 사람 칭찬하기

목표

학생은 다른 사람에게 칭찬하는 말들을 할 것입니다.

설명

솔직한 칭찬만큼 우정을 만들어 가는 데 좋은 것은 없습니다. 여기서는 전형적인 상황에서 다른 사람에게 할 수 있는 적절한 칭찬에 대해 생각해 볼 기회를 가집니다.

생각하기 질문

1. 전에 다른 사람이 당신을 칭찬한 적이 있나요? 그것에 관해 말해 보세요. (예를 묻는다)
2. 당신에게 칭찬을 한 사람에게 왜 좋은 느낌을 받았나요? (당신의 좋은 점을 강조해서, 당신에게 주목하고 있다는 것을 보여줘서)
3. 당신은 다른 사람에게 칭찬하는 것이 어렵다고 생각하나요, 쉽다고 생각하나요? (당신이 다른 사람을 잘 알지 못하면 가끔 힘들다고 생각한다. 다른 사람이 많은 것을 잘 한다면 쉬울 것 같다.)
4. 칭찬받고 싶어 하지 않는 사람이 있을까요? (아마도 수줍음이 많고 주목받는 걸 좋아하지 않는 사람)
5. 어떤 사람이 당신이 칭찬할 만한 것을 한다면, 그 사람이 수줍어할 때 어떻게 그 사람을 당황스럽게 만들지 않고 많은 주목을 끌지 않으면서 그 사람이 알도록 할 수 있을까요? (조용히 말한다, 적절한 때와 장소를 찾는다, 솔직해진다.)

활동

지시사항 : 학생들은 주어진 상황에서 어떤 말로 칭찬할 수 있는지 쓰세요.

정답 : 1. “피아노는 잘 치는구나.” 2. “어젯밤에 정말 잘 하더라.” 3. “나는 네 그림을 좋아해. 더 볼 수 있을까?” 4. “좋은 자전거를 가졌구나.” 5. “도티, 글씨 잘 쓰는구나!” 6. “미구엘, 오늘밤 행운을 빌어!”

보충활동 : 좋은 칭찬은 어떻게 나쁜 것에 대해 주목을 피할 수 있는지 이야기 나눠 보세요. 예를 들어, 아만다가 한 순간에 엉망으로 만들었다고 말하기보다는 실수 자체를 말하지 마세요. 다음의 예에서 솔직하고 적절하게 칭찬하는 말들에 대해 이야기를 나눠 보세요.

성명 ______________________ 날짜 ____________

9.8 다른 사람 칭찬하기

다음에 제시된 사람들에게 당신은 어떤 칭찬을 할 수 있을까요? 당신이 칭찬할 말들을 써 보세요.

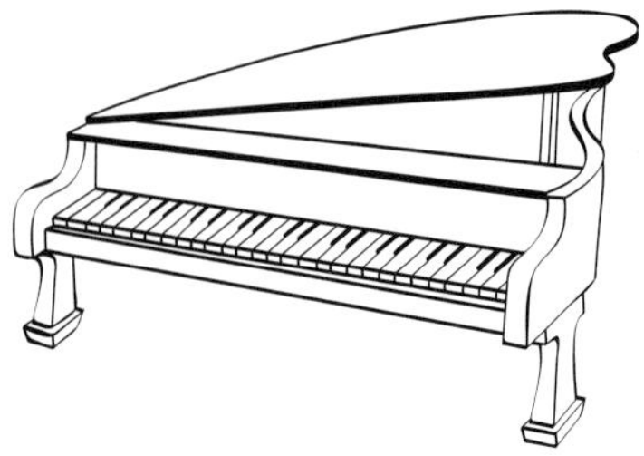

1. 아만다는 교실 앞에 있는 피아노를 쳤습니다. 그녀는 한 순간에 교실을 엉망으로 만들었습니다.

____

____

2. 리카르도는 지난밤 미식축구 게임에서 터치다운 패스를 잡았습니다. 그 팀이 이겼습니다.

____

____

3. 샐리는 수줍음이 아주 많습니다. 당신은 그녀가 노트북에 스케치한 것을 보고 그림을 잘 그린다는 것을 알 수 있었습니다.

____

____

4. 마이크는 새로운 산악용 자전거를 샀습니다.

____

____

5. 도티는 수업 시간에 '나비'라는 글자를 썼습니다.

____

____

6. 미구엘은 학교 전체에서 가장 빨리 달립니다. 그는 방과 후에 경기가 있습니다.

____

____

9.9 사과하기와 비난 수용하기

목표

학생은 주어진 상황에서 비난을 진심으로 수용하거나 사과하는 사람들을 확인할 것입니다.

설명

우리가 다른 사람에 관해 칭찬하는 또 다른 능력은 자신이 틀렸다는 것을 인정하고 비난을 수용하는 능력입니다. '자신은 전혀 틀리지 않았다, 어떤 것에도 죄책감을 결코 느끼지 않는다, 문제는 다른 사람에게 있다'고 믿는 사람과 반대의 측면에서 이것을 생각해 보세요. 자신이 틀렸다는 것을 인정하는 것은 수치스러운 일이 아닙니다. 당신이 정정하고자 하는 의지가 있다면 특히 그렇습니다.

생각하기 질문

1. 당신이 틀린 것이 없다고 느꼈을 때조차도 당신의 부모나 다른 어른들이 당신이 다른 사람에게 사과를 하게 하는 그런 상황이 전에 있었나요? 그것에 관해 말해 보세요. (과거에 대해 묻는다.)
2. 그때 당신의 기분은 어땠나요? 정말로 미안했나요? (아마도 그렇지 않을 것이다.)
3. 당신은 왜 사람들이 실수에 대해 다른 사람에게 사과하기를 기대한다고 생각하나요? (그것이 예의 바른 행동이니까, 당신이 실수했다는 것을 알고 있다는 것을 다른 사람에게 알리려고, 당신이 일어난 일에 관해 관심이 있다는 것을 알려주려고)
4. 어떤 사람이 "미안해."라고 말할 때조차도, 그 사람이 일어난 일에 관해 진심으로 미안해한다고 말할 수 있나요? (얼굴 표정을 살펴본다, 그 사람이 그 문제에 관해 어떻게 행동하는지 살펴본다.)
5. 당신이 잘못을 저지른 상황에 있다면, 비난을 수용하는 것은 왜 중요한가요? (당신이 성숙하다는 것을 알리려고, 잘못한 것을 인정할 수 있을 만큼 충분히 책임감이 있어서, 비난에서 벗어나려고)

활동

지시사항 : 학생들은 사과하고 있는 사람이 실제로 미안해한다고 생각하는지 그리고 비난을 받아들이는지 아닌지를 생각해 보세요.

정답 : 1. 아니요 2. 예 3. 예 4. 아니요 5. 아니요 6. 아니요 7. 예 8. 아니요

보충활동 : '아니요'가 답인 학생들이 상황을 어떻게 다루는지 이야기 나눠 보세요. 어떻게 변명하나요? 그 문제에 대해 비난받는 사람은 누구인가요? '예'가 답인 학생들은 그 문제를 어떻게 다루려고 애쓰나요?

성명 ____________________ 날짜 __________

9.9 사과하기와 비난 수용하기

다음의 학생들 중 몇몇은 그들이 한 것에 대해 사과하거나 비난을 수용합니다. 진심으로 미안해한다고 생각하는지 '예' 혹은 '아니요'로 쓰세요.

1.

____

2.

____

3.

____

4.

____

5.

____

6.

____

7.

____

8.

____

9.10 일 마무리하기

목표

학생은 일을 마무리하는 데 필요한 것을 설명할 것입니다.

설명

얼마나 많은 아이들이 어떤 것(숙제, 이야기, 책상 치우기)을 시작하고 나서 단지 몇 분 후에 그것을 완전히 그만둘까요? 일을 마무리하는 것은 어려운 것처럼 보입니다. 사회적인 상황에서도 마찬가지입니다. 학생은 대화를 마무리 지을 수 있나요? 친구와 약속한 것을 계속해서 할 수 있나요? 일을 계속해서 하지 않는 사람들은 친구가 줄어드는 경향이 있습니다.

생각하기 질문

1. 당신이 친구에게 인형극을 하는 것을 도와달라고 하고, 친구가 10분 정도 당신을 도와주고 당신에게 모든 것을 맡겨둔 채 당신 계획대로 하라고 한 후에 지루하다고 말하며 가버린다면, 당신은 어떤 기분이 들까요? (미칠 것 같다, 하고 싶은 마음이 줄어든다, 모든 것을 다시 해야만 한다는 사실에 화가 난다.)
2. 당신은 전에 친구가 와서 잠시 동안 놀고 나서 엄마가 놀던 것을 모두 정리해야 한다고 말한 적이 있나요? 그러고 나서 친구가 집에 가야 한다고 하고 당신 혼자서 정리해야 했던 적이 있나요? (확실히)
3. 당신이 다른 사람을 위해 파티를 계획하고 모든 준비를 마쳤지만, 파티 시간이 되고 파티를 무사히 마쳤을 때 당신을 제외한 모든 사람들이 가버렸다면, 어떤 기분이 들까요? (다른 사람들을 욕한다, 다른 사람들처럼 게을러진다.)
4. 당신이 해야 할 일이 있을 때, 피곤해질 때까지만 그것을 한 후에 그만두어야 하나요? (아니요, 모든 것을 해야만 한다.)
5. 당신은 당신이 하고 싶지 않은 일을 시작해야만 할 때 그리고 그 일이 당신이 생각하기에 그리 즐거운 일이 아닐 때, 당신은 어떤 결정을 할 수 있나요? (다른 사람들이 당신에게 의지한다면, 당신을 그것을 해야만 한다.)
6. 믿음직스럽다는 말은 무슨 뜻일까요? (사람들이 당신에게 의지할 수 있다.)
7. 일을 마무리한다는 것은 무슨 뜻일까요? (모든 것이 완전히 끝날 때까지 일한다.)
8. 당신은 일을 끝냈다고 생각하지만 다른 사람은 그렇게 생각하지 않을 수 있습니다. 예를 들어, 엄마가 당신의 방을 청소하라고 하고 당신이 침대 밑으로 양말을 던져버린다면, 당신을 일을 끝낸 건가요? (아니요) 왜 그런가요? (방을 청소하지 않았다.)

활동

지시사항 : 다음에 아이들이 해야 할 일이 있는 몇 가지 상황이 있습니다. 아이들은 일을 끝내지 못했습니다. 아이들은 일을 마치기 위해 무엇을 해야 하나요?

정답 : 1. 책상에 책을 두고, 책상 위를 깨끗이 정리한다. 2. 종이에 이름을 쓰고 모아서 스테플러로 찍는다. 3. 받아쓰기 시험을 끝낸다. 4. 순서대로 읽는다.

보충활동 : 일을 마무리하는 이러한 기술을 말할 수 있는 기회에 주목해 보세요. 스스로 시작할 수 있는 일들은 많지만, 그것을 마무리하는 사람들은 많은 것 같지 않습니다. 일을 잘 마무리하는 사람에게는 보상이 필요합니다.

성명 ____________________ 날짜 __________

9.10 일 마무리하기

다음의 아이들은 일을 끝내지 못했습니다. 각 아이가 일을 마치기 위해 무엇을 해야 하나요? 줄 친 곳에 답을 쓰세요.

1.

____

____

____

____

2.

일 마무리하기(계속)

3.

주안, 마크와 수잔에게
받아쓰기 단어 좀 불러주렴.
1번 새장, 2번 얼굴.
어, 쉬는 시간이다.
나머지는 보고 써.

4.

두 사람은 사자에 관한 이야기를 읽어.
그러고 나서 사자 그림을 색칠하고.
마지막 쪽만 읽자.
그러고 나서 색칠하자.
그게 더 재미있을 것 같아.

9.11 미리 생각하기

목표

학생은 활동을 완수하는 것을 방해하는 것들을 확인하고 그것을 피하는 방법을 찾을 것입니다.

설명

활동의 결과에 대해 명확하게 생각하는 것 혹은 결과가 어떨 것 같은지 가정해 보는 것은 학생들이 작업하는데 필요한 것을 계획하는 데 도움이 될 수 있습니다. 예를 들어, 학생이 다섯 개의 다른 색깔이 필요한 그림을 색칠한다면, 크레용 상자에서 다섯 번 가져오기보다는 한 번에 다섯 가지 색깔 모두를 가져오는 것일 효율적일 것입니다. 결과를 먼저 생각해 봄으로써, 학생들은 계속해서 작업할 기회를 얻을 것입니다. 그것은 지연되거나 방해되는 것들이 생기는 것을 막고 작업을 끝내는 것을 예방할 것입니다. 사회적으로도 이것은 중요합니다. 약속을 하고 계획을 세우고, 혹은 사회적인 의무를 가지는 학생들은 그들이 하려고 한다고 말한 것을 할 수 있다는 확신을 가짐으로써 끝까지 해낼 수 있을 것입니다.

생각하기 질문

1. 놀라지 마세요! 12월 25일에 아주 특별한 학급 파티를 하려고 합니다! 모두 올 수 있죠? (아니요. 모두들 크리스마스 휴가이다.)
2. 큰 파티를 계획하기 전에 달력을 확인해 보는 것은 좋은 생각인가요? (예) 왜 그렇죠? (당신이 바꿀 수 없는 어떤 것이 이미 계획되어 있을 수 있어서)
3. 내가 당신에게 우리가 체육관을 밝은 빨간색으로 칠할 수 있지만 우리가 가진 것은 파란색 페인트 밖에 없다고 말한다면, 어떻게 할 건가요? 문제가 있어 보이나요? (우리는 몇 가지 다른 색깔의 페인트가 있어야만 할 것이다.)
4. 학급에 있는 모든 학생들이 오늘 내로 마쳐야 할 숙제를 하기 위해 학급용 컴퓨터를 사용하려고 하는데 컴퓨터가 3대밖에 없다면, 어떻게 해야 하나요? (컴퓨터 사용 순서표를 만든다. 번호 순서로 컴퓨터를 사용한다. 컴퓨터를 사용하는 사람이 없을 때 사용한다.)
5. 학급 학생 모두가 해야 할 일을 모두 하면 오늘 마지막 수업에 모두들 게임을 할 수 있다고 말해 보자. 당신 혼자서 어떻게 계획할 수 있나요? (시간을 현명하게 사용한다.) 학급 학생 모두가 게임을 할 수 있도록 당신은 어떻게 하려고 계획했나요? (해야 할 일을 마치는 데 도움이 필요한 학생들이 있는지 계속해서 살펴본다.)

활동

지시사항 : 다음의 학생들은 미리 계획하지 않았습니다. 무엇이 잘못 되었을까요? 제대로 하려면 어떻게 해야 하나요?

정답 :

1. 시간 내에 못했다. 쉬는 시간 동안 교실에 남아 과제를 마친다.
2. 너무 크게 썼다, 볼펜으로 썼다, 실수가 많았다. 처음부터 다시 한다.
3. 쿠키 수가 부족하다. 쿠키 몇 개를 반으로 잘라서 나누어 먹는다.
4. 풀이 마르지 않았다. 제대로 붙을 수 있게 다시 한 번 시도해 보고, 안 되면 처음부터 다시 한다.

보충활동 : 혼자서 과제를 해야 할 때 '미리 생각하기'라는 문구를 사용하며 시작해 보세요. 과제를 시작하기 전에 만날 수 있는 방해물들을 학생들이 확인할 수 있을 것입니다. 학생들이 과제를 수행하지 못한 것을 봤을 때 그만 하도록 하고 싶겠지만, 그 학생이 자신이 미리 생각하지 않았다는 것을 알도록 하는 좀 더 가치 있는 수업이 될 수도 있습니다.

성명 ______________________ 날짜 ____________

9.11 미리 생각하기

다음의 학생들은 미리 계획하지 않았네요. 무엇이 잘못 되었는지 말해 보세요. 해야 할 일을 제대로 마치려면 어떻게 해야 하는지 쓰세요.

1.

____

____

____

2.

____

____

____

9.11 미리 생각하기(계속)

3.

4

9.12 유머 감각 가지기

목표

학생은 사회적 상황에 있는 두 아이 중 누가 유머 감각을 보이는지 확인할 것입니다.

설명

삶은 실패와 실망과 도전으로 가득 차 있습니다. 우리가 이러한 상황에 어떻게 반응하는지는 우리 성격에서 많은 것이 드러납니다. 유머 감각을 가지는 것은 상황에 대한 조절감을 다시 얻도록 돕고, 다른 사람들이 편안하게 느끼도록 도우며, 부정적인 것 같은 상황을 전체적으로 올바르게 볼 수 있도록 돕습니다.

생각하기 질문

1. '유머 감각을 가진다'는 것을 무엇을 의미하는가요? (당신이 어떤 것에 크게 웃으려고 하고, 당신 자신을 웃게 만들며, 상황에서 재미있는 어떤 것을 찾으려고 하는 것)
2. 당신이 농담하지 말아야 하는 것에는 무엇이 있나요? (친척의 죽음과 같은 심각한 것, 말썽이 생길 소지가 있는 사람, 해가 될 수 있는 괴롭힘)
3. 친구가 급식실에서 뛰다가 식판을 떨어뜨렸다고 생각해 봅시다. 친구는 기분이 어떨까요? (당황스러울 거다.)
4. 유머 감각을 나타내면서 분위기를 좋게 만드는 말에는 어떤 것이 있을까요? ("어떤 사람들을 주목받기 위해 어떤 것도 할 거야!", "나도 오늘 급식이 맛없었어!"−친구가 쏟은 음식을 치우는 걸 도우면서 이렇게 말한다.)
5. 어떤 사람이 우연히 당신을 남자로 생각하고 (당신이 여자라면) 그러한 실수에 대해 많이 미안해하고 당황스러워 한다고 생각해 봅시다. 당신은 유머 감각을 사용하여 그 사람이 괜찮아지게끔 어떻게 할 수 있습니까? ("괜찮아요. 다른 사람들도 그렇게 말하곤 해요. 머리 모양을 바꿔야겠어요.")
6. 어떤 사람이 당신 책상에 와서 부딪혀서 우연히 당신이 맞추고 퍼즐을 망쳐버렸다면 당신은 어떻게 할 건가요? 아마도 화가 나겠지만, 유머 감각을 보여주면서 어떻게 진정할 수 있을까요? (그것이 그렇게 중요한 것은 아니다, 그것은 단지 퍼즐일 뿐이다라는 걸 알아차리기, 그 사람에게 퍼즐을 함께 맞추자고 하기)

활동

지시사항 : 상황에 있는 두 아이 중 누가 유머 감각을 보이나요?

정답 : 1. 두 번째 2. 두 번째 3. 첫 번째 4. 첫 번째

보충활동 : 유머 감각이 어떻게 조절감을 다시 얻도록 돕고, 다른 사람들이 편안하게 느끼도록 도우며, 어떤 것을 전체적으로 올바르게 볼 수 있도록 돕는지 이야기 나눠 보세요.

성명 ______________________ 날짜 ______________

9.12 유머 감각 가지기

상황에 있는 두 아이 중 유머 감각을 보이는 아이에 ○표시를 하세요.

1. 에릭은 집단 리더가 그에게 질문했을 때 듣지 못했습니다. 그래서 에릭은 답이 틀렸습니다.

2. 어떤 친구가 미술 수업 시간에 우연히 매디슨의 그림을 밟았습니다.

유머 감각 가지기(계속)

3. 밴은 길을 잃었고 친구와 곤경에 처했습니다.

4. 친구가 올란도의 초콜릿 우유를 실수로 마셨습니다.

긍정적인 성격의 특성을 위한 학급 조언

- '흥미 축제'를 개최하세요. 학생들은 자신의 취미는 전시하는 부스를 만듭니다. 그림을 사용하거나 자신의 취미에 관한 것을 보여주는 트로피, 리본, 혹은 책을 전시합니다. 첫 번째 날에는 학급 인원의 반 정도에게 그들의 부스를 담당하도록 하고, 두 번째 날에는 방문자가 되게 하세요.
- 두 팀이 게임이 끝난 후에 서로 손바닥을 치도록 하는 규칙을 통해, 학생들은 정정당당함을 연습할 수 있습니다. 게임이 끝났을 때 불평하거나 논쟁하는 것은 없어야 합니다. '잘했어'나 다른 칭찬하는 말을 사용하도록 합니다.
- 일주일 동안 학생들이 '너 먼저'를 생각해 보도록 하세요. 이는 학생들이 다른 사람이 먼저 가도록 하거나 친절한 행동을 받아들이는 것을 배우도록 합니다. 일주일 동안 매일 최소한 하나의 선한 행동을 함으로써, 습관이 될 수 있습니다. 일주일 후에 학생들이 경험한 보상에 관해 이야기하도록 격려해 보세요.
- 유명한 정치인을 조사하고 그들이 좋은 리더인지 의견을 나누어 보세요. 초등학교 고학년 학생들은 과거에 기사거리로 다루어졌던 한 지역의 정치인에 대해 조사할 수도 있습니다. 그 개인의 리더십의 결과에 따르면, 그들은 좋은 리더로 생각될 수 있나요?
- 칭찬의 벽을 만들어 보세요. 색깔 있는 종이에 예들을 적고("잘했어. 나는 네가 그렇게 하는 것을 좋아해.") 교실이나 복도의 한쪽 벽에 그것을 전시해 보세요. 말로 칭찬하는 것이 어려운 학생이 있다면, 벽이나 복도로 보내세요.
- 당신이 실수했을 때 그것을 인정하는 것을 보여줌으로써 학생들에게 좋은 예를 제시하세요. 어른들은 아이들에게 사과하는 것을 힘들어하고, 비난받을 만한 가치가 있는 것에 대해서도 비난을 수용하기 힘들어 합니다. 이런 종류의 예들은 아이들에게 실제로 영향을 미칩니다.
- 대청소를 하고 정리정돈을 하는 학급의 날을 만드세요. 정리정돈하며 보내는 시간이 아주 잘 보낸 시간이라는 것을 알리세요. 모든 것이 제자리에 있는지 체크하는 것을 돕도록 학생들에게 동료를 할당해 주세요.
- 실험적으로, 아침의 첫 번째 활동으로 학생들이게 쓰기 과제를 한 번에 모두 내주세요. 과제 모두를 어떻게 수행할 것인지 쓰기 계획을 제출하라고 학생들에게 말하세요. 그런 후에 계획을 어떻게 세울 것인지 의논하세요. 어떤 학생들에게는 전체적인 그림을 가지고 과제에 접근하는 것이 더 쉬울 수 있고, 어떤 학생들에게는 교사의 지원을 통해 조금씩 과제를 수행하는 것이 더 나을 수 있습니다. 하루를 어떻게 보낼지 의논하세요. 계획을 잘 세우는 몇몇 학생들은 하루 동안 이런 방식으로 과제를 수행하고 싶어 할 수 있습니다.
- 학생들이 좋은 유머 감각을 나타내는 순간에 그 학생에게 주목하도록 해보세요. 이러저러한 일이 발생할 때조차도 그 학생은 좋은 태도를 보여주고 아주 적절한 재미있는 말을 하거나 웃을 수 있다는 것을 설명하세요.

10

Chapter

가족과 잘 지내기

10.1 부모에게 순종하기

목표

학생은 부모의 요구에 응하는 사람들을 확인할 것입니다.

설명

순종이라는 말은 많은 사회적 문제들의 중심에 있습니다. 순종하는 것을 배우는 첫 번째 단계는 지시를 알아차리는 것입니다. 그 다음은 응할 것인지 결정하는 것입니다. 부모는 자녀에게 매일 많은 요구를 합니다. 자녀의 반응은 기분, 기호, 활동의 선택, 시간대, 혹은 거절 습관에 따라 달라질 수 있습니다. 한 번의 수업으로 아이들에게 순종하는 것을 가르치지는 못할 것입니다. 이번 수업에서는 학생들에게 일반적인 예가 담겨 있는 활동지에서 순종을 확인하도록 합니다.

생각하기 질문

1. 당신의 부모가 집에서 당신에게 어떤 지시나 요구를 하나요? (옷을 걸어라, 소리 지르지 말아라, 발을 닦아라.)
2. 부모가 당신에게 무언가를 하도록 요구했을 때, 부모는 당신이 어떻게 하기를 기대하나요? (그것을 하기를, 순종하기를)
3. 당신이 순종했을 때, 당신은 왜 부모가 그것을 좋아한다고 생각하나요? (당신이 지시를 따른다는 것을 보여줘서, 부모를 존중한다는 것을 보여줘서, 부모가 하는 일들을 더 쉽게 만들어줘서)
4. 당신이 하고 싶지 않은 것을 부모가 당신에게 요구한 적이 있나요? (아마도)
5. 당신이 순종하지 않았을 때 어떤 일이 일어났나요? (말다툼이 생겼다, 벌을 받았다, 무시당했다.)
6. 당신의 부모는 왜 당신에게 그것을 하라고 했나요? (당신이 어떤 것을 하는 방법을 배우기를 원해서, 당신이 일하는 방법을 배우기를 원해서, 당신의 역할에 충실하기를 원해서)
7. 당신의 부모가 당신에게 당신이 위험에 빠지거나 당신을 해치는 어떤 것을 하라고 요구한 적이 있나요? (바라는 대답은 "아니요.")
8. 당신의 부모에게 순종하는 것은 왜 좋은 생각인가요? (부모가 당신보다 더 많은 것을 알고 있기 때문에, 부모를 존중한다는 것을 보여주니까, 그렇게 하기를 기대하니까)

활동

지시사항 : 활동지에는 부모에게 요구를 받은 아이들의 예가 6개 있습니다. 그림과 대화 내용에 근거해 보면, 아이들은 부모에게 순종하거나 순종하고 있지 않습니다. 학생들은 순종하고 있는 아이에게는 ○표시를 하고, 순종하고 있지 않은 아이에게는 ×표시를 합니다.

정답 : ○ : 1, 3, 5 × : 2, 4, 6

보충활동 : 이러한 상황에서 아이들이 부모에게 순종하지 않았을 때 어떤 위험하거나 해로운 결과가 나타날 수 있는지 이야기 나눠 보세요.(여동생을 집에 혼자 남겨둔다면 문제가 생길 수 있다, 안전벨트를 매지 않으면 사고가 났을 때 심하게 다칠 수 있다.) 덜 심각한 경우에, 아이들이 부모의 요구에 응하는 것은 왜 긍정적인 가족 기능에 중요할까요?(함께 살아가려면 서로 도와야하니까, 가족들은 집안일을 분담해야 하니까)

성명 ____________________ 날짜 ____________

10.1 부모에게 순종하기

다음의 아이들 중에 누가 부모에게 순종하고 있나요? 순종하고 있는 아이에게 ○표시를 하고, 순종하고 있지 않은 아이에게는 ×표시를 하세요.

10.2 순종하지 않은 결과

목표

학생은 순종하지 않은 결과를 확인할 것입니다.

설명

부모의 지시에 아이가 "왜?" 혹은 항상 질문을 한다면, 이는 성가신 일일 수 있습니다. 그러나 순종하는 것이 아이에게 어떻게 이로운지를 아이가 이해할 수 있다면, 대답을 해주는 것은 아이가 응하도록 도울 수 있습니다. 그럼에도 불구하고, "내가 그렇게 말했으니까"라는 말은 가끔 필요한 단 하나의 대답입니다. 어떤 경우에도 아이가 순종하지 않은 결과에 대해 생각할 수 있는 것이 중요합니다.

생각하기 질문

1. 당신의 부모가 당신이 실제로 하고 싶지 않은 것을 하라고 요구한 적이 있나요? (아마도, 하기 싫은 숙제, 시간이 오래 걸리는 어떤 것)
2. 부모가 어떤 것을 하라고 말한 후에 당신이 "왜?"라고 묻는다면 어떤 일이 일어나나요? (설명할 시간을 줄 수도 있고, 물어보지 말고 그걸 하라고 말할 수도 있다.)
3. 당신은 어떤 것을 왜 하는지 항상 알아야만 하나요? (아니요, 흥분해서 질문하는 걸 멈추지 못할 거다, 외출하려고 지시에 따를 거다.)
4. 당신은 다른 사람들이 지시한 것에 질문 받는 것을 좋아하지 않는다고 생각하나요? (불손한 태도로 질문할 수 있어서, 반항적이어서, 그것을 하지 않을 방법을 찾는다고 생각해서)
5. 당신이 순종하지 않는다는 것을 특히 다른 어른들에게 순종하지 않는다는 것을 부모가 알았을 때 부모는 어떻게 느낄까요? (아마도 부끄럽고 화가 날 것 같다.)
6. 당신이 순종하지 않았던 많은 순간에, 당신은 후회한 적이 있나요? ('예'라는 답이 바람직하다.)

활동

지시사항 : 활동지에 제시된 아이들은 순종하지 않습니다. 학생들은 이렇게 순종하지 않을 때 나타나는 결과를 보여주는 그림을 그리거나 글로 쓰세요.

응답 예 :
1. 라헬의 부모는 걱정하고 경철에 전화할 것이다.
2. 마이크는 캠핑 대신에 차고를 청소하며 밤을 보낼 것이다.
3. 에이미는 신발을 찾느라 버스를 놓칠 것이다.
4. 앤드류는 손과 머리가 추울 것이다.
5. 개가 도넛을 먹을 것이다.

보충활동 : 학생들이 답한 결과들에 대해 이야기 나눠 보세요. 부모에게 벌을 받는 결과들이 있나요? 혹은 자연스럽게 발생한 환경의 결과가 있나요? 순종하지 않은 것에 대한 부정적인 결과만이 부모와 갈등을 가지게 한다고 학생들이 생각하나요?

성명 ______________________ 날짜 __________

10.2 순종하지 않은 결과

다음의 아이들은 다른 사람이나 지시에 순종하지 않습니다. 이렇게 순종하지 않아서 나타날 수 있는 결과를 그림으로 그리거나 글로 쓰세요.

1. 라헬은 방과 후에 집에 곧장 가지 않고 친구 집에 갔습니다.

2. 마이크는 밤새 캠핑을 가고 싶었지만, 그가 해야만 하는 차고 청소를 하지 않았습니다.

3. 에이미는 자기 전에 신발을 정리하지 않았습니다. 엄마는 내일 버스가 더 일찍 올 거라고 말했습니다.

4. 앤드류의 아빠는 학교에 갈 때 장갑과 모자를 쓰라고 말했지만, 앤드류는 장갑과 모자를 쓰지 않았습니다. 그러고 나서 눈보라가 몰아쳤습니다.

5. 타라의 할머니는 개가 도넛을 먹지 못하게 테이블 위에 도넛을 올려두라고 말했습니다. 타라는 도넛을 테이블에 올려두지 않았습니다.

10.3 집에서의 규칙

목표

학생은 집에서 지켜야 할 규칙을 최소한 다섯 가지를 말할 것입니다.

설명

모든 집에는 규칙이 있습니다. 어떤 집은 다른 집보다 좀더 명확하고 강력한 규칙이 있을 것입니다. 거실에서 신발을 신어도 되나요? 더러운 옷은 세탁실에 가져다 두어야 하지 않나요? 이번 수업은 집의 다른 특정한 규칙과 더불어 일반적인 집안일과 관련한 규칙에 초점을 둡니다.

생각하기 질문

1. 집에는 어떤 공간이 있나요? (부엌, 방, 목욕탕, 창고)
2. 당신의 집에 있는 공간에는 각각 어떤 규칙이 있나요? (목욕탕 : 변기 물 내리기, 손 씻기)
3. 방마다 왜 다른 규칙이 있나요? (방마다 쓰임새가 다르니까)
4. 당신이 생각하기에 정리하기에 가장 쉬운 공간과 가장 어려운 공간은 어디인가요? (의견을 묻는다-어떤 학생들은 청소가 힘들다고 생각할 수 있고, 어떤 학생들은 정리하기나 분류하기가 더 어렵다고 생각할 수 있다.)
5. 당신은 부엌에서의 규칙이 모든 집안일과 같다고 생각하나요? (아마도 비슷한 것이 있을 것 같다 : 설거지하기, 걸레질하기, 서랍 열어두지 않기)
6. 집 밖에는 어떤 규칙이 있나요? (집에 들어왔을 때 신발 닦기, 장난감을 바깥에 두지 않기)
7. 집에서 규칙을 가지는 것은 모든 것이 더 나은 방식으로 되도록 어떻게 도울 수 있나요? (가족들이 집안일을 분담할 수 있다, 가족들이 해야 할 일을 안다, 어떤 부분에 대해 도움을 받을 수 있는지 안다, 규칙을 어기는 사람이 없다면 가족 모두 더 깨끗한 집을 유지할 수 있어 이롭다.)

활동

지시사항 : 학생들은 활동지에 제시된 집 도면을 보고 각 공간에 적어도 하나 이상의 가족 규칙을 씁니다. 이는 학생과 집 형태에 따라 마당 규칙, 지하실 규칙, 차고 규칙으로 확장해 볼 수 있습니다. 한 사람에게만 집안일을 맡기지 않고, 가족 모두가 분담할 수 있는 가족 규칙을 찾는 것이 중요합니다.

응답 예 : 현관-신발 닦기, 부엌-식사하기 전에 손 닦기, 목욕탕-휴지가 없을 때 새 휴지 가져다두기

보충활동 : 집의 각 공간에서 보통 일어날 수 있는 활동들에 대한 규칙과 더불어, 각 공간을 정리하고 비품을 채워두는 규칙으로 확장해 보세요. 예를 들어, 식사하면서 대화 나누기는 부엌에서 할 수 있는 일인데, 음식을 먹는 동안 예의 바른 대화하기와 식탁에서 소리 지르지 않기 등에 대한 규칙은 부엌 공간에 적절할 수 있습니다.

성명 ____________________ 날짜 ____________

10.3 집에서의 규칙

당신의 가족이 집에 있는 공간에서 가질 수 있는 좋은 규칙을 최소한 하나 이상 쓰세요. 집 안에 다른 공간이 더 있거나 집 밖에도 다른 공간이 있다면 더 그려도 좋습니다.

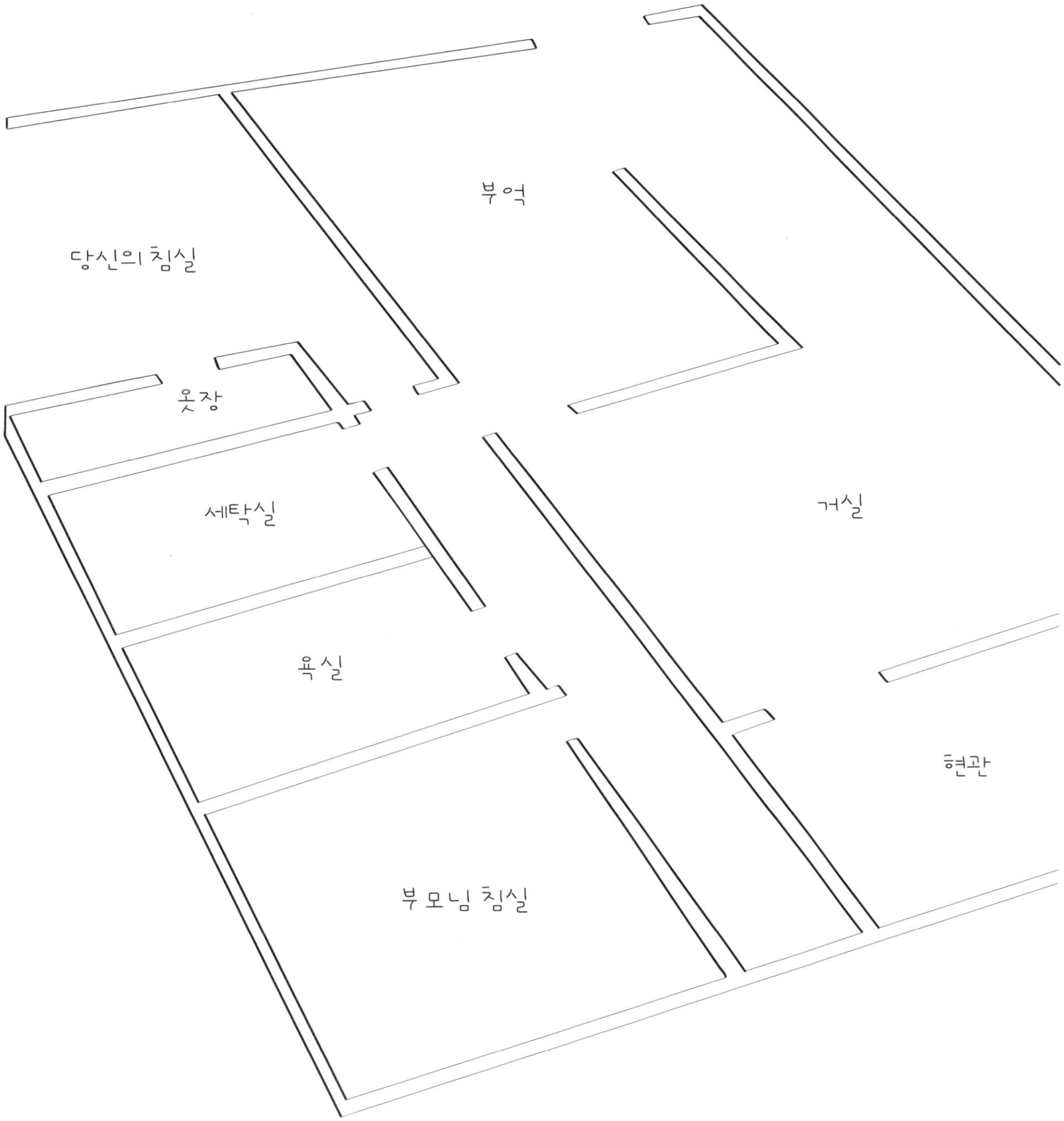

10.4 나의 책임감

목표

학생은 집에서 자신이 책임지고 해야 할 일을 최소한 세 개 정도 확인할 것입니다.

설명

모든 가족들은 해야 할 필요가 있는 많은 일들을 합니다. 심지어 어린 아이들도 집안일 내에서 단순하지만 중요한 일을 책임지도 해야 할 수도 있습니다. 어떤 아이들은 아침에 잠자리를 정리하거나, 강아지의 먹이를 주거나, 식사를 차리는 것을 돕는 등의 일을 할 수 있습니다. 다른 아이들은 동생을 아기용 의자에 앉히거나 할머니, 할아버지의 잔심부름을 할 수도 있습니다. 그러나 이는 가족을 돕는데 기여할 뿐만 아니라 책임감을 가르치도록 돕기 때문에, 모든 일은 중요합니다. 집에서 어떤 것도 하지 않겠다고 우기는 학생도 있습니다. 나는 누가 이러한 아이의 이를 닦아주는지, 누가 이러한 아이의 옷을 입혀주는지, 누가 이러한 아이의 입에 음식을 넣어주는지를 묻고 싶습니다. 학생들은 '책임감'이라는 것이 단지 일반적인 집안일이나 활동이 아니라 가족이 함께 살아가는데 필요한 것을 의미한다는 것을 빨리 알아차립니다.

생각하기 질문

1. 당신이 집에서 책임지고 하는 일에는 어떤 것이 있나요? (당신 방 정리하기, 쓰레기 버리기)
2. 당신은 당신이 하는 일들을 좋아합니까? 왜 그런가요? (다양한 대답들)
3. 당신이 일주일 동안 당신이 해야 할 일을 하지 않는다면, 어떤 일이 일어날까요? (일이 산더미처럼 쌓일 것이다, 쓰레기 더미가 될 것이다.)
4. 어떤 사람들은 집안일을 도우면 용돈을 받습니다. 당신은 이것이 좋은 생각이라고 생각하나요? 아니면 단지 당연히 도와야 하는 건가요? (다양한 대답들)
5. 당신이 집에서 해야 할 일이 있다는 것은 좋은 생각이라고 생각하나요? ('예' 라는 대답이 바람직하다.)
6. 당신이 해야 할 일을 하는 것은 가족을 어떻게 돕나요? (부모님께서 다른 일을 할 수 있는 시간을 드린다, 당신이 새로운 기술을 배울 수 있다, 집을 좀 더 깨끗하게 만들 수 있다.)

활동

지시사항 : 하루 중 일정한 시간대에 당신이 집에서 계속해서 할 수 있는 일들을 생각해 보세요. 각 시간대에 당신이 할 수 있는 일을 최소한 하나 이상 써 보세요.

정답 : 다양한 응답이 예상됨

보충활동 : 집에서 할 수 있는 아주 작은 일들도 가족에게 얼마나 중요한지에 대해 이야기 나눠 보세요. 그러한 일들은 다른 가족 구성원들에게 어떤 영향을 미치나요? 그런 일들을 완수하지 않았을 때 어떤 일이 일어날까요?

성명 ____________________ 날짜 __________

10.4 나의 책임감

하루 동안 당신이 집에서 할 수 있는 일들을 생각해 보세요. 각 시간대에 당신이 할 수 있는 일을 최소한 하나 이상 써 보세요.

아침에 일어나자 마자 제일 먼저 하는 것

예 : 이를 닦고 칫솔을 제자리에 두기

아침 식사

예 : 다 먹은 그릇을 설거지 통에 두기

학교 가기 전에

____

____

학교에 다녀 온 후에

____

____

저녁 식사

____

____

잠자기 전에

____

____

10.5 우리 모두 일을 해요

목표

학생은 가족들이 하는 일을 최소한 한 개 정도 확인할 것입니다.

설명

원칙적으로 가족 구성원들은 가족이 함께 살아가는 데 필요한 일들을 할 책임이 있을 것입니다. 부모들은 자주 자녀들에게 인정받거나 이해 받지 않고 자녀들을 위해 많은 일들을 합니다. 아이들 또한 그들의 노력이 인정받고 칭찬받는다는 것을 앎으로써 행복할 수 있습니다. 심지어 어린 아이들조차도 가족들이 하는 일들을 도울 수 있습니다. 장난감을 정리하거나 식사 후 그릇들을 싱크대에 옮겨 놓는 것들을 할 수 있습니다. 방을 청소하는 것은 벌이 아니라 우리 모두가 잠시 시간을 내어 신발장을 정리하고 도서관 책을 정리하는 데 필요한 것과 같습니다.

생각하기 질문

1. 당신이 가족 구성원으로서 책임지고 하는 일에는 어떤 것이 있나요? (다양한 대답들)
2. 당신은 가족 구성원으로서 모든 일들을 하나요? 아니면 다른 가족 구성원들이 도와주나요? (가족 모두가 일을 한다라는 대답이 바람직하다.)
3. 당신이 아직 어리기 때문에 당신의 부모가 책임지고 하는 일에는 어떤 것이 있나요? (운전해서 마트 가기, 인터넷으로 물건 주문하기, 자동차 관리하기, 칼 사용하기)
4. 당신의 형이나 누나가 책임지고 할 수 있는 일에는 어떤 것이 있나요? (다양한 대답들)
5. 당신의 동생이 책임지고 할 수 있는 일에는 어떤 것이 있나요? (다양한 대답들)
6. 가족 구성원 모두가 그들이 가족을 돕기 위해 할 수 있는 일이 있다는 것은 왜 중요하다고 생각하나요? (부담을 나눌 수 있어서, 돕는 법을 배울 수 있어서, 여가 시간을 가질 수 있어서)
7. 당신과 당신의 부모가 하루 동안 책임지고 해야 할 일을 바꿔서 한다면, 당신을 무엇을 해야 할까요? 그것은 즐거울까요? 힘들까요? 당신의 부모는 당신이 하는 일들에 대해 어떻게 말할까요? (다양한 대답들)

활동

지시사항 : 학생들에게 가족 구성원을 적도록 하세요. 각 구성원들이 책임지고 할 수 있는 일을 최소한 하나 이상 쓰세요.

정답 : 다양한 응답이 예상됨

보충활동 : 가족은 다양한 방식으로 구성되고 다양한 것들을 필요로 합니다. 대가족이 소가족과 어떻게 다른지 이야기해 보세요. 할아버지, 할머니와 함께 사는 것은 어떤 변화를 가져오나요? 아기가 태어나면 어떤 변화가 생기나요? 각 가족 구성원들이 함께 살아가는데 있어 서로에게 도움이 되는 방법들에 대해서 이야기 나눠 보세요.

성명 ____________________ 날짜 __________

10.5 우리 모두 일을 해요

당신의 집에 함께 살고 있는 당신의 가족이나 사람들을 나열해 보세요. 각 사람들이 책임지고 있는 일은 무엇인가요?

사람	하는 일

10.6 사람들은 바빠요

목표

학생은 바쁜 일정을 같은 사회적 상황에서 신중함의 중요성을 설명할 것입니다.

설명

어른들은 하나나 두 개의 직업을 가집니다. 십대들은 학업과 더불어 운동, 학교 활동, 그리고 많은 시간이 필요한 다른 사회적인 일들을 가집니다. 더 어린 아이들은 숙제, 수업, 그리고 그들이 참여하는 많은 활동들을 가집니다. 사람들은 바쁘기 때문에 이러한 모든 일정을 조정하기는 어렵습니다. 이렇게 바쁜 시간 동안 가족과 함께 사는 것을 원활하게 유지하기 위해서는 당신이 원하는 방식대로 되지 않을 때 시간적 여유를 가지고 융통성 있게 다른 가족 구성원을 이해하는 것이 중요합니다.

생각하기 질문

1. 당신의 부모는 얼마나 바쁜가요? 그들은 무엇을 하나요? (일을 한다, 볼링을 하러 간다, 집을 관리한다.)
2. 당신의 형제, 자매는 얼마나 바쁜가요? 그들은 무엇을 하나요? (피아노 학원, 태권도 학원)
3. 당신은 얼마나 바쁜가요? 당신은 무엇을 하나요? (숙제, 친구들과 놀기, 강아지 돌보기)
4. 모두들 아주 바쁠 때, 당신은 그 때 갈등이 생길 수 있다고 생각하나요? 그것은 무엇을 의미하나요? (두 가지 일이 한 번에 일어난다, 동시에 너무 많은 약속이 있다.)
5. 매일 게임을 하거나, 매일 파티에 가거나, 매일 활동을 하는 것과 같이 바쁘게 생활하면, 어떤 문제가 일어날 수 있나요? (갈 수 없는 시간이 있을 수 있다, 늦을 수 있다.)
6. 당신의 부모가 일을 해야 해서 당신을 가야 할 곳(게임, 수업, 약속)에 데려갈 수 없다면, 당신은 어떤 방법으로 갈 수 있나요? (이웃에게 물어본다, 같이 만나는 친구의 부모에게 물어본다.)
7. 당신의 부모가 당신을 늦게 데리러 온다면, 어떤 일이 일어날까요? (주변에서 기다려야만 한다, 지루할 거다.)
8. 당신은 기다리는 동안 무엇을 할 수 있을까요? (숙제를 시작한다, 친구와 이야기한다.)
9. 당신의 부모는 당신이 단지 너무 바빠서 '아니'라고 당신에게 말해야만 했던 적이 있나요? 그 때 당신은 어떤 기분이 들었나요? (당신이 그것을 할 수 없어 화가 났다, 하지 않았다.)
10. 당신이 하고 싶은 것을 하지 못할 때, 당신은 당신의 부모와 이것에 관해 어떻게 하면 예의 바르게 이야기 나눌 수 있을까요? (그것이 당신에게 중요하다고 설명한다, 당신이 조정해도 되는지 묻는다, 할 수 없다면 받아들인다.)

활동

지시사항 : 다음의 아이들은 사람들이 바빠서 무언가가 문제가 되는 상황에 놓여 있습니다. 그 아이들이 무엇을 해야 하는지 혹은 무어라 말해야 하는지 쓰세요.

응답 예 : 1. 다른 날 친구를 만날게요. 2. 치과에 가서 충치 치료를 할 게요. 3. 돌아다니지 않고 바로 여기에 있으면, 아빠가 나를 찾을 수 있을 거예요. 4. 나는 할머니를 위해 할로윈 카드를 만들 거야.

보충활동 : 학생들에게 다음의 상황에 대한 역할극을 시켜보세요. 처음에는 문제가 어떻게 복잡하게 되어 가고 좋지 않은 일이 되어 가는지를 보여주세요. 그러고 나서 어떻게 문제를 신중하게 다룰 수 있는지를 보여주세요.

성명 ______________________________ 날짜 ______________

10.6 사람들은 바빠요

다음의 아이들은 무언가를 원합니다. 그러나 사람들이 바빠서 문제가 생기네요. 각 아이가 무엇을 할 수 있는지 혹은 무엇을 말할 수 있는지 쓰세요.

1.

2.

사람들은 바빠요(계속)

3.

4.

10.7 형제자매와 공유하기

목표

학생은 주어진 예에서 형제자매와 공유하는 장소나 물건들을 확인할 것입니다.

설명

대부분의 형제자매들은 공유해야 할 것이 많습니다. 장난감, 부모의 시간, 방, 혹은 다른 형제자매들과 같은 것들입니다. 집에서 함께 어울리는 것의 일부는 (특히 형제자매가 있다면) 거기에 살고 있는 다른 사람과 어울리면서 가족들 가운데 자신의 자리를 찾는 것입니다. 다른 사람과 공유하는 것은 자주 쉽지는 않지만, 가족임을 나타내는 것입니다.

생각하기 질문

1. 당신이 집에서 형제자매와 공유해야만 하는 것에는 어떤 것이 있나요? (방, 옷, 장난감)
2. 당신은 형제자매와 부모님을 어떻게 공유하나요? (당신은 다른 시간에 부모님께 말할 수 있다, 다른 활동을 하면서 당신과 시간을 보내자고 한다.)
3. 형제자매들 사이에서 무엇인가를 나누어야 할 때 누가 결정하나요? (부모님, 아마도 아이들 스스로)
4. 집에서 다른 사람과 무언가를 공유하는 건 왜 필요한가요? (어떤 것이든 두세 개가 필요하지 않아서, 두세 배 돈이 더 들어서, 같은 것을 사용하는 것이 더 편리하니까)
5. 집에서 다른 사람과 공유함으로써 당신은 어떤 것을 배울 수 있나요? (스스로 모범이 되어야 한다는 것, 자신에게 할당된 양을 받아들이는 것, 인내심, 좋은 조건에 있는 것을 그냥 두는 법)

활동

지시사항 : 학생들은 형제자매 간의 대화를 읽고 어떤 것이 이야기 되고 공유되는지 생각해 봅니다. 각 상황에는 여러 가지 답이 있습니다. 이후에 이야기를 나누기 위해 학생들이 다양한 답을 생각해 보도록 하세요.

응답 예 : 1. 스웨터, 자켓 2. 야구, 포수 글러브 3. 방, 차의 뒷자리 4. 게임, 장난감 5. 만화책, 수수께끼 책

보충활동 : 학생들이 말한 답을 공유하도록 하세요. 활동지에는 어떤 단서가 주어졌나요? 왜 다양한 답들이 가능한가요?

성명 ______________________________ 날짜 ______________

10.7 형제자매와 공유하기

형제자매 간의 대화를 읽어 보세요. 각 상황에서 공유되는 것은 무엇인가요? 밑줄 친 곳에 답을 쓰세요. 각 문항에는 여러 가지 답이 가능합니다.

1.

____

2.

____

3.

____

4.

____

5.

____

10.8 맏이에 대해

목표

학생은 형제자매 중 첫째인 아이들의 일반적인 특징을 확인할 것입니다.

설명

형제자매가 여러 명인 가족에서는 아이들에게 거는 기대가 다를 것입니다. 형제자매 순서는 그 아이가 가족 내에서 어떤 대우를 받는지뿐만 아니라 그 아이가 다른 가족 구성원과 어떻게 관계를 맺는지에도 영향을 미칩니다. 이번 수업은 가족에서 첫째에게 공통적인 특성이나 상황에 대해 이야기 나눕니다.

생각하기 질문

1. 여기 가족 중 첫째가 있나요? 첫째 같은가요? (일반적인 이야기로 물어본다.)
2. 당신은 첫째인 게 좋나요? 왜 그런가요? (몇몇은 자신들이 해야 하는 일과 리더십을 좋아할 수 있고, 몇몇은 동생들이 더 관심을 받는다고 느낄 수 있다.)
3. 다른 형제자매들이 하지 못하는 첫째만이 할 수 있는 일에는 어떤 것이 있나요? 왜 그런가요? (동생 돌보기, 더 많은 집안일 하기, 나이가 더 많으니까 해야 하는 일이 더 많아서, 동생들은 하지 못하는 것을 하는 방법을 알아서)
4. 첫째가 되는 것은 어떤 단점들이 있을까요? (하고 싶지 않은 일도 해야 한다, 리더가 되는 것이 싫다, 다른 형제자매들 중에 따를 만한 역할 모델이 없다.)
5. 외동은 첫째와 어떤 점에서 같은가요? (집안일을 하고 해야만 하는 일이 있는 단 한 사람이다. 이 아이는 두 경우에 모두 첫째이다.)
6. 부모가 첫째를 키울 때 왜 더 힘들까요? (부모가 처음으로 아이를 키우는 것을 경험하니까, 실수를 할 수 있어서, 아이를 다루는 방법에 확신이 없어서)

활동

지시사항 : 활동지에 열 개의 문장이 있습니다. 학생들은 가족 중에서 첫째인 사람을 나타내는 글에 체크를 합니다. 이것들이 일반적인 문장이라는 것을 학생들에게 알려 주세요. 학생 자신의 상황은 아주 다를 수 있고, 학생 자신의 경험에 대해 이야기 나누는 시간이 있을 것입니다.

정답 : 아마도 1, 2, 3, 5, 6, 7, 9, 10. 정답은 각 아이의 경험에 따라 달라질 수 있습니다.

보충활동 : 학생들의 반응과 첫째가 되는 것에 대한 개인적인 경험에 관해 이야기를 나누세요. 각 상황은 첫째가 되는 것이 실제로 무엇과 같은지에 대한 관점에 따라 달라질 수 있습니다. 그러나 일반적인 맥락을 찾으세요. 첫째가 남자아이 혹은 여자아이인지에 따라 다른가요? 동생들을 다른 방식으로 대하나요? 어떻게? 왜? 형이나 누나는 가족 중에 있는 다른 동생과 위치를 바꿀까요?

성명 ______________________ 날짜 __________

10.8 맏이에 대해

다음의 문장 중에 가족 중에 첫째인 사람을 나타내는 문장은 어떤 것인가요? 각 문장에 체크하세요.

☐ 1. 당신은 가족 중에 동생을 가질 수 있습니다.

☐ 2. 다른 사람들은 당신이 성숙한 행동을 하고 모범이 되기를 기대합니다.

☐ 3. 당신은 다른 가족 구성원을 위해 아기를 아기용 의자에 앉혀야 할 수 있습니다.

☐ 4. 당신은 아이들 중 가장 어립니다.

☐ 5. 당신의 부모는 당신이 책임감이 있다고 믿습니다.

☐ 6. 당신은 새로 산 옷을 입는 첫 번째 사람입니다.

☐ 7. 당신은 가족 중 동생들이 하지 못하는 것을 해야 합니다.

☐ 8. 당신은 다른 사람보다 먼저 자러 가야 합니다.

☐ 9. 당신은 가족 중 형제자매보다 더 크고 더 힘이 셀 수 있습니다.

☐ 10. 당신은 가족 중 형제자매보다 학교에 대해 더 많이 압니다.

10.9 막내에 대해

목표

학생은 형제자매 중 막내인 아이들의 일반적인 특징을 최소한 두 개 정도 확인할 것입니다.

설명

형제자매 중 막내는 '아기'일 수 있습니다. 막내는 이미 많은 형제자매가 있기 때문에 무시당할 수 있습니다. 아마도 막내는 가족 중에서 가장 최근에 태어난 아이를 나타내기 때문에 아주 특별합니다. 막내가 되는 것은 장단점이 있습니다. 이번 수업에서는 이것에 대해 이야기 나눕니다.

생각하기 질문

1. 형이나 누나를 가진다는 것은 어떤 기분일까요? (의견, 예에 대해 묻는다.)
2. 가족 중에서 막내가 되는 것은 어떤 점에서 좋을 수 있나요? (더 많이 돌봄 받을 수 있다, 응석을 받아준다, 많은 일을 하지 않아도 된다.)
3. 막내가 하지 못하는 것이 있나요? 무엇인가요? 왜 그런가요? (칼 다루기, 더 오랫동안 혼자 두지 않기, 거리에서 두발 자전거 타기, 위험한 것, 기술 부족)
4. 당신에게 학교에서 항상 말썽을 일으키는 형이나 누나가 있다고 생각해 보세요. 그것이 막내에게 어떤 문제를 가져올까요? (교사는 그 아이도 학교에서 문제를 일으킬 것이라고, 이 아이가 형/누나를 닮을 것이라고 기대할 수 있다, 가족 문제를 나타낸다.)
5. 당신의 형/누나가 똑똑하고 모든 것에서 뛰어나다고 생각해 보세요. 사람들은 동생에게서도 그것을 기대할 거라고 생각하나요? 왜 그런가요? (아마도. 형제자매는 같은 부모와 환경에서 자랐기 때문에 우리는 가족 특징을 분류하는 경향이 있다.)

활동

지시사항 : 학생은 가족 중 막내가 되는 것이 어떤 점에서 이로운지 그리고 어떤 점에서 불이익이 있는지에 관한 생각을 써 봅니다. 이것에 관해 이야기를 시작하는 곳에 단서가 있습니다. 당신이 적용할 수 있다면 학생들 자신의 경험에 대해 이야기 나눠 보고 싶더라도, 당신이 일반적인 반응을 찾는다고 아이들에게 정보를 주세요.

응답 예 : 좋은 점－늦게 학교에 간다, 당신에게 문제가 생겼을 때 도움을 줄 수 있는 형과 누나가 있다, 부모님이 당신과 더 많은 시간을 보낸다. 나쁜 점－일찍 잠자러 가야 한다, 가장 마지막에 옷을 물려받는다, 무언가를 하는데 '너무 어린' 것으로 생각된다.

보충활동 : 가족 중 막내가 되는 것은 어떤 기분일지에 대해 이야기 나눠 보도록 격려하세요. 첫째가 되는 것과 비교하면 어떤가요? 좋은 평판을 가진 혹은 나쁜 평판을 가진 형/누나가 있는 것은 어떤 기분일까요? 그들은 부모님이 다른 형제자매와 다르게 그들을 대우한다고 느끼나요? 당신이 막내라면 다른 형제자매와 어울리는 것이 더 어려울까요? 더 쉬울까요? 같은 가요?

성명 ______________________ 날짜 ____________

10.9 막내에 대해

막내가 될 때 어떤 점이 좋은가요? 막내가 될 때 좋지 않은 점은 무엇인가요? '좋은 점'과 '나쁜 점' 칸에 당신의 생각을 쓰세요. 잠자는 시간, 애완동물 키우기, 학교 가기, 집안일 돕기 등에 관해 생각해 보세요.

좋은 점	나쁜 점

10.10 가운데 형제자매

목표

학생은 활동지에 있는 각 아이의 독특한 특징을 최소한 하나 정도 확인할 것입니다.

설명

형제자매 중 가운데에 있는 아이들은 첫째도 막내도 아닌, 둘 모두의 특징을 가질 수 있습니다. 특히 가족 중에 형제자매가 많다면, 이 아이들은 두 연령대 모두와 잘 어울려야 합니다. 가끔 그들은 '큰 형님'이기도 하고, 다른 때에 그들은 형/누나에게 결정을 맡기기도 해야 합니다. 각 아이는 특별한 개성을 가진 개인입니다. 특히 중간 순위 아이들은 다른 형제자매와 다른 그들 자신만의 독특함을 알아야 할 필요가 있습니다.

생각하기 질문

1. 형이나 누나 그리고 동생이 있는 가운데 아이가 되는 것은 어떤 기분일까요? (어떤 학생들은 그것을 즐길 수 있고, 어떤 학생들은 주목 받지 못하거나 버려졌다고 느낄 수 있다.)
2. 가운데 아이가 되는 것은 첫째가 되는 것 혹은 막내가 되는 것과 어떤 점에서 비슷할까요? (첫째 : 동생이 있다, 막내 : 형이나 누나가 있다.)
3. 가운데 아이가 되는 것은 첫째가 되는 것 혹은 막내가 되는 것과 어떤 점에서 다를까요? (첫째 : 아마도 첫째처럼 해야 할 일이 많을 것 같지 않다, 막내 : 둘 다 동생으로 대우받을 거다, 많은 것을 할 수 없다.)
4. 형제자매가 많다면, 각자가 부모에게 특별할 거라고 생각하나요? (예) 어떻게 특별한가요? 왜 특별한가요? (각자 다른 능력, 관심, 성격을 가졌으니까)
5. 가족 안에서 많은 아이들이 함께 어울려야만 하는 것은 그 사람이 삶에서(학교에서, 그들이 성장했을 때, 그리고 다른 사람들 주변에서) 어떻게 어울려 살아가도록 돕나요? (함께 어울린다는 것은 다른 사람과 함께 어울릴 수 있게 되는 것을 의미한다. 그것은 사람들이 살아가는 동안 계속해서 배울 필요가 있는 것이다. 형제자매를 가지는 것은 함께 공유하고, 협상하고, 주의를 얻고, 어떤 것을 경험하는 것을 의미한다.)

활동

지시사항 : 학생들은 활동지에 있는 사람들의 독특한 특성을 선택하고 줄 친 곳에 그것을 씁니다.

정답 : 1. 피아노 치기 2. 갈색 머리카락을 가진 것 3. 록앤롤을 부르는 것 4. 만화를 그리는 것 5. 동물을 사랑하는 것

보충활동 : 활동지에 답한 내용에 대해 이야기 나누세요. 각 학생의 특징 외에, 그 사람과 다른 형제자매 간에 비슷한 점은 무엇인가요? 대부분의 형제자매는 비슷한 능력을 가지나요? 같은 머리카락 색깔, 피부 색깔, 키와 같은 신체적인 특징은 가족 안에서 뚜렷한가요?

성명 ______________________ 날짜 ______________

10.10 가운데 형제자매

가운데 형제자매가 되는 것은 당신이 가족 내에서 다른 형제자매와 비교될 수 있다는 것을 의미합니다. 그러나 당신은 개인입니다! 다음의 아이들의 다른 점 혹은 독특함은 무엇인가요? 줄 친 곳에 답을 쓰세요.

1.

____

____

____

2.

____

____

____

3.

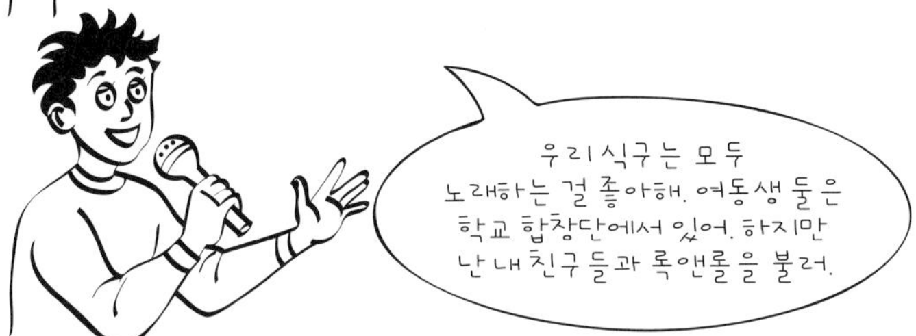

____

____

____

4.

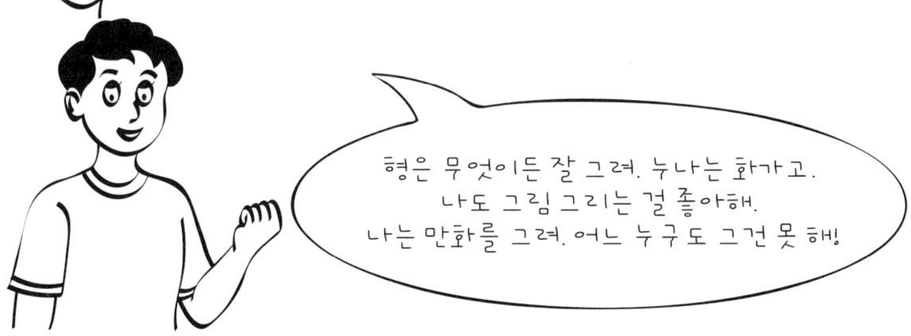

____

____

____

5.

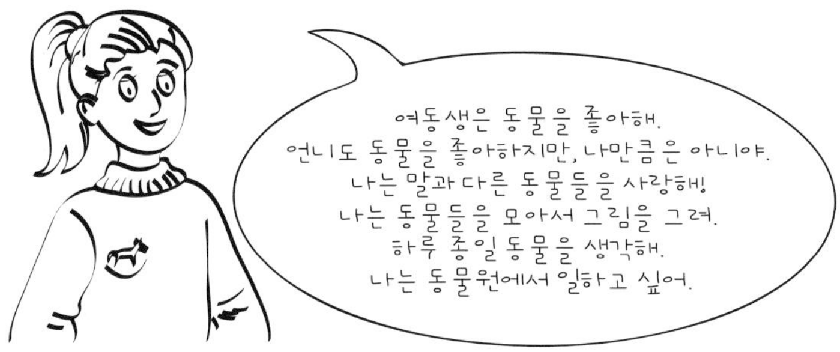

____

____

____

10.11 부모님이 이혼했어요

목표

학생은 두 가족이 있는 상황이 긍정적으로 해결될 수 있는 방법을 확인할 것입니다.

설명

부모가 이혼하거나 별거하고 있는 학생들은 두 가족을 상대해야 합니다. 거기에는 규칙이나 절차, 그 가족에 있는 다른 아이들, 새 부모, 그리고 가끔은 서로에게 호의적이지 않은 부모와 갈등이 있을 있습니다. 상황마다 다르지만, 최소한 가능한 어려움들을 알고 해결책을 미리 세워둘 수 있는 학생들은 가능한 한 집에서 다른 사람들과 잘 어울릴 수 있습니다.

생각하기 질문

1. 여러분 중 몇몇은 이혼가정에 살고 있을 수 있습니다. 당신에게 분리된 두 가족이 있을 때, 당신은 어떤 생각을 할 수 있나요? 혹은 어떻게 받아들일 건가요? (새로운 형제자매가 생긴다, 두 집에서 살게 될 거다, 한쪽 부모를 너무 자주 만나지는 말아야겠다.)
2. 두 가족을 가지는 것은 어떤 점에서는 어려울 수 있습니다. 어떤 점이 힘들까요? (주말에 집을 바꾸는 것, 부모가 멀리 사는 것, 부모가 서로 다른 규칙을 제시하는 것)
3. 아이에게 갑자기 새로운 형제자매가 생긴다면, 그것은 그 아이에게 어떤 영향을 미칠까요? (나이가 같을 수 있다, 방을 함께 사용해야 할 수 있다, 그 아이의 성격을 좋아하지 않을 수 있다.)
4. 가족이 분리되는 데는 여러 가지 이유가 있습니다. 어떤 이유가 있을까요? (한쪽 부모가 죽었다, 부모가 군대에 있어 따로 살 수 있다, 한쪽 부모가 병원에 입원해 있을 수 있다, 한쪽 부모가 감옥에 가 있을 수 있다.)
5. 한부모는 어떤 어려움을 가질 수 있나요? (자녀들과 함께 있는 시간을 가지기가 어렵다, 생활비가 충분하지 않다, 외롭다.)
6. 만일 당신이 이혼 가정이나 한부모 가정에 살고 있다면, 가족이 잘 어울려 살아갈 수 있도록 당신이 도울 수 있는 것에는 어떤 것이 있을까요? (집안일을 분담하는 것에 대해 불평하지 않는 것, 당신의 부모에게 질문해야 할 때를 아는 것, 당신의 부모가 죄책감을 느끼도록 하지 않는 것, 다른 가족 구성원과 잘 어울리려고 노력하는 것)

활동

지시사항 : 여기에 한부모 가정이나 이혼가정에 살고 있는 아이들을 힘들게 할 수 있는 몇 가지 상황이 있습니다. 각 아이는 집에서 가족들과 잘 어울리도록 어떻게 도울 수 있나요?

정답 : 1. 집안일을 돕는다. 2. 그림과 편지를 보낸다. 3. 부모 각각을 위한 두 개의 그림을 그린다. 4. 한쪽 부모가 다른 쪽 부모와 경쟁하지 않도록 한다. 규칙에 따른다. 5. 새로운 형제자매를 위한 방을 만든다.

보충활동 : 부모가 이혼하거나 별거하는 것은 아이의 잘못이 아닙니다. 삶에서 나타나는 사건 때문에 부모가 아이의 삶에 함께 하지 못하는 것 또한 아이의 잘못이 아닙니다. 아이들에게는 여전히 그들을 돌봐주는 많은 어른들이 있다고, 아이들을 안심시켜 주세요.

성명 ______________________ 날짜 ______________

10.11 부모님이 이혼했어요

다음에 제시된 각각의 아이들은 집에서 가족들과 잘 어울리도록 어떻게 도울 수 있나요? 줄 친 곳에 쓰세요.

1. 엄마는 하루 종일 일하느라 아주 피곤하다. 엄마가 집에 왔을 때, 아주 피곤한 상태로 집안 청소를 한다. 토드는 엄마가 집에 오기 1시간 전에 하교한다.

____

____

2. 줄리오의 아빠는 가족과 몇 시간 떨어져 있는 곳에 산다. 주안은 여름방학에 2주 정도 아빠와 함께 지낸다. 줄리오는 아빠가 보고 싶다.

____

____

3. 학교에서 '어버이 날' 행사를 한다. 티나는 부모님을 위해 자신을 그리려고 한다. 하지만 부모님은 이혼했고, 그 그림을 엄마와 아빠 중 누구에게 줘야 할지 모른다. 티나는 부모 중 누구도 소외감을 느끼게 하고 싶지 않다.

____

____

4. 레이는 엄마의 집에 있을 때, TV를 원하는 대로 볼 수 있었다. 아빠의 집에 있을 때는 하루에 한 시간만 TV를 볼 수 있었다. 레이는 아빠의 집에 있을 때 TV를 맘껏 볼 수 없어서 화가 난다.

____

____

5. 리젤의 엄마는 재혼했다. 그 집에는 2명의 새로운 아이들이 살게 될 것이다. 집에 방은 2개뿐이다.

____

____

10.12 부모님과 대화하기

목표

학생은 합리적이고 즐거운 방식으로 부모님과 대화하려고 시도하는 특성들을 찾을 수 있습니다.

설명

일부 학생들에게는 가정에서 부모님과 대화를 하는 것이 우리가 생각하는 것보다 더 도전적인 일로 여겨집니다. 몇몇 학생들은 적절한 방식으로 부모님의 관심을 얻기 위한 방법을 알지 못합니다. 대신에, 그들은 애걸하고, 우는 소리를 내거나, 따지고, 소리를 지릅니다. 부모들은 그러한 의사소통 형식을 좋아하지 않습니다. 또 다른 학생들은 도움이 필요하거나 말을 하고 싶을 때 부모님에게 다가갈 수 있다는 것을 생각하지 않을 수 있습니다. 부모님과 대화를 하고 즐거운 방식으로 그것을 시도하려는 학생들을 격려하는 것은 가정에서의 의사소통 시작을 위한 첫 단계입니다.

생각하기 질문

1. 당신은 문제가 있거나 정말로 걱정되는 무언가가 있다면, 당신의 부모님에게 그것에 대해 말하기가 쉬운가요? (의견 부탁드립니다.)
2. 어떤 사람들은 자신의 부모님에게 그것에 대해 말하기를 어려워한다는 것을 알 수 있습니다. 왜 그런 경우가 있을 수 있다고 생각하나요? (부모님이 관심이 없다고 느껴서, 그 주제에 접근하는 방법을 알지 못하기 때문에, 어른은 자신의 생각을 드러내는 것을 원하지 않기 때문에)
3. 당신은 대부분의 부모님들이 자녀에게 무슨 일이 일어나고 있는지에 관심이 있다고 생각하나요? ('예' 라는 대답을 희망함)
4. 당신은 누군가에게서 '우리 부모님은 이해하지 못해' 라는 말을 들어본 적이 있나요? 그 말의 의미는 무엇인가요? (부모가 아이를 이해하려고 노력하지 않거나, 아이가 부모와 의사소통하는 것을 좋아하지 않는 것을 의미할 수도 있음)
5. 당신은 부모와 자녀 간의 나이의 차이와 견해의 차이에 관계가 있다고 생각하나요? (경우에 따라 '예'라고 대답할 수 있음–음악, 유행, 옷에 대한 견해가 다를 수 있음)
6. 사람들 간의 경험의 차이가 무엇을 느끼는 방식에 어떻게 영향을 미칠 수 있을까요? (무엇인가에 대해 관심이 없거나 아는 것이 없다면, 그 사람은 다른 사람이 느끼는 방식을 이해할 수 없게 됨)
7. 당신은 부모와 자녀가 서로 대화를 나누는 것이 중요하다고 생각하나요? 그 이유는 무엇인가요? 또는 그렇지 않은 경우, 그 이유는 무엇인가요? ('예'라는 대답을 희망함 : 서로 다른 견해를 표현하기 위해서, 서로를 이해하기 위해서, 각자의 삶에서 일어나고 있는 일을 알기 위해서)
8. 자녀와 부모가 의사소통을 하거나 중요한 일에 대해 이야기를 나눌 수 있는 방식으로는 무엇이 있을까요? (앉아서 말하기, 들어주기, 다른 사람의 관점에서 생각하기)
9. 당신이 부모님과 대화하기를 원한다면 부모님의 관심을 얻기 위한 방식으로는 무엇이 있을까요? (부모님과 나만의 시간 요청하기, 짧은 쪽지 쓰기, 부모님의 사무실에 찾아 가기)
10. 당신의 부모님이 무엇인가에 대해 갖는 느낌을 이해하기 위해서는 어떤 방법이 있을까요? (부모님에게 여쭤보기, 부모님 관찰하기, 부모님의 관점에서 생각하려고 노력하기)

11. 당신의 부모님이 당신의 이야기를 귀 기울여 듣지 않는다고 느낀다면, 어떻게 할 수 있을까요? (다시 이야기하기, 문제가 심각한 경우에는 다른 사람에게 이야기하기, 다른 때를 봐서 이야기하기)
12. 당신과 당신의 부모님이 서로를 이해하지 않거나 어떤 일에 동의하지 않는다면, 당신의 가족이 그 문제를 해결하기 위해 함께 할 수 있는 일들에는 무엇이 있을까요? (가족이 함께 대화하는 시간을 갖기, 마음을 가라앉힌 후 나중에 대화하기, 가족 상담가 만나기)

활동

지시사항 : 언쟁을 하거나, 우는 소리를 내거나, 애걸하는 행동과 상반되게 부모님에게 정확하게 말하는 아동을 찾아서 ○표시를 하세요.

정답 : 2, 4, 5

보충활동 : 학생들로 하여금 1번과 3번 그림의 아동들이 왜 자신의 부모님과 대화하는데 관심을 갖지 않고, 오히려 적극적 혹은 수동적인 자신만의 방식을 취하게 되는지에 대해 판단하도록 해 보세요. 다른 예들은 문제를 회피하는 미성숙한 행동을 하지 않고, 아동들이 어떻게 자신의 관심사를 부모님께 전달하고 있는지를 보여줍니다. 4번 그림의 인물은 엄마와 논쟁을 벌이고 있나요, 아니면 자신의 관점을 전달하기 위해 노력하고 있나요? 5번 그림의 인물은 바쁘지만 자녀의 시를 듣기를 원하고 있습니다. 만약 딸이 다른 때에 똑같은 질문을 했다면 엄마의 반응은 달랐을까요? 학생으로 하여금 대화의 접근 방식뿐만 아니라 상황을 파악하여 부모님과 대화하도록 지도해야 합니다.

성명 ______________________ 날짜 ______________

10.12 부모님과 대화하기

아래의 아동과 부모가 이야기하는 모습을 보고, 부모의 말을 가로막거나 논쟁하는 것이 아니라, 부모와 이야기하려고 노력하는 아동에게 ○표시를 하세요.

1.

2.

3.

4.

5.

10.13 난 베이비시터가 필요하지 않아요

목표

학생은 베이비시터가 좋은 이유를 적어도 세 가지 이상 기술할 수 있을 것입니다.

설명

부모가 일을 하는 경우, 아동들은 혼자 남겨져 있거나 베이비시터의 보호를 받을 수 있습니다. 초등학교 고학년 아동들은 그들이 베이비시터의 도움을 받기에는 너무 나이가 많다고 느낄 수 있으며, 특히 베이비시터의 나이가 자신들보다 별로 많지 않은 경우에는 그들이 자신들을 돌본다는 것에 대해 불쾌하게 여길 수도 있습니다. 그럼에도 불구하고 주변의 어른이나 나이가 많은 사람과 함께 있는 것이 안전이나, 학교에서의 도움, 문제해결, 일반적인 책무의 측면에서 볼 때 좋은 생각이라고 여길 수 있습니다.

생각하기 질문

1. 부모님이 안 계실 때 얼마나 많이 베이비시터와 함께 있어 보았나요? (대답은 다양할 수 있음)
2. 베이비시터는 부모님에게 어떻게 도움을 줄 수 있을까요? (부모님이 안 계실 때 안전을 제공한다.)
3. 어린이들에게 베이비시터가 더 이상 필요 없는 나이가 언제라고 생각하나요? (대답은 서로 다를 수 있음)
4. 베이비시터는 안전을 위해서 어떻게 도움을 줄 수 있을까요? (화재가 났을 때, 운전을 할 때, 수업하는 법을 배워야 할 때)
5. 만약 당신이 어떤 일에 대해 책임을 질 수 있을 만큼의 나이인데도, 베이비시터가 당신의 가정에서 어린 아동들을 돌보는데 도움이 될 거라고 생각하나요? 어떤 도움을 줄 수 있을 거라고 생각하나요? (음식 준비, 기저귀 바꿔주기)
6. 베이비시터가 알아야 하는 것들에는 무엇이 있을까요? (119에 전화하기, 아동이 예의 바르게 행동하도록 하기)
7. 부모님이 안 계신 동안 당신을 돌봐주는 사람에 대해 어떻게 존중을 표할 수 있을까요? (그들이 말하는 것을 잘 따르기, 다른 아동들과 싸우지 않으려고 노력하기, 규칙을 어기지 않기)

활동

지시사항 : 베이비시터가 가정에서 도움이 될 수 있는 이유에 표시하세요.

정답 : 1, 3, 4, 5, 7, 8

보충활동 : 베이비시터라는 용어에 대해 이야기해 보세요. 아기의 머리 위에 누군가가 앉아 있다고 생각하면 재미있지 않나요? 아동들을 돌보는 데 도움을 주는 누군가를 일컫기 위해 사용하는 또 다른 용어로는 무엇이 있을까요? 부모가 아닌데도 이러한 사람과 잘 지내는 것이 중요한 이유는 무엇일까요?

성명 ______________________ 날짜 ______________

10.13 난 베이비시터가 필요하지 않아요

가정에 베이비시터가 있어야 하는 타당한 이유는 무엇일까요? 다음 글을 읽고 글 앞에 표시하세요.

☐ 1. 화재가 발생했을 때 베이비시터는 아동을 집 밖으로 안전하게 대피시킬 수 있다.

☐ 2. 베이비시터는 당신이 TV를 보는 동안 숙제를 대신해 줄 수 있다.

☐ 3. 베이비시터는 간식을 먹기 위해 어린 형제들이 싸울 때 중재할 수 있다.

☐ 4. 당신이 숙제를 하다가 문제에 부딪혔을 때, 베이비시터는 당신에게 도움을 제공할 수 있다.

☐ 5. 날씨가 궂고, 엄마와 아빠가 직장 일로 늦게 퇴근해야 할 때, 베이비시터는 엄마와 아빠가 퇴근할 때까지 당신과 함께 집에 머물러 줄 수 있다.

☐ 6. 베이비시터가 전화를 하는 동안, 당신은 몰래 집 밖으로 나가 친구를 만날 수 있다.

☐ 7. 학교에서 안 좋은 일이 있었을 때, 베이비시터는 당신의 이야기를 들어 줄 것이다.

☐ 8. 전화가 왔는데 상대방이 무엇을 원하는지 이해할 수 없을 때, 베이비시터가 전화를 대신 받아 해결해 줄 수 있다.

10.14 즐거운 가족 놀이

목표

학생은 가족이 함께 재미나 여가를 위해 즐길 수 있는 여러 가지 활동을 찾을 수 있을 것입니다.

설명

가족이 함께 무엇인가를 할 수 있는 시간을 갖는 것은 각자의 활동과 일정을 고려해 볼 때, 쉽지 않은 일로 보일 수 있습니다. 그럼에도 불구하고 가족이 함께 시간을 보내는 것은 중요합니다. 많은 가족 활동들은 특별히 돈이나 시간을 들이지 않아도 할 수 있는 것들입니다. 학생들은 자신의 가족이 여러 가지 재미있는 일들을 할 수 있는 사회적 집단임을 깨닫게 될 것입니다.

생각하기 질문

1. 가족이 함께 즐길 수 있는 방법으로는 무엇이 있나요? (소풍 가기, 휴가 가기, 자전거 타기)
2. 가족 휴가를 가본 적이 있나요? 어디로 갔나요? (예를 들어 대답하기)
3. 가족과 집이나 동네에서 함께 할 수 있는 놀이로는 무엇이 있나요? (카드놀이, 야구, 수영, 동물원 가기, 자전거 타기)
4. 간혹 당신이 형제들과 싸웠을 때조차, 형제자매들과 재미있게 할 수 있는 것은 무엇이 있을까요? (보드게임, 뒷마당에서 야구하기, 자전거 타기, 모형 만들기, 줄넘기하기)
5. 친구가 된다는 것과 가족이 된다는 것은 어떻게 다른가요? (가족은 같은 핏줄과 같은 배경을 지닐 수 있다. 하지만 친구 간의 우정은 시간이 지나고 이사를 가게 되면 변할 수도 있다.)

활동

지시사항 : 활동지의 왼쪽 편에 재미있는 활동에 참여하고 있는 가족들의 대화가 제시되어 있습니다. 무슨 활동인지를 결정한 다음 줄 위에 대답을 써 주세요.

정답 : 1. d 2. c 3. b 4. e 5. a

보충활동 : 활동지에서 묻는 대답에 대해 토론한 다음, 가족들이 재미있게 함께 할 수 있는 다른 활동들을 생각하고 써 보세요. 어떤 대화 단서를 줄 수 있을까요?

성명 ______________________ 날짜 ____________

10.14 즐거운 가족 놀이

가족들이 재미있게 함께 할 수 있는 것들을 왼쪽에 제시된 대화 안의 단서와 짝지어 보세요.

1. "앗싸! 모두 다 넘어뜨렸네! 스트라이크야!"
2. "감자칩을 주렴. 개미를 조심해라!"
3. "내게 물을 튀지 않도록 해!"
4. "네가 가진 다섯 번째 카드가 뭐니? 여기서 확인해 보자!"
5. "하하하! 난 이것을 사랑해. 오, 광고를 하네. 우리 뭐 마실까?"

a.

b.

c.

d.

e.

가족과 잘 지내기를 위한 학급 조언

- 학생들로 하여금 부모들이 한 시간, 반나절 혹은 한나절처럼 정해진 기간 안에 자신들에게 요구하는 것들의 목록을 정리하도록 하세요. 그리고 그러한 요구에 대해 논의해 보세요. 요구들은 대개 아동들이 싫어하는 것들인가요? 타당하지 않은 요구인가요? 반드시 복종해야 하는 요구인가요?
- 가정에서 필요로 하는 규칙 목록을 조사하기 위한 비형식적 조사서를 가정으로 보내세요. 가정들 간에 규칙은 비슷한가요? 한 주일 동안 각 가정의 규칙을 서로 교환하시겠습니까?
- '내가 복종하지 않는 날'이라는 제목의 창의적 글짓기 과제를 부여해 보세요. 많은 흥미로운 결과들을 찾아보세요.
- 지역사회 동아리(community circle)나 나눔 시간 동안, 가정에서 주어진 자신의 일이나 책임에 대해 번갈아 말해보게 하세요. 그러한 일들은 학교에서의 과업과 비슷한가요? 또 어떻게 다른가요?
- 학생들로 하여금 가정에서 할 수 있는 허드렛일들을 모아 작은 책으로 만들도록 해보세요. 무엇이 벽장을 청소하는 일과 관련이 있나요? 학생들에게 더욱 구체적으로 작성하도록 요구해 보세요. 흔히 구체성이 부족한 경우가 많아요.
- 형제자매를 위해서 휴가를 정해 보세요. 그리고 형제자매들에게 줄 카드를 만들어 보세요. 또한 작은 식물이나 컵케이크와 같은 작은 선물을 준비하게 할 수도 있습니다. 다음 날 형제자매의 반응에 대해 이야기해 보세요. 형제자매들이 놀랐었나요?
- 학생으로 하여금 부모의 도움을 받아 사진 자서전을 만들게 해보세요. 자신들에게 집중하게 하여 스스로를 빛낼 수 있는 좋은 기회가 될 것입니다. 가능하다면 탁자 위에 프로젝트를 설치하고, 서로의 자서전을 함께 훑어볼 수 있도록 해보세요.
- 만약 아동의 가족이 이혼 절차를 밟고 있다면, 아동은 누군가와 이야기를 나누고 싶어 할 수도 있습니다. 상황에 따라 차이는 있겠지만, 학교 상황이 학생에게 가장 구조화되고, 친숙하며, 안정적일 수 있습니다. 일상적인 대화가 가능하다면 지역사회 동아리에서 이 같은 주제를 꺼내는 것이 도움이 될 수 있습니다. 항상 가족의 사생활을 존중해야 합니다.
- 학생에게 매일 밤 부모와 함께 앉아서 적어도 15분 정도 이야기를 나누도록 숙제를 주세요(구체적인 요구에 맞추기 위해 이를 조정할 수도 있습니다). 이를 위해서 개별 학생에게 매일 밤 토론할 수 있도록 질문이나 문제를 주고, 부모들에게 매일 밤마다 함께 이야기를 나누었는지를 확인하는 서명을 부탁하세요. 어쩌면 부모와 학생들은 이 숙제 활동을 즐기면서 부여된 1~2주를 넘겨 계속 할지도 모릅니다.
- 교실에 사진기가 있다면(또는 프로젝트를 위해 당신 것을 기꺼이 기증한다면), 한 번에 하루씩 사진기를 각 가정으로 보내 가족사진을 찍어오도록 요청해 보세요. 학생들의 가족들은 재미있게 무언가 함께 하는 것을 연출하려고 할 수도 있습니다. 대안으로 가족들이 함께 한 휴가 사진이나 재미있게 지내는 장면을 담은 그림을 요청할 수도 있습니다.

11
Chapter

일상 예절

11.1 다른 사람을 만나기

목표

학생은 다른 사람을 만나 쳐다보고, 웃고, 안녕 등 인사말을 하면서 성격을 파악할 수 있을 것입니다.

설명

대부분의 첫 만남에서 학생들은 자신을 어떻게 소개할 것인지를 궁리하고 아마도 다소 어색할지라도, 상대방을 응시하고 웃으면서 "안녕하세요?"라고 정중하게 말하게 될 것입니다. 이번 과에서 학생들은 활동지에 제시된 인물의 성격을 보고 해당하는 행동을 분류하게 될 것입니다.

생각하기 질문

1. 당신은 언제 새로운 사람을 만날 수 있을 거라고 생각하나요? (학교에서, 친구의 파티에서, 교회 주일학교에서)
2. 당신이 새롭게 누군가를 만났을 때, 그 사람을 바라보는 것이 중요한 이유는 무엇일까요? (당신이 그들에게 관심이 있다는 것을 보여주기 위해서, 나중에 그들을 알아볼 수 있도록 더 가까이서 보기 위해)
3. 당신은 누군가와 이야기할 때마다 또는 누군가를 처음 만났을 때 눈을 맞추는 것이 중요하다고 생각하나요? (일반적으로는 누군가와 말을 할 때마다, 관심과 주의를 보여주기 위해서)
4. 당신이 다른 사람을 대하면서, 예의 바르고 관심이 있다는 것을 보여주기 위해서 할 수 있는 또 다른 것에는 무엇이 있을까요? (웃기, 안녕하고 인사하기, 악수하기)
5. 누군가가 당신을 경멸하거나 당신에게 관심이 없는 사람에 대해서 더 잘 알고 싶은가요? (아마도 그러지 않을 것 같음)
6. 당신이 만난 누군가를 친근하게 바라보고 관심을 보이는 것이 왜 중요하다고 생각하나요? (그렇게 하면 그가 나에게 더욱 좋은 인상을 갖게 되기 때문에, 새로운 친구관계를 맺어갈지도 모르기 때문에)

활동

지시사항 : 활동지에서 제시하는 상황을 보고 누군가를 만났을 때 해야 하는 세 가지 활동 요소 중에서 빠진 요소가 무엇인지를 찾아보세요.

정답 : 1. 2　2. 1　3. 3　4. 2　5. 3

보충활동 : 활동지에 제시된 상황을 토대로 학생들에게 역할 놀이를 하게 해 보세요. 학생들로 하여금 세 가지 활동 요소 중 한 가지를 빼고 수행하게 한 다음 다시 세 가지 활동 요소를 통합하여 누군가에게 정확하게 인사할 수 있게 합니다. 또한 학생들에게 세 가지 요소 중 특정 요소를 빠뜨린 짧은 연극을 구성하게 하고, 다른 학생들로 하여금 빠진 요소를 찾게 할 수도 있습니다.

성명 ______________________________ 날짜 ______________

11.1 다른 사람을 만나기

다음의 그림은 다른 사람을 처음 만난 사람들에 관한 내용입니다. 각 사람들은 처음 만나는 사람을 대할 때 해야 하는 중요한 것들 가운데 한 가지를 잊고 있습니다. 무엇을 잊고 있는지 숫자를 써 주세요.

1. 응시하기 **2. 웃기** **3. 안녕하고 인사하기**

1. ____

2. ____

3. ____

4. ____

5. ____

11.2 다른 사람의 집에 방문하기

목표

학생은 적절한 행동과 부적절한 행동을 구분하고, 부적절한 행동에 대한 대안적 행동을 제시할 수 있을 것입니다.

설명

당신 집을 방문한 아동의 가정교육 상태에 대해 비형식적인 사정을 하는 데는 그리 오래 걸리지 않습니다. 부모로서 우리는 예의 바르고 말솜씨가 좋은 아동을 만났을 때, 집에 가기 전에 방 청소는 돕는 아동을 만났을 때 감동을 받을 수 있습니다. 그리고 우리는 자녀들이 친구 집에 방문했을 때 좋은 인상을 주기를 희망합니다. 하지만 때때로 그러한 것들을 미처 갖추기도 전에 자녀들은 다른 집을 방문해야 합니다.

생각하기 질문

1. 가끔 친구들을 집에 초대하는 것은 재미있는 일이다. 당신이 친구를 초대한다면 집에서 무엇을 할 건가요? (자전거 타기, 비디오 게임하기, 밖에서 놀기)
2. 누군가 다른 사람의 집에 방문했을 때, 집에서 하는 것처럼 행동하나요, 아니면 다른 규칙이 있나요? (친구에게 의존해요 – 아마도 특별한 규칙은 없음)
3. 당신이 손님이 아니고 가족이라고 누군가 말하였다면 그것이 의미하는 것은 무엇인가요? (그건 나와 아주 가까운 사이라는 것을 의미해요. 그 집에서 나를 그들의 자녀처럼 대해 줄 것이라는 것을 의미해요.)
4. 당신이 다른 사람의 집에 갔을 때 손님이 된다는 것이 의미하는 바가 무엇인가요? (당신은 평소대로 먹거나 잘 수 없어요. 당신은 거기서 잠시 머무르는 것일 뿐이에요.)
5. 당신은 손님들이 특별한 대우를 받아야 한다고 생각하나요? (아마도, 그들은 초대받았기 때문에 거기에 있는 거잖아요.)
6. 당신은 언제 다른 사람의 집에 손님으로 방문해 보았나요? (생일잔치, 친척집 방문, 부모님이 한 주일 동안 집에 없을 때)
7. 당신이 다른 사람의 집에 손님으로 방문했을 때 예의를 잘 갖추었다는 것을 보여주는 좋은 방법으로는 어떤 것들이 있나요? (물건 등을 던지지 않도록 특별히 조심하기, 싱크대에 빈 접시 갖다 놓기, 다른 아이들과 싸우지 않기)
8. 당신이 다른 사람의 부모님이나 어른들에게 예의를 잘 갖추었을 때, 그들은 당신에게 뭐라고 말하나요? (예의가 바르다. 가정교육을 잘 받았다.)

활동

지시사항 : 아동들이 누군가의 가정에 손님으로 방문하였습니다. 어떤 그림이 예의 바른 모습이 아닌가요? 그들의 행동을 어떻게 고쳐야 할까요?

정답 : 1. 아니요–어떻게 해서든 음식을 먹도록 노력해 봐.
2. 예–어른들은 함께 이야기를 나누는 것을 좋아해.
3. 아니요–TV 소리를 줄여.
4. 아니요–장난감을 정리하는 것을 도와줘.
5. 예–도와줘서 고마워.
6. 아니요–집안에서 신발을 벗는 규칙을 지켜주렴.

보충활동 : 학생들로 하여금 각자의 집에서의 규칙을 공유하도록 하세요. 어떤 규칙이 비슷하고 서로 다른가요? 그들이 누군가의 집에 방문했을 때 일어날 수 있는 행동 하나를 사례로 선정하세요. 그리고 학생들로 하여금 자신들이 어떻게 행동했었는지, 칭찬을 받았었는지 되돌아보게 하세요.

성명 ______________________ 날짜 ______________

11.2

다른 사람의 집에 방문하기

다음의 그림은 아동들이 누군가의 집에 방문한 내용입니다. 만약 아동이 예의 바른 모습을 보이면 '예', 그렇지 않으면 '아니요'에 ○표시를 하세요. 그리고 예의 바르지 못한 아동들의 행동을 어떻게 고쳐야 할 것인지 자신의 생각을 밑줄 친 부분에 쓰세요.

1."난 브로콜리가 싫어! 불쾌한 맛이 나. 토할 것 같아."

예 **아니요**

____

____

____

2. "안녕하세요, 영 아주머니. 저를 초대해 주셔서 감사합니다."

예 **아니요**

____

____

____

3. "나는 이 프로그램을 좋아해! 소리를 키워봐, 그리고 춤추자! 너희 할아버지는 어떻게 해도 들을 수 없을 거야!"

예 **아니요**

____

____

____

11.2

다른 사람의 집에 방문하기(계속)

4. "우리가 너무 지저분하게 만들었네! 이제, 난 가야겠어! 네가 치워, 너네 집이잖아."

예 **아니요**

5. "여기 내 접시가 있어. 넌 내가 접시를 싱크대에 가져다 놓기를 원하니?"

예 **아니요**

6. "바깥이 전부 진흙탕이야."

예 **아니요**

11.3 무례한 소리

목표

학생들은 소리를 작게 한다든가, 문제를 일으켜 시선을 끄는 일을 하지 않는다든가, "실례합니다."라고 말하는 것과 같이 공공장소에서 무례한 소리를 조절하는 적절한 절차를 구별할 수 있습니다.

설명

기침이나 재채기와 같은 소리는 완전히 없앨 수가 없어요. 하지만 그러한 소리들은 줄일 수 있고, 시선을 끌기 위해 사용되어서는 안 됩니다. 음료를 소리 내어 마시거나 큰 소리로 트림을 하는 것도 무례한 소리들입니다. 학생들은 먼저 소리가 완화될 수 있는지를 생각하고 그러한 소리를 공공장소에서 어떻게 조절할 수 있을 것인지를 결정해야 합니다.

생각하기 질문

1. 당신 주변의 사람들이 아주 조용히 있을 때 딸꾹질을 한 적이 있나요? (아마도 좋은 몇몇 사례를 듣게 될 거예요!)
2. 당신 주변의 사람들은 당신이 딸꾹질을 할 때 어떻게 행동했나요? (돌아서서 킥킥 웃기, 노려보기, 비웃기)
3. 재채기나 기침과 같은 소리들은 없앨 수는 없지요. 하지만 소리를 조절할 수는 있지 않을까요? (어느 정도는, 재채기를 참을 수도 있고 손수건이나 티슈를 사용할 수도 있어요.)
4. 감기로 인해 코를 훌쩍거릴 때는 어떻게 소리를 줄일 수 있을까요? (들이마시는 대신에 티슈를 사용해요.)
5. 당신은 왜 사람들이 트림을 하는 것을 무례한 행동으로 본다고 생각하나요? (어떤 사람은 트림을 너무 심하게 해요. 흔히 트림은 사람들의 시선을 끌고는 하지요.)
6. 당신 주변의 누군가가 시선을 끌기 위해 무례한 소리를 내거나 버릇없는 행동을 한다면 어떻게 할 수 있을까요? (무시하면 돼요.)
7. 만약 누군가가 어쩔 수 없이 무례한 소리를 냈을 때, 그는 어떻게 대처할 수 있을까요? ("실례합니다."라고 말하고 유난을 떨지 않아요.)

활동

지시사항 : 학생들을 무례한 소리를 내는 장면을 묘사한 그림과 문장을 짝짓습니다.

정답 : 1. d 2. a 3. f 4. e 5. c 6. b

보충활동 : 그렇게 긁어야만 하니! 그림에서 제시된 소리들이 왜 공공장소에서 무례하게 여겨지는지 토론을 해 보세요. 소리 자체가 문제가 아니라(만약 소리가 크지 않거나 일부러 괴롭히는 것이 아니라면), 소리의 맥락을 강조해야 합니다. 다시 각각의 소리를 어떻게 없앨 수 있는지, 줄일 수 있는지, 허용될 수 있는지 검토해 보세요.

성명 ______________________________ 날짜 ______________

11.3 무례한 소리

다른 사람을 짜증나게 하는 소리를 내는 장면과 해당 문장을 짝지어 보세요.

1.

2.

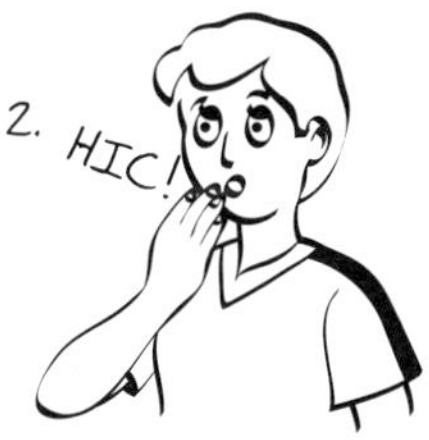

3.

4.

5.

6.

a. 딸꾹질하기

b. 긁기

c. 휘파람 불기

d. 코 풀기

e. 소리 내어 먹기

f. 재채기하기

11.4 '감사합니다'라고 말하기

목표

학생은 '감사합니다'를 말하기가 적절한 상황을 적어도 네 가지 말할 수 있을 것입니다.

설명

우리는 평소에 '감사합니다'라는 말을 충분히 듣지 못하는 것 같습니다. 우리는 자녀들이나 학생들이 감사의 마음을 표현하도록 촉진할 수 있습니다("네 생일 날 네가 갖고 싶었던 좋은 옷이나 게임을 선물해 준 이모에게 뭐라고 말하니?). 그러나 더 큰 목적은 감사의 태도를 길러주는 데 있습니다. 우리는 도움이나 친절을 받았을 때와 같이 작은 일에도 간단한 감사를 표현할 수 있고, 우리 삶에서 더욱 거대하고 중요한 것들에 대해 더욱 정성들여 감사를 표현할 수도 있습니다.

생각하기 질문

1. 나를 생각해 주는 당신의 모든 면을 좋아합니다. 감사합니다! 이제 나는 당신의 눈을 감게 만들겠어요. 매우 감사합니다. 이제 눈을 떠요. 다시 한 번 감사드려요. 당신은 지금 당장 무엇이 놀라운가요? (무슨 일이야! "감사합니다."라고 말하는 이유)
2. 왜 내가 '감사합니다'라고 세 번이나 말해야 할까요? (우리가 당신의 부탁을 들어주었으니까)
3. 제가 당신이 저의 지시에 따라 주는 것에 대해 감사해야 하나요? (예) 왜 그렇지요? (당신이 여러 번 반복해서 부탁할 필요가 없을 테니까요.)
4. '감사합니다'라는 말을 들은 사람들은 어떤 기분이 들까요? (즐거운 기분일 거예요, 고마운 마음이 들 거예요.)
5. 하루 동안에 당신으로 하여금 '감사합니다'라고 말하게 하는 이들로는 누가 있을까요? (버스 운전사 아저씨, 점심시간 조리사, 문을 대신 열어주는 누군가)
6. 당신이 '감사합니다'라고 말하려고 했던 때는 언제인가요? (누군가 나에게 연필을 건네주었을 때, 내가 떨어뜨린 무엇인가를 주워주었을 때, 나의 어떤 문제해결을 도와주었을 때)
7. 당신은 '감사합니다'라고 소리칠 만큼 특별한 선물을 받아보았거나 잃어버렸던 물건을 되돌려 받은 적이 있나요? 그게 무엇이었나요? (강아지를 선물 받았어요, 깜빡 잊었던 휴가를 기억나게 해 주었어요, 상을 받았어요)
8. 당신은 하루에 몇 번씩이나 다른 사람에게 감사한 마음이 드나요? (대답은 다양할 수 있음)

활동

지시사항 : 그림을 보고 각 사람이 어떻게 말할 것인지를 써 보세요.

응답 예 : 1. 내게 그걸 가져다 줘서 감사해요.
2. 음식을 많이 주셔서 감사해요.
3. 칭찬해 주셔서 감사해요.
4. 초대해 줘서 감사해요.

보충활동 : 학생들에게 '감사합니다'라고 표현할 수 있는 여러 장면을 활용하여 역할놀이를 하도록 해보세요. 어떤 때는 '감사합니다.'라는 말로도 충분하지만, 어떤 때는 감사하는 이유를 더해서 말하는 것도 평가합니다.

성명 ______________________________ 날짜 ______________

11.4 '감사합니다'라고 말하기

그림을 보고 각 사람이 어떤 내용의 말을 할 것인지에 대한 당신의 생각을 쓰세요.

1.

2.

11.4 '감사합니다'라고 말하기(계속해서)

3.

4.

11.5 개인적인 질문들

목표

학생은 다른 사람에 대한 질문이 적절한지 말할 수 있을 것입니다.

설명

아동들은 호기심이 많고 간혹 어른들에게 질문할 수도 있습니다. 하지만 질문이 너무 개인적이거나 다른 사람이 관여할 일이 아닌 경우 호기심은 불쾌함을 유발할 수도 있습니다. 어린 학생들의 경우에는 모든 정보가 공개된다는 것이 반드시 공정한 게임이 아닐 수도 있다는 것을 이해하지 못할 수 있습니다. 이 단원은 당신과 다른 사람의 친분 정도와 질문의 의도에 따라 질문이 다른 사람에게 적절하지 않을 수도 있다는 점을 설명하고 있습니다.

생각하기 질문

1. 만약 누군가가 당신의 생일이 언제인지, 생일이 가까이 왔는지를 알기 원하고, 당신에게 물어본다면 기분이 어떨까요? (좋다, 주목을 받아서 행복하다.)
2. 누군가 당신에게 당신 아빠가 직장에서 어려움을 겪으면서 실직한 것이 사실이냐고 묻는다면 기분이 어떨 것 같아요? (좋지 않을 것 같다, 화가 날 것 같다, 당황스러울 것 같다.)
3. 개인적인 질문이라는 것이 무엇일까요? (당신에 대한 무엇인가를 물어보는 것)
4. 당신은 사람들이 매우 개인적인 질문을 받는 것을 왜 꺼려한다고 생각하나요? (당황스러울 수 있기 때문에, 사람들이 자신에 대해 아는 것을 원하지 않기 때문에)
5. 사람들이 민감하게 여기면서 질문받기를 꺼려하는 부분으로는 어떤 것들이 있을까요? (나이, 연봉, 현재 생활에 어려움을 겪고 있는 이유, 자신의 생활을 곤경에 빠뜨리는 것들)
6. 당신이 흥미를 갖고 질문하는 것과 참견하기 위해 질문하는 것에는 차이가 있나요? (예–질문의 동기가 완전히 다름)
7. 질문이 누군가를 불편하게 만든다면, 어떻게 하면 질문을 그만 두거나 다른 것에 대해 물어볼 수 있을까요? (다른 질문하기, 더 이상의 질문하지 않기)
8. 누군가 당신이 대답하기를 원하지 않는 지극히 개인적인 질문을 한다면, 당신은 그 사람에게 무엇이라고 말할 수 있을까요? ("미안, 그건 제 일이예요.", "저는 그것에 대해 말하기로 되어 있지 않아요.", "저도 답을 모르겠어요.")

활동

지시사항 : 활동지의 인물들이 질문을 하고 있어요. 훌륭하고 사려 깊은 질문을 하는 사람에게 ○표시를, 너무 개인적인 질문을 하는 경우에는 ×표시를 하세요.

정답 : ○ : 1, 3, 4, 7 × : 2, 5, 6, 8

보충활동 : 각 인물의 반응에 대해 토론해 보세요. × 표시한 인물의 질문은 왜 부적절한가요? 그들의 질문이 각 인물들을 왜 당황스럽게 만들었나요? 누군가 당신에게 이러한 질문을 할 경우 어떻게 대답하면 좋을까요?

성명 ______________________ 날짜 ______________

11.5 개인적인 질문들

그들의 흥미를 잘 표현하는 훌륭한 질문을 한 경우에 ○표시를, 너무 개인적인 질문을 하는 경우에는 ×표시를 하세요.

1. 넌 학교를 좋아하니?

2. 너 그 과목 F학점을 받았니?

3. 너의 가족은 몇 명이니?

4. 너는 이 근처에 사니?

5. 너의 아빠는 돈을 얼마나 버니?

6. 너에게서 왜 이상한 냄새가 나니?

7. 너는 애완동물을 기르니?

8. 너의 가족이 너희 집에서 쫓겨난 것이 사실이니?

11.6 다른 사람을 흉내 내기 또는 모방하기

목표

학생은 다른 사람을 비웃지 않고 아첨하거나 칭찬하는 식으로 다른 사람을 모방하는 인물을 찾을 수 있습니다.

설명

칭찬하기 위해 모방하는 것과 놀리기 위해 모방하는 것에는 커다란 차이가 있습니다. 이 단원에서는 학생들은 이러한 차이를 구별해야 하는 상황을 접하게 될 것입니다.

생각하기 질문

1. 당신이 동물인 척할 때, 쉽게 모방할 수 있는 동물들로는 어떤 것들이 있을까요? 그 이유는 무엇일까요? (코끼리–코끼리 코처럼 팔을 휘젓기, 사자–포효하기, 이러한 동물들은 아주 뚜렷한 특징을 지니고 있다.)
2. 사람들은 다른 사람의 무엇을 보고 모방하거나 비웃을까요? (움직임, 목소리, 그들의 말)
3. 다른 사람의 목소리나 움직임을 모방하는 것이 왜 재미있을까요? (그 사람이 유별나게 행동하는 것을 과장할 수 있기 때문)
4. 다른 사람을 모방하거나 흉내 내는 것이 당신에게 어떤 어려움을 가져다 줄 수 있을까요? (모방할 무엇인가를 찾아내야 한다, 감정을 상하게 할 수 있다, 화나게 할 수 있다.) 5. 긍정적인 모방은 유쾌한 일일까요? 긍정적인 모방의 예로는 무엇이 있을까요? (다른 사람의 머리모양이나 옷차림을 모방하는 것, 다른 사람이 말하는 것과 똑같이 말하는 것, 운동을 잘 하는 사람을 따라서 하는 것)
6. 당신은 다른 사람의 어떤 점을 모방하고 싶나요? (뛰어난 운동선수의 행동, 굉장히 멋지게 보이는 사람의 스타일, 다른 사람이 보여주는 좋은 태도)

활동

지시사항 : 훌륭하고 적절한 방식으로 다른 사람을 모방하는 인물의 이름에 ○표시를 하세요.

정답 : 마리아, 애나, 애드와 프레드

보충활동 : 활동지에서 다른 인물의 행동에 대해 어떻게 무례하거나 분별없이 행동했는지에 대해 토론해 보세요. 만약 분별없는 행동을 한 사람이 무례하거나 분별없는 행동임을 미리 깨달았다면 그렇게 모방했을까요? 단지 재미로 그러한 행동을 했거나 다른 사람이 그러한 행동을 개의치 않는다면 다른 사람을 모방해도 되는 건가요?

성명 ______________________________ 날짜 ______________

11.6 다른 사람을 흉내 내기 또는 모방하기

훌륭하고 유쾌하게 다른 사람을 흉내 내는 인물의 이름에 ○표시를 하세요.

11.7 공공장소에서의 행동

목표

학생은 공공장소에서 각 인물들이 보여주는 행동의 문제점을 찾을 수 있습니다.

설명

공공장소와 개인의 가정과 같은 사적 공간에서의 행동에는 커다란 차이가 있습니다. 공공장소에서 당신은 다른 사람과 시간이나 공간을 공유하고 있습니다. 그리고 그 곳에서는 모든 사람들의 요구를 고려해야 합니다. 학생들은 그들 주변 환경과 사람들을 의식할 필요가 있습니다.

생각하기 질문

1. 장소나 행사가 '공공에 개방되어 있다'는 것이 의미하는 것은 무엇일까요? (누구나 거기에 갈 수 있거나 행사에 참여할 수 있다.)
2. 우리가 살아가는 지역사회 안에 공공장소로는 무엇이 있을까요? (동물원, 공원, 도서관, 식당, 우체국)
3. 공공장소에서 다른 사람과 공유하거나 함께 해야 하는 것으로는 무엇이 있을까요? (경치나 전망, 식탁, 순서, 기다리기)
4. 공공장소에서 당신은 누구의 요구와 흥미를 고려해야 하나요? (거기에 있는 모든 사람들)
5. 공공장소에서 당신이 원하는 모든 것을 할 수 없는 이유는 무엇인가요? (그 장소가 개인의 것이 아니기 때문, 그곳은 사적인 재산이 아니다, 누군가 화가 나거나 불쾌해할 수 있다.)
6. 공공의 것들을 유익하게 함께 나눌 수 있는 방법으로는 어떤 방법이 있을까요? (하나의 지역사회 안에 하나의 동물원 혹은 하나의 훌륭한 도서관을 가질 수 있다, 건물을 짓는 데 필요한 경비를 나눌 수 있다, 건물을 유지하는 데 필요한 실제적인 유지비 부담을 가질 필요가 없다.)
7. 공공시설을 다른 사람과 공유하고 있다는 사실을 명심하는 것은 왜 중요한가요? 그리고 그것이 당신의 행동에 최선을 다하는데 어떻게 도움을 주나요? (다른 사람들을 위해 공공시설을 망가뜨리지 않게 된다, 다른 사람들이 공공시설을 사용할 수 있기 때문에 조심해야 한다, 사람들이 공공시설을 사용하기 위해 대기하고 있을 수 있으므로 함께 사용해야 한다는 것을 명심해야 한다.)

활동

지시사항 : 왼쪽의 그림을 보고 잘못된 행동을 찾아 오른쪽 빈 줄에 써 주세요.

정답 :

1. 낙서는 지우는 데 비용이 많이 든다. 그건 좋은 행동이 아니다.
2. 어떤 사람이 잔디 위를 걷고 있다(어쩌면 새로 심어야 할지도 모른다).
3. 표를 사기 위해 순서를 기다리지 않고 줄을 서 있는 앞 사람을 떠민다.
4. 여자아이가 시합에서 크게 소리를 질러 다른 사람을 방해한다.
5. 남자아이가 극장 화면을 가리고 거기에 그림자 그림을 만들고 있다.

보충활동 : 각 인물들이 자신의 목표를 달성하면서도 할 수 있는 대안적 행동에 대해 토론해 보세요. 그들의 경솔한 행동이 다른 사람에게 어떻게 영향을 미치거나 해를 끼칠 수 있을까요?

성명 ______________________________ 날짜 ______________

11.7 공공장소에서의 행동

아래의 각 장면에서 어떤 행동이 잘못되었나요? 잘못된 행동을 찾아 오른쪽 빈 줄에 써 주세요.

1.

____
____

2.

____
____

3.

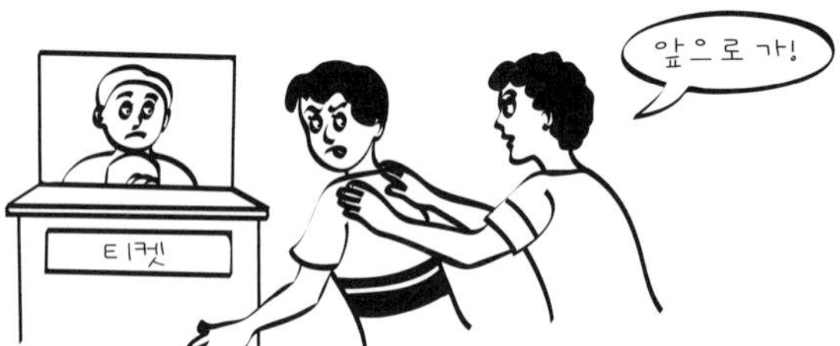

____
____

4.

____
____

5.

____
____

11.8 줄 서기

목표

학생은 다른 사람을 화나게 하지 않거나 자신이 화가 나지 않도록 줄을 서고, 서서 기다릴 수 있습니다.

설명

학생들은 일과 속에서 자주 줄을 서야 합니다. 점심을 먹기 위해, 교실에 들어가거나 교실 밖으로 나가기 위해, 버스를 타고 집에 가기 위해, 물을 마시기 위해, 소방 훈련을 위해 등 많은 경우에 줄을 서야 합니다. 줄을 선다는 것을 아주 간단하고 쉬운 일로 생각할 수도 있지만, 두 명의 아동들이 가까이 서서 조용히, 정숙하게, 다른 사람을 밀치지 않고 서 있는 것은 아주 커다란 도전이 될 수 있습니다.

생각하기 질문

1. 하루 동안 줄을 몇 번이나 서게 되나요? 줄을 서는 이유는 무엇인가요? (몇 가지 사례를 열거하기)
2. 줄을 서는 것이 중요한 이유는 무엇인가요? (그렇게 해야 당신은 모든 사람이 거기에 있다는 것을 쉽게 알 수 있다. 그렇게 해야 당신이 복도를 어슬렁거리거나 다른 사람과 부딪히지 않게 될 것이다. 사람의 수를 세기 쉽다.)
3. 줄을 서기 위한 절차는 어떻게 되나요? (한편에 남학생, 다른 한쪽엔 여학생으로 나누어 서기, 앞 사람과 한 발 정도 간격 유지하기, 떠들지 않고 옆에 서 있기)
4. 그러한 절차가 왜 중요하다고 생각하나요? (어떤 사람들은 몸을 너무 많이 흔들고 다른 사람을 만지기 때문에, 다른 이야기를 하다가 지시사항을 듣지 못할 수 있기 때문에)
5. 특히 소방 훈련 때 줄을 서는 것이 왜 중요한가요? (사람들이 시끄럽게 떠들고 모든 사람이 한꺼번에 급하게 달려 가면 아무도 문 밖으로 탈출하지 못할 수 있다. 조용히 해야 하기 때문이다.)
6. 줄을 설 때 어떤 사람이 당신에게 너무 가깝게 서 있으면 어떤 방해를 받게 되나요? (그들이 나를 건들기를 원하지 않는다. 나에게 입김을 내뿜곤 한다. 나에게 부딪히곤 한다. 내가 준비가 되어 있지 않은데도 서두르라고 재촉하곤 한다.)
7. 간혹 여학생들을 위한 줄과 남학생들을 줄로 따로 줄을 세우기도 해요. 이 밖에 줄을 서기 위한 다른 방법으로는 무엇이 있을까요? (작업을 마치는 순서대로 줄 서기, 버스가 오는 순서대로 줄 서기, 알파벳 순서대로 줄 서기)
8. 줄을 서는 가장 큰 이유는 모든 사람이 체계적이고 안전한 방식으로 어딘가에 갈 수 있도록 하는 데 있어요. 모든 사람이 안전하고 신속하게 무엇인가를 할 수 있도록 줄을 서기 위한 또 다른 방법은 없을까요? (교실에서 토론해 본다.)

활동

지시사항 : 줄을 설 때는 다음과 같은 규칙이 있다 : 조용히, 정숙하게 옆에 서서 인내심을 갖고 기다려야 해요. 다음의 학생들은 무엇을 잘못 했을까요?

정답 : 2, 이유 없이 건드리기 4, 시끄럽게 하기 7, 몸을 뒤흔들기 8, 건드리기

보충활동 : 학생들에게 다양한 방식으로 줄 서는 방법을 경험하게 해 보세요. 경우에 따라서는 남학생과 여학생별로 따로 줄을 세울 수도 있고, 교대로 세울 수도 있습니다. 빨간색 옷을 입은 학생을 먼저 세우고, 그 옆에 친구를 짝지어 세울 수도 있습니다. 줄의 선두와 말미를 따로 두고 교대로 서게 하는 것도 도움이 될 수 있어요. 그 때 그 때마다 다양한 교수법을 사용함으로써 학생들로 하여금 당신이 말하는 것에 초점을 맞추게 할 수도 있습니다. 하지만 좀 더 안전하게 훈련하기 위해서는 교실의 규칙을 따르도록 하는 것이 중요합니다.

성명 ______________________ 날짜 ______________

11.8 줄 서기

줄을 설 때는 차분하게 기다리며 줄을 서야 합니다. 다음 그림에서 이러한 규칙을 어기는 학생은 누구인가요?

11.9 식탁 예절

목표

학생은 여러 가지 공통적인 식탁 예절을 묘사한 그림을 그릴 수 있습니다.

설명

모든 가족들을 서로 다른 식탁 예절을 가질 수 있습니다. 가족구성원들이 지닌 식사 습관은 매우 평범하고 일상적인 것부터 매우 특별한 경우(친척들과 유대교의 하누카를 맞이하였을 때)까지 다양할 수 있습니다. 학생들은 다양한 상황에서 자신들에게 어떤 행동이 기대되는가를 아는 것이 중요합니다. 어떤 가족들은 식사 전에 식사 기도를 하고, 어떤 가족들은 부모님들이 먼저 식사를 하면 아이들이 따라 하고, 혹은 아이들이 먼저 식사를 시작하면 부모들이 따라 하기도 합니다. 다음에 제시된 12개의 행동들은 모든 가족들과 관계가 있지는 않을 수 있지만, 일반적으로 대다수 가족들에게 공통적인 식사 예절에 관한 행동들입니다. 그럼에도 불구하고 식사 시간에 일정 수준의 격식을 갖출 수 있는 학생은 어떤 상황에서도 좋은 인상을 줄 수 있을 것입니다.

생각하기 질문

1. 좋은 식탁 예절의 예로는 무엇이 있을까요? (조용히 앉아 있기, 옆 사람에게 음식 전달해 주기, 양해를 구할 때까지 기다리기, 나이프 핥지 않기)
2. 좋은 식탁 예절이 왜 중요할까요? (그렇게 해야 음식을 흩뜨리지 않을 수 있기 때문에, 모든 사람이 음식을 똑같은 방향으로 전달할 수 있기 때문에, 다른 사람을 배려하기 위해서)
3. 당신이 식탁 앉았을 때 식탁 위에는 어떤 것들이 보이나요? (접시류, 은식기, 냅킨, 유리잔, 밥 공기)
4. 식탁 위에 있을 수 있는 여러 물건으로는 무엇이 있을까요? (3번 질문에서 제시된 여러 것들의 용도 검토하기)
5. 모든 사람들에게 음식이 차려질 때까지 기다렸다가 음식을 먹는 것이 왜 예의 바른 행동일까요? (당신이 먼저 급하게 음식을 먹지 않을 것이라는 것을 보여주기 때문에, 누군가가 당신이 나눠주는 음식이 필요할 수 있기 때문에)
6. 자신이 좋아하지 않는 음식이 차려져 있을 때는 어떻게 해야 할까요? (정중하게 "괜찮습니다."라고 말한다, 음식을 조금만 가져가요, 음식을 덜지 않고 옆 사람에게 그릇을 전달한다.)
7. 식사 시간 중에 과도한 주장을 펴거나 싸우는 것은 왜 해서는 안 되나요? (먹는 것은 휴식의 시간이며 음식의 소화를 돕기 위해서, 과도한 주장은 다른 사람을 당황스럽게 만들 수 있기 때문에, 식사 중에 나의 문제에 다른 사람을 관련시키는 것은 예의에 어긋나기 때문에)
8. 음식을 다 먹은 다음에 요리사를 돕기 위해 무엇을 할 수 있을까요? (자신이 먹은 음식의 접시를 부엌에 가져다준다, 사용한 종이 냅킨을 휴지통에 버린다.)

활동

지시사항 : 활동지에 기술된 12가지 식탁 예절 중에서 네 가지를 선택하여 내용에 맞게 그려 보세요. 그리고 그림의 위쪽에 해당하는 식사 예절의 번호를 써 주세요.

정답 : 다양한 응답이 예상됨

보충활동 : 그림 위에 숫자를 가리게 한 후, 다른 학생들로 하여금 그림을 보고 어떠한 식사 예절에 관한 내용인지 추측하게 해 보세요. 수업 시간에 12가지 예를 골고루 활용하여 순서대로 연습하면서 완전한 식탁 예절을 익히게 할 수도 있습니다.

성명 ________________________________ 날짜 ____________

11.9 식탁 예절

다음의 식탁 예절 가운데 좋은 예절 네 가지를 선택하여 그림으로 그려 보세요.

1. 부를 때 오기
2. 의자에 조용히 앉기
3. 얌전히 말하며 기다리기
4. 무릎 위에 냅킨 펼쳐 놓기
5. 먹기 전에 음식 돌리기
6. 필요로 하는 것을 정중하게 요청하기
7. 은식기 잘 사용하기
8. 천천히 입을 다물고 음식 씹기
9. 정중하게 있기
10. 모든 사람이 음식을 먹기 전까지 잠깐 기다리기
11. 양해 구하기
12. 음식에 대해 감사하기

번호 ________	번호 ________
번호 ________	번호 ________

11.10 외식하기

목표

학생은 식당에서 예의 바른 행동을 하는 인물에 찾아 ○표시를 할 수 있습니다.

설명

종업원들은 손님의 고갯짓이나 부름을 기다리고 있는 노예가 아닙니다. 외식을 하러 갈 때, 종종 상황은 달라질 수 있지만, 예의바른 행동은 종업원 또는 손님에 대한 배려가 아닙니다. 공공 식당에서 예의바른 행동을 보여주는 것은 어린 나이에 배울 수 있는 것으로, 스스로 음식을 주문하는 것은 의사결정, 명료하게 말하기, 다른 사람을 똑바로 쳐다보기 등과 같이 유용한 사회적 기술입니다.

생각하기 질문

1. 당신이 외식하러 가는 장소로는 어떤 곳이 있나요? (우리 고장의 식당)
2. 사람들은 왜 외식을 하러 갈까요? (특정 민족의 음식을 즐길 수 있으니까, 특별한 행사 때문에, 집에 먹을거리가 없어서)
3. 패스트푸드 식당이란 어떤 곳인가요? (신속하게 밥을 먹을 수 있는 곳, 차를 타고 음식을 구입할 수 있는 곳)
4. 일반 식당은 패스트푸드 식당과 어떤 차이가 있나요? (종업원들이 당신에게 와서 주문을 받는다, 서비스 속도가 느리다, 더욱 다양한 음식을 주문할 수 있다.)
5. 일반 식당에서 음식을 먹는 것과 집에서 먹는 것의 차이는 무엇인가요? (설거지를 할 필요가 없다, 종업원이 음식을 차려준다, 모든 사람이 서로 다른 음식을 주문할 수 있다.)
6. 식당에서의 식탁 예절과 가정에서의 식탁 예절 중 똑같은 것에는 어떤 것들이 있나요? (모든 사람에게 음식이 차려질 때까지 기다려야 한다, 냅킨을 무릎 위에 펼친다, 정숙하게 앉아 있어야 한다.)
7. 공공장소인 식당에서 손님은 무엇을 함께 나누어야 하나요? (종업원, 식탁-먼저 온 손님이 음식을 먹은 다음까지 순서 기다리기, 화장실, 자리를 배정받기 전에 기다리는 대기실)

활동

지시사항 : 그림을 보고 식당에서의 적절한 행동을 보여주는 인물에 ○표시를 하세요.

정답 : 2, 5, 8, 10

보충활동 : 식당에서 무례한 행동을 하는 사람을 찾아 그들의 말이나 행동을 어떻게 변화시켜야 할지 토론해 보세요. 또 다른 부적절한 행동을 하는 인물을 찾아 왜 그러한 행동이 예의 바른 행동이 아닌지에 대해 말해 보세요.

성명 ______________________ 날짜 ______________

11.10 외식하기

식당에서 예의 바른 행동을 하는 인물에 ○표시를 하세요.

11.11 초대받지 않은 손님

목표

학생은 초대받지 않은 손님이 왜 문제가 되는지 이유를 제시할 수 있습니다.

설명

학생들은 간혹 자신들이 좋아하는 것을 친구나 가족 구성원, 기타 예상치 못했던 다른 사람들과 나눠야 하는 상황에 직면하게 됩니다. 개나 고양이와 함께 하는 파티도 문제를 일으킬 수 있습니다. 대부분의 평상시 상황들에서 집주인은 손님이 자녀를 동반하는 것을 신경 쓰지 않고 유연하게 대처하고 이해합니다. 그러나 몇몇 상황에서는 초대한 모든 친구들에게 무엇인가를 나누어줄 수 있는 것이 아니라 초대받은 친구들에게만 나누어줄 수 있음을 명심해야 합니다. 이를 구별하는 것은 중요합니다.

생각하기 질문

1. 생일잔치를 하기로 했는데, 부모님께서는 롤러스케이트를 타기 위해 5명의 친구를 초대할 수 있다고 말씀하셨습니다. 그런데 친구 중 한 명은 자신의 형제 3명을 데리고 왔어요. 이것이 생일잔치에 어떤 영향을 미치게 될까요? (부모님들은 초대하지 않은 아이들로 인해 추가 경비를 지출해야만 한다, 차 한 대로 이동할 수가 없게 되었다, 생일잔치 경품이나 음식이 모자랄 수 있다.)
2. 고양이털에 알레르기 반응을 보이는데 친구가 고양이를 데리고 당신 집에 잠을 자러 온다면 어떻게 될까요? (밤새 재채기를 한다.)
3. 가장 친한 친구와 비디오 게임을 하기 위해 같이 놀기로 계획했는데 그 친구가 당신이 모르는 다른 아이들을 데리고 왔어요. 그리고 그들 중 2명이 게임을 했어요. 이럴 때는 어떤 기분이 드나요? (일종의 배제된 기분이랄까, 계획을 바꿔야 한다.)
4. 초대하지 않은 친구와 함께 해야 하는 상황에 대처하기 위한 방법으로는 어떤 것들이 있을까요? (초대한 친구의 수를 정확히 밝힌다, 친구에게 다른 친구는 데리고 올 수 없음을 알린다, 당신이 고양이털 알레르기가 있다고 설명한다, 수를 세도록 한다, 상황에 맞게 되는대로 잘해 주면 된다.)
5. 당신의 엄마가 당신에게 원하는 만큼 많은 친구들을 많이 데리고 와도 된다고 했다면 친구를 많이 데리고 오는 것이 문제가 될까요? (아니요-이미 부모님 허락을 받았다.)
6. 당신이 매우 작은 집에 사는데 많은 사람을 초대했다면 문제가 될까요? 편찮으신 할머니가 계신데 많은 친구를 초대했다면 문제가 될까요? 모임을 중복으로 연다면 문제가 될까요? 당신이 한 무리가 넘는 많은 사람을 초대하고자 한다면 그 전에 무엇을 고민해야 할까요? (우리 집의 상태를 확인해야 한다, 부모님의 허락을 받는 것이 중요하다, 시간과 장소를 다시 한 번 확인해야 한다.)
7. 당신과 잠시 동안 함께 머무는 사촌 형제가 있는데, 당신 혼자만이 파티에 초대를 받았다면 어떻게 해야 할까요? (사촌에게 함께 갈 것인지 물어볼 것이다, 당신의 사촌은 당신이 파티에서 돌아올 때까지 기다려야 한다, 무슨 일이 있든지 예의를 지켜야 한다.)

활동

지시사항 : 초대받지 않은 손님들이 있는 상황에서 문제가 되는 이유를 찾아보세요.

정답 : 1. 충분한 방이 없어요.

2. 부모님이 집 안에 애완동물을 들이는 것을 원하지 않아요.
3. 아이들이 더 오면 돈이 많이 들어요.
4. 한 아이가 다른 아이들과 어울릴 수 없어요.
5. 수영장 안에 너무 많은 사람이 있어요. 위험할 수 있어요.

보충활동 : 각 상황에서 예상하지 못했던 손님으로 인해 왜 불편한 사람이 생겨나는지를 토론해 보세요. 이러한 상황을 예방하기 위해서는 무엇을 할 수 있을까요? 만약 그러한 상황에 이미 벌어졌다면 어떻게 해야 할까요? 마지막으로 이 같은 상황이 전혀 불편하지 않는 사람들만 있는 상황에 대해서도 토론해 봅시다. 사실 그들은 "많으면 많을수록 좋다."는 생각을 갖고 있습니다. 무엇보다 중요한 것은 세상에는 예기치 못한 상황에 대한 대처능력이 부족한 사람들이 있다는 사실과 이 같은 상황에 잘 대처하기 위해서는 나름의 상황과 계획, 놀라지 않는 담대한 마음이 필요하다는 것을 학생이 아는 것입니다.

성명 ______________________ 날짜 ____________

11.11 초대받지 않은 손님

초대받지 않은 손님이 있는 상황의 그림을 보고 왜 문제가 되는지를 써 보세요.

1. "안녕, 밥 아저씨! 태우러 와 줘서 고마워요. 나와 함께 집까지 태워다 줘야 할 친구가 다섯 명이 있어요."

____

____

____

2. "나는 엄마가 이 뱀을 집에서 기르는 것을 개의치 않을 거라고 생각해. 내 방에서 기를 수 있을 거야."

____

____

____

초대받지 않은 손님(계속)

3. "너희 아빠가 그날 놀이동산에 모두 데리고 갈 거라는 이야기를 내 동생이 들었어. 그래서 내 동생도 그날 함께 가기를 원해."

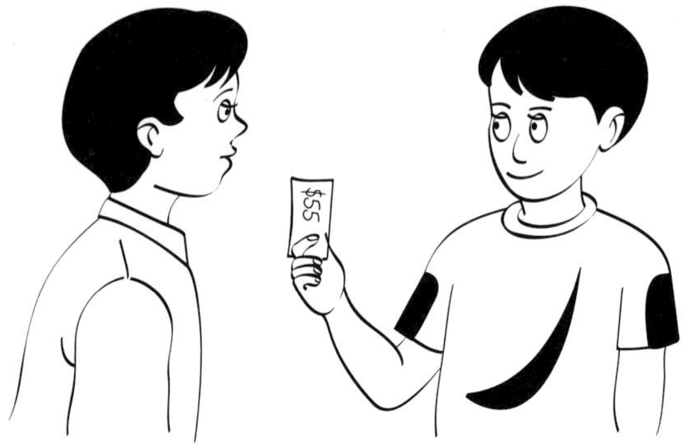

4. "오, 안 돼! 메리앤이 켈리를 우리 응원 연습에 데리고 왔네. 켈리는 우리들에 대해 어떤 것도 말할 수 없어. 이제 우리는 켈리 앞에서 연습해야 해."

5. "수영장에는 열 명만 들어갈 수 있어. 하지만 난 열 명보다 더 많은 사람이 들어가 놀 수 있다고 생각해."

11.12 휴대폰 사용하기

목표

학생은 휴대폰을 사용할 때, 다른 사람들에게 방해를 주지 않기 위해 시간과 장소를 고려하게 될 것입니다.

설명

많은 아이들이 휴대폰을 가지고 있습니다. 대부분의 경우 아이들은 차를 타고 가기 위해 집에 전화를 할 수 있고, 일하는 부모님에게 자신들이 어디 있는지를 알린다거나 정보를 주고받을 수 있습니다. 하지만 어떤 이들은 공공장소에서 시끄럽게 사적인 얘기를 하고, 자신들의 주변 상황을 신경 쓰지 않습니다. 이처럼 휴대폰은 우리 문화의 일부이고, 우리는 타인을 배려하면서 그것을 사용하는 법을 배워야 합니다.

생각하기 질문

1. 당신들 중 얼마나 많은 사람이 휴대폰을 가지고 있나요? 또는 당신이 필요로 할 때 그것을 사용할 수 있나요? (손을 들어보세요.) 당신은 휴대폰을 어떤 용도로 사용하고 있나요? (부모님과의 의사소통, 친구와 수다 등)
2. 당신은 휴대폰으로 전화를 거는 것 이외에 어떤 것을 하나요? (사진 찍기, 문자, 게임, 계산하기 등)
3. 휴대폰을 사용해서는 안 되는 장소로는 어떤 곳이 있을까요? (교실, 비행기, 사무실에서 기다릴 때, 도서관 등)
4. 누군가 휴대폰에 대고 큰 소리로 얘기할 때, 당신은 왜 그것이 사람들을 방해한다고 생각하나요? (다른 사람들이 무엇인가를 하고 있을 수 있기 때문에, 대부분의 사람들은 자신들이 얼마나 시끄럽게 통화하는지 인식하지 못한다!)
5. 식당이나 대기실과 같은 공공장소에서 휴대폰으로 얘기하는 것이 왜 무례하다고 생각되나요? (사람들은 그들만의 대화를 하고 있고, 당신 때문에 방해 받는걸 원하지 않는다.)
6. 당신이 친구와 함께 있을 때 휴대폰으로 통화를 하는 것은 왜 예의 없는 행동으로 여겨질까요? (그 사람이 무시되고 있기 때문에)
7. 당신은 극장이나 예배당과 같은 조용한 장소에서 휴대폰이 울리는 걸 들은 적이 있나요? 그것이 예의에 어긋나는 이유는 무엇인가요? (사람들은 무언가에 집중하기 위해 그곳에 있는 것인데 방해가 될 수 있다.)
8. 만약 당신이 공공장소에서 휴대폰을 사용하는 것에 대한 규칙을 만든다면 어떤 규칙들을 만들 수 있을까요? (조용히 말하기, 짧게 통화하기, 가능하면 문자로, 나가거나 다른 방에서 통화하기)

활동

지시사항 : 휴대폰 예절을 지키지 않는 사람들이 어떤 행동을 하고 있나요?

정답 : 1. 큰소리로 얘기한다. 2. 너무 길게 얘기한다. 3. 친구를 무시한다. 4. 자신이 하고 있는 일에 집중하지 못한다. 5. 공공장소에서 휴대폰을 사용한다. 6. 사적인 대화를 한다. 7. 휴대폰 끄는 것을 잊는다.

보충활동 : 몇 개의 예시 중에서 역할놀이를 하면서 학생들에게 이러한 상황들이 실제로 얼마나 짜증나는 일인지를 들을 수 있습니다. 학생들은 아마도 휴대폰 예절을 지키지 않는 사람들의 사례를 많이 발견하게 될 것입니다.

성명 ______________________ 날짜 ______________

11.12 휴대폰 사용하기

휴대폰 예절을 지키지 않는 사람들이 어떤 행동을 하고 있나요?

1.

2.

3.

4.

휴대폰 사용하기(계속)

5.

6.

7.

11.13 대화 방해하기

목표

학생은 대화를 방해하는 아동의 예를 찾을 수 있습니다.

설명

우리는 모두 생각하기에 앞서 먼저 말을 합니다. 아마도 우리는 우리가 말해야 하는 소식에 들떠 있기 때문일지도 모릅니다. 아니면 다른 이들이 하는 얘기를 들으려 조차 안 할 뿐만 아니라 우리의 의견을 표현하는 것을 기다릴 수 없기 때문일지도 모릅니다. 또한 우리는 듣고는 있지만 다른 사람이 하는 얘기가 언짢을 수도 있습니다. 그러나 방해가 허용되는 때도 있습니다. 예를 들어, 불이 났다든가, 또는 벌레가 자신의 등위로 기어오른 경우 이런 경우라면 대화가 중단되더라도 괜찮습니다. 그러나 어른들이 얘기를 하시거나 어떤 사람이 자신의 의견을 얘기할 때는 그들의 대화가 잠시 멈출 때까지 조용히 기다리는 것이 예의입니다.

생각하기 질문

1. 두 명의 어른들이 얘기를 나누고 있는 대부분의 시간 동안 당신의 행동은 어떻게 해야 하나요? (조용히 하기, 방해하지 않기, 어른들의 소매 잡아당기지 않기)
2. 왜 조용히 하거나 기다리는 것이 좋은 일인가요? (어른들은 중요한 것을 논의하고 있을지도 모르고, 방해를 한다면 어른들로부터 질책을 들을 수 있다.)
3. 만약에 다른 선생님이 교실로 들어와서 담임 선생님께 말을 건다면, 왜 선생님들이 얘기를 나눌 수 있게 하는 것이 예의 바른 것인가요? (선생님들은 학교에 있는 동안 서로 얘기를 나눌 시간이 많지 않다. 선생님들은 학생들에 관하여 그리고 학생들이 무엇을 원하는지에 대해 얘기해야 될지도 모른다.)
4. 만약에 부모님이 교실로 들어와서 당신의 선생님께 얘기를 한다면 어떻게 해야 하나요? (방해하지 않는다.)
5. 두 사람이 먼저 얘기를 시작했다면 언제 말을 거는 것이 적절한가요? (둘 다 얘기가 끝났을 때, 그들이 당신을 보고 있고, 당신이 말할 차례라는 걸 바라보며 알려줄 때)
6. 대화를 방해해도 괜찮을 때는 언제인가요? (만약 사람들 중 한 명이 어떤 것을 즉시 알아야 할 필요가 있을 때)
7. 만약 당신이 얘기하고 있는 사람을 방해한다면, 방해 받은 사람의 기분은 어떨 것 같나요? (당신이 그 사람의 말을 듣지 않고 있다고 생각한다. 자기 이야기를 가로막을 만큼 당신의 이야기가 중요한 것이 아니었다고 말할 수 있다.)
8. 만약 당신이 정말 무언가를 말해야 할 때 대화를 중단하는 정중한 방법은 무엇인가요? ("실례합니다. 제가 잠시만 말해도 될까요?")

활동

지시사항 : 누군가의 대화를 방해하는 예를 찾아보세요.

정답 : 1. 예 : 두 명의 어른들이 얘기하고 있어요.
2. 아니요 : 한 여자아이가 얘기하기 위해 기다리고 있어요.
3. 예 : 남자 아이는 발표자의 말을 듣고 있지 않아요.
4. 예 : 남자 아이는 손가락으로 두드리면서 방해하고 있어요.
5. 아니요 : 여자 아이는 자신의 차례가 왔을 때 얘기해요.
6. 예 : 남자 아이는 신이 났지만 다른 사람들을 산만하게 만들면서 방해를 하고 있어요.

보충활동 : 학생들에게 대화를 방해하는 상황을 보여주고, 개인이 대화에 참여하거나 얘기를 하기 위해서 어떻게 기다릴 수 있는지를 실제로 행동해 보도록 하세요.

성명 ______________________________ 날짜 ______________

11.13

대화 방해하기

다른 사람의 대화를 방해하는 예를 찾아 '예' 혹은 '아니요'에 ○표시를 하세요. 토론을 위해 당신이 적절한 답을 생각해 보세요.

1.

예 **아니요**

2.

예 **아니요**

대화 방해하기(계속)

3.

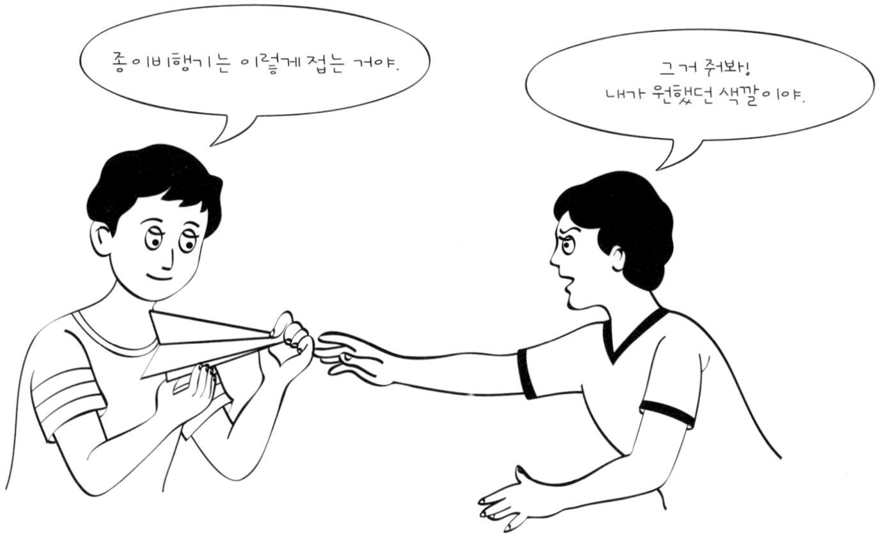

예 아니요

4.

예 아니요

11.13

대화 방해하기(계속)

5.

예 아니요

6.

예 아니요

11.14 지역사회에서 어른 공경하기

목표

학생들은 가정이나 지역사회의 환경에서 어른을 공경하는 행동을 확인할 것이다.

설명

학생들이 교실에서는 선생님에게 공경심을 보이더라도, 학교 밖에서는 그러지 않는 경우가 있습니다. 학생들은 사적인 관계나 권위적인 측면에서 어른들과 직접적인 연관이 없더라도, 모든 어른들을 공경할 줄 아는 생각을 일반화시킬 수 있어야 합니다.

생각하기 질문

1. 당신의 부모님 이외에 공공장소나 마을 주변에서 보는 어른들에는 누가 있나요? (경찰관, 계산대 점원, 종업원)
2. 이러한 분들이 당신과 만나거나 당신이 해야 할 것들에 대해 말해주는 이유는 무엇인가요? (그분에게서 무엇인가를 구입해야 할지도 모르기 때문, 그들이 제공하는 서비스를 우리가 필요로 할 수 있기 때문)
3. 어른이 당신에게 부탁을 하거나, 무언가에 대해 말을 할 때 존중할 수 있는 방법으로는 무엇이 있나요? (말하는 대로 행동한다.)
4. 당신의 부모님이나 선생님이 아닌 사람에게도 당신이 순종해야 하는 이유는 무엇인가요? (그들이 당신보다 상황에 대해 더 많이 알고 있을 수 있다, 어떤 분야의 권위자일 수 있기 때문이다.)
5. 당신이 어른들의 말을 듣지 않아야 하는 때는 언제인가요? (낯선 사람을 만났을 때, 요청이 옳지 않거나 이상할 때, 당신의 부모님이 가르쳐준 것과 다를 때)
6. 잘 듣지 못하거나, 잘 보지 못하고 혹은 상황을 잘 이해하지 못하는 웃어른에게는 어떻게 예의 바른 행동을 할 수 있을까요? (노인 요양소나 나이든 친척들의 경우와 같이 나이가 들어 몸이 불편한 어른일지라도 공경 받을 권리가 있다.)

활동

지시사항 : 가정이나 지역사회에서 어른들에게 공경심을 나타내는 예를 찾아 표시하세요.

정답 : 2, 3, 5, 8, 10

보충활동 : 답한 것에 대해 토의하되, 특히 체크하지 않은 항목에서 어떠한 점이 무례한 행동이었는지를 토론해 보세요.

성명 ______________________ 날짜 __________

11.14 지역사회에서 어른 공경하기

어른들에 대한 공경심을 보여주는 행동을 찾아 문장 앞에 표시하세요.

- ☐ 1. 헤어 린스 때문에 머리가 약간 파래진 여자를 보고 웃어요.
- ☐ 2. 어떤 사람이 마당에 꽃을 가꾸는 것을 알고는 주변으로 돌아서 조심히 걸어가요.
- ☐ 3. 영화관에서 당신 앞에 조용히 앉아 있던 사람들이 당신과 당신 친구들에게 몸을 돌려 조용히 해달라고 요청해요.
- ☐ 4. 엄마에게 당신의 방을 치우고 나가라는 말을 듣자 엄마에게 혀를 날름 내밀어요.
- ☐ 5. 교통안전 요원의 지시에 따라 길을 건너요.
- ☐ 6. 식당에서 팁으로 1센트를 놓고 왔어요.
- ☐ 7. 주차창에 있는 자동차 바퀴 뒤에 유리병을 놓아 두어요.
- ☐ 8. 친구들과 나가 놀고 싶지만 삼촌, 이모, 사촌들을 맞이하기 위해 집에 머물기로 했어요.
- ☐ 9. 할아버지가 학교에 우산을 가져가라고 말씀하실 때 "할아버지 말은 들을 필요 없어."라고 말해요.
- ☐ 10. 이웃이 드라이클리닝 한 세탁물을 잔뜩 들고 있을 때 문을 열고 기다려 주어요.

11.15 질문에 적절하게 대답하기

목표

학생들은 질문에 정중하고 적절하게 대답하는 인물을 찾을 수 있습니다.

설명

건방지게 말하거나 잘난 체 하는 사람은 불쾌함을 유발할 수 있습니다. 특히 질문에 대한 대답을 회피하려고 그렇게 행동할 수도 있습니다. 재미와 웃음을 주기 위해 이렇게 말할 수도 있고, 분명한 질문에 대해 어리석은 대답을 하기 위해 그럴 수도 있어요. 그러나 누군가, 특히 나이든 사람이이나 낯선 사람이 질문을 할 때는 즉각적이고 공손하게 대답해야 합니다.

생각하기 질문

1. 당신은 집에서 어떤 질문들을 받나요? ("어디 갔다 왔니?", "숙제 없니?", "어디 갈 거니?")
2. 누군가가 당신에게 질문할 때, 당신은 어떤 대답을 해야 한다고 생각하나요? (질문에 대한 대답)
3. 누군가가 "이 책이 너 꺼니?"라고 물었는데, 당신이 "입 다물어"라고 대답했다면 이것은 질문에 대한 대답이 되나요? (아니요.)
4. 당신이 "그래, 이제 입 다물어."라고 말했다면, 이것은 질문에 대한 대답이 될 수 있을까요? (예, 그러나 매우 무례한 대답이다.)
5. 위의 대답이 더욱 적절한 대답이 되기 위해서는 무엇을 어떻게 바꾸어야 할까요? ("입 다물어."라는 말을 빼야 한다.)
6. 당신이 바쁘거나 무언가를 생각하고 있을 때 누군가가 당신에게 질문을 한다면, 당신은 어떻게 질문에 대한 대답을 하거나 공손하게 말할 수 있을까요? (지금 바쁜 이유를 설명한다, 나중에 다시 물어볼 것을 부탁한다, 질문을 한 사람에게 당신이 한 질문에 대해 생각할 시간을 달라고 요청한다.)

활동

지시사항 : 활동지의 만화를 보고 질문에 정중하고 적절하게 대답하는 인물을 찾아 네모 칸 안에 '예', '아니요'라고 써 보라고 하세요.

정답 : 1. 아니요 2. 예 3. 예 4. 아니요 5. 아니요 6. 예

보충활동 : 적절하게 반응하지 않은 인물들이 왜 예의 바르지 않은지, 왜 질문에 정확하게 대답하지 않았는지에 대해 토론해 보세요. 그림 1의 여자아이는 질문에 주의를 집중했나요?(그녀의 방안 상황을 고려할 때, 그녀는 집중해서 듣고 있지 않는 것으로 보입니다.)

성명 ______________________ 날짜 ______________

11.15 질문에 적절하게 대답하기

만화 속의 인물들은 질문에 적절하게 대답하고 있나요? 네모 칸 안에 '예', '아니요'를 써 주세요.

11.16 바른말 사용하기

목표

학생은 상스럽거나 저속한 말에 대해 불쾌감이나 흥분된 감정을 전달하기 위한 적절한 방법을 찾고 제시할 수 있습니다.

설명

안타깝게도 사람들이 생각 없이 저속한 단어, 욕설을 사용하는 것이 점점 흔해져 가고 있습니다. 대부분의 상황에서 이러한 낱말들과 이 같은 유형의 언어는 매우 불쾌할 수 있습니다. 불행하게도 사람들은 이런 유형의 언어를 쉽게 듣게 됩니다. 종종 집에서도 듣게 됩니다. 이 단원에서는 학생들이 비속어나 다른 '나쁜' 말을 사용하도록 유혹받을 수 있는 상황을 구별하고, 생각과 감정을 덜 불쾌하게 전달하기 위한 방법을 찾게 될 것입니다.

생각하기 질문

1. 당신은 누군가에게"바른 말을 사용해라."라고 들어본 적이 있나요? (예), 그 말의 의미는 무엇인가요? ("다른 말을 써라.", "그렇게 말하지 마라.", "욕하지 마라.")
2. 일부 사람들은 저속하거나 불쾌한, 또는 때와 장소에 맞지 않는 낱말을 사용합니다. 이러한 것이 왜 예의에 맞지 않는 행동이라고 생각하나요? (다른 사람들이 그런 말을 듣기를 원하지 않기 때문에, 다른 사람들이 불쾌하다고 여길 것이기 때문에, 당신이 이러한 사실을 알고 사용한다면 이는 실례를 범하는 것이 될 것이다.)
3. 당신은 왜 몇몇 사람들이 저속한 말과 욕설을 사용한다고 생각하나요? (화가 나서, 관심을 얻기를 원해서, 그러한 말들이 터프하고 어른스럽다고 생각해서)
4. 그러한 말들은 왜 대다수 사람들에게 적절하지 못한 것일까요? (그런 말들은 다른 사람들은 불쾌하게 만든다, 예의에 맞지 않다.)
5. 어떤 말들은 특정 인종, 민족, 집단에게 재미를 가져다줄 수 있어요. 하지만 이러한 말들이 다른 사람들에게는 어떻게 상처가 될 수 있을까요? (자신이 집단에서 동떨어진 소외감을 느낄 수 있다, 존중받지 못하는 느낌을 받는다, 조롱받는 느낌을 받을 수 있다, 앙심을 품을 수도 있다.)
6. 가끔은 영화관에서처럼 불쾌한 언어를 어쩔 수 없이 듣게 되는 경우가 있어요. 때때로 당신은 영화관에서와 같이 불쾌한 언어를 듣고 있지만 도움을 구할 수 없는 상황에 있을 수 있어요. 그런 말들을 신경 쓰지 않기 위한 방법에는 무엇이 있을까요? (그 말들을 반복하지 않는다, 심각하게 여기지 않는다, 불쾌한 말임을 알고 사용하지 않는다.)

활동

지시사항 : 불량하거나 불쾌한 말을 사용하지 않고 각 상황에서 학생들이 제시할 수 있는 견해를 빈칸에 채우세요.

응답 예 :

1. 악~~!
2. 괜찮습니다.
3. 나쁜 강아지!
4. 오, 안 돼! 빨리! 스펀지가 필요해!

보충활동 : 활동지에 제시된 인물들의 말에 대한 학생들의 견해를 서로 나누도록 해보세요. 학생들이 말을 하지 않으면서 자신의 분노나 좌절감을 표현하기 위한 방안에는 무엇이 있을까요?

성명 ______________________ 날짜 __________

11.16 바른말 사용하기

다음 각각의 상황에서 바른 말을 사용하여 각자의 견해를 써 보세요.

1. 망치로 당신 손을 친 상황

2. 당신이 싫어하는 음식을 마주한 상황

3. 당신이 가장 좋아하는 포스터를 개가 찢어 놓은 것을 발견한 상황

4. 엄마의 새로운 카펫에 붉은 음료를 엎지른 상황

11.17 고자질

목표

학생은 고자질하는 말을 구별하고, 그것이 고자질인 이유를 말할 수 있습니다.

설명

하루에 얼마나 많은 고자질이 발생하는지를 세어본다면 흥미로울 것입니다. 학생들은 사소한 불만을 통해 가진 감정이나 누군가가 곤경에 처하는 것을 보았을 때 그것을 알릴 필요가 있다고 생각합니다. 즉 그것은 학생들이 유용한 정보와 사소한 불만을 구별할 수 없기 때문입니다. 고자질은 (1) 다른 사람과 관련이 있고, (2) 어떤 사람을 곤경에 처하게 하거나 부정적인 것을 지적하기 위한 의도를 가지며, (3) 어떤 사람의 본연의 일과는 관계없는 정보를 제공합니다.

생각하기 질문

1. 누군가에게 고자질을 한다는 것은 무엇을 의미하나요? (선생님에게 다른 사람이 한 일에 대하여 말하는 것이다.)
2. 고자질이 도움이 되나요? (아니요, 그것은 대개 어떤 사람을 곤경에 처하게 한다.)
3. 누군가가 당신에게 "남자 화장실에 물이 넘친다."라고 말해주었다면, 이것은 고자질인가요? (아니요) 맞거나 아니라면 왜 그렇게 생각하나요? (도움이 되는 정보이기 때문에, 특정한 누군가가 거론되지 않았기 때문에)
4. 누군가가 당신에게 "X가 Z에게 혀를 내밀었다."라고 말해주었다면, 이것은 고자질인가요? (예, 어떤 사람을 곤란하게 할 수 있는 것에 대해서 말했기 때문에)
5. 누군가가 당신에게 "Q가 운동장에서 시합을 하는 중이야."라고 말했다면, 이것은 고자질인가요? (아니요, 그녀는 위험한 일을 하고 있지 않기 때문에)
6. 우리는 어떻게 무엇이 고자질이고 아닌지를 결정하고, 그 정보가 중요한 정보인지 아닌지를 결정할 수 있나요? (다른 사람과 관련이 있는지 없는지, 긍정적인 정보인지 부정적인 정보인지, 어떤 사람의 본연의 일과 관련이 있는지 없는지, 이러한 내용 중 하나라도 의심스럽다면 아마 고자질일 것이다.)

활동

지시사항 : 고자질이 아닌 말 앞에 OK를 표시하고, 고자질을 나타내는 말 앞에는 표시를 하세요. 그리고 다음에서 제시하는 예들 중에서 고자질의 이유를 선택하세요 : 1 = 다른 사람과 관련된다, 2 = 문제를 일으키려는 의도를 가진다, 3 = 그 사람의 본연의 일과 관련이 없다.

정답 : 1. OK(유용한 정보를 제공함) 2. ∨(이유 1, 3) 3. OK (위험한 일이므로) 4. ∨ (이유 1, 2) 5. ∨ (이유 1, 2, 3) 6. OK(평범한 말임)

보충활동 : 문제 1, 3, 6번이 고자질이 아닌 이유에 대해서 토의해 보세요. 문제 2, 4, 5번 상황에서 할 수 있거나 해야 되는 것을 토론해 보세요. 그 행동은 해결되어야 하나요? 무시되어야 하나요?

성명 ______________________ 날짜 ____________

11.17

고자질

고자질이 아닌 말 앞에 OK 표시를 하고, 고자질을 나타내는 말 앞에는 표시를 하세요. 그리고 아래의 이유 중 적어도 한 가지를 선택하여 고자질인 이유를 쓰세요.

1 = 다른 사람과 관련됨 **2 = 문제를 일으키려는 의도를 가짐** **3 = 그 사람의 본연의 일과 관련이 없음**

______________ 1. "선생님, 운동장에 있는 여자 애들이 쉬는 시간에 농구공을 두 개만 보내겠다고 말했어요."

______________ 2. "선생님, 마크가 음악시간에 빈둥거리다가, 벌로 벽 앞에 서 있었어요."

______________ 3. "선생님, 큰 검정개가 운동장에 있는 그네 옆에서 뛰어다니고 있어요."

______________ 4. "선생님, 누군가가 화장실에 낙서를 했어요. 확실하지는 않지만, 제가 생각했을 때는 페드로가 한 짓 같아요."

______________ 5. "선생님, 선생님이 책을 덮으라고 하셨는데, 사라는 아직도 책을 안 덮어놨어요."

______________ 6. "선생님, 오늘따라 맨디가 좋아 보여요."

11.18 감사 카드

목표

학생은 감사 카드를 써야 하는 적절한 상황을 구별할 수 있습니다.

설명

많은 경우에 감사 카드를 작성해 보낼 필요가 없지만, 당신을 위해 돈을 쓰거나, 선물을 보내주었거나, 특별히 시간을 내어 무언가를 해준 사람에게 감사 카드를 보내는 것은 감사하는 마음을 전하는 사려 깊은 행동입니다. 이렇게 감사 카드를 보내는 것을 배운 아동들은 다른 사람들로부터 존경받을 것입니다. 이번 단원에서는 토론을 통해 그러한 상황들에 대한 사례를 다룰 것입니다.

생각하기 질문

1. 누군가가 당신을 위해 무엇인가를 해주거나 무엇인가를 주었던 좋은 경험이 있습니까? (예를 들어 본다.)
2. 당신은 그 사람이 당신을 위해 해주었던 것에 감사하는 마음을 어떻게 전달했나요? (그들에게 감사를 드린다, 보답한다.)
3. 감사 카드를 보내는 목적은 무엇인가요? (감사한 마음을 보여주기 위해서)
4. 누군가에게 "감사합니다."라고 말하는 것과 감사 카드를 써서 보내는 것은 어떻게 차이가 있나요? (카드는 말보다 영원하다, 카드를 쓰는 데 시간을 더 많이 들여야 한다, 성의를 보여줄 수 있다, 그들의 선물에 진심으로 감사하는 마음을 전할 수 있다.)
5. 언제 감사 카드를 써서 보내는 것이 공손한가요? (그 사람이 멀리 떠날 때, 선물을 받았을 때, 당신에게 특별한 것을 해주었을 때)
6. 당신은 "감사합니다."라는 말 이외에 카드에 어떤 말을 쓸 수 있을까요? (선물이 감사한 이유를 쓸 수 있다, 선물을 어떻게 사용할 것인지를 쓸 수 있다, 취향에 맞는 선물을 준 것에 대해 인사를 드린다, 선물 받은 것에 대한 감사를 전달할 수 있다.)

활동

지시사항 : 활동지에 제시된 상황을 보고 감사 카드를 보내는 것이 좋은 이유를 찾아보게 하세요. 그리고 활동지 아래에 제시된 감사 카드에 감사 카드를 보내는 좋은 이유에 해당하는 번호를 써 보세요.

정답 : 1, 4, 6, 10

보충활동 : 선택된 정답들이 왜 감사 카드를 보내야 하는 이유가 되는지에 대해 토론해 보세요. 10번 문장에서 보여주는 추가적인 노력은 어떤 것인가요?

성명 ______________________ 날짜 ____________

11.18 감사 카드

다음의 상황 중에서 다른 사람에게 감사 카드를 보내야 하는 상황을 찾아보세요. 활동지 아래에 제시된 카드에 감사 카드를 보내야 하는 상황의 번호를 써 보세요.

1. 사촌인 젤다로부터 생일 선물을 받았을 때
2. 학교에서 누군가가 연필을 빌려주었을 때
3. 친구가 돈을 빌려주었을 때
4. 친구의 가족이 초대하여 그들의 호수 별장에 다녀왔을 때
5. 친구의 형이 영화관에 데려가 주었을 때
6. 할머니가 크리스마스에 용돈으로 50달러를 주었을 때
7. 이웃집에서 하는 야외 요리 파티에 갔을 때
8. 친한 친구 집에서 밤을 보낼 때
9. 언니에게는 작은 낡은 스웨터를 줬을 때
10. 친구의 아버지가 농구장에 데려가서, 비싼 레스토랑에서 저녁을 사준 다음, 농구선수를 만나게 해주고 그들의 사인과 사진을 얻어주었을 때

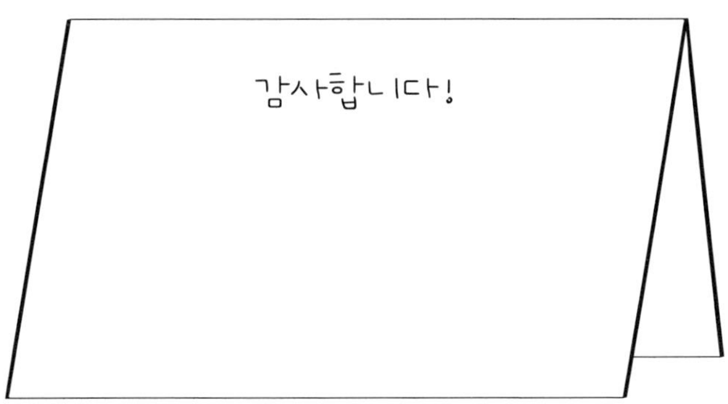

11.19 R.S.V.P. (참석 여부에 대한 답)

목표

학생들은 초대장을 보낸 사람에게 행사 참석 여부에 대한 답을 요청한다는 의미의 R.S.V.P.라는 약어를 구별할 수 있게 될 것입니다.

설명

R.S.V.P. 서신은 respondez s'il vous plait라는 프랑스어식 표현에서 생겨났으며, "답장해주세요."라는 의미를 지닙니다. 초대장을 받았을 때, 초청한 사람에게 참석 여부를 알려주는 것이 보통의 관행입니다. 경우에 따라서, 다른 곳으로 사람들이 이동할 때, 미리 티켓을 예매할 때, 또는 넉넉한 의자를 준비할 때는 참석자의 정확한 인원수가 중요합니다. 정중한 답장을 요청 받는다면, 예우받은 것입니다.

생각하기 질문

1. 특별한 초청장을 받아 본 적이 있나요? 어떤 초청장이었나요? (파티, 소풍, 밤샘 파티)
2. 일반적으로 초대장에는 어떤 종류의 정보가 포함되어 있나요? (누가 파티를 여는지, 장소는 어딘지, 기타 세부사항)
3. 초대장에 적힌 R.S.V.P.는 어떤 뜻인가요? (초청한 사람이 당신에게 참석 여부에 대한 답을 요청한다는 의미이다.)
4. 초대장을 보낸 사람이 당신이 올 수 있는지 없는지에 대해 알려줄 것을 원하는 이유는 무엇일까요? (얼마나 많은 사람을 위해서 준비해야 하는지 알기 위해서)
5. 만약 스무 명의 사람들이 피자 파티에 초대를 받았고, 아무도 간다는 연락을 하지 않았다면 어떤 일이 일어날 수 있을까요? (그들은 너무 많은 혹은 너무 적은 피자를 주문할 수도 있고, 음료도 넉넉하게 준비가 안 될 수도 있다.)
6. 초대장을 받고 주인에게 언제 초청에 대한 답을 보내야 하나요? (당신이 약속을 지킬 수 있을지 여부를 알게 되었을 때 혹은 초대장에 명시된 날짜까지)

활동

지시사항 : 학생들에게 초대와 관련된 정보에 관한 질문이 포함된 초대장 견본을 주고, 초대장 아래의 빈 줄에 알맞은 답을 써 보도록 하세요.

정답 : 1. 로저와 프랭크 2. 1시 3. 생일 4. 7월 7일 월요일 5. 로저 6. 324-5827 7. 7월 5일 토요일까지 8. 참석할 수 있으면 그들에게 연락하기

보충활동 : 학생들로 하여금 자신이나 자신의 부모들이 받았던 초대장의 예를 가져오도록 하세요. 각각의 초대장에 기재된 구체적인 정보를 보고, 초대받은 사람이 알아보기 쉽게 초대의 내용이 명료하게 기술되었는지 토론해 보세요.

성명 ______________________ 날짜 ____________

11.19 R.S.V.P. (참석 여부에 대한 답)

당신이 방금 받은 초대장을 보고 아래의 질문에 답하세요.

1. 누가 파티를 여나요? ______________________
2. 파티는 몇 시에 시작하나요? ______________________
3. 어떤 종류의 파티인가요? ______________________
4. 파티는 언제인가요? ______________________
5. 누구에게 연락을 해야 하나요? ______________________
6. 전화번호는 몇 번인가요? ______________________
7. 언제까지 그들에게 참석 여부를 알려야 하나요? ______________________
8. R.S.V.P.의 뜻은 무엇인가요?

____

____

11.20 황금률

목표

학생은 황금률의 핵심을 진술하고, 사람들이 어떻게 대접받아야 하는가에 대해 구별할 수 있습니다.

설명

한 사람의 배경, 종교적 방향이나 정치적 견해와는 관계없이 대부분의 사람들은 일반적으로 황금률이라 불리는 원리에 대해서 동의할 것입니다-남에게 당신이 받고자 하는 대로 대하라, 또는 현대적 용어로, 남에게 당신이 대접받기 원하는 대로 대접하라-이는 좋은 사회적 태도를 반영합니다. 이번 마지막 단원에서는 학생들이 다른 사람들에게 어떻게 대접받기를 원하는지에 대해 생각해 보게 합니다.

생각하기 질문

1. 황금률이란 무엇인가요? (다른 사람들을 대하는 방법에 관한 것으로 살아가는 데 중요한 원리이다.)
2. 그 규칙에는 어떤 말이 있나요? (자신이 대접받고자 하는 대로 남을 대접하라.)
3. 그 뜻은 무엇인가요? (말 그대로-자신이 대접받고자 하는 대로 남을 대접하라.)
4. 당신과 같은 연령, 인종, 국적을 가진 사람들에게만 그러한 방법으로 대해야 하는 것인가요? (아니요. 모든 사람에게 그렇게 대해야 한다.)
5. 만약 모든 사람들이 친절과 존경의 마음으로 모든 사람들을 대한다면 어떻게 될까요? (매우 멋진 일이 될 것이다.)

활동

지시사항 : 질문에서 제시된 방식으로 대접받는 것이 좋은지 싫은지를 질문 옆에 행복한 얼굴과 슬픈 얼굴을 그려 표시해 보세요.

정답 : 1. 행복한 얼굴 2. 슬픈 얼굴 3. 행복한 얼굴 4. 행복한 얼굴 5. 행복한 얼굴 6. 슬픈 얼굴 7. 행복한 얼굴 8. 행복한 얼굴

보충활동 : 학생들로 하여금 활동지에 나와 있지 않더라도 다른 사람으로부터 대접받기 원하는 범위 안에서 자신이 특히 싫어하는 것들에 대해 토론하게 해보세요. 사회적 관계 안에서 볼 때 어떤 유형의 문제점이나 학생 간의 의견 불일치가 나타났나요? 황금률이 좋은 생각이라면 왜 모든 사람들이 그것을 따르지 않는 것일까요?

성명 ______________________ 날짜 __________

11.20 황금률

만약 누군가가 아래와 같이 당신을 대할 때 좋으면 웃는 얼굴을 그리고, 그렇지 않은 경우에는 슬픈 얼굴을 그려주세요.

남에게 대접받고 싶은 대로 남을 대하라!

당신은 어떻게 하기를 바라나요?

1. 만약 당신이 낯선 장소에서 겁을 먹고 있을 때 누군가가 당신에게 웃어주길 바라나요? ◯

2. 당신이 실수를 했을 때 누군가가 당신을 비웃기를 바라나요? ◯

3. 학급의 모든 아이들이 파티나 게임에 초대받았을 때 당신도 초대해 주기를 바라나요? ◯

4. 당신이 무엇인가를 이해하지 못했을 때 누군가가 당신을 도와주길 바라나요? ◯

5. 당신에게 문제가 생겨서 그것에 대해 얘기하기를 원할 때 누군가 당신의 얘기를 들어주길 바라나요?

6. 누군가가 당신이 걷거나 얘기하는 방식을 놀리는 것을 바라나요? ◯

7. 당신이 실수를 했을 때 누군가가 그것을 용서하거나 잊어버리기를 바라나요? ◯

8. 당신 주변에 아무도 없을 때뿐만 아니라, 항상 누군가가 당신의 친구가 되어주길 바라나요? ◯

일상 예절을 위한 학급 조언

- 학생들이 모르는 손님들을 초청하여 학급 잔치를 열어 보세요. 당신은 다른 학교의 학급과 함께 연극 관람, 발야구 대회 참가, 미술작품 감상 등의 활동을 계획할 수 있습니다. 이러한 시간을 통해 학생들이 체계적인 만남을 가질 수 있게 되고, 사람을 대하는 기술을 연습할 수 있습니다.
- 학생들로 하여금 자신의 부모를 학교에 모셔오게 하고, 부모로 하여금 이야기를 읽어주고, 함께 취미 활동을 하며, 수업 시간에 몇몇 전문적 영역에 대한 질문에 답해 주는 역할을 부여해 보세요(예를 들어, 매주 금요일 오후에 이러한 활동을 실시할 수 있습니다). 학생으로 하여금 부모님의 이름과 신상에 관한 간략한 정보와 함께 자신의 부모님을 친구들에게 소개하도록 해 보세요.
- 추운 계절에는 모든 학생들이 책상 속에 작은 티슈 상자를 준비하도록 하세요. 재채기와 기침이 자주 나오는 이 시기에 티슈 사용 방법을 통하여 자신의 병균을 남에게 옮기지 않도록 하는 방법을 보여줄 수 있습니다.
- 학생들로 하여금 하루에 열 번씩 다른 사람에게 '감사합니다'라고 말하도록 하세요. 작은 종이에 표시를 하면서 횟수를 기록합니다. 기록을 할 때는 진심으로 감사의 마음을 전했을 때만 횟수를 표시해야 합니다.
- 인터뷰를 하기 위해 교실에 손님 강연자를 초청해 보세요. 강연자는 흥미로운 직업을 가졌거나, 최근에 다른 나라에 여행을 다녀왔거나, 기꺼이 인터뷰를 응해주는 사람일 것입니다. 강연자가 도착하기 전에 학생들에게 지나치게 캐묻거나, 당황스럽고 무례한 질문을 하지 말고 강연자에 대해 아는데 도움이 되는 적절한 질문의 목록을 만들게 해 보세요.
- 많은 코미디언들이 유명한 사람을 흉내 내면서 웃음을 자아냅니다. 학생들에게 텔레비전에서 적절한 코미디 프로그램을 비디오테이프로 녹화하게 하고, 흉내 내기가 그 상황에서 재미있는 이유를 보여주게 하세요. 아마도 유명한 사람을 모방하기를 좋아하면서 미래의 코미디언을 꿈꾸는 학생이 당신의 학급에 있을 수도 있습니다.
- 몇몇 캐리커처의 사례를 제시하고, 그것이 사람들의 특징을 과장하여 표현한 만화 기법이라는 것을 설명해 주세요. 만약 유명한 운동선수를 자원봉사 모델로 활용할 수 있다면, 학급에서 그림을 잘 그리는 학생이나 미술 교사에게 그의 특징을 살려 캐리커처를 그리도록 해보세요(한 손에 공을 든 농구 스타, 오리발을 신고 수영하는 사람).
- 당신이 살고 있는 도시나 지역사회의 공무원을 초청해서 도시나 지역사회가 운영되는 방법에 대한 간단한 설명을 요청해 보세요. 당신 동네에는 어떤 공공시설들이 있나요? 지역사회의 모든 구성원들에게 고장에 대한 자부심을 갖는 것이 왜 중요한가요? 낙서를 지우기 위해서는 얼마나 많은 비용이 드나요? 이러한 기회를 지역사회에 대한 소속감을 높이기 위해 수업과 지역사회를 연결시키는 프로젝트를 제안하는 기회로 활용해 보세요.
- 학급의 학생들에게 줄서기 절차를 설명해 주고, 줄서기를 책임지는 대표 학생을 매일 바꿔가면서 모든 학생들이 골고루 줄서기 절차를 연습할 수 있도록 해보세요. 이를 진행할 때는 학생들로 하여금 비행기 승무원처럼 말하도록 하면 더욱 재미있답니다–"교실을 탈출하기 전에, 두 손을 앞으로 가지런히 모아주세요. 앞을 바라보면서, 숨을 쉴 수 있을 정도로 적당한 간격을 유지하고, 침착하게 출발하세요. 저희는 여러분들이 이곳에서 즐거운 학습 경험을 하셨기를 바랍니다. 다음에 또 찾아주세요!"
- 추수감사절 또는 다른 특별한 날을 이용하여 학급에서 식탁 예절을 익힐 수 있도록 일정 정도 격식을 갖춘 식

사를 준비해 보세요. 부모님의 도움을 받아서 메뉴를 계획하고, 학생들이 할 일을 정리하며, 필요한 재료와 음식 목록을 작성하고, 식탁보와 식기도 준비합니다(부모님을 학교로 초대하여 자녀들과 함께 식탁을 준비하도록 할 수도 있습니다). 각각의 식탁 예절을 연습한 다음, 식사 시간 동안 그것을 사용하게 해 보세요.

- 학생들을 소집단으로 나누고 집단별로 협력하여 식당을 만들도록 하세요. 각 식당 집단은 메뉴를 작성하고, 고객을 위해 탁자를 설치하며, 심지어 옥외광고를 만들 수도 있습니다. 자원봉사 학생들에게 식당에서 '식사를 하게' 하고, '종업원'에게 음식을 주문하며, 고객 의견카드를 작성하게 하세요. 이러한 전체적인 경험을 통해 학생들은 외식하기 기술을 연습하게 되고, 나머지 학생들은 이들을 평가하게 됩니다.
- 추가 점수를 부여하기 위해, 학생들로 하여금 쇼핑몰이나 슈퍼마켓과 같은 공공장소에 앉아서 얼마나 많은 사람들이 걸어가면서 휴대전화 통화를 하는지 세어보게 합니다. 어떤 결과가 나왔을까요?
- 지역 신문을 보고 지역사회의 어른들에 대해 학생들과 이야기해 보세요. 대화거리가 될 만한 인물로는 마을 도서관 사서, 가족 주치의, 고등학교 축구 코치, 시장, 그 밖에 지역사회에서 잘 알려진 인사들이 있을 수 있습니다. 만약 가능하다면 그 중 한 명을 초대해 보세요.
- 대답을 기대하지 않고 사용하는 미사여구식의 질문과 대답을 요구하는 질문 간의 차이를 설명해 보세요. 미사여구식의 질문의 예를 찾아보세요(예를 들어, "오늘 날씨가 참 좋지?", "앞으로 올 세상은 어떤 세상일까?").
- 학급에서 좌절을 표현하는 말 대신에 '오, 양갱' 또는 '통통 뛰는 젤리빈'처럼 우스꽝스럽고 재미있는 말로 바꾸어 사용해 보세요.
- 누군가의 고자질을 듣는 것이 괴롭다면, 아이스캔디 막대에 "미안, 그건 고자질이야."라는 문구를 적어 누군가가 고자질을 하려고 할 때마다 막대를 들어 보이세요. 고자질을 하는 아이에게 더 이상 관심을 보여서는 안 됩니다.
- 초청 강연자, 현장학습 준비를 해준 부모님, 학급에 도움을 준 사람들에게 감사카드를 보내보세요. 하나의 카드에 모든 학생의 서명과 간단한 메모를 담아 보세요.
- 학생들에게 R.S.V.P가 포함된 행사나 파티의 초대장 샘플을 가져와 작성해 보도록 해 보세요. 학생들로 하여금 달 표면 위에 지은 멋진 펜트하우스에 초대하거나, 지역의 유명한 프로 축구팀과 함께 하는 아침식사, 유럽으로의 크루즈 여행에 초대하는 초대장을 만들어 보게 합니다. 그들은 그들이 상상하는 어디든지 갈 수 있습니다!
- 황금률을 나타내는 학급 배지를 디자인해 보세요. 배지에 금색 스프레이를 뿌리고, 학생들이 배지를 착용할 수 있도록 핀을 붙입니다. 학생들이 규칙에 따를 것을 동의했을 때, 핀을 1~2주 착용하는 작은 행사를 가져 보세요. 학생들에게 자주 그 핀이 의미하는 바를 상기시켜 주세요.

역자 소개

신현기
단국대학교 대학원 특수교육학 전공(석사, 박사)
현재 단국대학교 특수교육과 교수, 한국특수교육학회장
논문) 특수교사의 발문과 탐문 유형 분석 및 인식 조사 외
저/역서) 장애학생 수학교육(2013, 교우사) 외

구본경
요코하마국립대학 장애아교육 전공(석사)
단국대학교 대학원 특수교육학 전공(박사)
현재 파라다이스복지재단 장애아동연구소 소장
논문) 청년기 자폐성장애인의 삶의 질과 그 결정변인 외

김대룡
단국대학교 대학원 특수교육학 전공(석사, 박사)
현재 나사렛대, 홍익대, 상명대 출강
논문) 발달장애대학생의 진로태도와 자기결정기술, 사회성기술 및 대인관계기술 간의 상관관계 외

김영표
단국대학교 대학원 특수교육학 전공(석사, 박사)
현재 한국교통대학교 교육대학원 조교수, 한국통합교육학회 이사
논문) '지체장애학생에 대한 근거기반의 교수를 위한 중재효과 메타분석' 외
저/역서) 장애학생 수학교육(2013, 교우사) 외

남경욱
단국대학교 대학원 특수교육학 전공(석사, 박사)
현재 단국대학교 특수교육과 연구교수, 홍익대, 경희대, 성신여대 외 출강
논문) 장애학생 청결에 대한 교사들의 인식 및 지도실태 외
저/역서) 자폐성 장애아동의 내면세계(2012, 시그마프레스) 외

오경민
단국대학교 대학원 특수교육학 전공(석사, 박사)
현재 개명아동발달지원센터 원장, 가천대, 명지대, 한신대 외 출강
논문) 환경중심 상호주의하기 중재가 자폐성장애유아의 사회적 반응성에 미치는 영향 외
저/역서) 다문화가족자녀 부모교육 및 상담 지침서(2010, 여성가족부) 외

이병혁
미국 텍사스주립대학교 대학원 특수교육학 전공(석사)
단국대학교 대학원 특수교육학 전공(박사)
현재 극동대학교 중등특수교육과 교수
논문) 초임 특수학급 교사들이 경험하는 수학과 지도의 어려움과 교사교육에 대한 인식
저/역서) 아동의 수학발달(2012, 학지사) 외

정주영
단국대학교 대학원 특수교육학 전공(석사, 박사)
현재 건양대학교 초등특수교육과 교수, 한국지적장애교육학회 이사
논문) 특수교육 기본 교육과정 교과용 도서에 대한 초등 특수교사의 인식 외
저/역서) 장애학생을 위한 국어교육의 이론과 실제(2013, 학지사)

정희선
단국대학교 대학원 특수교육학 전공(석사, 박사)
현재 강남대학교 교수학습지원센터 전임연구원
논문) 다중지능특성에 따른 강점기반교육이 정신지체학생의 읽기이해와 읽기태도에 미치는 효과 외
저/역서) 장애학생 수학교육(2013, 교우사)